U0685663

# 经济管理
# 应用数学基础
# ——微积分
# （上）

齐亚伟　邓咏梅　邹玉仁　严淑梅　编

中国教育出版传媒集团

高等教育出版社·北京

内容简介

本书根据"经济管理类本科数学基础课程教学基本要求",以满足经济管理类本科生的学习需求为指导思想,系统介绍了微积分中微分部分的知识。本书主要内容包括函数、极限与连续、导数与微分、微分中值定理与导数的应用、多元函数微分学。本书力求深入浅出、通俗易懂、突出重点、循序渐进,各章配有本章导学、学习目标和学习要点,每节后一般都有学习小结,每章后给出思维导图。各节练习题分为基础题和提高题,各章配有总习题。全书纸质内容与数字资源一体化设计,紧密配合,书中的重难点内容配有微视频,且部分典型习题给出了详细解答,读者可扫描书中的二维码进行学习。

本书可以作为高等学校经济管理类专业微积分课程的教材和全国硕士研究生招生考试的教学参考书。

**图书在版编目(C I P)数据**

经济管理应用数学基础.微积分.上/齐亚伟等编.--北京:高等教育出版社,2022.9(2024.7重印)

ISBN 978-7-04-059166-8

Ⅰ.①经… Ⅱ.①齐… Ⅲ.①经济数学-高等学校-教材②微积分-高等学校-教材 Ⅳ.①F224.0

中国版本图书馆 CIP 数据核字(2022)第 142633 号

Jingji Guanli Yingyong Shuxue Jichu——Weijifen

| | | | | |
|---|---|---|---|---|
| 策划编辑 胡 颖 | 责任编辑 胡 颖 | 封面设计 张志奇 | | 版式设计 杨 树 |
| 责任绘图 黄云燕 | 责任校对 马鑫蕊 | 责任印制 耿 轩 | | |

| | | | |
|---|---|---|---|
| 出版发行 | 高等教育出版社 | 网 址 | http://www.hep.edu.cn |
| 社 址 | 北京市西城区德外大街 4 号 | | http://www.hep.com.cn |
| 邮政编码 | 100120 | 网上订购 | http://www.hepmall.com.cn |
| 印 刷 | 山东百润本色印刷有限公司 | | http://www.hepmall.com |
| 开 本 | 787mm×1092mm 1/16 | | http://www.hepmall.cn |
| 印 张 | 17.75 | | |
| 字 数 | 370 千字 | 版 次 | 2022 年 9 月第 1 版 |
| 购书热线 | 010-58581118 | 印 次 | 2024 年 7 月第 4 次印刷 |
| 咨询电话 | 400-810-0598 | 定 价 | 41.80元 |

本书如有缺页、倒页、脱页等质量问题,请到所购图书销售部门联系调换
版权所有 侵权必究
物 料 号 59166-00

# 前 言

为了适应高等教育信息化的新形势及教学改革的新变化,更好地满足经济管理类本科生的学习需求和混合式教学需求,我们根据"经济管理类本科数学基础课程教学基本要求",在多年教学实践的基础上编写了本书。以本书内容为蓝本,我们于 2019 年在爱课程(中国大学 MOOC)平台开设了微积分课程,该课程获江西省 2020 年省级精品在线开放课程。

在编写过程中,我们始终坚持如下特色:

1. 注重学科的科学性、系统性和高阶性。本书将微积分的基本知识、基本方法及其应用紧密结合,注重培养学生运用数学知识解决实际问题的能力,力求做到深入浅出、通俗易懂、突出重点、循序渐进,兼顾考研深造所需。

2. 注重学生学习的可持续发展和进一步深造的需要。书中配有丰富的例题和习题,难易程度分布均匀;每章都介绍了如何用 MATLAB 求解相关问题,意在让读者了解微分实验知识,以开拓视野,提高学习兴趣。

3. 融入现代教育技术,提高读者学习兴趣。本书融入了数字资源,对书中的重难点内容配有微视频,且部分典型习题给出了详细解答,读者可扫描书中的二维码进行学习。

本书由江西财经大学信息管理学院教师编写。邹玉仁编写第 1 章和第 2 章,邓咏梅编写第 3 章,齐亚伟编写第 4 章,严淑梅编写第 5 章。数字资源主要由邹玉仁、万建香、严淑梅、李敏、朱辉完成。全书由齐亚伟统稿。

本书入选了凸显江西财经大学校训"信敏廉毅"特色的优秀品牌教材"信毅教材"资助计划。衷心感谢江西财经大学信息管理学院对教材编写和 MOOC 课程建设的支持和指导。感谢数学系全体老师参与课程的教学实践,他们的辛勤付出为我们的教材编写和课程建设积累了丰富的资源和经验,是本次教材编写的重要基础。

由于编者水平有限,书中难免存在疏漏和不妥之处,恳请读者批评指正。

编 者

2022 年 6 月

# 目 录

# 第1章
## 函数

**本章导学**　由于实践和各门学科自身发展的需要，到了 16 世纪，对物理学中运动的研究成为自然科学的中心问题，与之相适应，数学在经历了两千多年的发展之后进入了一个新的时代，即变量数学的时代，作为在运动中变化的量（变量）及它们之间的依赖关系的反映，数学中产生了变量和函数的概念.

数学的重要任务之一就是要找出反映各种实际问题中变量的变化规律，即其中所蕴含的变量之间的函数关系，函数是数学中最基本的概念之一，微积分研究函数的一些局部和整体的性态. 本章介绍函数的一般概念、几种常见的表示方式、最基本的函数类——初等函数、函数的性质，以及经济学中几种常见的函数.

**学习目标**
1. 掌握基本初等函数的性质与图像特点；
2. 理解初等函数的概念及其基本性质；
3. 掌握重要的分段函数的形式及其性质；
4. 熟练掌握函数的复合运算及反函数的求解；
5. 了解经济问题中的常见函数——经济函数.

**学习要点**　区间和邻域；函数的概念；函数的定义域和表达式的求法；函数表示法；分段函数；函数的几何特性（奇偶性、周期性、有界性、单调性）；基本初等函数；复合函数；反函数；初等函数；经济函数介绍（需求函数、供给函数、市场均衡、成本函数、收益函数、利润函数、库存函数）.

# §1.1  函数及其性质

实数集常用区间表示,邻域是特殊的区间,函数的定义域一般用区间表示,邻域用于讨论函数的局部性质,关于区间、邻域、函数及其性质,在中学阶段已经系统学习,下面仅作扼要回顾.

## 一、区间和邻域

### 1. 区间

设 $a,b \in \mathbf{R}$ 且 $a<b$.

(1) 数集 $\{x \mid a<x<b\}$ 称为以 $a,b$ 为端点的开区间,记作 $(a,b)$,即
$$(a,b)=\{x \mid a<x<b\}.$$

(2) 数集 $\{x \mid a \leqslant x \leqslant b\}$ 称为以 $a,b$ 为端点的闭区间,记作 $[a,b]$,即
$$[a,b]=\{x \mid a \leqslant x \leqslant b\}.$$

(3) 数集 $\{x \mid a<x \leqslant b\}$ 或 $\{x \mid a \leqslant x<b\}$ 称为以 $a,b$ 为端点的半开半闭区间,分别记作 $(a,b]$ 或 $[a,b)$,即
$$(a,b]=\{x \mid a<x \leqslant b\},$$
$$[a,b)=\{x \mid a \leqslant x<b\}.$$

以上区间都是有限区间,$b-a$ 称为这些区间的长度. 区间可用数轴表示,如图 1-1(a) 和(b)分别表示开区间 $(a,b)$ 和闭区间 $[a,b]$.

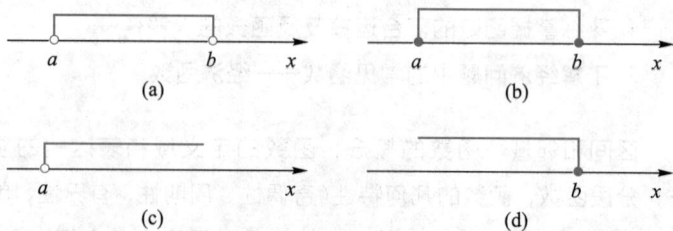

图 1-1

此外还有无限区间. 为方便起见,引入两个记号"$+\infty$"(读作正无穷大)和"$-\infty$"(读作负无穷大).

(4) $(a,+\infty)=\{x \mid x>a\}$,$[a,+\infty)=\{x \mid x \geqslant a\}$.

(5) $(-\infty,b)=\{x \mid x<b\}$,$(-\infty,b]=\{x \mid x \leqslant b\}$.

（6）全体实数的集合：$\mathbf{R}=(-\infty,+\infty)=\{x\mid -\infty<x<+\infty\}$．无限区间$(a,+\infty)$和$(-\infty,b]$在数轴上的表示分别如图 1-1(c)和(d)所示．

有限区间和无限区间统称为区间．

**2. 邻域**

邻域是区间中的一种，主要用于阐述函数的局部性质．设 $a,\delta$ 是实数，且 $\delta>0$，称开区间$(a-\delta,a+\delta)$为点 $a$ 的 $\delta$ 邻域，记作 $U(a,\delta)$，如图 1-2(a)所示．$a$ 称为这个邻域的中心，$\delta$ 称为这个邻域的半径，即

$$U(a,\delta)=(a-\delta,a+\delta).$$

将 $U(a,\delta)$ 的中心 $a$ 去掉的数集称为 $a$ 的去心邻域，记作 $\mathring{U}(a,\delta)$，如图 1-2(b)所示，即

$$\mathring{U}(a,\delta)=(a-\delta,a)\cup(a,a+\delta)$$

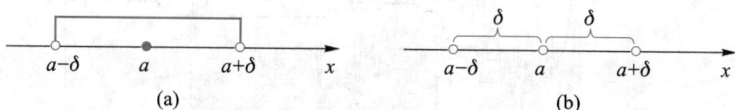

图 1-2

为方便说明函数在点的某一侧附近的情况，常常称开区间$(a-\delta,a)$为点 $a$ 的左 $\delta$ 邻域，开区间$(a,a+\delta)$为点 $a$ 的右 $\delta$ 邻域．

## 二、函数的概念

函数就是揭示自然现象变化规律的数学模型，建立研究对象的函数关系是对实际问题进行定量分析的基础．

**例 1-1** 某市居民用电按一、二、三档阶梯计价：对于年用电量 0—2 160 度①的部分，按 0.60 元/度计价；对于年用电量 2 161—4 200 度的部分，按 0.65 元/度计价；对于年用电量超过 4 200 度的部分，按 0.90 元/度计价．

**例 1-2** $G(t)$ 表示 $t$ 年我国国内生产总值（单位：亿元），2013 年至 2019 年的数据见表 1-1（数据为国内生产总值的最终核实数）．

表 1-1　国内生产总值

| 年份 $t$ | 2013 | 2014 | 2015 | 2016 | 2017 | 2018 | 2019 |
|---|---|---|---|---|---|---|---|
| $G(t)$/亿元 | 588 019 | 635 910 | 689 052 | 743 585 | 820 754 | 919 281 | 986 515 |

**例 1-3** 物理学中，质量为 $m$，速度为 $v$ 的物体运动时所产生的动能可表示为

---

① 1 度 = 1 kW·h.

$$E = \frac{1}{2}mv^2.$$

**例 1-4**  某日某股票的交易如图 1-3 所示,曲线分别表示该股票该日的实时价格、均价与时间的函数关系. 从图中可见该日 10:36,股票的实时价格为 18.81 元,均价为 18.69 元.

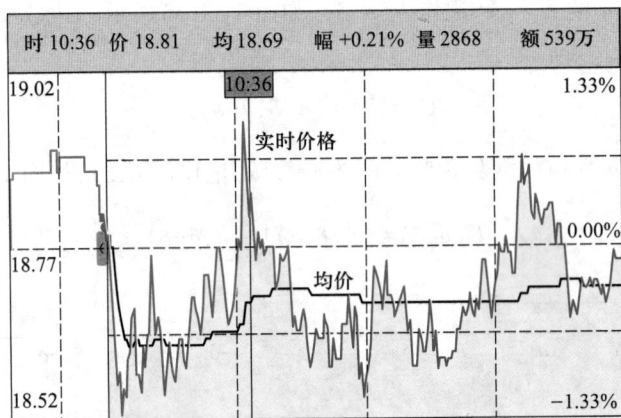

| 时 10:36 | 价 18.81 | 均18.69 | 幅 +0.21% | 量2868 | 额 539万 |

19.02 ............................ 10:36 ............................ 1.33%

实时价格

0.00%

18.77

均价

18.52 .............................................................. −1.33%

图 1-3

上面是四个不同的实际问题,但都遵循共同的变化规律:一个变量取定一个值后另一变量有唯一确定的值与之对应. 提取这些问题的共性,有如下的函数定义.

**定义 1-1**  设 $D \subset \mathbf{R}$,当变量 $x$ 在非空集合 $D$ 内任取一个确定的值时,变量 $y$ 按照一定的法则,有唯一确定的值与之对应,则称 $y$ 是 $x$ 的函数,记为

$$y = f(x), \quad x \in D.$$

$x$ 称为自变量,它的取值范围 $D$ 称为函数的定义域. $y$ 称为因变量,它的取值范围用 $f(D)$ 表示,称为函数的值域,$f$ 称为对应法则. 集合 $\{(x, y) \mid y = f(x), x \in D\}$ 称为函数 $f$ 的图形.

表示函数的符号还可以用 $f$ 之外的其他字母,如"$g$""$\phi$""$F$""$\varphi$"等,函数的对应法则 $f$ 和定义域 $D$ 是构成函数的两个基本要素,两个函数的定义域和对应法则都相同是两个函数相同的充要条件.

**1. 函数的定义域求法**

对于实际问题,函数的定义域应根据问题的实际意义确定. 如果不考虑实际意义,函数的定义域就是使函数表达式有意义的全体实数组成的集合,称为函数的自然定义域. 在求函数的自然定义域时,应注意函数要满足

(1) 分式的分母不为零;

(2) 负数不能开偶次方;

(3) 对数的底是非 1 的正数,真数必须大于零.

**例 1-5**  求函数 $f(x) = \log_{x+2}(4-x^2) + \dfrac{1}{\sqrt{2x-x^2}}$ 的定义域.

解  要使函数有意义,必须有

$$\begin{cases} x+2>0, \\ x+2\neq 1, \\ 4-x^2>0, \\ 2x-x^2>0, \end{cases}$$

即

$$\begin{cases} x>-2, \\ x\neq -1, \\ -2<x<2, \\ 0<x<2, \end{cases}$$

交集为 $0<x<2$,所以函数的定义域为 $D=(0,2)$.

例 1-6  已知 $f(x)$ 的定义域为 $[0,1]$,求函数 $f(x+a)+f(x-a)(a>0)$ 的定义域.

解  要使 $f(x+a)+f(x-a)$ 有意义,必须有

$$\begin{cases} 0\leqslant x+a\leqslant 1, \\ 0\leqslant x-a\leqslant 1, \end{cases}$$

即

$$\begin{cases} -a\leqslant x\leqslant 1-a, \\ a\leqslant x\leqslant 1+a. \end{cases}$$

当 $a\leqslant 1-a$,即 $0<a\leqslant \dfrac{1}{2}$ 时,交集为 $a\leqslant x\leqslant 1-a$,此时函数 $f(x+a)+f(x-a)$ 的定义域为 $D=[a,1-a]$.

当 $a>\dfrac{1}{2}$ 时,函数 $f(x+a)+f(x-a)$ 的定义域为空集.

**2. 求对应关系**

例 1-7  已知 $f\left(\dfrac{1}{1-x}\right)=\dfrac{x-1}{x-2}$,求 $f(\mathrm{e}^x)$.

解  令 $t=\dfrac{1}{1-x}$,解得 $x=1-\dfrac{1}{t}$.将其代入 $f\left(\dfrac{1}{1-x}\right)=\dfrac{x-1}{x-2}$ 得

$$f(t)=\frac{1-\dfrac{1}{t}-1}{1-\dfrac{1}{t}-2}=\frac{1}{1+t}.$$

再设 $t=\mathrm{e}^x$,换元得 $f(\mathrm{e}^x)=\dfrac{1}{1+\mathrm{e}^x}$.

**3. 函数的表示法**

函数表示法有四种:

（1）语言描述法：用文字描述一个函数，见例 1-1.

（2）列表法：用表格表示自变量取值与因变量取值之间的对应关系，见例 1-2.

（3）解析式法（公式法）：用解析式表示变量之间的对应法则，是最主要和最常用的方法，见例 1-3.

（4）图形法：用坐标系中的图形表示变量间的对应关系，见例 1-4. 图形法的优点是形象、直观. 知道函数的解析式后，一般可借助计算机软件画出函数的图形.

在用解析式法表示函数时，函数的表达式主要有两种：显函数和隐函数. 隐函数定义将在第 3 章介绍. 形如 $y=f(x)$ 的函数称为显函数. 其特点是等式的左边为因变量 $y$，而自变量 $x$ 和对应关系在等式的右边. 下面介绍几个常见的显函数.

**例 1-8**  绝对值函数 $y=|x|=\begin{cases} x, & x\geqslant 0, \\ -x, & x<0, \end{cases}$ 其定义域为 **R**，值域为 $[0,+\infty)$.

**例 1-9**  符号函数

$$y=\operatorname{sgn} x=\begin{cases} 1, & x>0, \\ 0, & x=0, \\ -1, & x<0, \end{cases}$$

其定义域为 **R**，值域为 $\{-1,0,1\}$，如图 1-4 所示.

**例 1-10**  取整函数 $y=[x]=n\,(n\leqslant x<n+1,n\in \mathbf{Z})$，其定义域为 **R**，值域为 **Z**，如图 1-5 所示. 记号 $[x]$ 表示不超过 $x$ 的最大整数，如 $[-3.2]=-4$，$[-0.5]=-1$，$[0.7]=0$，$[4.7]=4$.

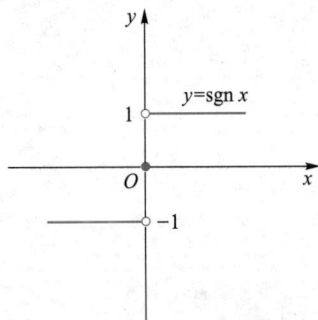

图 1-4

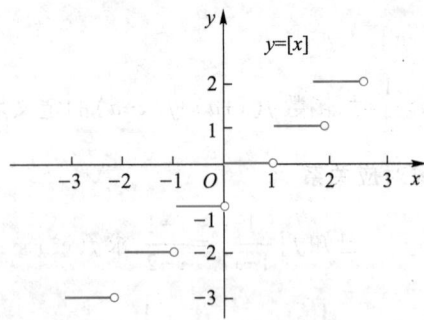

图 1-5

从例 1-8、例 1-9、例 1-10 可见，函数在定义域的不同区间有不同的对应法则，我们称这类函数为分段函数. 分段函数有如下一般形式：

$$f(x)=\begin{cases} f_1(x), & x\in D_1, \\ f_2(x), & x\in D_2, \\ \cdots\cdots\cdots \\ f_n(x), & x\in D_n, \end{cases} \quad n\geqslant 2,$$

其中 $D_1,D_2,\cdots,D_n$ 互不相交. 在实际问题中，有不少问题需要用分段函数表示，如个人所得税分段计税、出租车分段计价等.

# 三、函数的一些几何特性

**1. 函数的奇偶性**

定义 1-2　设函数 $f(x)$ 在关于原点对称的区间 $D$ 上有定义.

(1) 如果对于任意 $x \in D$,恒有 $f(-x)=f(x)$,那么称 $f(x)$ 为偶函数;

(2) 如果对于任意 $x \in D$,恒有 $f(-x)=-f(x)$,那么称 $f(x)$ 为奇函数.

偶函数的图形关于 $y$ 轴对称(图 1-6(a)),奇函数的图形关于原点对称(图 1-6(b)).

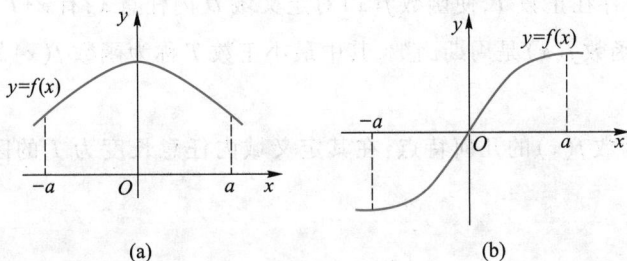

(a)　　　　(b)

图 1-6

例 1-11　判断下列函数的奇偶性:

(1) $f(x)=\dfrac{\cos x}{x^2+1}$;

(2) $f(x)=\lg(\sqrt{1+x^2}-x)$;

(3) $f(x)=x+\sin x+e^x$;

(4) $f(x)=F(x)\left(\dfrac{1}{a^x-1}+\dfrac{1}{2}\right)$,其中 $a>0,a\neq 1,F(x)$ 为奇函数.

解　(1) 因为 $f(-x)=\dfrac{\cos(-x)}{(-x)^2+1}=\dfrac{\cos x}{x^2+1}=f(x)$,所以 $f(x)$ 为偶函数.

(2) 因为

$$f(-x)=\lg[\sqrt{1+(-x)^2}-(-x)]=\lg(\sqrt{1+x^2}+x)$$
$$=\lg\frac{1+x^2-x^2}{\sqrt{1+x^2}-x}=-\lg(\sqrt{1+x^2}-x)=-f(x),$$

所以 $f(x)$ 为奇函数.

(3) 因为 $f(-x)=(-x)+\sin(-x)+e^{-x}=-x-\sin x+e^{-x}$,既不等于 $f(x)$,也不等于 $-f(x)$,所以 $f(x)$ 为非奇非偶函数.

(4) 令 $g(x)=\dfrac{1}{a^x-1}+\dfrac{1}{2}$,因为

$$g(x)+g(-x)=\left(\frac{1}{a^x-1}+\frac{1}{2}\right)+\left(\frac{1}{a^{-x}-1}+\frac{1}{2}\right)$$

$$=\left(\frac{1}{a^x-1}+\frac{1}{2}\right)+\left(\frac{a^x}{1-a^x}+\frac{1}{2}\right)$$

$$=\frac{1-a^x}{a^x-1}+1=0,$$

所以 $g(x)$ 为奇函数. 又 $F(x)$ 为奇函数, 故 $f(x)$ 为偶函数.

注意　$f(x)+f(-x)=0$ 是判断 $f(x)$ 为奇函数的一种方法.

**2. 函数的周期性**

定义 1-3　若存在正数 $T$, 使函数 $f(x)$ 对定义域 $D$ 内任意 $x$, 有 $x+T\in D$, 且 $f(x+T)=f(x)$ 恒成立, 则称函数 $f(x)$ 是周期函数, 其中最小正数 $T$ 称为函数 $f(x)$ 的最小正周期, 简称周期.

周期为 $T$ 的函数 $f(x)$ 的几何特点: 在其定义域内任意长度为 $T$ 的区间上, 图形形状相同(图 1-7).

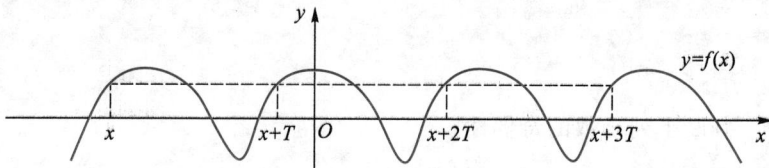

图 1-7

例如, $\sin x$, $\cos x$ 的周期为 $2\pi$; $\tan x$, $\cot x$ 的周期为 $\pi$.

不是所有周期函数都有最小正周期, 如定义在 **R** 上的狄利克雷(Dirichlet)函数

$$D(x)=\begin{cases}1,&x\text{ 为有理数},\\0,&x\text{ 为无理数}.\end{cases}$$

容易验证, 任何正有理数都是 $D(x)$ 的周期, 但它没有最小正周期.

例 1-12　设函数 $f(x)$ 为偶函数, $f(x-2)$ 为奇函数, 证明 $f(x)$ 为周期函数, 并求其周期.

解　因为 $f(x-2)$ 为奇函数, 所以 $f(-x-2)=-f(x-2)$; 因为 $f(x)$ 为偶函数, 所以 $f(-x-2)=f[-(x+2)]=f(x+2)$. 从而有

$$-f(x-2)=f(x+2).$$

令 $x-2=t$, 即 $x=t+2$, 将其代入上式得 $-f(t)=f(t+4)$. 于是

$$f(t+8)=f[(t+4)+4]=-f(t+4)=-[-f(t)]=f(t),$$

即 $f(x+8)=f(x)$. 故 $f(x)$ 为周期函数, 且周期为 $T=8$.

**3. 函数的有界性**

定义 1-4　设函数 $f(x)$ 在区间 $I$ 上有定义, 如果存在一个正常数 $M$, 使对任意 $x\in I$,

恒有 $|f(x)|\leq M$,那么称函数 $f(x)$ 在 $I$ 上有界,否则称为无界. 在定义域内有界的函数称为有界函数.

函数有界的定义也可等价地表示为:如果存在常数 $m$,$M$,使对任意 $x\in I$,恒有 $m\leq f(x)\leq M$,那么称函数 $f(x)$ 在 $I$ 上有界,并分别称 $m$ 和 $M$ 为函数 $f(x)$ 在 $I$ 上的下界和上界. 函数 $f(x)$ 在 $I$ 上的图形必介于两平行直线 $y=m$ 和 $y=M$ 之间(图 1-8).

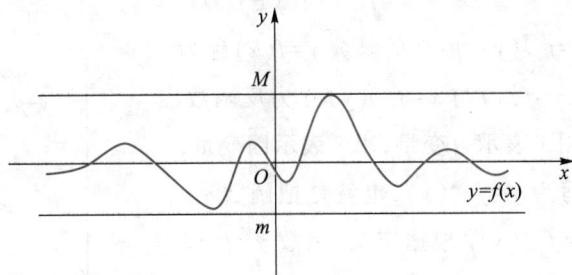

图 1-8

#### 4. 函数的单调性

**定义 1-5** 设函数 $f(x)$ 在区间 $I$ 内有定义,如果对 $I$ 内的任意两点 $x_1$ 和 $x_2$,当 $x_1 < x_2$ 时,

(1) 恒有 $f(x_1)\leq f(x_2)$(或 $f(x_1) < f(x_2)$),那么称 $f(x)$ 在区间 $I$ 上单调递增(或严格单调递增),称区间 $I$ 为 $f(x)$ 的单调递增区间;

(2) 恒有 $f(x_1)\geq f(x_2)$(或 $f(x_1) > f(x_2)$),那么称 $f(x)$ 在区间 $I$ 上单调递减(或严格单调递减),称区间 $I$ 为 $f(x)$ 的单调递减区间.

在定义域内单调递增或单调递减的函数称为单调递增函数或单调递减函数.

单调递增函数与单调递减函数统称为单调函数,单调递增区间与单调递减区间统称为单调区间.

单调递增函数的图形沿 $x$ 轴正向上升(图 1-9(a)),单调递减函数的图形沿 $x$ 轴正向下降(图 1-9(b)).

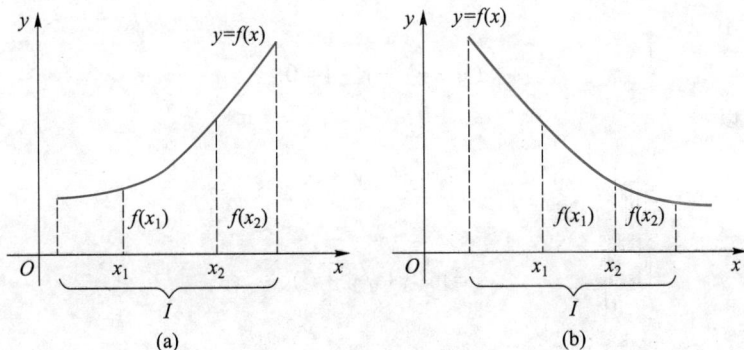

图 1-9

## 四、反函数

**定义 1-6**  设函数 $y=f(x)$，$x\in D$，$y\in f(D)$，如果对任一 $y\in f(D)$，由 $y=f(x)$ 有唯一确定的值 $x\in D$ 与之对应，那么称变量 $x$ 为变量 $y$ 的反函数，记作

$$x=f^{-1}(y),y\in f(D).$$

相对于反函数 $x=f^{-1}(y)$，原来的函数 $y=f(x)$ 称为直接函数. 显而易见，$y=f(x)$ 与 $x=f^{-1}(y)$ 互为反函数. 在表示函数时，习惯用 $x$ 表示自变量，用 $y$ 表示因变量，因此将 $x=f^{-1}(y)$ 改写为 $y=f^{-1}(x)$，也就是把函数 $y=f(x)$ 的反函数记作 $y=f^{-1}(x)$. 根据定义，函数 $y=f(x)$ 的定义域、值域分别是其反函数 $y=f^{-1}(x)$ 的值域、定义域. 在同一平面直角坐标系中，函数 $y=f^{-1}(x)$ 与函数 $y=f(x)$ 的图形关于直线 $y=x$ 对称（图 1-10），而函数 $x=f^{-1}(y)$ 与函数 $y=f(x)$ 的图形重合.

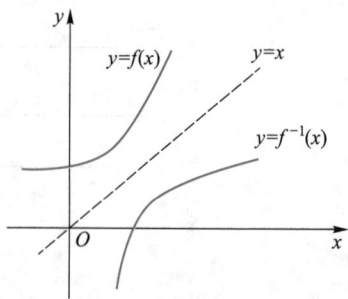

图 1-10

从反函数的定义可得

**定理 1-1**（反函数存在定理）  函数 $y=f(x)$ 在区间 $I$ 上存在反函数的充要条件是函数 $y=f(x)$ 是区间 $I$ 上的一一对应函数.

**定理 1-2**  若函数 $y=f(x)$ 在区间 $I$ 上单调递增（单调递减），则其存在在区间 $f(I)$ 上单调递增（单调递减）的反函数 $y=f^{-1}(x)$.

求反函数的步骤：由 $y=f(x)$ 解得 $x=f^{-1}(y)$，再将变量 $x$ 与 $y$ 改写得 $y=f^{-1}(x)$.

函数的一些
几何特性
及反函数

**例 1-13**  求函数 $f(x)=\dfrac{e^x-e^{-x}}{2}$ 的反函数 $f^{-1}(x)$.

**解**  设 $y=f(x)$，即 $y=\dfrac{e^x-e^{-x}}{2}$，$x\in\mathbf{R}$，变形得

$$(e^x)^2-2ye^x-1=0.$$

配方得

$$(e^x-y)^2-y^2-1=0.$$

因为 $e^x>0$，所以

$$e^x=y+\sqrt{y^2+1}.$$

因此

$$x=\ln(y+\sqrt{y^2+1}).$$

改写得

$$y=\ln(x+\sqrt{x^2+1}),x\in\mathbf{R}.$$

于是，所求反函数

$$f^{-1}(x) = \ln(x + \sqrt{x^2 + 1}), x \in \mathbf{R}.$$

**例 1-14**   求分段函数 $f(x) = \begin{cases} x^2, & -3 \leqslant x < 0, \\ x^2 - 9, & 0 \leqslant x \leqslant 3 \end{cases}$ 的反函数 $f^{-1}(x)$.

**解**   设 $y = f(x)$,即

$$y = \begin{cases} x^2, & -3 \leqslant x < 0, \\ x^2 - 9, & 0 \leqslant x \leqslant 3. \end{cases}$$

当 $-3 \leqslant x < 0$ 时,$y = x^2 (0 < y \leqslant 9)$. 解出 $x$,得 $x = -\sqrt{y}$,$0 < y \leqslant 9$.

当 $0 \leqslant x \leqslant 3$ 时,$y = x^2 - 9 (-9 \leqslant y \leqslant 0)$. 解出 $x$,得 $x = \sqrt{y+9}$,$-9 \leqslant y \leqslant 0$.

综上可得

$$x = \begin{cases} -\sqrt{y}, & 0 < y \leqslant 9, \\ \sqrt{y+9}, & -9 \leqslant y \leqslant 0. \end{cases}$$

改写得

$$y = \begin{cases} -\sqrt{x}, & 0 < x \leqslant 9, \\ \sqrt{x+9}, & -9 \leqslant x \leqslant 0. \end{cases}$$

故所求反函数

$$f^{-1}(x) = \begin{cases} \sqrt{x+9}, & -9 \leqslant x \leqslant 0, \\ -\sqrt{x}, & 0 < x \leqslant 9. \end{cases}$$

## 五、复合函数

复合函数就是函数的函数,是将一个函数的自变量用另一个函数替换的结果.

**定义 1-7**   若 $y$ 是 $u$ 的函数:$y = f(u)$,$u$ 是 $x$ 的函数:$u = g(x)$,且函数 $u = g(x)$ 的值域与函数 $y = f(u)$ 的定义域交集非空,则称 $y$ 是 $x$ 的复合函数,记作

$$y = (f \circ g)(x) = f[g(x)],$$

其中 $f$ 称为外层函数,$g$ 称为内层函数,$u$ 称为中间变量.

两个函数可以构成复合函数的充要条件是外层函数的定义域与内层函数的值域交集为非空集合. 复合函数 $(f \circ g)(x)$ 的定义域是 $g(x)$ 的定义域中使函数 $g$ 的值属于函数 $f$ 的定义域的全体 $x$ 的集合. 例如,当函数 $y = f(u) = 1 - u^2$,$u = g(x) = \sqrt{x}$ 时,可得复合函数 $y = (f \circ g)(x) = f[g(x)] = 1 - g^2(x) = 1 - x$,其定义域为 $[0, +\infty)$;复合函数 $y = (g \circ f)(x) = g[f(x)] = \sqrt{f(x)} = \sqrt{1-x^2}$,其定义域为 $[-1, 1]$.

**例 1-15**   设函数

$$f(x) = x^2 + x + 1, \quad g(x) = \begin{cases} 0, & x \leqslant 0, \\ x, & x > 0, \end{cases}$$

求函数 $f[g(x)]$ 及其定义域.

解
$$f[g(x)] = g^2(x) + g(x) + 1$$

$$= \begin{cases} 1, & g(x) = 0, \\ x^2 + x + 1, & g(x) = x \end{cases}$$

$$= \begin{cases} 1, & x \leqslant 0, \\ x^2 + x + 1, & x > 0, \end{cases}$$

函数 $f[g(x)]$ 的定义域为 **R**.

复合函数也可以由两个以上函数复合构成,例如,函数 $y = f(u)$,$u = g(v)$,$v = h(x)$ 在符合复合的条件时可构成复合函数 $y = (f \circ g \circ h)(x) = f\{g[h(x)]\}$.

在微积分中,常常需要将复合函数分解为简单函数,也就是找出构成复合函数的那些简单函数.

**例 1-16**   将下列复合函数分解成简单函数:

(1) $y = [\ln(1-x)]^2$;              (2) $y = \cos(\cos^2 x)$.

解   (1) $y = [\ln(1-x)]^2$ 可分解成 $y = u^2$,$u = \ln v$,$v = 1-x$.

(2) $y = \cos(\cos^2 x)$ 可分解成 $y = \cos u$,$u = v^2$,$v = \cos x$.

## 六、基本初等函数

基本初等函数包括六类:常数函数、幂函数、指数函数、对数函数、三角函数和反三角函数,其中常数函数、幂函数、指数函数、对数函数、三角函数在中学阶段已系统学习过,对此仅作扼要介绍.

**1. 常数函数 $y = c$($c$ 为常数)**

定义域为 $(-\infty, +\infty)$,图形是平行于 $x$ 轴且在 $y$ 轴上的截距为 $c$ 的一条直线(图 1-11).

**2. 幂函数 $y = x^a$($a$ 为常数)**

定义域与 $a$ 的值有关,无论 $a$ 为何值,在 $(0, +\infty)$ 内一定有定义,且图形都通过点 $(1,1)$,如 $y = x^2$,$y = \sqrt{x}$,$y = x$ 都是幂函数(图 1-12).

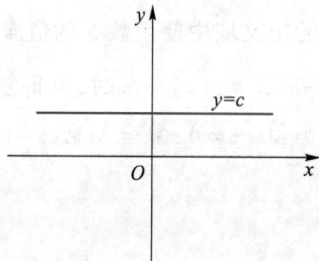

图 1-11

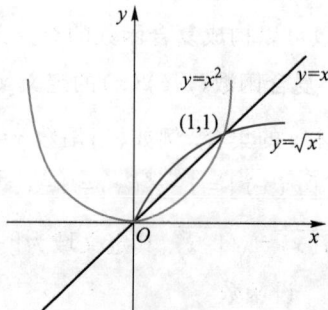

图 1-12

**3. 指数函数** $y = a^x (a > 0, a \neq 1)$

定义域为 $(-\infty, +\infty)$, 图形都在 $x$ 轴上方且通过点 $(0, 1)$. 当 $a > 1$ 时, 函数单调递增; 当 $0 < a < 1$ 时, 函数单调递减 (图 1-13). 如 $y = e^x$ 是以无理数 $e = 2.718\ 28\cdots$ 为底的指数函数, 此函数在实际问题中常常使用.

**4. 对数函数** $y = \log_a x (a > 0, a \neq 1)$

定义域为 $(0, +\infty)$, 它是指数函数 $y = a^x (a > 0, a \neq 1)$ 的反函数, 因此其图形都在 $y$ 轴右方且通过点 $(1, 0)$. 当 $a > 1$ 时, 函数单调递增; 当 $0 < a < 1$ 时, 函数单调递减 (图 1-14). 将 $y = e^x$ 的反函数 $y = \log_e x$ 记为 $y = \ln x$, 称 $y = \ln x$ 为自然对数函数.

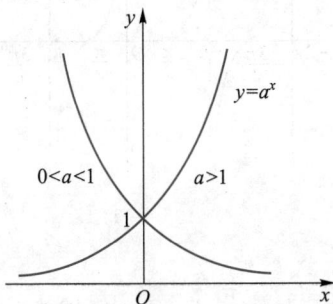

图 1-13

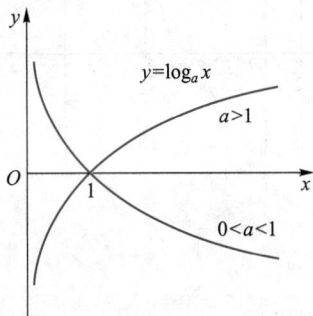

图 1-14

**5. 三角函数**

(1) 正弦函数 $y = \sin x$, 定义域为 $(-\infty, +\infty)$, 值域为 $[-1, 1]$, 它是奇函数, 周期为 $2\pi$, 且是有界函数 (图 1-15).

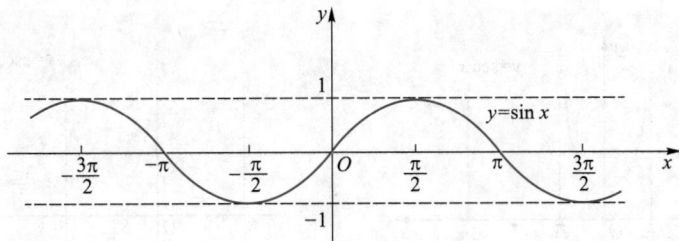

图 1-15

(2) 余弦函数 $y = \cos x$, 定义域为 $(-\infty, +\infty)$, 值域为 $[-1, 1]$, 它是偶函数, 周期为 $2\pi$, 且是有界函数 (图 1-16).

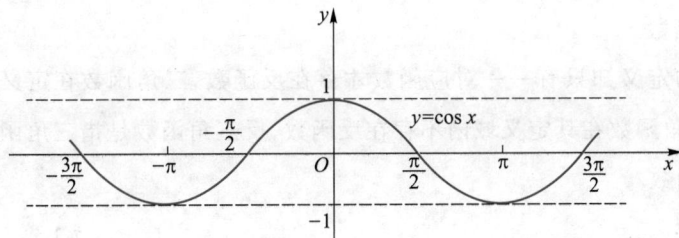

图 1-16

（3）正切函数 $y = \tan x$，定义域为 $\mathbf{R} - \left\{ k\pi + \dfrac{\pi}{2}, k \in \mathbf{Z} \right\}$，值域为 $(-\infty, +\infty)$，它是奇函数，周期为 $\pi$，且是无界函数（图 1-17）.

（4）余切函数 $y = \cot x$，定义域为 $\mathbf{R} - \{ k\pi, k \in \mathbf{Z} \}$，值域为 $(-\infty, +\infty)$，它是奇函数，周期为 $\pi$，且是无界函数（图 1-18）.

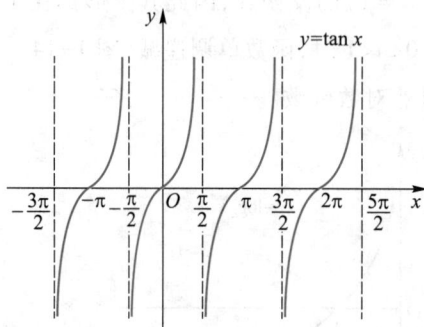
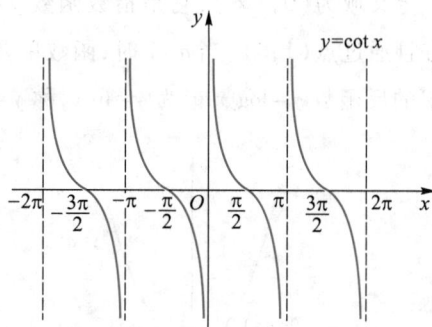

图 1-17　　　　　　　　　　　　　　　图 1-18

（5）正割函数 $y = \sec x = \dfrac{1}{\cos x}$，定义域为 $\mathbf{R} - \left\{ k\pi + \dfrac{\pi}{2}, k \in \mathbf{Z} \right\}$，值域为 $(-\infty, -1] \cup [1, +\infty)$，它是偶函数，周期为 $2\pi$，且是无界函数（图 1-19）.

（6）余割函数 $y = \csc x = \dfrac{1}{\sin x}$，定义域为 $\mathbf{R} - \{ k\pi, k \in \mathbf{Z} \}$，值域为 $(-\infty, -1] \cup [1, +\infty)$，它是奇函数，周期为 $2\pi$，且是无界函数（图 1-20）.

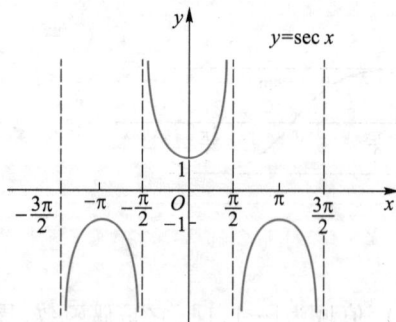
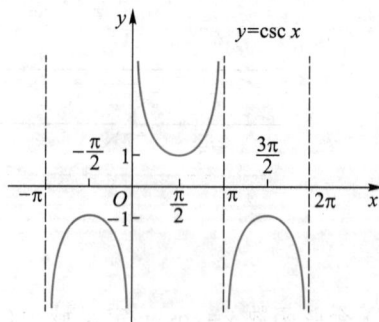

图 1-19　　　　　　　　　　　　　　　图 1-20

**6. 反三角函数**

由反函数的定义知只有一一对应函数才存在反函数，三角函数在定义域内都不是一一对应的，故三角函数在其定义域内不存在反函数，反三角函数是指三角函数在某指定单调区间上的反函数.

（1）反正弦函数 $y = \arcsin x$，定义域为 $[-1, 1]$，值域为 $\left[ -\dfrac{\pi}{2}, \dfrac{\pi}{2} \right]$，它是单调递增函

数,且是奇函数及有界函数,如图 1-21 所示,它是受约束的正弦函数 $y = \sin x, x \in \left[ -\dfrac{\pi}{2}, \dfrac{\pi}{2} \right], y \in [-1,1]$ 的反函数.

(2)反余弦函数 $y = \arccos x$,定义域为 $[-1,1]$,值域为 $[0,\pi]$,它是单调递减函数,且是非奇非偶函数及有界函数,如图 1-22 所示,它是受约束的余弦函数 $y = \cos x, x \in [0,\pi], y \in [-1,1]$ 的反函数.

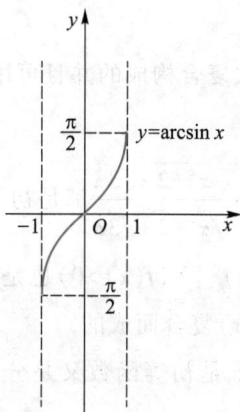

图 1-21

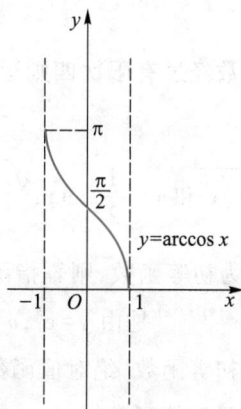

图 1-22

(3)反正切函数 $y = \arctan x$,定义域为 $(-\infty, +\infty)$,值域为 $\left( -\dfrac{\pi}{2}, \dfrac{\pi}{2} \right)$,它是单调递增函数,且是奇函数及有界函数,如图 1-23 所示,它是受约束的正切函数 $y = \tan x, x \in \left( -\dfrac{\pi}{2}, \dfrac{\pi}{2} \right), y \in (-\infty, +\infty)$ 的反函数.

(4)反余切函数 $y = \operatorname{arccot} x$,定义域为 $(-\infty, +\infty)$,值域为 $(0,\pi)$,它是单调递减函数,且是非奇非偶函数及有界函数,如图 1-24 所示,它是受约束的余切函数 $y = \cot x, x \in (0,\pi), y \in (-\infty, +\infty)$ 的反函数.

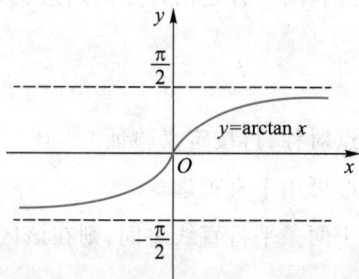

图 1-23

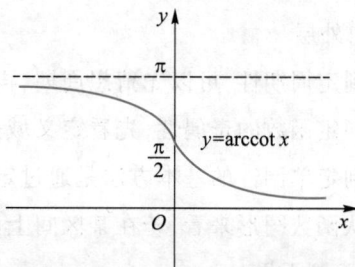

图 1-24

类似地,正割函数 $y = \sec x$,余割函数 $y = \csc x$ 在单调区间上也有反函数,这里不再赘述.
需要注意的是三角函数在任一单调区间上都存在反函数,且在其他单调区间上的反函数可由上述反三角函数表示出来. 例如, 受约束的正弦函数 $y = \sin x, x \in \left[\dfrac{\pi}{2}, \dfrac{3\pi}{2}\right], y \in [-1, 1]$, 它是单调递减函数, 所以也存在单调递减的反函数, 其反函数可以表示为 $y = \pi - \arcsin x$, $x \in [-1, 1], y \in \left[\dfrac{\pi}{2}, \dfrac{3\pi}{2}\right]$.

## 七、初等函数

由基本初等函数经过有限次四则运算和有限次复合构成的并且可用一个式子表示的函数称为初等函数.

如 $y = \sqrt[3]{x + \sqrt[3]{x + \sqrt[3]{x}}}$ 和 $y = \dfrac{1}{2}\arctan\dfrac{\sqrt{x^2 + 2}}{x} + \dfrac{1}{4\sqrt{3}}\ln\dfrac{\sqrt{x^2 + 2} - \sqrt{3}\,x}{\sqrt{x^2 + 2} + \sqrt{3}\,x}$ 都是初等函数.

若 $f(x), g(x)$ 为初等函数, 则幂指函数 $y = [f(x)]^{g(x)} (f(x) > 0)$ 也是初等函数, 这是因为 $y = [f(x)]^{g(x)} = \mathrm{e}^{g(x)\ln f(x)}$ 是由 $y = \mathrm{e}^{u}, u = g(x)\ln f(x)$ 复合而成的.

符号函数不是初等函数, 绝对值函数 $y = |x|$ 既是初等函数又是分段函数, 所以只能说分段函数一般不是初等函数.

## 本节小结

理解一个函数, 主要从它的两个基本要素 (定义域、对应法则) 入手, 结合它的几何特性 (即奇偶性、周期性、有界性、单调性) 来研究. 无论初等函数多复杂, 都是由若干基本初等函数经过有限次四则运算和有限次复合构成的, 因而熟悉基本初等函数的性质及图形特点是本节的核心. 而分段函数一般不是初等函数, 所以初等函数有的性质, 分段函数不一定有. 注意:

1. 已知表达式求定义域一般需要解不等式组.

2. 求复合函数的表达式, 常采用代入法, 途径有两种: 一种是由外层向内层; 另一种是由内层向外层.

3. 判定周期性, 可以先猜想周期, 再加以证明.

4. 判定函数的奇偶性, 先看定义域是否关于原点对称, 再按定义验证.

5. 判定单调性的基本方法是通过定义判定, 图形可用于直观理解.

6. 从函数图形来看, 若在某区间上函数图形位于两条平行直线之间, 则在该区间上函数有界, 否则无界.

## 练习 1.1

### 基础题

1. 下列式子中哪些表示函数：

(1) $x^2 + y + 1 = 0$；

(2) $x^2 + y^2 + 1 = 0$；

(3) $y = \sqrt{-x^2}$；

(4) $y = 0$；

(5) $y = \ln(-1 - x^2)$；

(6) $y = \begin{cases} \dfrac{1}{x}, & x \neq 0, \\ 0, & x = 0. \end{cases}$

2. 下列函数中哪些相同：

(1) $f(x) = \dfrac{|x|}{x}, g(x) = 1$；

(2) $f(x) = x + 1, g(x) = \sqrt{(1+x)^2}$；

(3) $f(x) = 1, g(x) = \sin^2 x + \cos^2 x$；

(4) $f(x) = x^2 + 1, g(t) = t^2 + 1$.

3. 求下列函数的定义域：

(1) $y = \log_2(x^2 - 1)$；

(2) $y = \arccos \dfrac{x+1}{5}$；

(3) $y = \dfrac{1}{\sqrt{\lg|x-5|}}$；

(4) $y = \dfrac{1}{1 - x^2} + \sqrt{x+2}$.

4. 设 $f(x)$ 的定义域 $D = [0, 1]$，求下列各函数的定义域：

(1) $f(x^2)$；

(2) $f(\sin x)$；

(3) $f(x+a) \, (a > 0)$；

(4) $f(x + 0.2) + f(x - 0.2)$.

5. 判断下列函数的奇偶性：

(1) $y = \dfrac{e^x - e^{-x}}{e^x + e^{-x}}$；

(2) $y = \ln(\sqrt{1+x^2} + x)$；

(3) $y = x + \sin x^2$；

(4) $y = \begin{cases} x^2 - x, & x < 0, \\ x^2 + x, & x \geqslant 0. \end{cases}$

6. 下列各函数中哪些是周期函数？对于周期函数，指出其周期：

(1) $y = \cos(x - 2)$；

(2) $y = \cos 4x$；

(3) $y = 1 + \sin \pi x$；

(4) $y = x \cos x$；

(5) $y = \sin^2 x$.

7. 下列函数是否有反函数？为什么？若有反函数，请求出其反函数 $f^{-1}(x)$：

（1）$f(x)=\dfrac{x-1}{x+2}$；

（2）$f(x)=\sqrt{x-1}$；

（3）$f(x)=\dfrac{e^x}{1+2e^x}$；

（4）$f(x)=\begin{cases} x^2, & 0\leqslant x<1, \\ -2x+5, & 1\leqslant x\leqslant 2. \end{cases}$

8. 求函数 $y=\cos x, x\in[\pi,2\pi]$ 的反函数.

9. 已知 $f(x)=1-3x, g(x)=\cos x$，求函数 $f\circ g, g\circ f, f\circ f, g\circ g$ 及其定义域.

10. 将下列函数分解成简单函数：

（1）$y=x^{x^2}$；

（2）$y=\sin^2 x$；

（3）$y=\arctan\sqrt{1+x^2}$；

（4）$y=\lg\lg^2\dfrac{x}{2}$.

11. 设 $xOy$ 平面上有正方形 $D=\{(x,y)\,|\,0\leqslant x\leqslant 1, 0\leqslant y\leqslant 1\}$ 及直线 $l:x+y=t\,(t\geqslant 0)$. 若 $S(t)$ 表示正方形 $D$ 位于直线 $l$ 左下方部分的面积，求 $S(t)$ 与 $t$ 之间的函数关系.

**提高题**

1. 证明：定义在对称区间 $(-a,a)$ 内的任意函数都可表示为一个奇函数与一个偶函数的和.

2. 设 $f(x)=\dfrac{a^x+a^{-x}}{2}, a>0$，证明：$f(x+y)+f(x-y)=2f(x)f(y)$.

3. 设函数 $af(x)+bf\left(\dfrac{1}{x}\right)=\dfrac{c}{x}$，其中 $a,b,c$ 为常数，且 $|a|\neq|b|$，求函数 $f(x)$ 的解析式并证明它是奇函数.

4. 设 $f(x)=\begin{cases} e^x, & x<1, \\ x, & x\geqslant 1, \end{cases}$ $\varphi(x)=\begin{cases} x+2, & x<0, \\ x^2-1, & x\geqslant 0, \end{cases}$ 求 $f[\varphi(x)]$.

# §1.2　经 济 函 数

微积分方法在经济领域的广泛应用为科学的经济分析和决策奠定了基础，使现代经济学研究朝气蓬勃、充满活力，经济大数据更依赖于数学的归纳、分析和提炼. 需求、供给、成本、收益和利润是经济分析的基本研究对象，在对复杂的实际问题提出合理假设的条件下，有下列常用的经济函数.

## 一、需求函数

商品的需求旺盛才会导致积极的市场活动. 扩大内需,刺激经济发展, 是繁荣经济的重要策略之一. 需求研究始终被经济学家高度关注,而需求受 诸多因素的影响,如商品的价格、工资收入、存款、其他替代商品的价格等, 这里我们不考虑价格之外的其他因素的影响,认为市场上某种商品的需求量只与该种商品的价格有关,即该商品的需求量是商品的价格的函数. 设商品的价格为 $P$,需求量为 $Q^D$,则两者之间的函数关系可表示为

$$Q^D = D(P), P \geq 0,$$

称其为需求函数. 显然,价格上涨,需求量下降,需求函数为单调递减函数,所以需求函数 也可以用上述函数的反函数表示为

$$P = D^{-1}(Q^D), Q^D \geq 0.$$

## 二、供给函数

供给与需求是相对的概念,需求是对购买者而言的,而供给是对生产者而言的. 某种 商品的供给量是指生产者愿意而且能够提供该商品的数量,商品的供给量受很多因素影 响,在不考虑价格之外的其他因素的情况下,供给量 $Q^S$ 与价格 $P$ 之间的函数关系可表 示为

$$Q^S = S(P), P \geq 0,$$

称其为供给函数. 供给函数为单调递增函数.

## 三、市场均衡

随着价格的上涨,某商品的需求量下降,供给量增加, 市场不断调节,当需求量等于供给量时,称该商品处于市场 均衡状态,此时的价格称为该商品的均衡价格,此时的需求 量(或供给量)称为该商品的均衡量. 如图 1-25 所示,商品 的均衡价格和均衡量相对于需求曲线和供给曲线交点的坐 标为 $(P^*, Q^*)$.

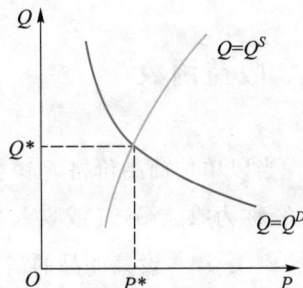

图 1-25

## 四、成本函数

根据经济学理论,商品的总成本是固定成本与变动成本两部分之和. 总成本函数的一

般形式是

$$C(x) = C_0 + C_1(x), \quad x \geq 0,$$

$C_0$ 是固定成本(包括厂房及设备折旧费、管理人员工资、保险费等),它不随产量 $x$ 的变化而变化,是一个常量;$C_1(x)$ 是变动成本(包括原材料费、能源消耗费、生产工人工资等),它随着产量 $x$ 的变化而变化,是 $x$ 的函数.

产量 $x = 0$ 时的总成本就是固定成本,即 $C(0) = C_0$.

总成本函数 $C(x)$ 与产量 $x(x>0)$ 的商,称为平均成本函数,记作

$$\overline{C}(x) = \frac{C(x)}{x}.$$

平均成本函数反映的是产量为 $x$ 时的单位平均成本.

**例 1-17**　假定某商品总成本 $C$(单位:万元)为年产量 $x$(单位:t)的函数,

$$C = C(x) = a + bx^2,$$

其中 $a, b$ 为待定系数. 已知固定成本为 400 万元,且年产量为 100 t 时,总成本为 500 万元,试求总成本函数及平均成本函数.

**解**　由于 $C(0) = a$,所以 $a$ 为固定成本,由已知可得 $a = 400$.

又因为当 $x = 100$ 时,$C = 500$,所以

$$500 = 400 + 100^2 b,$$

故 $b = \dfrac{1}{100}$. 因此,总成本函数为

$$C(x) = 400 + \frac{x^2}{100}, \quad x \geq 0,$$

平均成本函数为

$$\overline{C}(x) = \frac{C(x)}{x} = \frac{400}{x} + \frac{x}{100}, \quad x > 0.$$

## 五、收益函数

当以单位商品价格 $P$ 销售商品 $Q$ 个单位时,所得收益 $R = QP$,$R$ 与商品的价格和销量有关,称为收益函数(或收入函数). 显然,当 $Q = 0$ 时,$R = 0$.

**例 1-18**　设某商品的需求量 $Q$ 是 $P$ 的线性函数 $Q = a + bP$,已知该商品的最大需求量为 40 000 件,最高价格为 40 元/件,并假定市场均衡,求该商品的收益函数.

**解**　因为 $Q(0) = a$ 为最大需求量,所以 $a = 40\ 000$.

价格最高时销量为零,即 $a + 40b = 0$,得

$$b = -\frac{a}{40} = -\frac{40\ 000}{40} = -1\ 000.$$

需求函数为

$$Q = 40\,000 - 1\,000P,$$

收益函数为

$$R = QP = (40\,000 - 1\,000P)P = 40\,000P - 1\,000P^2, P \geq 0$$

或

$$R = QP = Q \cdot \frac{40\,000 - Q}{1\,000} = 40\,Q - \frac{1}{1\,000}Q^2, Q \geq 0.$$

**例 1-19**  某航空公司广告:到某地旅行,100 人包机的票价为 9 800 元一张;100 人以上包机时,每超出 10 人,每张票价降低 200 元.求包机人数与航空公司的收益关系.

**解**  设 $x$ 人包机时机票价格为 $P$ 元,航空公司的收益为 $R$,则

$$P = 9\,800 - \frac{200}{10}(x - 100).$$

包机人数与航空公司的收益关系为

$$R = Px = \left[9\,800 - \frac{200}{10}(x - 100)\right]x = 11\,800x - 20x^2.$$

## 六、利润函数

由经济理论可知

$$利润 = 收益 - 成本.$$

当生产并销售 $Q$ 个单位商品,即产销平衡时,利润函数的一般形式为

$$L = L(Q) = R(Q) - C(Q).$$

若当 $Q = Q^*$ 时,$L(Q^*) = 0$,则称 $Q^*$ 为盈亏临界点(经济学中又称 $Q^*$ 为保本点).

**例 1-20**  某工厂生产一种商品的固定成本为 1 200 元,每生产一个单位商品,成本增加 2 元,每单位商品售价 $P$ 元,需求函数为 $P = \dfrac{100}{\sqrt{Q}}$,其中 $Q$ 为需求量.假设市场均衡,求该工厂的保本产量.

**解**  成本函数

$$C(Q) = 1\,200 + 2Q, \quad Q \geq 0,$$

收益函数

$$R(Q) = PQ = \frac{100}{\sqrt{Q}} \cdot Q = 100\sqrt{Q}, \quad Q \geq 0,$$

利润函数

$$L(Q) = R(Q) - C(Q) = 100\sqrt{Q} - 2Q - 1\,200, \quad Q \geq 0.$$

令 $L(Q) = 100\sqrt{Q} - 2Q - 1\,200 = 0$，解得 $Q = 900$ 或 $Q = 400$. 因此，该工厂的保本产量为 400 个单位或 900 个单位.

**例 1-21**　设某手表厂生产一块石英表的变动成本为 10 元，而每月的固定成本是 2 000 元. 如果每块手表的出厂价为 30 元，问该厂每月石英表的保本产量是多少？

解　因为

$$C(Q) = 2\,000 + 10Q, \quad R(Q) = 30Q,$$

所以

$$L(Q) = R(Q) - C(Q) = 20Q - 2\,000.$$

令 $L(Q) = 0$，得 $Q = 100$. 因此，该厂每月石英表的保本产量为 100 块.

**例 1-22**　设某厂生产某商品的固定成本为 500 元，每生产 100 台，成本增加 2 500 元，市场对此商品的最高年需求量为 500 台，在此范围内商品能全部售出，销售的总收益函数为 $R(Q) = 5Q - \dfrac{1}{2}Q^2$（万元），其中 $Q$ 是销量（单位：百台）；如果超出此范围，商品就会积压. 试求利润函数.

解　总成本函数为

$$C(Q) = 0.05 + 0.25Q,$$

收益函数为

$$R(Q) = \begin{cases} 5Q - \dfrac{1}{2}Q^2, & 0 \leqslant Q \leqslant 5, \\ 5 \times 5 - \dfrac{1}{2} \times 5^2, & Q > 5, \end{cases}$$

所以利润函数为

$$L(Q) = R(Q) - C(Q) = \begin{cases} -\dfrac{1}{2}Q^2 + 4.75Q - 0.05, & 0 \leqslant Q \leqslant 5, \\ -0.25Q + 12.45, & Q > 5. \end{cases}$$

## 七、库存函数

企业以批量进货、均匀消耗、无交割期、无缺货的形式进行生产活动，以年为单位结算. 设 $A$ 代表企业对某原料的全年需求量，$Q$ 代表批量（即每批订货数量），$P$ 代表每次订货成本，$C$ 代表一年内单位原料的库存费用，则此生产活动会产生订货成本和库存费用，这两项费用都与每批订货数量也就是批量有关. 我们把全年订货总成本和全年库存总费用之和与批量之间的关系称为**库存函数**.

当批量为 $Q$ 时，订货次数为 $\dfrac{A}{Q}$，全年订货总成本为 $P \cdot \dfrac{A}{Q}$.

原料的库存量在一个进货周期内是不断变化的，因为批量进货，均匀消耗，无交割期，无缺货,所以将一个订货周期内的库存量用平均库存量 $\dfrac{Q}{2}$ 代替,全年库存量也取 $\dfrac{Q}{2}$,因此

全年库存总费用为 $C \cdot \dfrac{Q}{2}$.

故库存函数

$$T=\text{全年库存总费用}+\text{全年订货总成本}=\frac{CQ}{2}+\frac{AP}{Q}.$$

**例 1-23**　假定某公司每年耗用甲种材料 3 000 kg,每次订货成本为 10 元,1 kg 存货每年的库存费用为 1 元,试给出甲种材料的库存函数.

**解**　设每次订货的数量为 $Q$ kg,由已知有 $A=3\,000$,$P=10$,$C=1$,则库存函数

$$T=\frac{CQ}{2}+\frac{AP}{Q}=\frac{Q}{2}+\frac{30\,000}{Q}.$$

## 本节小结

学习数学最重要的是将其应用到我们的社会生活,以解决实际问题. 要学会如何将一个具体的经济问题转化为一个数学问题来解决. 在研究商品的需求和供给时,仅仅将其简单描述为价格的函数,却非常清晰地说明了其中的经济内涵. 厂商的一个目标就是如何制定价格与产量使生产成本最小化、利润最大化. 本节总结的常见经济函数在形式上并不复杂,理解其经济意义才是最重要的.

## 练习 1.2

### 基础题

1. 设某商品的需求函数为 $Q^D=-5+3P$,供给函数为 $Q^S=10-2P$,求均衡价格和均衡量.

2. 设某商品的需求函数为 $P=20-3Q-Q^2$,供给函数为 $P=5-10Q+3Q^2$,求均衡价格和均衡量.

3. 某企业同产出无关的固定成本为 600 元,每单位产出 $Q$ 的可变成本为 5 元,商品售价为每单位 10 元,求:

(1) 总成本函数;　(2) 平均成本函数;　(3) 总收益函数;　(4) 盈亏临界点.

4. 某房地产公司有 50 套公寓要出租,当月租金定为 1 000 元时,公寓能全部租出去;月租金每增加 50 元,就会多一套公寓租不出去,而租出去的公寓每月需花费 100 元的维

修费,求出租公寓套数和公司利润的关系.

5. 某厂生产某种商品的年产量为 10 000 件,平均分若干批生产,每批准备费为 20 元,每件年库存费用为 10 元. 设产品均匀销售,求库存函数.

6. 设某工厂今年 1 月、2 月、3 月分别生产某商品 1 万件、1.2 万件、1.3 万件. 为估计以后每月的产量,以这三个月的产量为依据,用一个函数模拟该商品的月产量 $y$ 与月份 $x$ 的关系,模拟函数可选用二次函数或 $y=ab^x+c(a,b,c$ 为常数). 已知 4 月份该商品的产量为 1.37 万件,问用以上哪个函数模拟效果较好? 说明理由.

### 提高题

1. 一商家销售某种商品的价格满足关系式 $P=7-0.2Q$,$P$ 为商品销售价格(单位:万元/t),$Q$ 为销量(单位:t),商品的成本(单位:万元)函数为 $C(Q)=3Q+1$. 若每销售一吨商品需要缴纳 $t$ 万元消费税,求商家的利润函数.

2. 已知某商品的需求函数为 $Q^D=100-2P$,供给函数为 $Q^S=3P-50$. 现在假设每单位商品需要缴纳 5 元消费税.

(1) 求新的供给函数;

(2) 求新的均衡价格和均衡量;

(3) 在 5 元消费税中,多少由消费者支付? 多少由生产者支付?

## §1.3   函数在 MATLAB 中的实现

随着社会和计算机技术的发展,数学与计算机技术的结合越来越密切,利用计算机软件能够方便高效地解决各种实际问题. MATLAB 是常用的数学软件,借助 MATLAB 强大的数据处理及图形处理能力可以方便、快捷、高效地解决数学问题. 下面介绍采用 MATLAB 绘制函数图形的方法.

在命令行窗口输入以下代码:

1) 一元一次函数

```
x=0:0.1:1;
y=x;
plot(x,y)      % ">>"符号是软件自动生成的,不需要自行键入
```

输出图形如图 1-26 所示.

2) 一元多次函数

```
x=0:0.1:1;
```

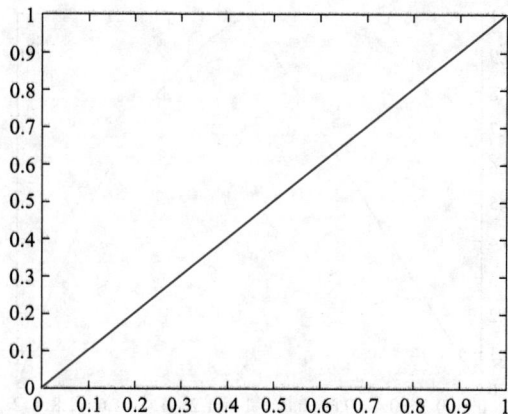

图 1-26

```
y=x.^3;
plot(x,y)
```

输出图形如图 1-27 所示.

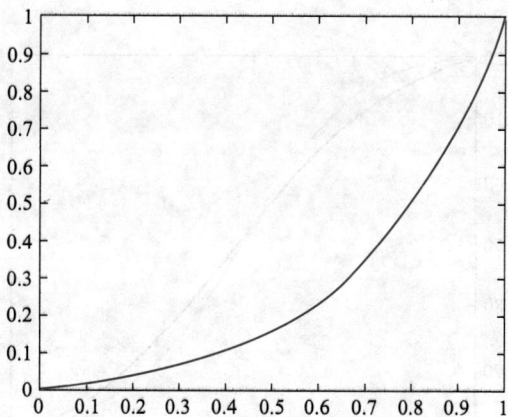

图 1-27

### 3）分段函数

```
x=0:0.1:2;
y=x.*(x>=0&x<=1)+(-(x-1).^2+1).*(x>1&x<=2)
% 组合函数 y=y1.*(x 定义域)+y2.*(x 定义域);
plot(x,y)
```

输出图形如图 1-28 所示.

### 4）绘图技巧一：多条曲线画在同一个图像里

tip：使用 holdon 函数.

```
t=[0:0.01:1];
q1=120-180*t.^2+120*t.^3;
q2=120-600*t.^3+900*t.^4-360*t.^5;
```

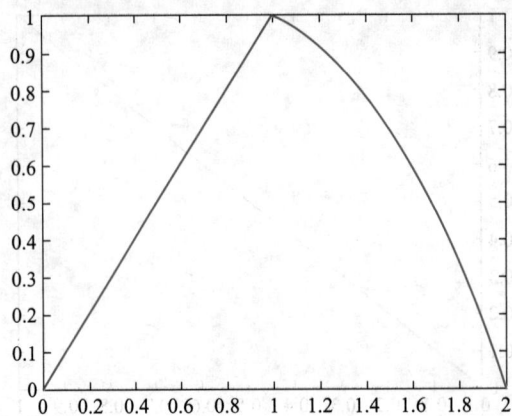

图 1-28

```
plot(t,q1)
hold on
plot(t,q2)
```
输出图形如图 1-29 所示.

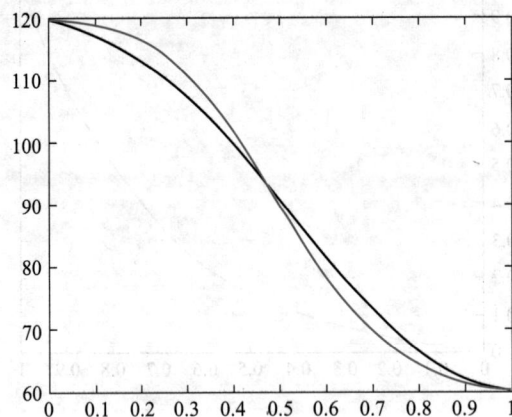

图 1-29

5) 绘图技巧二:改变图像中线的颜色和线条形式(针对 plot 函数)

```
t=[0:0.01:1];
q1=120-180*t.^2+120*t.^3;
q2=120-600*t.^3+900*t.^4-360*t.^5;
plot(t,q1,'--')
hold on
plot(t,q2,'-·-·')
```
输出图形如图 1-30 所示.

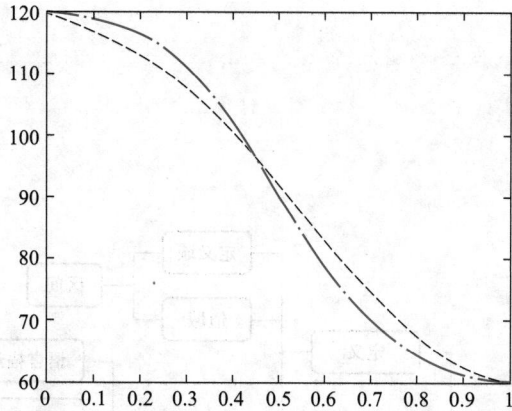

图 1-30

6) 绘图技巧三：增加图例

tip：利用 legend 函数.

```
t=[0:0.01:1];
q1=120-180*t.^2+120*t.^3;
q2=120-600*t.^3+900*t.^4-360*t.^5;
plot(t,q1,'--');
hold on
plot(t,q2,'-·-·');
legend('q1函数图像','q2函数图像')   % 要按函数的顺序来添加
```

输出图形如图 1-31 所示.

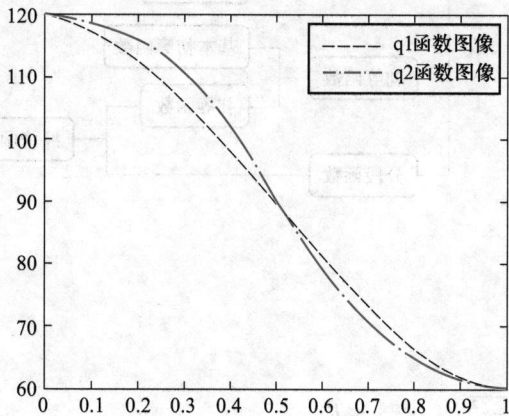

图 1-31

## 思维导图

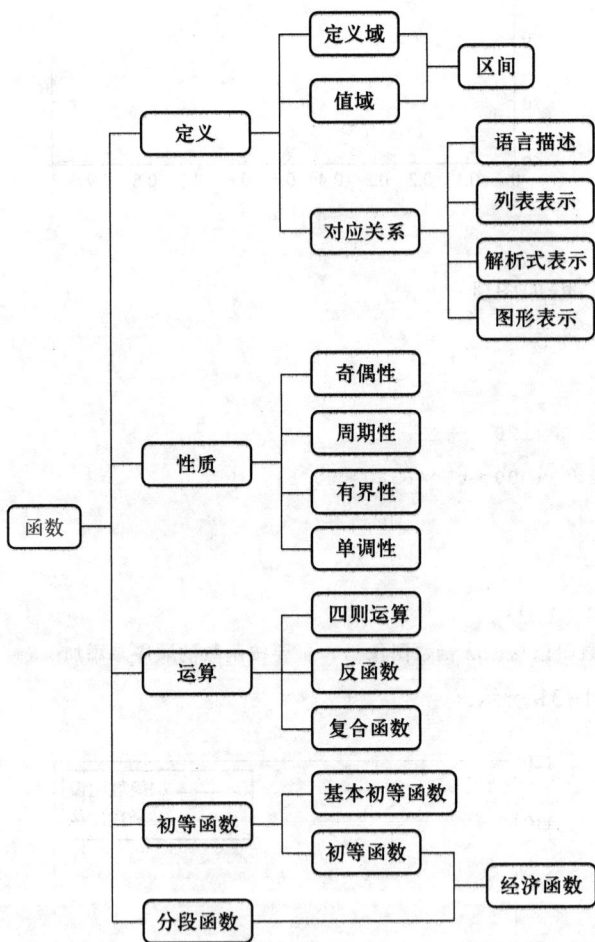

## 习题一

1. 选择题：

(1) 函数 $y = \begin{cases} \sqrt{R^2-x^2}, & |x| \leqslant R, \\ \sqrt{x^2-R^2}, & |x| > R \end{cases}$ 的定义域是(　　);

A. $[-1,1]$                                 B. $(-\infty, +\infty)$

C. $(-\infty, -1) \cup (1, +\infty)$              D. 以上均不对

(2) 设 $f(x)$ 的定义域为 $(1,2)$,则 $f(\ln x)$ 的定义域是(　　);

A. $(0, \ln 1)$           B. $[0, \ln 2]$           C. $(e, e^2)$           D. $(1,2)$

(3) 若 $z=\sqrt{y}+f(\sqrt[3]{x}-1)$，且已知当 $y=1$ 时，有 $z=x$，则 $f(x)=$（　　）；

A. $x^3-1$　　　　　　B. $x^3+x^2+x$　　　　　　C. $x^3-x^2$　　　　　　D. $x^3+3x^2+3x$

(4) 下列每对函数，相同的一对是（　　）；

A. $f(x)=\dfrac{x^2-1}{x-1}$ 与 $g(x)=x+1$

B. $f(x)=\sqrt{x(x+1)}$ 与 $g(x)=\sqrt{x}\cdot\sqrt{x+1}$

C. $f(x)=2\ln x$ 与 $g(x)=\ln x^2$

D. $f(x)=\dfrac{x+|x|}{2+x^2}$ 与 $g(x)=\begin{cases}\dfrac{2x}{2+x^2}, & x\geqslant 0 \\ 0, & x<0\end{cases}$

(5) 若 $f(x)$ 满足 $f(x)-2f\left(\dfrac{1}{x}\right)=x$，则 $f(x)=$（　　）；

A. $\dfrac{1}{3}\left(x+\dfrac{2}{x}\right)$　　　　B. $-\dfrac{1}{3}\left(x+\dfrac{2}{x}\right)$　　　　C. $\dfrac{1}{3}\left(x-\dfrac{2}{x}\right)$　　　　D. $-\dfrac{1}{3}\left(x-\dfrac{2}{x}\right)$

(6) 设 $f(x)$ 是偶函数，$g(x)$ 是奇函数，则 $f[g(x)]$ 是（　　）；

A. 偶函数　　　　　　　　　　　　B. 奇函数

C. 非奇非偶函数　　　　　　　　　D. 以上均不对

(7) 函数 $y=\dfrac{1}{x(x-3)(x+7)}$ 在所给出的区间（　　）上是有界函数；

A. $[-10,-1]$　　　B. $[-1,1]$　　　C. $[1,2]$　　　D. $[2,5]$

(8) 设 $g(x)=\begin{cases}2-x, & x\leqslant 0, \\ x+2, & x>0,\end{cases}$　$f(x)=\begin{cases}x^2, & x<0, \\ -x, & x\geqslant 0,\end{cases}$　则 $g[f(x)]=$（　　）；

A. $\begin{cases}2+x^2, & x<0 \\ 2-x, & x\geqslant 0\end{cases}$　　　　　　　　B. $\begin{cases}2-x^2, & x<0 \\ 2+x, & x\geqslant 0\end{cases}$

C. $\begin{cases}2-x^2, & x<0 \\ 2-x, & x\geqslant 0\end{cases}$　　　　　　　　D. $\begin{cases}2+x^2, & x<0 \\ 2+x, & x\geqslant 0\end{cases}$

(9) 函数 $y=3^x-3^{-x}$ 的图形（　　）；

A. 关于原点对称　　　　　　　　　B. 关于 $y$ 轴对称

C. 关于 $x$ 轴对称　　　　　　　　D. 关于直线 $y=x$ 对称

(10) 函数 $y=\cos^2 x$ 是以（　　）为周期的周期函数；

A. $\dfrac{\pi}{2}$　　　　　　　B. $\pi$　　　　　　　C. $2\pi$　　　　　　　D. 以上均不对

(11) 设 $f(x)=\begin{cases}1, & |x|\leqslant 1, \\ 0, & |x|>1,\end{cases}$　则 $f\{f[f(x)]\}=$（　　）；

A. 0　　　　　　　　　　　　　　B. 1

C. $\begin{cases} 1, & |x| \leqslant 1 \\ 0, & |x| > 1 \end{cases}$    D. $\begin{cases} 0, & |x| \leqslant 1 \\ 1, & |x| > 1 \end{cases}$

（12）设某商品的需求函数与供给函数分别为 $Q^D = 15 - \dfrac{1}{5}P$ 和 $Q^S = -1 + \dfrac{3}{5}P$，则均衡价格和均衡量分别是（　　）；

A. 20,11    B. 11,20    C. 15,20    D. 20,15

（13）有下列几个命题：

① 任何周期函数一定存在最小正周期；

② $[x]$ 是周期函数；

③ $\sin\sqrt{x}$ 不是周期函数；

④ $x\cos x$ 不是周期函数；

其中正确的命题有（　　）个；

A. 1    B. 2    C. 3    D. 4

（14）$f(x) = |x\sin x| e^{\cos x}$（$-\infty < x < +\infty$）是（　　）.

A. 有界函数    B. 单调函数    C. 周期函数    D. 偶函数

2. 求下列函数的定义域：

（1）$y = \arcsin \dfrac{2x}{1+x}$；

（2）$y = \sin \dfrac{1}{x} - 2^{\sqrt{x+1}}$；

（3）$y = \dfrac{1}{\lg(x^2-1)} + \sqrt{x^2-x-2} + \arcsin \dfrac{x-1}{2}$.

3. 已知 $f(3x+4)$ 的定义域为 $[-1,2]$，求 $f(10^x)$ 的定义域.

4. 已知 $f\left(\dfrac{1}{x}\right) = \dfrac{x-1}{x+1}$，求 $f(x)$，$f[f(x)]$.

5. 若函数 $f(x)$ 满足方程 $2f(x) + f(1-x) = x^2$，求函数 $f(x)$.

6. 设生产与销售某商品的总收益 $R$ 是产量 $x$ 的二次函数，经统计：当产量 $x = 0,2,4$ 时，总收益 $R = 0,6,8$，试确定总收益 $R$ 与产量 $x$ 的函数关系式.

7. 证明：若函数 $f(1+x) + 3f(1-x) = x^2 - x$，则 $f(x)$ 一定是偶函数.

8. 若函数 $y = ax + b$ 的反函数就是它本身，求 $a,b$.

9. 设某商品的需求函数为 $Q = 45 - P$，平均成本函数为 $\overline{C}(Q) = 25 + \dfrac{75}{Q}$，求该商品的利润函数及盈亏临界点.

10. 设 $f(x) = \begin{cases} 1+x, & x < 0, \\ 1, & x \geqslant 0, \end{cases}$ 求 $f[f(x)]$.

11. 设 $f(x) = x - [x]$，讨论 $f(x)$ 的单调性、有界性、周期性，并作出它的图像.

12. 设 $f(x)$ 为 $\mathbf{R}$ 上的奇函数，$f(1) = a$，$f(x+2) - f(x) = f(2)$，对任意 $x \in \mathbf{R}$.

（1）用 $a$ 表示 $f(2)$，$f(5)$；

（2）$a$ 为何值时, $f(x)$ 是以 2 为周期的周期函数？

13. 设 $f(x)=\dfrac{ax^2+1}{bx+c}$（其中 $a,b,c$ 是整数）是奇函数, 且在 $[1,+\infty)$ 上单调递增, $f(1)=2, f(2)<3$.

（1）求 $a,b,c$ 的值；

（2）证明: $f(x)$ 在 $(0,1)$ 内单调递减.

第 1 章部分习题

参考答案与提示

# 第2章
# 极限与连续

本章导学

很多实际问题通过取极限得以解决，提炼这些方法的共性就得到了微积分的基本概念. 例如，瞬时速度等于平均速度的极限，切线斜率等于割线斜率的极限，对这些实际问题的求解产生了导数的概念；利用极限求曲边梯形的面积引出了定积分的概念；无穷级数 $n$ 项和的极限是否存在决定了无穷级数是否收敛. 因此极限是微积分的基本思想和工具，弄清极限的概念是学好微积分的关键. 本章我们将学习函数与数列的极限，极限的性质和函数的连续性等知识.

学习目标

1. 理解函数极限和数列极限的概念；理解左、右极限的概念，理解极限存在与左、右极限的关系；

2. 掌握极限的性质和极限的四则运算法则；了解极限存在的两个准则，会用两个重要极限求极限；

3. 理解无穷小量、无穷大量的概念，掌握无穷小量的比较方法，会用等价无穷小量代换求极限；

4. 理解函数连续的概念，会用函数的连续性求极限，会求函数的间断点，并会判断间断点的类型，会用最值定理、介值定理分析证明问题；

5. 了解极限在经济中的应用（货币的时间价值）.

学习要点

函数极限；左、右极限；数列极限；极限的精确定义；无穷小量、无穷大量；极限的性质；极限存在准则；两个重要极限；无穷小量的性质；无穷小量的阶；用无穷小量等价代换求极限；连续函数的性质；间断点的分类；最值定理、介值定理；货币的时间价值.

## §2.1 函数与数列的极限

本节我们分别介绍 $x \to x_0$ 时函数 $f(x)$ 的极限,无穷小量和无穷大量的概念, $x \to \infty$ 时函数 $f(x)$ 的极限,数列的极限.

## 一、自变量 $x \to x_0$ 时函数 $f(x)$ 的极限

### 1. 自变量 $x \to x_0$ 时函数 $f(x)$ 的极限的描述定义

先看一个例子.函数 $f(x) = \dfrac{x^2-1}{x-1}$,表 2-1 给出了它的部分函数值,其图形见图 2-1.我们从数表、图形和解析式三个方面来观察当其自变量 $x$ 趋近于 1 但不等于 1 时对应函数值 $f(x)$ 的变化趋势.

表 2-1　函数 $f(x)$ 当 $x$ 趋近于 1 时的部分函数值

| $x$ | $f(x)$ | $x$ | $f(x)$ |
|---|---|---|---|
| 0.500 0 | 1.500 0 | 1.500 0 | 2.500 0 |
| 0.800 0 | 1.800 0 | 1.200 0 | 2.200 0 |
| 0.900 0 | 1.900 0 | 1.100 0 | 2.100 0 |
| 0.990 0 | 1.990 0 | 1.010 0 | 2.010 0 |
| 0.999 0 | 1.999 0 | 1.001 0 | 2.001 0 |
| 0.999 9 | 1.999 9 | 1.000 1 | 2.000 1 |

虽然函数 $f(x) = \dfrac{x^2-1}{x-1}$ 在点 $x=1$ 处无定义,但是从表 2-1 来看,当 $x$ 趋近于 1 时,相应函数值趋近于 2.

函数 $f(x) = \dfrac{x^2-1}{x-1}$ 的图形如图 2-1 所示,从图中也可以直观看出上述变化趋势.

由函数的解析式来看,当 $x \neq 1$ 时,

$$f(x) = \frac{x^2-1}{x-1} = \frac{(x-1)(x+1)}{x-1} = x+1,$$

而当 $x$ 无限趋近于 1 时, $x+1$ 无限趋近于 2,即相应函数值

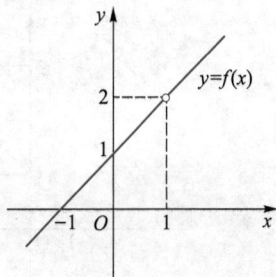

图 2-1

$f(x) = \dfrac{x^2-1}{x-1}$ 无限趋近于 2. 我们称 2 是当 $x$ 趋近于 1 时,函数 $f(x) = \dfrac{x^2-1}{x-1}$ 的极限,并用符号表示为

$$\lim_{x \to 1} \frac{x^2-1}{x-1} = 2.$$

一般地,当自变量 $x$ 趋近于 $x_0$ 时,函数 $f(x)$ 的极限有如下描述定义.

定义 2-1($x \to x_0$ 时函数极限的描述定义)　设函数 $f(x)$ 在点 $x_0$ 的某去心邻域内有定义,如果当 $x$ 无限趋近于 $x_0$ 但 $x \neq x_0$ 时,相应函数值 $f(x)$ 无限趋近于常数 $A$,那么称常数 $A$ 为 $x$ 趋近于 $x_0$ 时函数 $f(x)$ 的极限,记为

$$\lim_{x \to x_0} f(x) = A \quad \text{或} \quad f(x) \to A(x \to x_0),$$

读成当 $x$ 趋近于 $x_0$ 时,函数 $f(x)$ 的极限为 $A$;或当 $x$ 趋近于 $x_0$ 时,函数 $f(x)$ 趋近于 $A$.

注意　定义 2-1 中 $x$ 无限趋近于 $x_0$ 但 $x \neq x_0$ 意味着函数 $f(x)$ 在点 $x_0$ 处的极限与函数 $f(x)$ 在点 $x_0$ 处的定义无关.

自变量 $x \to x_0$ 时
函数 $f(x)$ 的极限

如函数 $f(x) = \dfrac{x^2-1}{x-1}$(图 2-1),$g(x) = \begin{cases} \dfrac{x^2-1}{x-1}, & x \neq 1, \\ 3, & x = 1 \end{cases}$(图 2-2),虽然是

两个不同的函数,但是当 $x \to 1$ 时,它们的极限都存在且都等于 2,即有

$$\lim_{x \to 1} f(x) = \lim_{x \to 1} \frac{x^2-1}{x-1} = \lim_{x \to 1} (x+1) = 2,$$

$$\lim_{x \to 1} g(x) = \lim_{x \to 1} \frac{x^2-1}{x-1} = \lim_{x \to 1} (x+1) = 2.$$

这是因为当 $x \neq 1$ 时,这两个函数相等,且都等于 $x+1$,所以当 $x \to 1$ 时,它们的极限都是 2. 但函数 $f(x)$ 在点 $x = 1$ 处无定义,$g(x)$ 在点 $x = 1$ 处的函数值为 3 而不是 2,可见它们在点 $x = 1$ 处的定义不影响 $x \to 1$ 时它们的极限,它们的极限只与 $x+1$ 有关.

函数在点 $x_0$ 处的极限和函数值也可以相等,如函数 $h(x) = x+1$(图 2-3)在点 $x = 1$ 处的函数值等于 2,而当 $x \to 1$ 时,$h(x) = x+1 \to 2$,即有

$$\lim_{x \to 1} h(x) = \lim_{x \to 1} (x+1) = 2 = h(1).$$

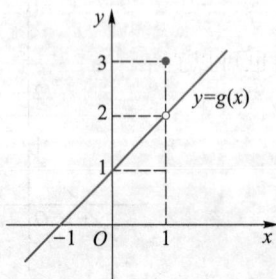

图 2-2

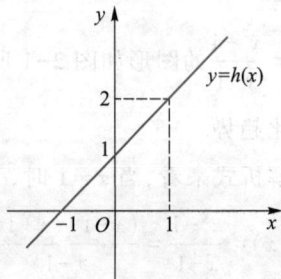

图 2-3

此时我们称函数 $h(x) = x+1$ 在 $x=1$ 处连续(相关概念见 §2.5).

如果当 $x$ 无限趋近于 $x_0$ 但 $x \neq x_0$ 时,相应函数值 $f(x)$ 不能无限趋近于一个常数 $A$,那么称当 $x \to x_0$ 时,函数 $f(x)$ 的极限不存在.

**例 2-1**　讨论当 $x \to 0$ 时下列函数的极限:

(1) 符号函数 $y = \operatorname{sgn} x = \begin{cases} 1, & x>0, \\ 0, & x=0, \\ -1, & x<0; \end{cases}$

(2) $y = f(x) = \dfrac{1}{x}$;

(3) $y = g(x) = \sin \dfrac{1}{x}$.

**解**　(1) 观察符号函数 $\operatorname{sgn} x = \begin{cases} 1, & x>0, \\ 0, & x=0, \\ -1, & x<0, \end{cases}$ 如图 1-4 所示,可见当 $x<0$ 时,函数

$\operatorname{sgn} x = -1$;当 $x>0$ 时,函数 $\operatorname{sgn} x = 1$. 也就是说当 $x \to 0$ 时,函数 $\operatorname{sgn} x$ 不会趋近于同一个常数,因此极限 $\lim\limits_{x \to 0} \operatorname{sgn} x$ 不存在.

(2) 极限 $\lim\limits_{x \to 0} \dfrac{1}{x}$ 不存在. 因为当 $x \to 0$ 时,函数 $\dfrac{1}{x}$ 的绝对值无限增大,而不会趋近于一个常数,所以此极限不存在(图 2-4(a)).

(3) 观察函数 $g(x) = \sin \dfrac{1}{x}$(图 2-4(b)),可见当 $x \to 0$ 时,函数 $\sin \dfrac{1}{x}$ 的函数值在区间 $[-1,1]$ 内变化,它能无数次取得 $-1, 0, 1$ 等函数值,函数值不会无限趋近于一个常数,因此极限 $\lim\limits_{x \to 0} \sin \dfrac{1}{x}$ 不存在.

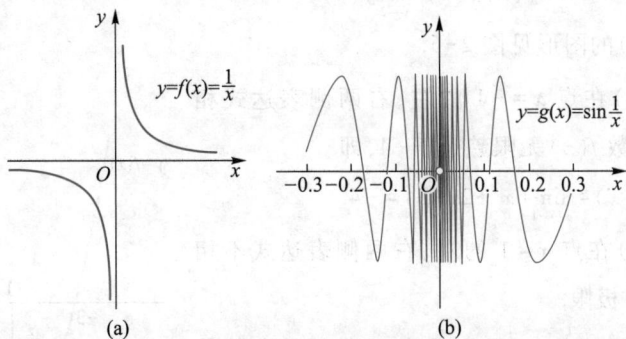

图 2-4

在 $x$ 轴上,$x \to x_0$ 包括由点 $x_0$ 的左、右两侧趋近于 $x_0$. 但在某些问题中,往往只能考虑 $x$ 从点 $x_0$ 的一侧趋近于 $x_0$ 时函数的极限,比如函数 $f(x) = \sqrt{x-1}$,因为其定义域为 $[1, +\infty)$,

所以只能分析 $x$ 从点 1 的右侧趋近于 1 时函数 $\sqrt{x-1}$ 的变化趋势. 因此,有如下左、右极限的描述定义.

定义 2-2(左极限)   设函数 $f(x)$ 在点 $x_0$ 的左邻域 $(x_0-\delta, x_0)(\delta>0)$ 内有定义,如果 $x$ 从 $x_0$ 的左侧无限趋近于 $x_0$ 但 $x \neq x_0$ 时,相应函数值 $f(x)$ 无限趋近于常数 $A$,那么称常数 $A$ 为函数 $f(x)$ 在点 $x_0$ 处的左极限,记为

$$\lim_{x \to x_0^-} f(x) = A \quad 或 \quad f(x_0^-) = A.$$

定义 2-3(右极限)   设函数 $f(x)$ 在点 $x_0$ 的右邻域 $(x_0, x_0+\delta)(\delta>0)$ 内有定义,如果 $x$ 从 $x_0$ 的右侧无限趋近于 $x_0$ 但 $x \neq x_0$ 时,相应函数值 $f(x)$ 无限趋近于常数 $A$,那么称常数 $A$ 为函数 $f(x)$ 在点 $x_0$ 处的右极限,记为

$$\lim_{x \to x_0^+} f(x) = A \quad 或 \quad f(x_0^+) = A.$$

如对于例 2-1(1)中符号函数 $\operatorname{sgn} x$,当 $x<0$ 时,$\operatorname{sgn} x = -1$;当 $x>0$ 时,$\operatorname{sgn} x = 1$,即

$$\lim_{x \to 0^-} \operatorname{sgn} x = -1, \quad \lim_{x \to 0^+} \operatorname{sgn} x = 1.$$

根据函数在点 $x_0$ 处的极限和左、右极限的定义,容易得出结论:函数 $f(x)$ 当 $x \to x_0$ 时以 $A$ 为极限的充要条件是函数 $f(x)$ 在点 $x_0$ 处的左、右极限都存在,且都等于 $A$,即

$$\lim_{x \to x_0} f(x) = A \Leftrightarrow \lim_{x \to x_0^-} f(x) = \lim_{x \to x_0^+} f(x) = A.$$

因此,如果函数 $f(x)$ 在点 $x_0$ 处的左、右极限中有一个不存在,或左、右极限都存在但不相等,那么极限 $\lim\limits_{x \to x_0} f(x)$ 不存在.

例 2-2   已知函数

$$f(x) = \begin{cases} x^2+2x-3, & x \leq 1, \\ x, & 1<x<2, \\ 2x-2, & x \geq 2, \end{cases}$$

求:(1) $\lim\limits_{x \to -1} f(x)$;(2) $\lim\limits_{x \to 1} f(x)$;(3) $\lim\limits_{x \to 2} f(x)$.

解   函数 $f(x)$ 的图形见图 2-5.

(1) 函数 $f(x)$ 在点 $x=-1$ 的左、右两侧表达式相同,当 $x \to -1$ 时函数 $f(x)$ 无限趋近于 $-4$,即

$$\lim_{x \to -1} f(x) = \lim_{x \to -1} (x^2+2x-3) = -4.$$

(2) 函数 $f(x)$ 在点 $x=1$ 的左、右两侧表达式不相同,必须先求左、右极限.

当 $x<1$ 时,$f(x)=x^2+2x-3$,$f(x)$ 在 $x=1$ 处的左极限

$$\lim_{x \to 1^-} f(x) = \lim_{x \to 1^-} (x^2+2x-3) = 0.$$

当 $1<x<2$ 时,$f(x)=x$,$f(x)$ 在 $x=1$ 处的右极限

$$\lim_{x \to 1^+} f(x) = \lim_{x \to 1^+} x = 1.$$

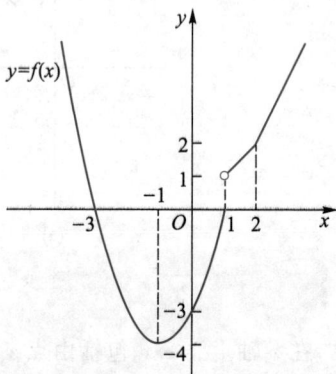

图 2-5

左极限不等于右极限,意味着 $x \to 1$ 时函数 $f(x)$ 不能趋近于同一个常数,所以极限 $\lim\limits_{x \to 1} f(x)$ 不存在.

(3) 函数 $f(x)$ 在点 $x = 2$ 的左、右两侧表达式不相同,必须先求左、右极限. $f(x)$ 在 $x = 2$ 处的左极限

$$\lim_{x \to 2^-} f(x) = \lim_{x \to 2^-} x = 2,$$

右极限

$$\lim_{x \to 2^+} f(x) = \lim_{x \to 2^+} (2x - 2) = 2.$$

左极限等于右极限,所以极限

$$\lim_{x \to 2} f(x) = 2.$$

**注意** 如果函数 $f(x)$ 在点 $x_0$ 的左、右两侧表达式相同,那么大多数情况不必用左、右极限,而只要直接求函数 $f(x)$ 在点 $x_0$ 处的极限;如果函数 $f(x)$ 在点 $x_0$ 的左、右两侧有不同的表达式,那么应该先求左、右极限,再根据左、右极限确定函数 $f(x)$ 在点 $x_0$ 处的极限.

**2. 自变量 $x \to x_0$ 时函数 $f(x)$ 的极限的精确定义**

前面我们利用函数值和函数图形直观地认识了极限 $\lim\limits_{x \to x_0} f(x) = A$ 的含义,并给出极限的描述定义.

如何定量描述"当 $x \to x_0$ 但 $x \neq x_0$ 时,$f(x)$ 无限趋近于常数 $A$"呢? 当然是用距离. 因为 $|x - x_0|$ 表示 $x$ 与 $x_0$ 之间的距离,显然,如果存在任意的要多小有多小的正数 $\delta$ 使 $0 < |x - x_0| < \delta$,就表示 $x$ 趋近于 $x_0$. 同理,如果存在任意的要多小有多小的正数 $\varepsilon$ 使 $|f(x) - A| < \varepsilon$,就表示 $f(x)$ 趋近于常数 $A$. 综合起来,如果当 $0 < |x - x_0| < \delta$ 时,能使 $|f(x) - A| < \varepsilon$,就定量描述了"当 $x \to x_0$ 但 $x \neq x_0$ 时,$f(x)$ 无限趋近于常数 $A$"的过程. 下面我们先看一个例子.

**例 2-3** 设函数 $f(x) = 2x - 2$.

(1) 求一个 $\delta > 0$,使当 $0 < |x - 2| < \delta$ 时,$|f(x) - 2| < 0.1$;

(2) 求一个 $\delta > 0$,使当 $0 < |x - 2| < \delta$ 时,$|f(x) - 2| < 0.01$;

(3) 设 $\varepsilon$ 是一个任意给定的正数,求一个 $\delta > 0$,使当 $0 < |x - 2| < \delta$ 时,$|f(x) - 2| < \varepsilon$.

**解** (1) 因为两个距离 $|x - 2|$ 与 $|f(x) - 2|$ 之间存在下列关系:

$$|f(x) - 2| = |(2x - 2) - 2| = 2|x - 2|,$$

显然只要取 $\delta = 0.05$,则当 $0 < |x - 2| < \delta$ 时,$|f(x) - 2| < 0.1$ 成立.

(2) 同理可得要使当 $0 < |x - 2| < \delta$ 时,$|f(x) - 2| < 0.01$ 成立,只要取 $\delta = 0.005$.

(3) 为了找到 $\delta$,先假设

$$|f(x) - 2| = |(2x - 2) - 2| = 2|x - 2| < \varepsilon,$$

因此

$$|x - 2| < \frac{\varepsilon}{2}.$$

反之也成立,即当 $|x-2| < \dfrac{\varepsilon}{2}$ 时,

$$|f(x)-2| = 2|x-2| < 2 \cdot \dfrac{\varepsilon}{2} = \varepsilon.$$

所以只要取 $\delta = \dfrac{\varepsilon}{2}$,则当 $0 < |x-2| < \delta$ 时,$|f(x)-2| < \varepsilon$ 成立.

如图 2-6 所示,因为 $\varepsilon$ 可以任意小,所以 $\delta = \dfrac{\varepsilon}{2}$ 也可以任意小,这就表示"当 $x \to 2$ 时,函数 $f(x)$ 无限趋近于 2",即有极限 $\lim\limits_{x \to 2}(2x-2) = 2$.

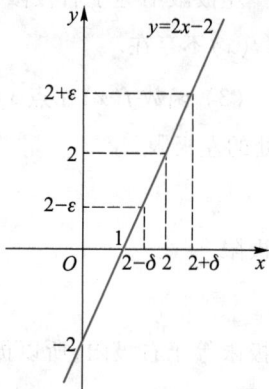

图 2-6

一般地,极限 $\lim\limits_{x \to x_0} f(x) = A$ 的精确定义如下:

定义 2-4($x \to x_0$ 时函数极限的 $\varepsilon$-$\delta$ 语言)　设函数 $f(x)$ 在点 $x_0$ 的某去心邻域内有定义,$A$ 为常数,$\varepsilon$ 是任意正数,如果存在正数 $\delta$,使当 $0 < |x-x_0| < \delta$ 时,不等式 $|f(x)-A| < \varepsilon$ 成立,那么称常数 $A$ 为 $x \to x_0$ 时函数 $f(x)$ 的极限,记作 $\lim\limits_{x \to x_0} f(x) = A$.

$\varepsilon$-$\delta$ 语言也可简单表示为 $\forall \varepsilon > 0$,$\exists \delta > 0$,使当 $0 < |x-x_0| < \delta$ 时,$|f(x)-A| < \varepsilon$,则 $\lim\limits_{x \to x_0} f(x) = A$,其中"$\forall$"表示对任意的,"$\exists$"表示存在.

从例 2-3 知,定义 2-4 中的 $\delta$ 和 $\varepsilon$ 有关,因为 $\varepsilon$ 可以任意小,所以 $\delta$ 也可以任意小,而且 $\delta$ 只要存在即可. 一般而言,$\delta$ 不唯一.

$\varepsilon$-$\delta$ 语言的几何意义:当点 $x$ 落在点 $x_0$ 的某去心 $\delta$ 邻域内时,函数 $f(x)$ 对应的值落在直线 $y = A+\varepsilon$ 与 $y = A-\varepsilon$ 之间,或函数 $f(x)$ 的图形位于直线 $y = A-\varepsilon$ 与 $y = A+\varepsilon$ 之间(图 2-7).

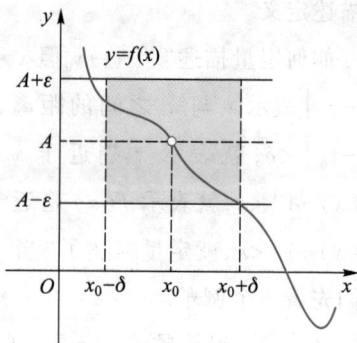

图 2-7

例 2-4　用 $\varepsilon$-$\delta$ 语言验证极限 $\lim\limits_{x \to 1} \dfrac{2(x^2-1)}{x-1} = 4$.

证明　根据定义 2-4,此时 $x_0 = 1$,$f(x) = \dfrac{2(x^2-1)}{x-1}$,$A = 4$,则

$$|x-x_0| = |x-1|, \qquad |f(x)-A| = \left| \dfrac{2(x^2-1)}{x-1} - 4 \right|.$$

当 $x \neq 1$ 时,两个距离 $|x-1|$ 与 $\left| \dfrac{2(x^2-1)}{x-1} - 4 \right|$ 之间的关系为

$$\left| \dfrac{2(x^2-1)}{x-1} - 4 \right| = 2|x-1|.$$

设 $\varepsilon$ 是任意正数,由 $\left| \dfrac{2(x^2-1)}{x-1} - 4 \right| = 2|x-1| < \varepsilon$ 可推得 $|x-1| < \dfrac{\varepsilon}{2}$.

反之,当 $\left|x-1\right|<\dfrac{\varepsilon}{2}$ 时,

$$\left|\frac{2(x^2-1)}{x-1}-4\right|=2\left|x-1\right|<\varepsilon.$$

所以只要取 $\delta=\dfrac{\varepsilon}{2}$,则当 $0<\left|x-1\right|<\delta$ 时,有

$$\left|\frac{2(x^2-1)}{x-1}-4\right|<\varepsilon.$$

意味着"当 $x\to1$ 时,函数 $f(x)=\dfrac{2(x^2-1)}{x-1}$ 趋近于 4",即有

$$\lim_{x\to1}\frac{2(x^2-1)}{x-1}=4.$$

例 2-4 中 $\delta=\dfrac{\varepsilon}{2}$ 不唯一,我们还可以取 $\delta=\dfrac{\varepsilon}{3}$,$\delta=\dfrac{\varepsilon}{5}$ 等,实际上比 $\dfrac{\varepsilon}{2}$ 小的任何正数都可以作为 $\delta$ 的值.

**例 2-5** 用 $\varepsilon$-$\delta$ 语言验证极限 $\lim\limits_{x\to x_0}c=c$.

**证明** 这里 $\left|f(x)-A\right|=\left|c-c\right|=0$,因此 $\forall\,\varepsilon>0$,取任意正数 $\delta$,则当 $0<\left|x-x_0\right|<\delta$ 时,有不等式

$$\left|f(x)-c\right|=\left|c-c\right|=0<\varepsilon$$

成立,所以极限 $\lim\limits_{x\to x_0}c=c$.

**例 2-6** 用 $\varepsilon$-$\delta$ 语言验证极限 $\lim\limits_{x\to x_0}x=x_0$.

**证明** 这里 $\left|f(x)-A\right|=\left|x-x_0\right|$,因此 $\forall\,\varepsilon>0$,取 $\delta=\varepsilon$,则当 $0<\left|x-x_0\right|<\delta$ 时,有不等式

$$\left|f(x)-A\right|=\left|x-x_0\right|<\varepsilon$$

成立,所以极限 $\lim\limits_{x\to x_0}x=x_0$.

类似地,有左、右极限的精确定义.

**定义 2-5(左极限的 $\varepsilon$-$\delta$ 语言)** 设函数 $f(x)$ 在点 $x_0$ 的左邻域 $(x_0-\delta,x_0)(\delta>0)$ 内有定义,$\varepsilon$ 是任意正数,如果存在正数 $\delta$,使当 $0<x_0-x<\delta$ 时,不等式 $\left|f(x)-A\right|<\varepsilon$ 成立,那么称常数 $A$ 为 $x\to x_0^-$ 时函数 $f(x)$ 的极限,记为 $\lim\limits_{x\to x_0^-}f(x)=A$.

**定义 2-6(右极限的 $\varepsilon$-$\delta$ 语言)** 设函数 $f(x)$ 在点 $x_0$ 的右邻域 $(x_0,x_0+\delta)(\delta>0)$ 内有定义,$\varepsilon$ 是任意正数,如果存在正数 $\delta$,使当 $0<x-x_0<\delta$ 时,不等式 $\left|f(x)-A\right|<\varepsilon$ 成立,那么称常数 $A$ 为 $x\to x_0^+$ 时函数 $f(x)$ 的极限,记为 $\lim\limits_{x\to x_0^+}f(x)=A$.

## 二、无穷小量和无穷大量

### 1. 无穷小量

极限为零的变量有一些特殊性质,为了描述这些性质,我们给出如下无穷小量的定义.

**定义 2-7**　当 $x \to x_0$ 时,如果函数 $f(x)$ 的极限为零,即 $\lim\limits_{x \to x_0} f(x) = 0$,那么称 $f(x)$ 为当 $x \to x_0$ 时的无穷小量,简称无穷小.

当自变量的变化趋势为 $x \to x_0^-$ 或 $x \to x_0^+$ 时,也有上述无穷小量的概念.

例如,因为极限 $\lim\limits_{x \to 0} \dfrac{x^3}{x} = \lim\limits_{x \to 0} x^2 = 0$,所以当 $x \to 0$ 时,$\dfrac{x^3}{x}$ 是无穷小量(图 2-8).

### 2. 无穷大量

我们观察函数 $f(x) = \dfrac{1}{x^2}$(图 2-9),可见当 $x \to 0$ 时,函数值 $f(x) = \dfrac{1}{x^2}$ 不能趋近于一个常数,而是无限增大,因此极限 $\lim\limits_{x \to 0} \dfrac{1}{x^2}$ 不存在.

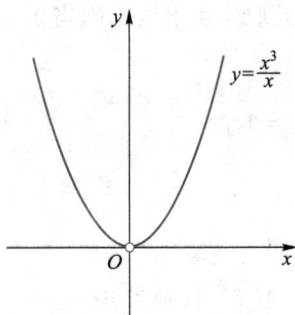

图 2-8

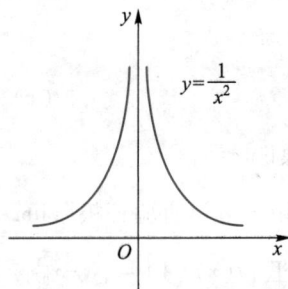

图 2-9

当 $x \to 0$ 时,函数 $f(x) = \dfrac{1}{x^2}$ 无限增大的变化趋势,我们借用极限符号可表示为

$$\lim\limits_{x \to 0} \dfrac{1}{x^2} = +\infty .$$

且称当 $x \to 0$ 时,函数 $f(x) = \dfrac{1}{x^2}$ 为正无穷大量.

一般地,有如下无穷大量的定义.

**定义 2-8**　当 $x \to x_0$ 时,如果函数 $f(x)$ 的绝对值大于预先给定的任意正数 $M$,那么称 $f(x)$ 为当 $x \to x_0$ 时的无穷大量,简称无穷大,记为

$$\lim\limits_{x \to x_0} f(x) = \infty \quad \text{或} \quad f(x) \to \infty \ (x \to x_0).$$

当 $x \to x_0$ 时，如果函数 $f(x)$ 的值大于预先给定的任意正数 $M$，那么称 $f(x)$ 为当 $x \to x_0$ 时的正无穷大量，记为 $\lim\limits_{x \to x_0} f(x) = +\infty$.

当 $x \to x_0$ 时，如果函数 $f(x)$ 的值小于预先给定的任意负数 $M$，那么称 $f(x)$ 为当 $x \to x_0$ 时的负无穷大量，记为 $\lim\limits_{x \to x_0} f(x) = -\infty$.

有兴趣的读者可自行给出与定义 2-8 对应的精确定义.

定义 2-8 可简单表示为

$\forall M > 0, \exists \delta > 0$，使当 $0 < |x - x_0| < \delta$ 时，$|f(x)| > M$，则 $\lim\limits_{x \to x_0} f(x) = \infty$.

$\forall M > 0, \exists \delta > 0$，使当 $0 < |x - x_0| < \delta$ 时，$f(x) > M$，则 $\lim\limits_{x \to x_0} f(x) = +\infty$.

$\forall M < 0, \exists \delta > 0$，使当 $0 < |x - x_0| < \delta$ 时，$f(x) < M$，则 $\lim\limits_{x \to x_0} f(x) = -\infty$.

类似地，当自变量的变化趋势分别改为 $x \to x_0^-$，$x \to x_0^+$ 时，也有无穷大量的概念.

如函数 $f(x) = \tan x$（图 1-17）在点 $\dfrac{\pi}{2}$ 处：

$\lim\limits_{x \to \left(\frac{\pi}{2}\right)^-} \tan x = +\infty$，即当 $x \to \left(\dfrac{\pi}{2}\right)^-$ 时，$\tan x$ 是正无穷大量；

$\lim\limits_{x \to \left(\frac{\pi}{2}\right)^+} \tan x = -\infty$，即当 $x \to \left(\dfrac{\pi}{2}\right)^+$ 时，$\tan x$ 是负无穷大量；

$\lim\limits_{x \to \frac{\pi}{2}} \tan x = \infty$，即当 $x \to \dfrac{\pi}{2}$ 时，$\tan x$ 是无穷大量.

无穷小量和
无穷大量

注意 （1）讨论一个变量是无穷大量还是无穷小量，一定要和自变量的变化趋势相对应. 比如：当 $x \to 0$ 时，$\dfrac{1}{x}$ 是无穷大量，而当 $x \to 2$ 时，$\dfrac{1}{x}$ 不是无穷大量，如果只说 $\dfrac{1}{x}$ 为无穷大量是不准确的（图 2-4(a)）.

（2）无穷小量是极限为 0 的变量，但无穷小量不一定等于 0（图 2-8）.

（3）无穷大量是无界变量，而无界变量不一定是无穷大量. 如图 2-10 所示，函数 $\dfrac{1}{x} \sin \dfrac{1}{x}$ 是无界变量，这是因为在点 $x = \dfrac{1}{k\pi + \dfrac{\pi}{2}}$（$k \in \mathbf{Z}$）处，

$$\frac{1}{x} \sin \frac{1}{x} = (-1)^k \left(k\pi + \frac{\pi}{2}\right)$$

无界，但是函数 $\dfrac{1}{x} \sin \dfrac{1}{x}$ 在点 $x = \dfrac{1}{k\pi}$（$k \in \mathbf{Z}$ 且 $k \neq 0$）

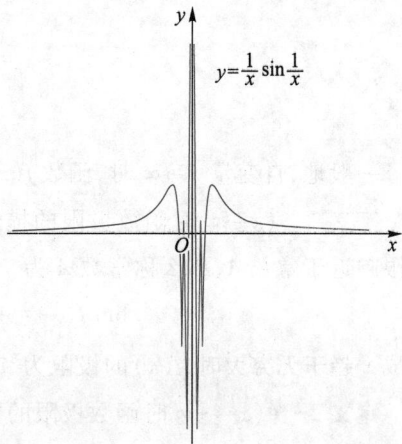

$y = \dfrac{1}{x} \sin \dfrac{1}{x}$

图 2-10

处的函数值总等于 0,所以当 $x \to 0$ 时, $\dfrac{1}{x}\sin\dfrac{1}{x}$ 的绝对值不可能大于预先给定的任意正数

$M$,也就是说当 $x \to 0$ 时, $\dfrac{1}{x}\sin\dfrac{1}{x}$ 不是无穷大量.

**3. 无穷大量与无穷小量的关系**

定理 2-1　在自变量的同一变化过程中,如果 $f(x)$ 为无穷小量,且 $f(x) \neq 0$,那么 $\dfrac{1}{f(x)}$

为无穷大量;如果 $f(x)$ 为无穷大量,那么 $\dfrac{1}{f(x)}$ 为无穷小量.

如当 $x \to 0$ 时, $x^2$ 为无穷小量,而 $\dfrac{1}{x^2}$ 是无穷大量(图 2-9).

## 三、自变量 $x \to \infty$ 时函数 $f(x)$ 的极限

**1. 自变量 $x \to \infty$ 时函数 $f(x)$ 的极限的描述定义**

观察函数 $f(x) = \dfrac{x^2-1}{x^2+1}$,如图 2-11 所示,当 $x$ 的绝对值无限增大时,相应函数值 $f(x)$ 无

限趋近于常数 1,我们称 1 是 $x \to \infty$ 时函数 $f(x) = \dfrac{x^2-1}{x^2+1}$ 的极限,这一结论可表示为

$$\lim_{x \to \infty} \frac{x^2-1}{x^2+1} = 1.$$

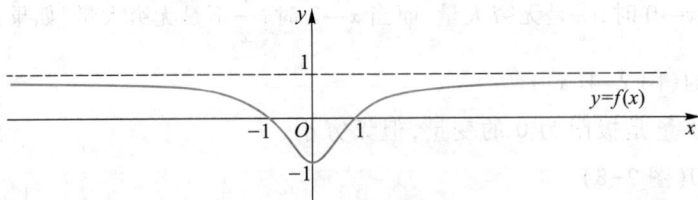

图 2-11

一般地,自变量 $x \to \infty$ 时,函数 $f(x)$ 的极限的描述定义如下:

定义 2-9($x \to \infty$ 时函数极限的描述定义)　如果 $|x|$ 无限增大时,相应函数值 $f(x)$
无限趋近于常数 $A$,那么称常数 $A$ 为 $x \to \infty$ 时函数 $f(x)$ 的极限,记为

$$\lim_{x \to \infty} f(x) = A \quad \text{或} \quad f(x) \to A(x \to \infty).$$

读成 $x$ 趋于无穷大时, $f(x)$ 的极限为 $A$;或 $x$ 趋于无穷大时, $f(x)$ 趋近于 $A$.

定义 2-10($x \to +\infty$ 时函数极限的描述定义)　如果 $x$ 无限增大时,相应函数值 $f(x)$ 无

限趋近于常数 $A$,那么称常数 $A$ 为 $x \to +\infty$ 时函数 $f(x)$ 的极限,记为

$$\lim_{x \to +\infty} f(x) = A \quad \text{或} \quad f(x) \to A(x \to +\infty).$$

定义 2-11($x \to -\infty$ 时函数极限的描述定义)　如果 $x$ 无限减小时,相应函数值 $f(x)$ 无

限趋近于常数 $A$,那么称常数 $A$ 为 $x \to -\infty$ 时函数 $f(x)$ 的极限,记为

$$\lim_{x \to -\infty} f(x) = A \quad \text{或} \quad f(x) \to A(x \to -\infty).$$

由定义 2-9,2-10,2-11 可得常数 $A$ 为 $x \to \infty$ 时函数 $f(x)$ 的极限的充要条件:当 $x \to +\infty$ 和 $x \to -\infty$ 时,函数 $f(x)$ 的极限都存在,且都等于 $A$,即

$$\lim_{x \to \infty} f(x) = A \Leftrightarrow \lim_{x \to +\infty} f(x) = \lim_{x \to -\infty} f(x) = A.$$

如从图 2-11 可见,当 $x$ 无限增大时,函数 $\dfrac{x^2-1}{x^2+1}$ 无限趋近于 1;当 $x$ 无限减小时,函数 $\dfrac{x^2-1}{x^2+1}$ 也无限趋近于 1.因此

$$\lim_{x \to +\infty} \frac{x^2-1}{x^2+1} = 1, \quad \lim_{x \to -\infty} \frac{x^2-1}{x^2+1} = 1.$$

因为这两个极限相等,所以 $\lim\limits_{x \to \infty} \dfrac{x^2-1}{x^2+1} = 1$.

从图 1-23 可见,当 $x$ 无限增大时,函数 $\arctan x$ 无限趋近于 $\dfrac{\pi}{2}$;当 $x$ 无限减小时,函数 $\arctan x$ 无限趋近于 $-\dfrac{\pi}{2}$,即有

$$\lim_{x \to +\infty} \arctan x = \frac{\pi}{2}, \quad \lim_{x \to -\infty} \arctan x = -\frac{\pi}{2}.$$

因为这两个极限不相等,所以 $\lim\limits_{x \to \infty} \arctan x$ 不存在.

从图 2-12 可见,当 $x \to +\infty$ 时,函数 $e^{-x}$ 无限趋近于常数 0;当 $x \to -\infty$ 时,函数 $e^{-x} \to +\infty$,所以极限 $\lim\limits_{x \to \infty} e^{-x}$ 不存在.

类似于 $x \to x_0$ 时无穷小量和无穷大量的定义,当自变量 $x \to \infty$,$x \to +\infty$ 或 $x \to -\infty$ 时,也有无穷小量和无穷大量的概念.如

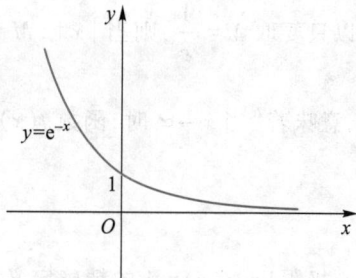

图 2-12

当 $x \to \infty$ 时,如果函数 $f(x)$ 的极限为零,即 $\lim\limits_{x \to \infty} f(x) = 0$,那么称函数 $f(x)$ 为当 $x \to \infty$ 时的无穷小量,简称无穷小.

当 $x \to \infty$ 时,如果函数 $f(x)$ 的绝对值大于预先给定的任意正数 $M$,那么称函数 $f(x)$ 为当 $x \to \infty$ 时的无穷大量,简称无穷大,记为 $\lim\limits_{x \to \infty} f(x) = \infty$.

**2. 自变量 $x \to \infty$ 时函数 $f(x)$ 的极限的精确定义**

如何定量描述"当 $x \to \infty$ 时,函数 $f(x)$ 无限趋近于常数 $A$"呢?我们知道,如果对无论多大的正数 $M$,不等式 $|x| > M$ 都成立,就意味着 $x \to \infty$.所以当 $|x| > M$ 时,不等式 $|f(x) - A| < \varepsilon$ 成立,就是"当 $x \to \infty$ 时,函数 $f(x)$ 无限趋近于常数 $A$"的定量描述.那么如何建立 $|x| > M$ 与 $|f(x) - A| < \varepsilon$ 之间的逻辑关系呢,先看下例.

例 2-7　设函数 $f(x) = \dfrac{1}{x}$.

（1）求一个 $M>0$，使当 $|x|>M$ 时，$|f(x)-0|<0.01$；

（2）求一个 $M>0$，使当 $|x|>M$ 时，$|f(x)-0|<0.000\,1$；

（3）设 $\varepsilon$ 是一个任意给定的正数，求一个 $M>0$，使当 $|x|>M$ 时，$|f(x)-0|<\varepsilon$.

解　（1）因为 $|x|$ 与 $|f(x)-0|$ 的关系是

$$|f(x)-0| = \left| \frac{1}{x}-0 \right| = \frac{1}{|x|},$$

显然只要取 $M=100$，则当 $|x|>M$ 时，$|f(x)-0| = \dfrac{1}{|x|} < 0.01$.

（2）同理可得要使当 $|x|>M$ 时，$|f(x)-0|<0.000\,1$ 成立，只要取 $M=10\,000$.

（3）为了找到 $M$，先假设

$$|f(x)-0| = \left| \frac{1}{x}-0 \right| = \frac{1}{|x|} < \varepsilon,$$

得

$$|x| > \frac{1}{\varepsilon}.$$

反之也成立，即当 $|x| > \dfrac{1}{\varepsilon}$ 时，

$$|f(x)-0| = \frac{1}{|x|} < \frac{1}{1/\varepsilon} = \varepsilon,$$

所以只要取 $M = \dfrac{1}{\varepsilon}$，则当 $|x|>M$ 时，$|f(x)-0|<\varepsilon$. 因为当 $\varepsilon$ 任意小时，$M = \dfrac{1}{\varepsilon}$ 可以任意

大，意味着"当 $x \to \infty$ 时，函数 $f(x) = \dfrac{1}{x}$ 无限趋近于 0"，亦即有极限

$$\lim_{x \to \infty} \frac{1}{x} = 0.$$

极限 $\lim\limits_{x \to \infty} f(x) = A$ 的精确定义如下：

定义 2-12（$x \to \infty$ 时函数极限的 $\varepsilon\text{-}M$ 语言）　设 $\varepsilon$ 是任意正数，如果存在正数 $M$，使当 $|x|>M$ 时，不等式 $|f(x)-A|<\varepsilon$ 成立，那么称常数 $A$ 为 $x \to \infty$ 时函数 $f(x)$ 的极限，记为

$$\lim_{x \to \infty} f(x) = A.$$

$\varepsilon\text{-}M$ 语言也可简单表示为

$\forall \varepsilon > 0$，$\exists M > 0$，使当 $|x|>M$ 时，$|f(x)-A|<\varepsilon$，则 $\lim\limits_{x \to \infty} f(x) = A$.

从例 2-7 可知，定义 2-12 中的 $M$ 和 $\varepsilon$ 有关，且当 $\varepsilon$ 任意小时，$M$ 可以任意大，而且 $M$ 只要存在即可，一般 $M$ 不唯一.

从几何上看，$x \to \infty$ 时函数极限的 $\varepsilon\text{-}M$ 语言表示：只要 $|x|>M$，则函数 $f(x)$ 的图形位于直线 $y=A-\varepsilon$ 与 $y=A+\varepsilon$ 之间. 因为 $\varepsilon$ 可以任意小，所以 $x \to \infty$ 时，函数 $f(x)$ 必趋于 $A$，如

图 2-13 所示.

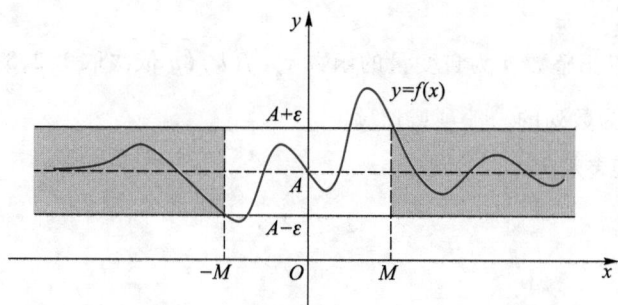

图 2-13

定义 2-13($x \to +\infty$ 时函数极限的 $\varepsilon$-$M$ 语言)　设 $\varepsilon$ 是任意正数,如果存在正数 $M$,使当 $x>M$ 时,不等式 $|f(x)-A|<\varepsilon$ 成立,那么称常数 $A$ 为 $x \to +\infty$ 时函数 $f(x)$ 的极限,记为

$$\lim_{x \to +\infty} f(x) = A.$$

定义 2-14($x \to -\infty$ 时函数极限的 $\varepsilon$-$M$ 语言)　设 $\varepsilon$ 是任意正数,如果存在负数 $M$,使当 $x<M$ 时,不等式 $|f(x)-A|<\varepsilon$ 成立,那么称常数 $A$ 为 $x \to -\infty$ 时函数 $f(x)$ 的极限,记为

$$\lim_{x \to -\infty} f(x) = A.$$

例 2-8　用 $\varepsilon$-$M$ 语言验证极限 $\lim\limits_{x \to \infty} \dfrac{1}{x^2} = 0$.

证明　设 $\varepsilon$ 是任意正数,假设

$$|f(x)-0| = \left| \frac{1}{x^2} - 0 \right| = \frac{1}{|x|^2} < \varepsilon,$$

得 $|x|^2 > \dfrac{1}{\varepsilon}$,即 $|x| > \dfrac{1}{\sqrt{\varepsilon}}$.

反之,当 $|x| > \dfrac{1}{\sqrt{\varepsilon}}$ 时,

$$|f(x)-0| = \frac{1}{|x|^2} < \frac{1}{(1/\sqrt{\varepsilon})^2} = \varepsilon.$$

所以只要取 $M = \dfrac{1}{\sqrt{\varepsilon}}$,则当 $|x|>M$ 时,$\left| \dfrac{1}{x^2} - 0 \right| < \varepsilon$,即 $\lim\limits_{x \to \infty} \dfrac{1}{x^2} = 0$,如图 2-14 所示.

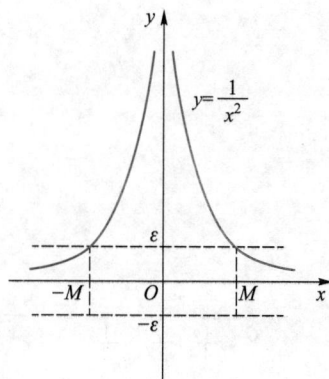

图 2-14

## 四、数列的极限

函数 $f(x) = \dfrac{1}{x}$,当 $x = n = 1,2,3,\cdots$ 时,$f(x) = f(n) = \dfrac{1}{n} = 1, \dfrac{1}{2}, \dfrac{1}{3}, \cdots$ 构成一个数列. 一

般地,数列是函数的特殊情况.

**1. 数列的定义**

定义 2-15　以正整数 $n$ 为自变量的函数 $x_n = f(n)$（$n$ 依次取 $1,2,3,\cdots$）称为数列,记作 $\{x_n\}$,其中 $x_n$ 称为数列的一般项或通项.

数列 $\{x_n\}$ 也可表示为

$$x_1, x_2, \cdots, x_n, \cdots.$$

例如数列:

（1）$\left\{\dfrac{1}{n}\right\}: 1, \dfrac{1}{2}, \dfrac{1}{3}, \dfrac{1}{4}, \cdots, \dfrac{1}{n}, \cdots;$

（2）$\left\{(-1)^{n-1}\dfrac{1}{n}\right\}: 1, -\dfrac{1}{2}, \dfrac{1}{3}, -\dfrac{1}{4}, \cdots, (-1)^{n-1}\dfrac{1}{n}, \cdots;$

（3）$\left\{\dfrac{n+(-1)^n}{n}\right\}: 0, \dfrac{3}{2}, \dfrac{2}{3}, \dfrac{5}{4}, \cdots, \dfrac{n+(-1)^n}{n}, \cdots;$

（4）$\{8\}: 8, 8, 8, 8, \cdots, 8, \cdots;$

（5）$\{(-1)^{n+1}\}: 1, -1, 1, -1, \cdots, (-1)^{n+1}, \cdots;$

（6）$\{2n\}: 2, 4, 6, 8, \cdots, 2n, \cdots;$

（7）$\left\{n\sin\dfrac{n\pi}{2}\right\}: 1, 0, -3, 0, \cdots, n\sin\dfrac{n\pi}{2}, \cdots.$

数列的图形有两种表达方式,图 2-15 和图 2-16 分别是数列 $\left\{\dfrac{1}{n}\right\}$ 在数轴上和在平面坐标系中的几何描述.

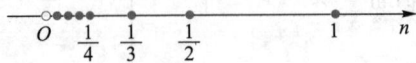

图 2-15

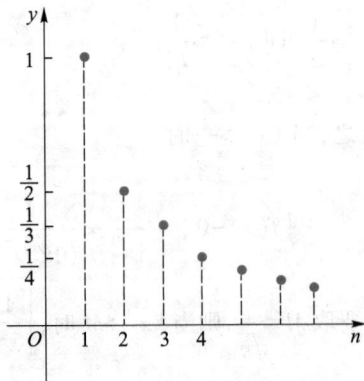

图 2-16

数列作为一种特殊的函数(整标函数),具有函数的某些性质,如单调性、有界性等.

定义 2-16　若对一切正整数 $n$ 均有 $x_n \leqslant x_{n+1}$（或 $x_n < x_{n+1}$）,则称数列 $\{x_n\}$ 为单调递增数列(或严格单调递增数列). 若对一切正整数 $n$ 均有 $x_n \geqslant x_{n+1}$（或 $x_n > x_{n+1}$）,则称数列 $\{x_n\}$ 为单调递减数列(或严格单调递减数列). 单调递增数列与单调递减数列统称为单调数列.

例如,数列 $\{2n\}$ 是单调递增数列, $\left\{\dfrac{1}{n}\right\}$ 是单调递减数列.

**定义 2-17** 若对所有 $x_n$,存在常数 $M_1$(或 $M_2$),使不等式 $x_n \geqslant M_1$(或 $x_n \leqslant M_2$)成立, 则称 $M_1$(或 $M_2$)为数列 $\{x_n\}$ 的下界(或上界).

**定义 2-18** 若存在正数 $M$,使对所有 $x_n$,均有不等式 $|x_n| \leqslant M$ 成立,则称数列 $\{x_n\}$ 为有界数列. 若这样的正数 $M$ 不存在,则说数列 $\{x_n\}$ 为无界数列.

既有下界又有上界的数列为有界数列,否则为无界数列.

例如,数列 $\left\{\dfrac{1}{n}\right\}$, $\left\{(-1)^{n-1}\dfrac{1}{n}\right\}$, $\left\{\dfrac{n+(-1)^n}{n}\right\}$, $\{8\}$, $\{(-1)^{n+1}\}$ 都是有界数列,而数列 $\{2n\}$, $\left\{n\sin\dfrac{n\pi}{2}\right\}$ 无界.

由有界数列的定义可知:单调递增数列只要有上界就一定有界,单调递减数列只要有下界就一定有界.

**定义 2-19** 单调且有界的数列称为单调有界数列.

**2. 数列的极限**

当 $n \to +\infty$ 时,数列 $x_n$ 的极限可以看成当 $x \to +\infty$ 时函数 $f(x)$ 的极限的特殊情况,因此,我们有数列极限的描述定义.

**定义 2-20** 设有数列 $\{x_n\}$,如果当 $n$ 无限增大时,$x_n$ 无限趋近于一个常数 $A$,那么称常数 $A$ 为数列 $\{x_n\}$ 的极限,或称数列 $\{x_n\}$ 收敛于 $A$,记为

$$\lim_{n \to +\infty} x_n = A,$$

简记为

$$\lim_{n \to \infty} x_n = A \quad \text{或} \quad x_n \to A \, (n \to \infty).$$

从图 2-15 和图 2-16 容易得出:随着 $n$ 无限增大,$\dfrac{1}{n}$ 无限趋近于常数 0,即

$$\lim_{n \to \infty} \frac{1}{n} = 0.$$

类似地可以得到前面列举的 7 个数列中,还有三个数列存在极限,分别是

$$\lim_{n \to \infty} (-1)^{n-1}\frac{1}{n} = 0, \quad \lim_{n \to \infty} \frac{n+(-1)^{n-1}}{n} = 1, \quad \lim_{n \to \infty} 8 = 8.$$

上述极限也可以说成数列 $\left\{\dfrac{1}{n}\right\}$ 和数列 $\left\{(-1)^{n-1}\dfrac{1}{n}\right\}$ 收敛于 0,数列 $\left\{\dfrac{n+(-1)^n}{n}\right\}$ 收敛于 1,数列 $\{8\}$ 收敛于 8.

如果定义 2-20 中的常数 $A$ 不存在,那么称数列 $\{x_n\}$ 没有极限,或称数列 $\{x_n\}$ 发散. 如 $\{(-1)^{n+1}\}$, $\{2n\}$, $\left\{n\sin\dfrac{n\pi}{2}\right\}$ 都是发散数列,且 $\{(-1)^{n+1}\}$ 振荡发散,$\{2n\}$(图 2-17),

$\left\{ n\sin\dfrac{n\pi}{2} \right\}$（图 2-18）无界发散.

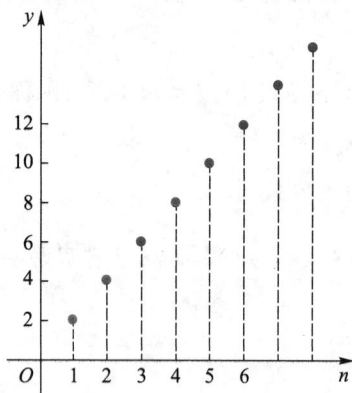

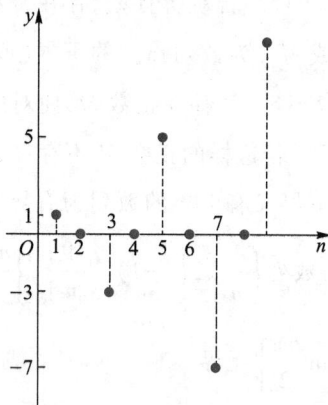

图 2-17　　　　　　　　　　　图 2-18

对于无界发散数列 $\{2n\}$，从图 2-17 可以看出，随着 $n$ 无限增大，$2n$ 趋近于正无穷大，即

$$\lim_{n\to\infty} 2n = +\infty.$$

数列 $\left\{ n\sin\dfrac{n\pi}{2} \right\}$ 虽然也无界发散，但从图 2-18 可以看出，随着 $n$ 无限增大，$n\sin\dfrac{n\pi}{2}$ 能无数次取 0 值，所以它不是无穷大量.

例 2-9　数列极限与圆的面积问题.

解　为了求圆的面积，我们先作圆的内接正六边形，并用此六边形面积 $A_1$ 作为圆面积的第一次近似；进一步可作圆的内接正十二边形，并记内接正十二边形的面积为 $A_2$，作为圆面积的第二次近似（图 2-19）；如此下去，每次边数加倍，一般地，把内接正 $6\times 2^{n-1}$ 边形的面积记为 $A_n(n\in \mathbf{N}_+)$. 这样，就得到一系列内接正多边形的面积

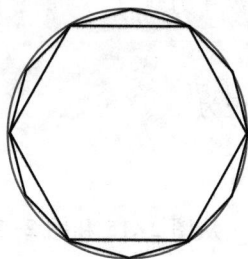

图 2-19

$$A_1, A_2, \cdots, A_n, \cdots.$$

当 $n$ 不断增加时，其面积 $A_n$ 与圆的面积越来越接近；但是不论 $n$ 取多大，只要 $n$ 取定了，$A_n$ 终究只是多边形的面积，而不是圆的面积. 因此，设想 $n$ 无限增大，圆内接正多边形的边数无限增加，同时面积 $A_n$ 也不断增大，其面积的极限就是圆的面积. 这种方法称为割圆术，是我国数学家刘徽在公元 3 世纪提出来的，在这里圆的面积问题的本质也就是求数列 $A_1$，$A_2, \cdots, A_n, \cdots$ 的极限问题.

**3. 数列极限 $\lim\limits_{n\to\infty} x_n = A$ 的精确定义**

当 $n\to\infty$ 时，数列 $\{x_n\}$ 以 $A$ 为极限的精确定义如下：

定义 2-21（$n\to\infty$ 时数列极限的 $\varepsilon$-$N$ 语言）　设 $\varepsilon$ 是任意正数，如果存在正整数 $N$，使

当 $n>N$ 时,不等式 $|x_n-A|<\varepsilon$ 成立,那么称常数 $A$ 为 $n\to\infty$ 时数列 $\{x_n\}$ 的极限,记为

$$\lim_{n\to\infty} x_n = A.$$

定义 2-21 也可简单表示为 $\forall\varepsilon>0$,$\exists$ 正整数 $N$,使当 $n>N$ 时,$|x_n-A|<\varepsilon$,则 $\lim\limits_{n\to\infty} x_n = A$.

定义 2-21 中的 $N$ 和 $\varepsilon$ 有关,且当 $\varepsilon$ 任意小时,$N$ 可以任意大,而且 $N$ 只要存在就不唯一.

从几何上看,$n\to\infty$ 时数列极限的 $\varepsilon$-$N$ 语言表示:只要 $n>N$,则数列 $\{x_n\}$ 对应的点位于直线 $y=A-\varepsilon$ 与 $y=A+\varepsilon$ 之间,如图 2-20 所示;或从 $x_{N+1}$ 项开始的点均落在开区间$(A-\varepsilon$, $A+\varepsilon)$内,如图 2-21 所示;因为 $\varepsilon$ 可以任意小,所以当 $n\to\infty$ 时,数列 $\{x_n\}$ 必趋近于 $A$.

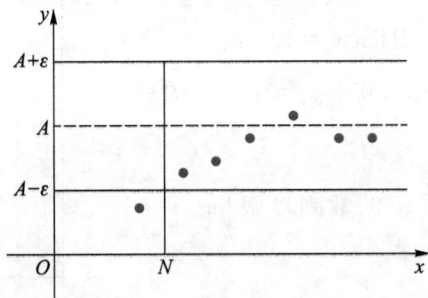

图 2-20

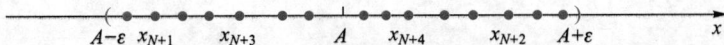

图 2-21

例 2-10　用 $\varepsilon$-$N$ 语言验证极限 $\lim\limits_{n\to\infty}\left(1+\dfrac{1}{4^n}\right)=1$.

证明　根据定义 2-21,此时 $x_n=1+\dfrac{1}{4^n}$,$A=1$. 设 $\varepsilon$ 是任意正数$\left(\text{不妨设 }\varepsilon<\dfrac{1}{4}\right)$,为了找到正整数 $N$,先假设

$$|x_n-A| = \left|\left(1+\frac{1}{4^n}\right)-1\right| = \frac{1}{4^n}<\varepsilon,$$

因此

$$4^n>\frac{1}{\varepsilon}.$$

两边取对数得

$$n\ln 4>-\ln\varepsilon,$$

即

$$n>-\frac{\ln\varepsilon}{\ln 4},$$

利用取整函数可得正整数 $\left[-\dfrac{\ln \varepsilon}{\ln 4}\right]$. 因此,只要取 $N=\left[-\dfrac{\ln \varepsilon}{\ln 4}\right]$,则当 $n>N$ 时,$|x_n-1|<\varepsilon$ 成立. 这意味着"当 $n\to\infty$ 时,数列 $\{x_n\}$ 无限趋近于 1",即

$$\lim_{n\to\infty} x_n = \lim_{n\to\infty}\left(1+\dfrac{1}{4^n}\right)=1.$$

例 2-10 中 $N=\left[-\dfrac{\ln \varepsilon}{\ln 4}\right]$ 的取值不唯一,实际上比 $\left[-\dfrac{\ln \varepsilon}{\ln 4}\right]$ 大的任何正整数都可以作为 $N$ 的值.

**4. 函数极限与数列极限的关系**

**定理 2-2**　设有函数极限 $\lim\limits_{x\to+\infty} f(x)=A$,且数列通项 $x_n=f(n)$,$n$ 为正整数,则 $\lim\limits_{n\to\infty} x_n=A$.

函数 $y=f(x)$ 与数列 $\{x_n\}$,其中 $x_n=f(n)$ 的关系如图 2-22 所示.

例如,函数极限 $\lim\limits_{x\to+\infty} \dfrac{1}{x}=0$,数列极限 $\lim\limits_{n\to\infty} \dfrac{1}{n}=\lim\limits_{x\to\infty} \dfrac{1}{x}=0$.

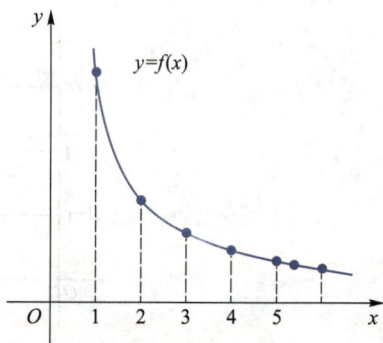

图 2-22

## 本节小结

本节主要介绍极限的描述定义,极限的精确定义,无穷小量和无穷大量的概念. 应从数值、图形、解析式和语言描述四个方面去理解这些概念. 极限的精确定义是极限描述定义的定量表示,学习目的在于理解精确定义的含义,会用精确定义验证简单的极限问题. 注意:

1. 函数在点 $x_0$ 处的极限和函数在点 $x_0$ 处的值无关.
2. 函数在点 $x_0$ 处左、右极限存在且相等是函数在点 $x_0$ 处的极限存在的充要条件.
3. 有些数列极限问题可转化为函数极限问题.

## 练习 2.1

基础题

1. 根据函数 $f(x)$ 的图形(图 2-23),求下列极限或解释它们为什么不存在:

(1) $\lim\limits_{x\to-1} f(x)$;　(2) $\lim\limits_{x\to0} f(x)$;　(3) $\lim\limits_{x\to1} f(x)$;　(4) $\lim\limits_{x\to1.5} f(x)$.

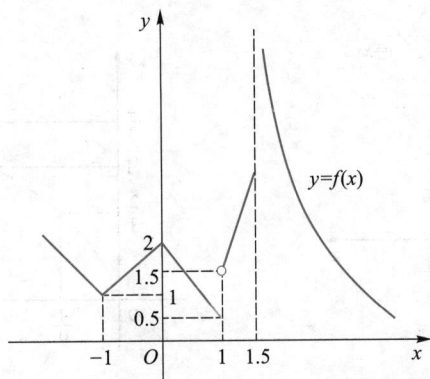

图 2-23

2. 设函数 $f(x) = \dfrac{x^2-3x+2}{x-2}$.

(1) 列表计算 $f(x)$ 在点 $x=1.9, 1.99, 1.999, \cdots$ 和 $x=2.1, 2.01, 2.001, \cdots$ 的函数值,并估计极限 $\lim\limits_{x \to 2} f(x)$;

(2) 画出函数 $f(x)$ 的图形,并根据函数图形检验(1)所得的极限;

(3) 根据函数解析式求极限 $\lim\limits_{x \to 2} f(x)$.

3. 如果有极限 $\lim\limits_{x \to 0} f(x) = 2$,那么函数 $f(x)$ 在 $x=0$ 处一定有定义吗?请归纳 $f(x)$ 在点 $x=0$ 处可能出现的所有情况,并用图形表示.

4. 如果 $f(0)=2$,那么极限 $\lim\limits_{x \to 0} f(x)$ 一定存在吗?如果极限 $\lim\limits_{x \to 0} f(x)$ 存在,是否必有 $\lim\limits_{x \to 0} f(x) = 2$?请归纳极限 $\lim\limits_{x \to 0} f(x)$ 可能出现的所有情况,并用图形表示.

5. 设

$$f(x) = \begin{cases} x, & x < 1, \\ 3x-1, & x \geqslant 1. \end{cases}$$

(1) 画出函数 $f(x)$ 的图形;

(2) 求当 $x \to 1$ 时 $f(x)$ 的左、右极限,并判定极限 $\lim\limits_{x \to 1} f(x)$ 是否存在.

6. 用下列函数的图形求 $\delta > 0$,使当 $0 < |x-x_0| < \delta$ 时,不等式 $|f(x)-A| < \varepsilon$ 成立:

(1) 如图 2-24 所示,$f(x) = x-2, x_0 = 6, \varepsilon = 0.3, A = 4$;

(2) 如图 2-25 所示,$f(x) = \sqrt{x}, x_0 = 1, \varepsilon = \dfrac{1}{3}, A = 1$.

7. 设函数 $f(x) = 2x+3$.

(1) 求一个 $\delta > 0$,使当 $|x-1| < \delta$ 时,$|f(x)-5| < 0.1$;

(2) 求一个 $\delta > 0$,使当 $|x-1| < \delta$ 时,$|f(x)-5| < 0.01$;

(3) 设 $\varepsilon$ 是一个任意给定的正数,求一个 $\delta > 0$,使当 $|x-1| < \delta$ 时,$|f(x)-5| < \varepsilon$.

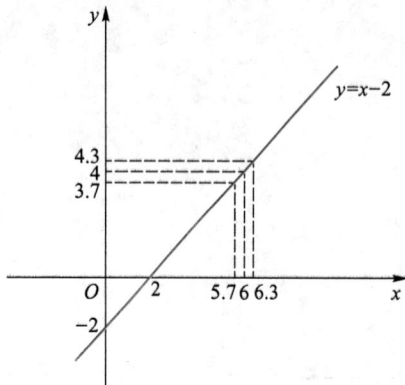

图 2-24

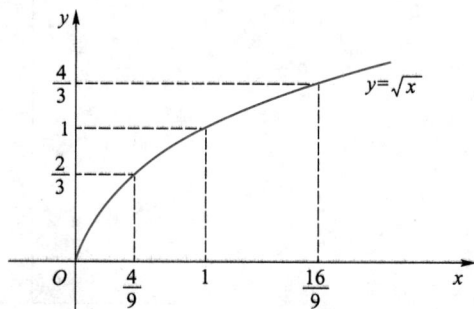

图 2-25

8. 用 $\varepsilon$-$\delta$ 语言证明:

(1) $\lim\limits_{x\to 3}(3x-1)=8$;

(2) $\lim\limits_{x\to -1.5}\dfrac{9-4x^2}{3+2x}=6$;

(3) $\lim\limits_{x\to 0^+}\sqrt{x}=0$;

(4) $\lim\limits_{x\to 1^-}\sqrt{1-x}=0$.

9. 求下列函数在指定点处的极限,如果不存在,请说明理由:

(1) $f(x)=\dfrac{|x|}{x}$,在 $x=0$ 处;

(2) $f(x)=\begin{cases}x+4, & x<1,\\ 2x-1, & x\geqslant 1,\end{cases}$ 在 $x=0$,$x=1$,$x=2$ 处;

(3) $f(x)=\dfrac{1}{x-2}$,在 $x=2$ 处;

(4) $f(x)=\begin{cases}x+2, & x<-1,\\ 2x+3, & x\geqslant -1,\end{cases}$ 在 $x=-1$ 处.

10. 用图形表示函数 $f(x)$,使 $f(x)$ 满足下面两个条件:

(1) $f(0)=2$,$f(2)=-1$;

(2) $\lim\limits_{x\to 1^-}f(x)=-\infty$,$\lim\limits_{x\to 1^+}f(x)=+\infty$.

11. 下列函数在什么情况下是无穷大量,什么情况下是无穷小量:

(1) $y=\dfrac{1}{x-1}$;

(2) $y=\ln x$;

(3) $y=x^2$;

(4) $y=\mathrm{e}^x$.

12. 下列变量哪些是无穷小量,哪些是无穷大量:

(1) $x\to 0$,$\cot x$;

(2) $x\to 0$,$2^{-x}-1$;

(3) $x\to 0^+$,$\lg x$;

(4) $\theta\to 0$,$\tan\theta$.

13. 下列说法是否正确:

(1) 无穷大量是极限为无穷大的变量;

(2) 无穷大量是无界变量,无界变量也是无穷大量;

（3）无极限的数列一定无界.

14. 用图形表示一个函数 $f(x)$，使其满足条件：

（1）$f(0)=1, f(1)=3$；　　　　（2）$\lim\limits_{x \to -\infty} f(x)=0, \lim\limits_{x \to +\infty} f(x)=2$.

15. 用图形表示一个函数 $f(x)$，使其满足条件：

（1）$f(-1)=0, f(2)=3$；　　　　（2）$\lim\limits_{x \to \infty} f(x)=2$.

16. 设函数 $f(x)=\dfrac{1}{x^2}$.

（1）求一个 $M>0$，使当 $|x|>M$ 时，$|f(x)-0|<0.01$；

（2）求一个 $M>0$，使当 $|x|>M$ 时，$|f(x)-0|<0.0001$；

（3）设 $\varepsilon$ 是一个任意给定的正数，求一个 $M>0$，使当 $|x|>M$ 时，$|f(x)-0|<\varepsilon$.

17. 用 $\varepsilon-M$ 语言证明：

（1）$\lim\limits_{x \to \infty} \dfrac{2x+3}{x}=2$；　　　　（2）$\lim\limits_{x \to -\infty} 2^x=0$.

18. 写出下列数列的前 5 项：

（1）$a_n=\dfrac{2n-1}{3n+2}$；　　　　（2）$a_n=\dfrac{1-(-1)^n}{n^3}$；

（3）$a_n=\left(1+\dfrac{1}{n}\right)^n$；　　　　（4）$a_n=\dfrac{(-1)^{n-1} x^{2n-1}}{(2n-1)!}$.

19. 画出下列数列的点图，并指出哪些数列收敛，哪些数列发散：

（1）$a_n=\dfrac{1}{2^n}$；　　　　（2）$a_n=(-1)^n n$；

（3）$a_n=(-1)^n \dfrac{1}{n+3}$；　　　　（4）$a_n=\dfrac{n}{n+1}$；

（5）$a_n=\dfrac{1}{n}\sin\dfrac{\pi}{n}$；　　　　（6）$a_n=[1-(-1)^n]n$.

20. 设 $a_n=\dfrac{3n+2}{n+1}$.

（1）求 $|a_1-3|, |a_{10}-3|, |a_{100}-3|$ 的值；

（2）求正整数 $N$，使当 $n>N$ 时，不等式 $|a_n-3|<10^{-4}$ 成立；

（3）设 $\varepsilon$ 是一个任意给定的正数，求正整数 $N$，使当 $n>N$ 时，不等式 $|a_n-3|<\varepsilon$ 成立.

21. 用 $\varepsilon-N$ 语言证明：

（1）$\lim\limits_{n \to \infty} \dfrac{1}{n^2}=0$；　　　　（2）$\lim\limits_{n \to \infty} \dfrac{3n+2}{2n-1}=\dfrac{3}{2}$.

提高题

1. 用 $\varepsilon-\delta$ 语言证明：$\lim\limits_{x \to 3} \dfrac{x-3}{x^2-9}=\dfrac{1}{6}$.

2. 下列说法是否可作为数列 $\{x_n\}$ 以 $A$ 为极限的定义:

(1) $\forall \varepsilon > 0$,$\exists$ 正整数 $N$,使当 $n \geqslant N$ 时,$|x_n - A| \leqslant \varepsilon$;

(2) $\forall \varepsilon > 0$,$\exists$ 正整数 $N$,使当 $n \geqslant N$ 时,$|x_n - A| \leqslant k\varepsilon$,其中 $k > 1$ 为常数;

(3) $\exists$ 正整数 $N$,$\forall \varepsilon > 0$,使当 $n \geqslant N$ 时,$|x_n - A| \leqslant \varepsilon$.

3. 设有数列 $\{x_n\}$,若 $\lim\limits_{k \to \infty} x_{2k} = A$,$\lim\limits_{k \to \infty} x_{2k+1} = A$,用精确定义证明 $\lim\limits_{n \to \infty} x_n = A$.

4. 如果数列 $\{x_n\}$ 收敛,用精确定义证明 $\lim\limits_{n \to \infty} x_{n+1} = \lim\limits_{n \to \infty} x_n$.

# §2.2    极限的性质与运算

本节我们讨论极限的性质与运算. 我们主要对 $x \to x_0$ 时函数 $f(x)$ 的极限的性质与运算进行讨论,而其所有结果也适合于 $x \to \infty$ 时函数的极限和 $n \to \infty$ 时数列的极限. 本节列出的极限的性质都可以用极限的精确定义证明,但本书只给出部分性质的证明.

## 一、极限的性质

定理 2-3(唯一性)    若极限 $\lim\limits_{x \to x_0} f(x)$ 存在,则极限值唯一.

证明(用反证法)    假设极限 $\lim\limits_{x \to x_0} f(x) = A$,$\lim\limits_{x \to x_0} f(x) = B$,且 $A \neq B$. 根据极限的精确定义,对 $\varepsilon = \dfrac{|A-B|}{2}$,极限 $\lim\limits_{x \to x_0} f(x) = A$ 意味着 $\exists \delta_1 > 0$,使当 $0 < |x - x_0| < \delta_1$ 时,不等式 $|f(x) - A| < \varepsilon$ 成立;极限 $\lim\limits_{x \to x_0} f(x) = B$ 意味着 $\exists \delta_2 > 0$,使当 $0 < |x - x_0| < \delta_2$ 时,不等式 $|f(x) - B| < \varepsilon$ 成立.

取 $\delta = \min\{\delta_1, \delta_2\}$,则当 $0 < |x - x_0| < \delta$ 时,不等式 $|f(x) - A| < \varepsilon$ 和 $|f(x) - B| < \varepsilon$ 同时成立,因此

$$|A - B| = |A - f(x) + f(x) - B| \leqslant |f(x) - A| + |f(x) - B| < 2\varepsilon = |A - B|,$$

显然矛盾,所以 $A = B$.

定理 2-4(局部有界性)    若极限 $\lim\limits_{x \to x_0} f(x) = A$,则存在实数 $M, m$ 和 $\delta > 0$,使当 $0 < |x - x_0| < \delta$ 时,有 $m < f(x) < M$($A > 0$ 时见图 2-26).

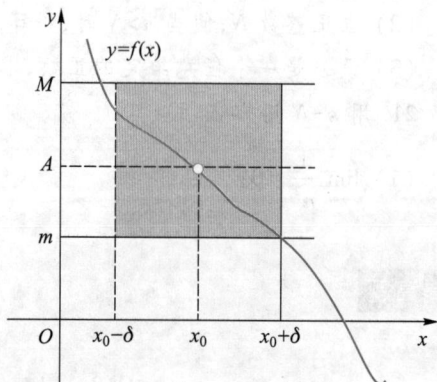

图 2-26

**证明**  因为 $\lim\limits_{x \to x_0} f(x) = A$,根据极限的精确定义,$\forall \varepsilon > 0$,$\exists \delta > 0$,使当 $0 < |x - x_0| < \delta$ 时,

不等式 $|f(x) - A| < \varepsilon$ 成立,因此

$$A - \varepsilon < f(x) < A + \varepsilon.$$

令 $m = A - \varepsilon$,$M = A + \varepsilon$,则 $m < f(x) < M$.

**推论**  若数列 $\{x_n\}$ 有极限,则数列 $\{x_n\}$ 一定有界.

**定理 2-5**(局部比较性)  设极限 $\lim\limits_{x \to x_0} f(x)$ 和 $\lim\limits_{x \to x_0} g(x)$ 都存在,若 $\lim\limits_{x \to x_0} f(x) > \lim\limits_{x \to x_0} g(x)$,则存在正数 $\delta$,使当 $0 < |x - x_0| < \delta$ 时,有 $f(x) > g(x)$(图 2-27(a)).

特别地,有局部保号性:若 $\lim\limits_{x \to x_0} f(x) > 0$(或 $\lim\limits_{x \to x_0} f(x) < 0$),则存在正数 $\delta$,使当 $0 < |x - x_0| < \delta$ 时,有 $f(x) > 0$(或 $f(x) < 0$)(图 2-27(b)).

**推论**  设极限 $\lim\limits_{x \to x_0} f(x)$ 和 $\lim\limits_{x \to x_0} g(x)$ 都存在,若存在正数 $\delta$,使当 $0 < |x - x_0| < \delta$ 时,有 $f(x) > g(x)$,则 $\lim\limits_{x \to x_0} f(x) \geqslant \lim\limits_{x \to x_0} g(x)$(图 2-27(a),(c)).

特别地,有极限的保号性:若存在正数 $\delta$,使当 $0 < |x - x_0| < \delta$ 时,有 $f(x) > 0$,则 $\lim\limits_{x \to x_0} f(x) \geqslant 0$(图 2-27(b),(d)).

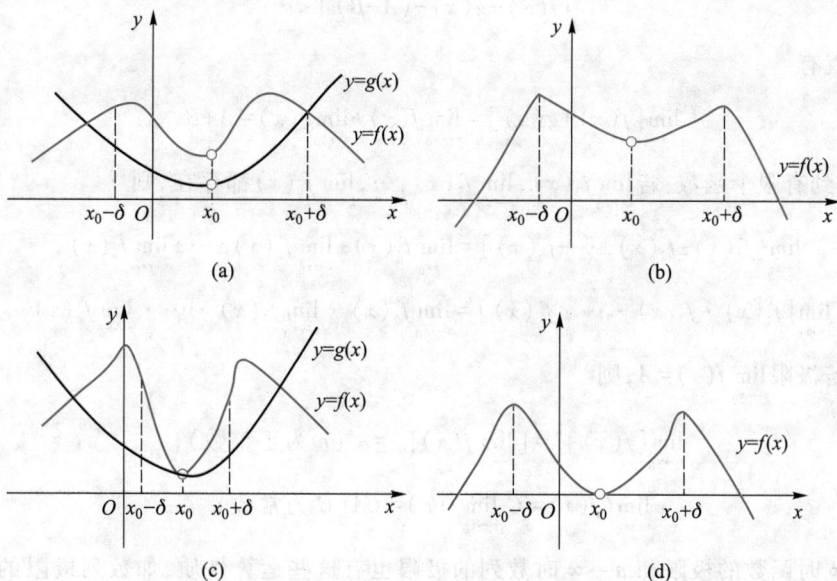

图 2-27

## 二、极限的运算法则

**定理 2-6**(极限的四则运算法则)  若极限 $\lim\limits_{x \to x_0} f(x) = A$,$\lim\limits_{x \to x_0} g(x) = B$,则

(1) $\lim\limits_{x \to x_0} [f(x) \pm g(x)] = \lim\limits_{x \to x_0} f(x) \pm \lim\limits_{x \to x_0} g(x) = A \pm B$;

(2) $\lim\limits_{x \to x_0} [f(x) \cdot g(x)] = \lim\limits_{x \to x_0} f(x) \cdot \lim\limits_{x \to x_0} g(x) = A \cdot B$;

（3）$\lim\limits_{x \to x_0} \dfrac{f(x)}{g(x)} = \dfrac{\lim\limits_{x \to x_0} f(x)}{\lim\limits_{x \to x_0} g(x)} = \dfrac{A}{B}$，其中 $\lim\limits_{x \to x_0} g(x) = B \neq 0$.

**证明**    我们仅证明 $\lim\limits_{x \to x_0} [f(x) + g(x)] = \lim\limits_{x \to x_0} f(x) + \lim\limits_{x \to x_0} g(x) = A + B$.

设极限 $\lim\limits_{x \to x_0} f(x) = A$，$\lim\limits_{x \to x_0} g(x) = B$，根据极限的精确定义，$\forall \varepsilon > 0$，极限 $\lim\limits_{x \to x_0} f(x) = A$ 意味

着 $\exists \delta_1 > 0$，使当 $0 < |x - x_0| < \delta_1$ 时，不等式 $|f(x) - A| < \dfrac{\varepsilon}{2}$ 成立；极限 $\lim\limits_{x \to x_0} g(x) = B$ 意味着 $\exists \delta_2 >$

$0$，使当 $0 < |x - x_0| < \delta_2$ 时，不等式 $|g(x) - B| < \dfrac{\varepsilon}{2}$ 成立.

取 $\delta = \min\{\delta_1, \delta_2\}$，则当 $0 < |x - x_0| < \delta$ 时，不等式 $|f(x) - A| < \dfrac{\varepsilon}{2}$ 和 $|g(x) - B| < \dfrac{\varepsilon}{2}$ 同时

成立. 因此

$$|f(x) + g(x) - (A + B)| \leqslant |f(x) - A| + |g(x) - B| < \frac{\varepsilon}{2} + \frac{\varepsilon}{2} = \varepsilon.$$

综上可得 $\forall \varepsilon > 0$，$\exists \delta = \min\{\delta_1, \delta_2\}$，使当 $0 < |x - x_0| < \delta$ 时，不等式

$$|f(x) + g(x) - (A + B)| < \varepsilon$$

成立，也就有

$$\lim\limits_{x \to x_0} [f(x) + g(x)] = \lim\limits_{x \to x_0} f(x) + \lim\limits_{x \to x_0} g(x) = A + B.$$

推广到有限个函数：若 $\lim\limits_{x \to x_0} f_1(x)$，$\lim\limits_{x \to x_0} f_2(x)$，$\cdots$，$\lim\limits_{x \to x_0} f_n(x)$ 都存在，则

$$\lim\limits_{x \to x_0} [f_1(x) \pm f_2(x) \pm \cdots \pm f_n(x)] = \lim\limits_{x \to x_0} f_1(x) \pm \lim\limits_{x \to x_0} f_2(x) \pm \cdots \pm \lim\limits_{x \to x_0} f_n(x),$$

$$\lim\limits_{x \to x_0} [f_1(x) \cdot f_2(x) \cdot \cdots \cdot f_n(x)] = \lim\limits_{x \to x_0} f_1(x) \cdot \lim\limits_{x \to x_0} f_2(x) \cdot \cdots \cdot \lim\limits_{x \to x_0} f_n(x).$$

特别地，若极限 $\lim\limits_{x \to x_0} f(x) = A$，则

$$\lim\limits_{x \to x_0} [f(x)]^n = [\lim\limits_{x \to x_0} f(x)]^n = A^n (n \text{ 为正整数}),$$

$$\lim\limits_{x \to x_0} Cf(x) = C \lim\limits_{x \to x_0} f(x) = CA (C \text{ 为常数}).$$

$x \to \infty$ 时函数的极限和 $n \to \infty$ 时数列的极限也有这些运算性质，如数列极限的四则运

算法则如下：

极限的运算

法则

若数列极限 $\lim\limits_{n \to \infty} x_n = A$，$\lim\limits_{n \to \infty} y_n = B$，则

（1）$\lim\limits_{n \to \infty} (x_n \pm y_n) = \lim\limits_{n \to \infty} x_n \pm \lim\limits_{n \to \infty} y_n = A \pm B$；

（2）$\lim\limits_{n \to \infty} (x_n \cdot y_n) = \lim\limits_{n \to \infty} x_n \cdot \lim\limits_{n \to \infty} y_n = A \cdot B$；

（3）$\lim\limits_{n \to \infty} \dfrac{x_n}{y_n} = \dfrac{\lim\limits_{n \to \infty} x_n}{\lim\limits_{n \to \infty} y_n} = \dfrac{A}{B}$，其中 $\lim\limits_{n \to \infty} y_n = B \neq 0$.

**例 2-11**    求 $\lim\limits_{x \to 2} (x^3 - 3x^2 + 5x + \ln 2)$.

解　根据定理 2-6,有

$$\lim_{x \to 2}(x^3-3x^2+5x+\ln 2) = \lim_{x \to 2} x^3 - 3\lim_{x \to 2} x^2 + 5\lim_{x \to 2} x + \lim_{x \to 2}\ln 2$$

$$= \left(\lim_{x \to 2} x\right)^3 - 3\left(\lim_{x \to 2} x\right)^2 + 5\lim_{x \to 2} x + \ln 2$$

$$= 2^3 - 3 \cdot 2^2 + 5 \cdot 2 + \ln 2 = 6 + \ln 2.$$

例 2-12　求 $\displaystyle\lim_{x \to 1}\frac{x^2+4}{x^3-5x+2}$.

解　因为 $\displaystyle\lim_{x \to 1}(x^3-5x+2) = -2 \neq 0$,根据定理 2-6,有

$$\lim_{x \to 1}\frac{x^2+4}{x^3-5x+2} = \frac{\lim_{x \to 1}(x^2+4)}{\lim_{x \to 1}(x^3-5x+2)} = -\frac{5}{2}.$$

从例 2-11 和例 2-12 可见,当 $f(x)$ 是有理整函数(多项式)或有理分式函数时,如果 $x_0$ 属于 $f(x)$ 的定义域,那么 $x \to x_0$ 时 $f(x)$ 的极限等于 $f(x_0)$.

事实上,设有理整函数 $f(x) = a_0 x^n + a_1 x^{n-1} + \cdots + a_n$,根据定理 2-6,有

$$\lim_{x \to x_0} f(x) = \lim_{x \to x_0}(a_0 x^n + a_1 x^{n-1} + \cdots + a_n)$$

$$= a_0\left(\lim_{x \to x_0} x\right)^n + a_1\left(\lim_{x \to x_0} x\right)^{n-1} + \cdots + \lim_{x \to x_0} a_n$$

$$= a_0 x_0^n + a_1 x_0^{n-1} + \cdots + a_n = f(x_0).$$

设有理分式函数 $f(x) = \dfrac{p_n(x)}{q_m(x)} = \dfrac{a_0 x^n + a_1 x^{n-1} + \cdots + a_n}{b_0 x^m + b_1 x^{m-1} + \cdots + b_m}$,其中 $a_0 b_0 \neq 0$,当 $q_m(x_0) \neq 0$ 时, 根据定理 2-6,有

$$\lim_{x \to x_0} f(x) = \frac{\lim_{x \to x_0} p_n(x)}{\lim_{x \to x_0} q_m(x)} = \frac{\lim_{x \to x_0}(a_0 x^n + a_1 x^{n-1} + \cdots + a_n)}{\lim_{x \to x_0}(b_0 x^m + b_1 x^{m-1} + \cdots + b_m)}$$

$$= \frac{a_0 x_0^n + a_1 x_0^{n-1} + \cdots + a_n}{b_0 x_0^m + b_1 x_0^{m-1} + \cdots + b_m} = \frac{p_n(x_0)}{q_m(x_0)} = f(x_0).$$

上述结果表示有理整函数或有理分式函数 $f(x)$ 在点 $x_0$ 处连续(相关概念见 §2.5). 要注意的是:当 $q_m(x_0) = 0$ 时,定理 2-6(3) 即商的极限法则对有理分式函数不成立,需根据不同情况处理. 下面三例就属于这种情况.

例 2-13　求 $\displaystyle\lim_{x \to 0}\frac{x^2+1}{2x^3+5x^2-x}$.

解　因为分母的极限 $\displaystyle\lim_{x \to 0}(2x^3+5x^2-x) = 0$,不满足极限的运算条件,因此不能直接用定理 2-6(3),即不能写成

$$\lim_{x \to 0}\frac{x^2+1}{2x^3+5x^2-x} = \frac{\lim_{x \to 0}(x^2+1)}{\lim_{x \to 0}(2x^3+5x^2-x)}.$$

而该分式的倒数存在极限：

$$\lim_{x \to 0} \frac{2x^3 + 5x^2 - x}{x^2 + 1} = 0.$$

根据无穷小量的倒数是无穷大量，可得

$$\lim_{x \to 0} \frac{x^2 + 1}{2x^3 + 5x^2 - x} = \infty.$$

**例 2-14**　求 $\lim\limits_{x \to 3} \dfrac{x^2 - 9}{x^2 - 2x - 3}$.

**解**　由于当 $x \to 3$ 时，分母的极限等于 0，不满足极限的运算条件，因此不能直接用定理 2-6(3)．实际上当 $x \to 3$ 时，此分式的分子和分母的极限都是 0，称这种类型的极限为 “$\dfrac{0}{0}$ 型未定式（或不定式）”．这时分式的极限可能存在也可能不存在，如何求该极限呢？

由于当 $x \to 3$ 时 $x \neq 3$，所以 $x - 3 \neq 0$，故可约去公因子 $(x-3)$，称这种方法为“去零因子法”．因而当 $x \neq 3$ 时，

$$\frac{x^2 - 9}{x^2 - 2x - 3} = \frac{(x-3)(x+3)}{(x-3)(x+1)} = \frac{x+3}{x+1}.$$

所以

$$\lim_{x \to 3} \frac{x^2 - 9}{x^2 - 2x - 3} = \lim_{x \to 3} \frac{x+3}{x+1} = \frac{\lim\limits_{x \to 3}(x+3)}{\lim\limits_{x \to 3}(x+1)} = \frac{6}{4} = \frac{3}{2}.$$

关于根式函数，常用到下面两个极限，§2.5 将用连续性证明它们成立：

$$\lim_{x \to x_0} \sqrt{x} = \sqrt{x_0}, \quad \text{其中 } x_0 > 0;$$

$$\lim_{x \to x_0} \sqrt[n]{f(x)} = \sqrt[n]{\lim_{x \to x_0} f(x)}, \text{其中 } n \text{ 为正整数，且 } n \text{ 为偶数时} \lim_{x \to x_0} f(x) > 0.$$

**例 2-15**　求 $\lim\limits_{x \to 1} \dfrac{\sqrt{x^2 - x + 1} - x}{\sqrt{x} - 1}$.

**解**　此极限为 $\dfrac{0}{0}$ 型未定式．分子先根式有理化，后分解因式，再用“去零因子法”求极限：

$$\lim_{x \to 1} \frac{\sqrt{x^2 - x + 1} - x}{\sqrt{x} - 1} = \lim_{x \to 1} \frac{(\sqrt{x^2 - x + 1} - x)(\sqrt{x^2 - x + 1} + x)}{(\sqrt{x} - 1)(\sqrt{x^2 - x + 1} + x)}$$

$$= \lim_{x \to 1} \frac{-(x - 1)}{(\sqrt{x} - 1)(\sqrt{x^2 - x + 1} + x)}$$

$$= \lim_{x \to 1} \frac{-(\sqrt{x} - 1)(\sqrt{x} + 1)}{(\sqrt{x} - 1)(\sqrt{x^2 - x + 1} + x)}$$

$$= \lim_{x \to 1} \frac{-(\sqrt{x}+1)}{\sqrt{x^2-x+1}+x}$$

$$= \frac{-\left(\sqrt{\lim\limits_{x \to 1} x}+1\right)}{\sqrt{\lim\limits_{x \to 1}(x^2-x+1)}+\lim\limits_{x \to 1} x}$$

$$= -\frac{2}{2} = -1.$$

**例 2-16**　求 $\lim\limits_{x \to \infty} \dfrac{2x^3+3x^2+2}{3x^3+2x^2-5x}$.

**解**　由于当 $x \to \infty$ 时,分子、分母的极限都不存在,不满足极限的运算法则,故不能直接用定理 2-6,即不能写成

$$\lim_{x \to \infty} \frac{2x^3+3x^2+2}{3x^3+2x^2-5x} = \frac{\lim\limits_{x \to \infty}(2x^3+3x^2+2)}{\lim\limits_{x \to \infty}(3x^3+2x^2-5x)}.$$

实际上当 $x \to \infty$ 时,分子、分母都是无穷大量,我们称这种类型的极限为 "$\dfrac{\infty}{\infty}$ 型未定式(或不定式)". 分式的极限可能存在也可能不存在,用 $x^3$ 同时除分子、分母,然后再求极限:

$$\lim_{x \to \infty} \frac{2x^3+3x^2+2}{3x^3+2x^2-5x} = \lim_{x \to \infty} \frac{2+\dfrac{3}{x}+\dfrac{2}{x^3}}{3+\dfrac{2}{x}-\dfrac{5}{x^2}} = \frac{2}{3}.$$

**例 2-17**　求 $\lim\limits_{x \to \infty} \dfrac{4x^3+2x^2+1}{5x^5+3x^2-7x}$.

**解**　该极限为 $\dfrac{\infty}{\infty}$ 型未定式,用 $x^5$ 同除分子、分母得

$$\lim_{x \to \infty} \frac{4x^3+2x^2+1}{5x^5+3x^2-7x} = \lim_{x \to \infty} \frac{\dfrac{4}{x^2}+\dfrac{2}{x^3}+\dfrac{1}{x^5}}{5+\dfrac{3}{x^3}-\dfrac{7}{x^4}} = \frac{0}{5} = 0.$$

**例 2-18**　求 $\lim\limits_{x \to \infty} \dfrac{2x^4+3x^2+1}{7x^3+x^2-5x}$.

**解**　该极限为 $\dfrac{\infty}{\infty}$ 型未定式. 我们先求该分式的倒数的极限,分子、分母同除以 $x^4$ 得

$$\lim_{x \to \infty} \frac{7x^3+x^2-5x}{2x^4+3x^2+1} = \lim_{x \to \infty} \frac{\dfrac{7}{x}+\dfrac{1}{x^2}-\dfrac{5}{x^3}}{2+\dfrac{3}{x^2}+\dfrac{1}{x^4}} = 0.$$

因为无穷小量的倒数是无穷大量,所以

$$\lim_{x \to \infty} \frac{2x^4 + 3x^2 + 1}{7x^3 + x^2 - 5x} = \infty ,$$

即此极限不存在.

综合例 2-16,例 2-17 和例 2-18 可得有理分式函数的极限公式.

设 $a_0 b_0 \neq 0$,则

$$\lim_{x \to \infty} \frac{a_0 x^n + a_1 x^{n-1} + \cdots + a_n}{b_0 x^m + b_1 x^{m-1} + \cdots + b_m} = \begin{cases} \dfrac{a_0}{b_0}, & n = m, \\ 0, & n < m, \\ \infty, & n > m. \end{cases}$$

**例 2-19** 求 $\displaystyle\lim_{x \to \infty} \frac{(x+1)(x^2+1)\cdots(x^n+1)}{[(nx)^n + 1]^{\frac{n+1}{2}}}$.

**解** 由于分子的最高次幂为 $1 + 2 + \cdots + n = \dfrac{n(n+1)}{2}$,与分母的最高次幂相同,而分子的

最高次项系数为 $1$,分母的最高次项系数为 $n^{\frac{n(n+1)}{2}}$,由有理分式函数的极限公式可得

$$\lim_{x \to \infty} \frac{(x+1)(x^2+1)\cdots(x^n+1)}{[(nx)^n + 1]^{\frac{n+1}{2}}} = \frac{1}{n^{\frac{n(n+1)}{2}}} = n^{-\frac{n(n+1)}{2}}.$$

**例 2-20** 求数列极限 $\displaystyle\lim_{n \to \infty} \frac{1}{n}\left\{\left(x + \frac{a}{n}\right)^2 + \left(x + \frac{2a}{n}\right)^2 + \cdots + \left[x + \frac{(n-1)a}{n}\right]^2\right\}$.

**解** 根据数列极限与函数极限的关系和有理分式函数的极限公式,极限等于变量最高次项的系数比,即

$$\lim_{n \to \infty} \frac{1}{n}\left\{\left(x + \frac{a}{n}\right)^2 + \left(x + \frac{2a}{n}\right)^2 + \cdots + \left[x + \frac{(n-1)a}{n}\right]^2\right\}$$

$$= \lim_{n \to \infty} \frac{1}{n}\left\{(n-1)x^2 + \frac{2ax}{n}[1 + 2 + \cdots + (n-1)] + \frac{a^2}{n^2}[1^2 + 2^2 + \cdots + (n-1)^2]\right\}$$

$$= \lim_{n \to \infty} \frac{1}{n}\left[(n-1)x^2 + \frac{2ax}{n} \cdot \frac{(n-1)n}{2} + \frac{a^2}{n^2} \cdot \frac{(n-1)(2n-1)n}{6}\right]$$

$$= \lim_{n \to \infty} \frac{n-1}{n}x^2 + \lim_{n \to \infty} \frac{n-1}{n} \cdot ax + \lim_{n \to \infty} \frac{(n-1)(2n-1)}{6n^2}a^2$$

$$= x^2 + ax + \frac{a^2}{3}.$$

**例 2-21** 求数列极限 $\displaystyle\lim_{n \to \infty} \frac{\sqrt{n^2+1} + 2n}{5n + 6}$.

**解** 该极限为 $\dfrac{\infty}{\infty}$ 型未定式. 分子、分母同除以 $n$,得

$$\lim_{n\to\infty}\frac{\sqrt{n^2+1}+2n}{5n+6}=\lim_{n\to\infty}\frac{\sqrt{1+\dfrac{1}{n^2}}+2}{5+\dfrac{6}{n}}=\frac{3}{5}.$$

**例 2-22**  求 $\lim\limits_{x\to-1}\left(\dfrac{2x-1}{x+1}+\dfrac{3x}{x^2+x}\right)$.

**解**  由于

$$\lim_{x\to-1^+}\frac{2x-1}{x+1}=-\infty\ ,\ \lim_{x\to-1^+}\frac{3x}{x^2+x}=+\infty\ ,$$

$$\lim_{x\to-1^-}\frac{2x-1}{x+1}=+\infty\ ,\ \lim_{x\to-1^-}\frac{3x}{x^2+x}=-\infty\ ,$$

故上述极限都不存在. 所给极限称为"$\infty-\infty$ 型未定式",从而求极限时不能直接用定理 2-6(1),即不能写成

$$\lim_{x\to-1}\left(\frac{2x-1}{x+1}+\frac{3x}{x^2+x}\right)=\lim_{x\to-1}\frac{2x-1}{x+1}+\lim_{x\to-1}\frac{3x}{x^2+x},$$

而要利用通分将两函数和的形式转化为商的形式,再求极限:

$$\lim_{x\to-1}\left(\frac{2x-1}{x+1}+\frac{3x}{x^2+x}\right)=\lim_{x\to-1}\frac{2(x^2+x)}{x^2+x}=2.$$

**定理 2-7**（复合函数的极限）  设函数 $y=f[g(x)]$ 由函数 $y=f(u)$ 及 $u=g(x)$ 复合而成,如果 $\lim\limits_{x\to x_0}g(x)=u_0,\lim\limits_{u\to u_0}f(u)=A$,且当 $x$ 属于 $x_0(x\neq x_0)$ 的某邻域时,$g(x)\neq u_0$,那么

$$\lim_{x\to x_0}f[g(x)]=\lim_{u\to u_0}f(u)=A.$$

可用精确定义证明,此略.

在定理 2-7 中,把 $\lim\limits_{x\to x_0}g(x)=u_0$ 换成 $\lim\limits_{x\to x_0}g(x)=\infty$ 或者 $\lim\limits_{x\to\infty}g(x)=\infty$,而把 $\lim\limits_{u\to u_0}f(u)=A$ 换成 $\lim\limits_{u\to\infty}f(u)=A$,可得类似的定理.

## 本节小结

本节主要介绍极限的性质与运算. 极限的运算法则是计算极限的基本法则,但当条件不满足时,就不能直接用运算法则求极限,本节主要讨论三种情况:

1. $\dfrac{0}{0}$ 型未定式,因为分母极限为 0,不能直接用商的运算法则,而是通过因式分解、根式有理化、换元等方法找到零因子,再用"去零因子法"求解.

2. $\dfrac{\infty}{\infty}$ 型未定式,因为分子、分母极限不存在,不能直接用商的运算法则,而是通过分

子、分母同时除以最大的因子,去掉无穷大求解.

　　3. $\infty - \infty$ 型未定式,因为两个函数的极限不存在,不能直接用和或差的运算法则,而是利用通分、根式有理化、提取公因子、变量代换等方法将极限转化为 $\dfrac{0}{0}$ 型或 $\dfrac{\infty}{\infty}$ 型未定式求解.

## 练习 2.2

**基础题**

1. 下列说法是否正确,如不正确,请说明理由:

(1) 若极限 $\lim\limits_{x \to 2} f(x)$ 存在,则函数 $f(x)$ 是有界函数;

(2) 若极限 $\lim\limits_{x \to 2} f(x)$ 存在且大于 0,则函数 $f(x)$ 是非负函数.

2. 根据函数 $f(x)$ 和 $g(x)$ 的图形(图 2-28),求下列极限或解释它们为什么不存在:

(1) $\lim\limits_{x \to -1} [f(x) + g(x)]$;　　　　　　　　(2) $\lim\limits_{x \to 1} [f(x) + g(x)]$.

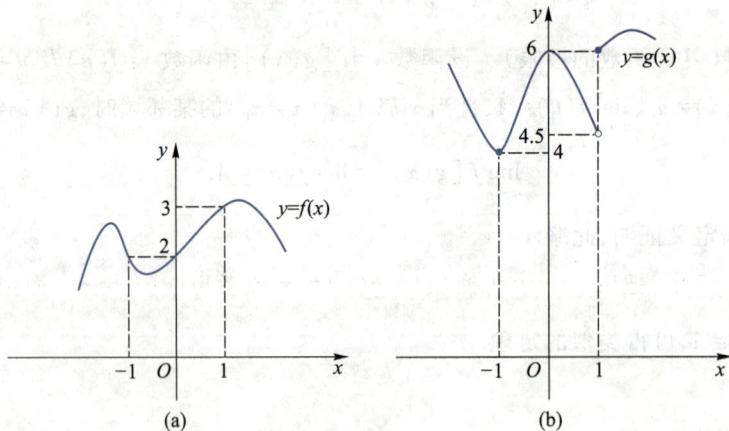

图 2-28

3. 设极限 $\lim\limits_{x \to 2} f(x) = 1$, $\lim\limits_{x \to 2} g(x) = 3$,请指出下列解题过程(a),(b),(c)所依据的极限的运算法则:

$$\lim_{x \to 2} \frac{2f(x) - g(x)}{[f(x)g(x)]^4} = \frac{\lim\limits_{x \to 2} [2f(x) - g(x)]}{\lim\limits_{x \to 2} [f(x)g(x)]^4} \tag{a}$$

$$= \frac{2 \lim\limits_{x \to 2} f(x) - \lim\limits_{x \to 2} g(x)}{\left\{ \lim\limits_{x \to 2} [f(x)g(x)] \right\}^4} \tag{b}$$

$$= \frac{2 \lim_{x \to 2} f(x) - \lim_{x \to 2} g(x)}{\left[ \lim_{x \to 2} f(x) \cdot \lim_{x \to 2} g(x) \right]^4} \tag{c}$$

$$= \frac{2 \times 1 - 3}{(1 \times 3)^4} = -\frac{1}{81}.$$

4. 设极限 $\lim\limits_{x \to 1} \dfrac{f(x)}{2x+1} = 2$，求极限

(1) $\lim\limits_{x \to 1} f(x)$；

(2) $\lim\limits_{x \to 1} \dfrac{3f(x)}{x^2}$.

5. 设极限 $\lim\limits_{x \to 1} \dfrac{f(x)-3}{x-1} = 3$，求极限

(1) $\lim\limits_{x \to 1} f(x)$；

(2) $\lim\limits_{x \to 1} \dfrac{f(x)}{x^2+2}$.

6. 下列解题过程是否正确，如不正确，请说明理由，并给出正确的解题过程：

(1) $\lim\limits_{x \to +\infty} (\sqrt{x+1} - \sqrt{x}) = \lim\limits_{x \to +\infty} \sqrt{x+1} - \lim\limits_{x \to +\infty} \sqrt{x} = +\infty - (+\infty) = 0$；

(2) $\lim\limits_{x \to 0} \left( x - \dfrac{1}{x^2} \right) = \lim\limits_{x \to 0} x - \lim\limits_{x \to 0} \dfrac{1}{x^2} = 0 - (+\infty) = -\infty$；

(3) $\lim\limits_{x \to 2} \dfrac{x^2+2}{x-2} = \dfrac{\lim\limits_{x \to 2}(x^2+2)}{\lim\limits_{x \to 2}(x-2)} = \dfrac{6}{0} = \infty$；

(4) $\lim\limits_{x \to 0} x^5 \cdot \dfrac{1}{x} = \lim\limits_{x \to 0} x^5 \cdot \lim\limits_{x \to 0} \dfrac{1}{x} = 0$.

7. 求下列极限：

(1) $\lim\limits_{x \to 1} (3x^5 + 2\sqrt{x} + 3)$；

(2) $\lim\limits_{x \to 1} \dfrac{2x+1}{x^2+x}$；

(3) $\lim\limits_{x \to \frac{\pi}{4}} (x\tan x - 1)$；

(4) $\lim\limits_{x \to -2} \dfrac{x^2+2x}{3x^2+x-10}$；

(5) $\lim\limits_{x \to 4} \dfrac{\sqrt{x}-2}{x-4}$；

(6) $\lim\limits_{y \to 1} \dfrac{y-1}{\sqrt{y+3}-2}$；

(7) $\lim\limits_{x \to \infty} \dfrac{5x^2-2x+3}{6x^2+1}$；

(8) $\lim\limits_{x \to \infty} \dfrac{4x^3-2x^2-1}{3x^4+1}$；

(9) $\lim\limits_{x \to \infty} \dfrac{2x^3+1}{8x^2+7x}$；

(10) $\lim\limits_{x \to 1} \left( \dfrac{3}{1-x^3} - \dfrac{1}{1-x} \right)$.

8. 求下列数列的极限：

(1) $\lim\limits_{n \to \infty} \dfrac{2n^2-2n+3}{3n^2+1}$；

(2) $\lim\limits_{n \to \infty} \dfrac{7n^3}{n^3-3n^2+6n}$；

(3) $\lim\limits_{n \to \infty} \dfrac{2\sqrt{n}+n^{-1}}{3n-7}$；

(4) $\lim\limits_{n \to \infty} \dfrac{\sqrt[3]{n}-\sqrt[5]{n}}{\sqrt[3]{n}+\sqrt[5]{n}}$.

**提高题**

1. 用 $\varepsilon$-$\delta$ 语言证明：若极限 $\lim\limits_{x \to x_0} f(x) = A$，$\lim\limits_{x \to x_0} g(x) = B$，则

$$\lim_{x \to x_0} [f(x) \cdot g(x)] = \lim_{x \to x_0} f(x) \cdot \lim_{x \to x_0} g(x) = AB.$$

2. 当 $x \to 1$ 时，函数 $f(x) = \dfrac{x^2-1}{x^2-3x+2} \mathrm{e}^{\frac{1}{x-1}}$ 的极限为（　　）.

A. 2　　　　　　　B. 0　　　　　　　C. $\infty$　　　　　　　D. 不存在

3. 若 $\lim\limits_{x \to +\infty} (\sqrt{ax^2+2bx+c} - \alpha x - \beta) = 0 \,(a>0)$，求 $\alpha$ 和 $\beta$，并证明：

$$\lim_{x \to +\infty} x(\sqrt{ax^2+2bx+c} - \alpha x - \beta) = \frac{ac-b^2}{2a\sqrt{a}}.$$

4. 设极限 $\lim\limits_{x \to 1} \dfrac{f(x)-3}{x-1} = 3$，求极限

(1) $\lim\limits_{x \to 1} f\left(\dfrac{2\sqrt{x}-2}{x-1}\right)$；　　　　　　(2) $\lim\limits_{x \to 1} f\left(\dfrac{x^2}{x^2}\right)$.

# §2.3　极限存在准则及两个重要极限

## 一、夹逼准则与第一个重要极限

**定理 2-8**（夹逼准则）　设在点 $x_0$ 的某去心邻域内（或对于使 $|x|$ 大于某个正数的全体 $x$）有 $g(x) \leqslant f(x) \leqslant h(x)$，且 $\lim\limits_{\substack{x \to x_0 \\ (x \to \infty)}} g(x) = \lim\limits_{\substack{x \to x_0 \\ (x \to \infty)}} h(x) = A$，则 $\lim\limits_{\substack{x \to x_0 \\ (x \to \infty)}} f(x) = A$.

可用极限的精确定义证明定理 2-8，此略.

该定理对于数列极限也成立.

**例 2-23**　证明极限 $\lim\limits_{x \to \infty} \dfrac{\sin x}{x} = 0$.

**证明**　正弦函数在定义域内有界，即

$$-1 \leqslant \sin x \leqslant 1.$$

上述不等式两边同乘 $\dfrac{1}{x}$，则

当 $x>0$ 时，$-\dfrac{1}{x} \leqslant \dfrac{\sin x}{x} \leqslant \dfrac{1}{x}$；当 $x<0$ 时，$\dfrac{1}{x} \leqslant \dfrac{\sin x}{x} \leqslant -\dfrac{1}{x}$.

因为 $\lim\limits_{x \to \infty}\left(-\dfrac{1}{x}\right)=0,\lim\limits_{x \to \infty}\dfrac{1}{x}=0$,由夹逼准则知

$$\lim_{x \to \infty}\frac{\sin x}{x}=0.$$

函数 $y=-\dfrac{1}{x},y=\dfrac{\sin x}{x},y=\dfrac{1}{x}$ 的图形如图 2-29 所示.

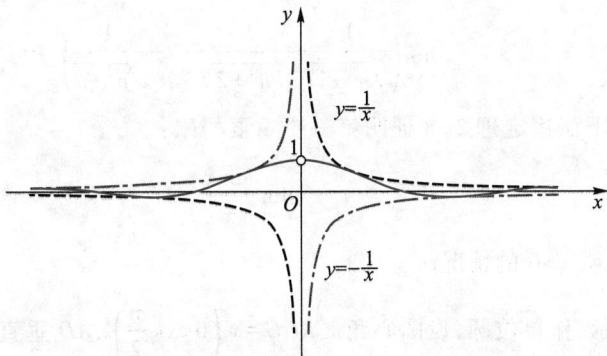

图 2-29

**例 2-24** 证明极限 $\lim\limits_{x \to 0}\cos x=1$.

**证明** 因为当 $0\leqslant |x|<\dfrac{\pi}{2}$ 时,

$$0\leqslant 1-\cos x=2\sin^2\frac{x}{2}\leqslant 2\left(\frac{x}{2}\right)^2=\frac{x^2}{2},$$

即

$$0\leqslant 1-\cos x\leqslant \frac{x^2}{2},$$

且 $\lim\limits_{x \to 0}\dfrac{x^2}{2}=0$,由夹逼准则得 $\lim\limits_{x \to 0}(1-\cos x)=0$,所以

$$\lim_{x \to 0}\cos x=-\lim_{x \to 0}(1-\cos x-1)=-\lim_{x \to 0}(1-\cos x)+1=1.$$

**例 2-25** 求极限 $\lim\limits_{n \to \infty}\left(\dfrac{1}{\sqrt{n^2+1}}+\dfrac{1}{\sqrt{n^2+2}}+\cdots+\dfrac{1}{\sqrt{n^2+n}}\right)$.

**解** 设数列通项 $x_n=\dfrac{1}{\sqrt{n^2+1}}+\dfrac{1}{\sqrt{n^2+2}}+\cdots+\dfrac{1}{\sqrt{n^2+n}}$,显然有

$$x_n>\frac{1}{\sqrt{n^2+n}}+\frac{1}{\sqrt{n^2+n}}+\cdots+\frac{1}{\sqrt{n^2+n}}=\frac{n}{\sqrt{n^2+n}},$$

$$x_n<\frac{1}{\sqrt{n^2+1}}+\frac{1}{\sqrt{n^2+1}}+\cdots+\frac{1}{\sqrt{n^2+1}}=\frac{n}{\sqrt{n^2+1}},$$

即数列满足不等式

$$\frac{n}{\sqrt{n^2+n}} \leqslant x_n \leqslant \frac{n}{\sqrt{n^2+1}}, \quad n \geqslant 1,$$

且有极限

$$\lim_{n\to\infty} \frac{n}{\sqrt{n^2+n}} = 1, \quad \lim_{n\to\infty} \frac{n}{\sqrt{n^2+1}} = 1.$$

由夹逼准则得 $\lim_{n\to\infty} x_n = 1$，即

$$\lim_{n\to\infty}\left(\frac{1}{\sqrt{n^2+1}} + \frac{1}{\sqrt{n^2+2}} + \cdots + \frac{1}{\sqrt{n^2+n}}\right) = 1.$$

夹逼准则与第

一个重要极限

下面用定理 2-8 证明第一个重要极限：

$$\lim_{x\to 0} \frac{\sin x}{x} = 1.$$

**证明**　首先证明 $x>0$ 的情况.

如图 2-30 所示,作单位圆,设圆心角 $\angle AOC = x\left(0<x<\dfrac{\pi}{2}\right)$, $AD$ 垂直于 $OC$, $CB$ 垂直于 $OC$ 且交 $OA$ 的延长线于 $B$,连接 $A$, $C$,则

$$\triangle AOC \text{ 的面积} = \frac{1}{2}OC \cdot AD = \frac{1}{2}\sin x,$$

$$\text{扇形 } AOC \text{ 的面积} = \frac{1}{2}OA^2 \cdot x = \frac{x}{2},$$

$$\triangle BOC \text{ 的面积} = \frac{1}{2}OC \cdot BC = \frac{1}{2}\tan x.$$

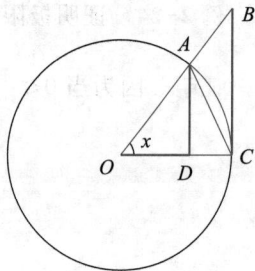

显然

$$\triangle AOC \text{ 的面积} < \text{扇形 } AOC \text{ 的面积} < \triangle BOC \text{ 的面积},$$

即

$$\frac{1}{2}\sin x < \frac{1}{2}x < \frac{1}{2}\tan x.$$

图 2-30

因而

$$\cos x < \frac{\sin x}{x} < 1.$$

由于 $\lim_{x\to 0^+}\cos x = \lim_{x\to 0^+} 1 = 1$,由夹逼准则可得

$$\lim_{x\to 0^+} \frac{\sin x}{x} = 1.$$

当 $x<0$ 时,设 $t = -x$,那么

$$\lim_{x\to 0^-} \frac{\sin x}{x} = \lim_{t\to 0^+} \frac{\sin(-t)}{-t} = \lim_{t\to 0^+} \frac{\sin t}{t} = 1.$$

因为左、右极限都存在且相等,所以

$$\lim_{x \to 0} \frac{\sin x}{x} = 1.$$

**例 2-26**　计算 $\lim\limits_{x \to \infty} x \sin \dfrac{1}{x}$.

**解**　设 $t = \dfrac{1}{x}$,则

$$\lim_{x \to \infty} x \sin \frac{1}{x} = \lim_{t \to 0} \frac{\sin t}{t} = 1.$$

一般地,由变量代换的方法可以得到结论:若 $\lim\limits_{\substack{x \to x_0 \\ (x \to \infty)}} \alpha(x) = 0$,则

$$\lim_{\substack{x \to x_0 \\ (x \to \infty)}} \frac{\sin \alpha(x)}{\alpha(x)} = 1.$$

该极限是 $\dfrac{0}{0}$ 型未定式.

**例 2-27**　计算 $\lim\limits_{x \to 0} \dfrac{1 - \cos x}{x \sin x}$.

**解**　$\lim\limits_{x \to 0} \dfrac{1 - \cos x}{x \sin x} = \lim\limits_{x \to 0} \dfrac{2 \sin^2 \dfrac{x}{2}}{x \sin x} = \lim\limits_{x \to 0} \left[ \left( \dfrac{\sin \dfrac{x}{2}}{\dfrac{x}{2}} \right)^2 \cdot \dfrac{1}{\dfrac{\sin x}{x}} \cdot \dfrac{1}{2} \right] = \dfrac{1}{2}.$

**例 2-28**　计算 $\lim\limits_{x \to 0} \dfrac{\arctan x}{x}$.

**解**　设 $t = \arctan x$,则 $x = \tan t$,

$$\lim_{x \to 0} \frac{\arctan x}{x} = \lim_{t \to 0} \frac{t}{\tan t} = \lim_{t \to 0} \left( \frac{t}{\sin t} \cdot \cos t \right) = \lim_{t \to 0} \left( \frac{1}{\dfrac{\sin t}{t}} \cdot \cos t \right) = 1.$$

## 二、数列极限存在准则与第二个重要极限

**定理 2-9**(数列极限存在准则)　单调有界数列必收敛.

从几何上看上述结论是显然的. 我们以单调递增数列为例,因为单调递增数列在数轴上对应的点 $x_n$ 随 $n$ 的增大而向右移动,所以只有两种可能:或者 $x_n$ 移向无穷远处,或者 $x_n$ 无限趋近于一定点 $a$(图 2-31),即数列 $\{x_n\}$ 收敛于 $a$. 如果递增数列存在上界 $M$,使得对于全部 $n,x_n \leqslant M$ 成立,那么第一种情况不可能发生,只能是第二种情况,也就是说数列 $\{x_n\}$ 以 $a$ 为极限,且有 $a \leqslant M$.

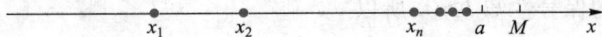

图 2-31

例 2-29　已知数列

$$x_1 = \sqrt{a}, \quad x_2 = \sqrt{a+\sqrt{a}}, \cdots, \quad x_n = \sqrt{a+\sqrt{a+\cdots+\sqrt{a}}}, \cdots,$$

其中 $a>0$，证明数列 $\{x_n\}$ 收敛，并求其极限.

解　我们用数学归纳法证明数列单调有界，也就是证明数列收敛.

首先证明数列 $\{x_n\}$ 单调递增，即证明对任意正整数 $n$，$x_{n+1}>x_n$.

事实上，对任意正整数 $n$，

$$x_n = \sqrt{a+\sqrt{a+\cdots+\sqrt{a}}} = \sqrt{a+x_{n-1}}.$$

由已知条件 $a>0$，可得当 $n=1$ 时，

$$x_2 = \sqrt{a+\sqrt{a}} = \sqrt{a+x_1} > x_1.$$

假设当 $n=k$ 时，$x_{k+1}>x_k$. 由此可得 $a+x_{k+1}>a+x_k$. 因此

$$\sqrt{a+x_{k+1}} > \sqrt{a+x_k}.$$

所以当 $n=k+1$ 时，

$$x_{k+2} > x_{k+1}.$$

根据数学归纳法，数列 $\{x_n\}$ 单调递增.

接下来证明数列 $\{x_n\}$ 有界.

因为当 $n=1$ 时，$x_1 = \sqrt{a} < \sqrt{a}+1$. 假设当 $n=k$ 时，$x_k < \sqrt{a}+1$，则

$$x_{k+1} = \sqrt{a+x_k} < \sqrt{a+\sqrt{a}+1} < \sqrt{a+2\sqrt{a}+1} = \sqrt{a}+1.$$

由数学归纳法得数列 $\{x_n\}$ 有上界. 又因为数列 $\{x_n\}$ 单调递增，所以数列 $\{x_n\}$ 有界.

综合上面的结果，可知数列 $\{x_n\}$ 单调有界. 根据数列极限存在准则，数列 $\{x_n\}$ 收敛.

最后求数列的极限.

设数列 $\{x_n\}$ 收敛于常数 $I$，即 $\lim\limits_{n\to\infty} x_n = I$，由关系式 $x_n = \sqrt{a+x_{n-1}}$ 可得

$$x_n^2 = a + x_{n-1}.$$

因此

$$\lim_{n\to\infty} x_n^2 = \lim_{n\to\infty}(a+x_{n-1}).$$

由极限的运算性质得

$$I^2 = a+I,$$

解方程得

$$I = \frac{1}{2}(1\pm\sqrt{1+4a}).$$

因为 $x_n>0$，由极限的保号性知 $I\geq 0$. 所以

$$\lim_{n\to\infty} x_n = I = \frac{1}{2}(1+\sqrt{1+4a}).$$

下面用定理 2-9 证明第二个重要极限:

$$\lim_{n \to \infty} \left( 1 + \frac{1}{n} \right)^n = e.$$

数列极限存在
准则与第二个
重要极限

证明 设 $x_n = \left( 1 + \frac{1}{n} \right)^n$, $n$ 为正整数. 下面证明数列 $\{x_n\}$ 单调递增并且有界. 由二项式定理, 有

$$x_n = \left( 1 + \frac{1}{n} \right)^n$$

$$= C_n^0 1^n \left( \frac{1}{n} \right)^0 + C_n^1 1^{n-1} \left( \frac{1}{n} \right)^1 + C_n^2 1^{n-2} \left( \frac{1}{n} \right)^2 + C_n^3 1^{n-3} \left( \frac{1}{n} \right)^3 + \cdots + C_n^n 1^0 \left( \frac{1}{n} \right)^n$$

$$= 1 + \frac{n}{1!} \cdot \frac{1}{n} + \frac{n(n-1)}{2!} \cdot \frac{1}{n^2} + \frac{n(n-1)(n-2)}{3!} \cdot \frac{1}{n^3} + \cdots + \frac{n(n-1)\cdots(n-n+1)}{n!} \cdot \frac{1}{n^n}$$

$$= 1 + 1 + \frac{1}{2!} \cdot \left( 1 - \frac{1}{n} \right) + \frac{1}{3!} \cdot \left( 1 - \frac{1}{n} \right) \left( 1 - \frac{2}{n} \right) + \cdots + \frac{1}{n!} \cdot \left( 1 - \frac{1}{n} \right) \left( 1 - \frac{2}{n} \right) \cdots \left( 1 - \frac{n-1}{n} \right)$$

及

$$x_{n+1} = \left( 1 + \frac{1}{n+1} \right)^{n+1}$$

$$= 1 + 1 + \frac{1}{2!} \cdot \left( 1 - \frac{1}{n+1} \right) + \frac{1}{3!} \cdot \left( 1 - \frac{1}{n+1} \right) \left( 1 - \frac{2}{n+1} \right) + \cdots +$$

$$\frac{1}{n!} \cdot \left( 1 - \frac{1}{n+1} \right) \left( 1 - \frac{2}{n+1} \right) \cdots \left( 1 - \frac{n-1}{n+1} \right) +$$

$$\frac{1}{(n+1)!} \cdot \left( 1 - \frac{1}{n+1} \right) \left( 1 - \frac{2}{n+1} \right) \cdots \left( 1 - \frac{n}{n+1} \right).$$

对比 $x_n, x_{n+1}$ 的展开式, 容易看出 $x_n$ 的项等于或小于 $x_{n+1}$ 的对应项, 而且 $x_{n+1}$ 还比 $x_n$ 多出最后一个正项, 所以

$$x_n < x_{n+1},$$

即数列 $\{x_n\}$ 单调递增. 该数列有界, 这是因为 $x_n$ 的展开式中每一项括号中的数都小于 1, 所以

$$x_n < 1 + 1 + \frac{1}{2!} + \frac{1}{3!} + \cdots + \frac{1}{n!}$$

$$< 1 + 1 + \frac{1}{2} + \frac{1}{2^2} + \cdots + \frac{1}{2^{n-1}}$$

$$= 1 + \frac{1 - \frac{1}{2^n}}{1 - \frac{1}{2}} = 3 - \frac{1}{2^{n-1}} < 3.$$

因此 $x_1 < x_n < 3$. 故数列 $\{x_n\}$ 单调递增且有界,由定理 2-9 知数列 $\{x_n\}$ 收敛. 其极限用符号 e 表示,即

$$\lim_{n \to \infty} \left(1 + \frac{1}{n}\right)^n = \mathrm{e}.$$

通过计算可得数 e 是一个无理数,其值为 $\mathrm{e} = 2.718\ 28\cdots$.

对于函数 $\left(1 + \dfrac{1}{x}\right)^x$,可以证明也有极限

$$\lim_{x \to \infty} \left(1 + \frac{1}{x}\right)^x = \mathrm{e}.$$

例 2-30    求 $\lim\limits_{x \to 0}(1+x)^{\frac{1}{x}}$.

解    设 $t = \dfrac{1}{x}$,则 $\lim\limits_{x \to 0}(1+x)^{\frac{1}{x}} = \lim\limits_{t \to \infty}\left(1 + \dfrac{1}{t}\right)^t = \mathrm{e}$.

一般地,由变量代换的方法可以得到结论:若 $\lim\limits_{\substack{x \to x_0 \\ (x \to \infty)}} \alpha(x) = 0$,则

$$\lim_{\substack{x \to x_0 \\ (x \to \infty)}} \left[1 + \alpha(x)\right]^{\frac{1}{\alpha(x)}} = \mathrm{e}.$$

幂指函数的底的极限为 1,而指数为无穷大时的极限称为 "$1^\infty$ 型未定式".

例 2-31    求 $\lim\limits_{x \to \infty}\left(1 + \dfrac{2}{x}\right)^x$.

解    $\lim\limits_{x \to \infty}\left(1 + \dfrac{2}{x}\right)^x = \lim\limits_{x \to \infty}\left[\left(1 + \dfrac{1}{x/2}\right)^{\frac{x}{2}}\right]^2 = \mathrm{e}^2$.

例 2-32    求 $\lim\limits_{x \to \infty}\left(\dfrac{x^2-1}{x^2}\right)^{x^2}$.

解    $\lim\limits_{x \to \infty}\left(\dfrac{x^2-1}{x^2}\right)^{x^2} = \lim\limits_{x \to \infty}\left[\left(1 + \dfrac{1}{-x^2}\right)^{-x^2}\right]^{-1} = \mathrm{e}^{-1}$.

例 2-33    求 $\lim\limits_{n \to \infty}\left(\dfrac{n+1}{n+2}\right)^{n+1}$.

解    $\lim\limits_{n \to \infty}\left(\dfrac{n+1}{n+2}\right)^{n+1} = \lim\limits_{n \to \infty}\left[\left(\dfrac{n+1}{n+2}\right)^n \cdot \dfrac{n+1}{n+2}\right] = \lim\limits_{n \to \infty} \dfrac{\left(1 + \dfrac{1}{n}\right)^n}{\left[\left(1 + \dfrac{2}{n}\right)^{\frac{n}{2}}\right]^2} \cdot \lim\limits_{n \to \infty} \dfrac{n+1}{n+2} = \mathrm{e}^{-1}$.

## 本节小结

本节主要介绍夹逼准则、数列极限存在准则以及两个重要极限. 要求:

1. 理解夹逼准则、数列极限存在准则,会用夹逼准则求极限.

2. 会用第一个重要极限求极限. 第一个重要极限是 $\dfrac{0}{0}$ 型未定式,可用于求三角函数的极限.

3. 会用第二个重要极限求极限. 第二个重要极限是 $1^\infty$ 型未定式,可用于求简单的 $1^\infty$ 型幂指函数的极限.

## 练习 2.3

### 基础题

1. 利用夹逼准则证明: $\lim\limits_{x\to\infty}\dfrac{\cos x}{x^2}=0$.

2. 求下列极限:

(1) $\lim\limits_{x\to 0}\dfrac{\tan 2x}{\sin 5x}$;

(2) $\lim\limits_{x\to 0}\dfrac{\sin \alpha x}{\sin \beta x}\ (\beta\neq 0)$;

(3) $\lim\limits_{x\to 0}\dfrac{1-\cos x}{\tan^2 x}$;

(4) $\lim\limits_{x\to 0}\dfrac{\arcsin x}{2x}$;

(5) $\lim\limits_{x\to 1}\dfrac{\sin(x^2-1)}{x-1}$;

(6) $\lim\limits_{x\to 0}\dfrac{x-\sin x}{x+\sin x}$.

3. 求下列极限:

(1) $\lim\limits_{x\to\infty}\left(1-\dfrac{1}{2x}\right)^{x}$;

(2) $\lim\limits_{x\to\infty}\left(1-\dfrac{2}{x}\right)^{\frac{x}{2}-1}$;

(3) $\lim\limits_{x\to\infty}\left(\dfrac{x-a}{x+a}\right)^{x}$;

(4) $\lim\limits_{n\to\infty}\left(\dfrac{n+2}{n}\right)^{n+1}$.

4. 设 $x_1=2$,$x_{n+1}=2-\dfrac{1}{x_n}$,$n=1,2,\cdots$,证明数列 $\{x_n\}$ 收敛,并求其极限.

### 提高题

1. 设 $A\geqslant 0$,$B\geqslant 0$,求 $\lim\limits_{n\to\infty}\sqrt[n]{A^n+B^n}$.

2. 求 $\lim\limits_{n\to\infty}\left(\dfrac{1^2}{n^3+n^2+n+1}+\dfrac{2^2}{n^3+n^2+n+2}+\cdots+\dfrac{n^2}{n^3+n^2+n+n}\right)$.

3. 求 $\lim\limits_{x\to 0}\dfrac{\sqrt{1+\tan x}-\sqrt{1+\sin x}}{x\arcsin x^2}$.

4. 求 $\lim\limits_{n\to\infty}\ln\left[\dfrac{n-2an+1}{n(1-2a)}\right]^{n}$.

5. 求 $\lim\limits_{x\to 0^{+}}x\left[\dfrac{1}{x}\right]$.

# §2.4　无穷小量的性质与无穷小量的阶

## 一、无穷小量的性质

由极限的性质知无穷小量有下列性质.

**性质 2-1**　当 $x\to x_0$(或 $x\to\infty$)时,如果 $f(x)$ 和 $g(x)$ 都是无穷小量,那么当 $x\to x_0$(或 $x\to\infty$)时,$f(x)\pm g(x)$ 也是无穷小量.

**推论**　有限个无穷小量的代数和仍是无穷小量.

**注意**　无数个无穷小量的代数和不一定是无穷小量,比如

$$\lim_{n\to\infty}\left(\frac{1}{n^2}+\frac{2}{n^2}+\cdots+\frac{n}{n^2}\right)=\lim_{n\to\infty}\frac{1}{n^2}(1+2+\cdots+n)=\lim_{n\to\infty}\frac{1}{n^2}\frac{n(n+1)}{2}=\frac{1}{2}.$$

上式当 $n\to\infty$ 时,每一项都是无穷小量,但和不是无穷小量.

**性质 2-2**　当 $x\to x_0$(或 $x\to\infty$)时,如果 $f(x)$ 和 $g(x)$ 都是无穷小量,那么当 $x\to x_0$(或 $x\to\infty$)时,$f(x)\cdot g(x)$ 也是无穷小量.

**推论 1**　常数与无穷小量的乘积是无穷小量.

**推论 2**　有限个无穷小量的乘积是无穷小量.

**性质 2-3**　当 $x\to x_0$(或 $x\to\infty$)时,如果 $f(x)$ 为无穷小量,$g(x)$ 是有界函数,那么 $f(x)\cdot g(x)$ 是无穷小量.

用夹逼准则容易证明性质 2-3.

**例 2-34**　求 $\lim\limits_{x\to 0}x^{2}\sin\dfrac{1}{x}$.

**解**　因为极限 $\lim\limits_{x\to 0}\sin\dfrac{1}{x}$ 不存在,所以不能直接用定理 2-6(2),即不能写成

$$\lim_{x\to 0}x^{2}\sin\frac{1}{x}=\lim_{x\to 0}x^{2}\cdot\lim_{x\to 0}\sin\frac{1}{x}.$$

但是因为 $\lim\limits_{x\to 0}x^{2}=0$, $\left|\sin\dfrac{1}{x}\right|\leqslant 1$,由性质 2-3 得

$$\lim_{x\to 0}x^{2}\sin\frac{1}{x}=0.$$

**例 2-35** 求 $\lim\limits_{n\to\infty}\dfrac{n^3-2n+5}{3n^5+2n+3}(2+\cos n-3\sin n)$.

**解** 因为

$$\lim_{n\to\infty}\frac{n^3-2n+5}{3n^5+2n+3}=0,\quad |2+\cos n-3\sin n|\leqslant 2+|\cos n|+3|\sin n|\leqslant 6,$$

由性质 2-3 得

$$\lim_{n\to\infty}\frac{n^3-2n+5}{3n^5+2n+3}(2+\cos n-3\sin n)=0.$$

**性质 2-4**(无穷小量和极限的关系) 当 $x\to x_0$(或 $x\to\infty$)时,函数 $f(x)$ 以 $A$ 为极限的充要条件是

$$f(x)=A+\alpha(x),$$

其中 $\alpha(x)$ 是当 $x\to x_0$(或 $x\to\infty$)时的无穷小量.

**证明** 仅就 $x\to x_0$ 时的情形加以证明.

(必要性)设 $\alpha(x)=f(x)-A$.若 $\lim\limits_{x\to x_0}f(x)=A$,则

$$\lim_{x\to x_0}\alpha(x)=\lim_{x\to x_0}[f(x)-A]=\lim_{x\to x_0}f(x)-A=0.$$

所以 $f(x)=A+\alpha(x)$,其中 $\alpha(x)$ 是当 $x\to x_0$ 时的无穷小量.

(充分性)若 $f(x)=A+\alpha(x)$,其中 $\alpha(x)$ 是当 $x\to x_0$ 时的无穷小量,则

$$\lim_{x\to x_0}[f(x)-A]=\lim_{x\to x_0}\alpha(x)=0.$$

所以

$$\lim_{x\to x_0}f(x)=\lim_{x\to x_0}[(f(x)-A)+A]=\lim_{x\to x_0}[f(x)-A]+A=A.$$

由性质 2-4 可得 $\lim\limits_{x\to x_0}f(x)=A$ 的充要条件是 $\lim\limits_{x\to x_0}[f(x)-A]=0$.

## 二、无穷小量的阶

当 $x\to 0$ 时,函数 $x,2x,x^2$ 都是无穷小量,显然 $x^2$ 趋近于零的速度比 $x$ 快很多,$x$ 与 $2x$ 趋近于零的速度相当,且有极限

$$\lim_{x\to 0}\frac{x^2}{x}=\lim_{x\to 0}x=0,\quad \lim_{x\to 0}\frac{x}{x^2}=\infty,\quad \lim_{x\to 0}\frac{x}{2x}=\frac{1}{2}.$$

这说明两个无穷小量的商不一定是无穷小量,无穷小量商的极限能够反映不同无穷小量趋近于零的速度的差异. 我们可以通过求两个无穷小量商的极限来比较两个无穷小量趋近于零的速度的快慢.为此引入无穷小量阶的定义.

无穷小量的阶

**定义 2-22** 设当 $x\to x_0$(或 $x\to\infty$)时,$f(x)$ 与 $g(x)$ 都是无穷小量,且 $g(x)\neq 0$.

（1）若 $\lim\limits_{\substack{x \to x_0 \\ (x \to \infty)}} \dfrac{f(x)}{g(x)} = 0$，则称当 $x \to x_0$（或 $x \to \infty$）时，$f(x)$ 是比 $g(x)$ 高阶的无穷小量，记作 $f(x) = o(g(x))$；

（2）若 $\lim\limits_{\substack{x \to x_0 \\ (x \to \infty)}} \dfrac{f(x)}{g(x)} = \infty$，则称当 $x \to x_0$（或 $x \to \infty$）时，$f(x)$ 是比 $g(x)$ 低阶的无穷小量；

（3）若 $\lim\limits_{\substack{x \to x_0 \\ (x \to \infty)}} \dfrac{f(x)}{g(x)} = c \, (c \neq 0)$，则称当 $x \to x_0$（或 $x \to \infty$）时，$f(x)$ 与 $g(x)$ 为同阶无穷小

量. 特别地，若 $\lim\limits_{\substack{x \to x_0 \\ (x \to \infty)}} \dfrac{f(x)}{g(x)} = 1$，则称当 $x \to x_0$（或 $x \to \infty$）时，$f(x)$ 与 $g(x)$ 为等价无穷小量，记

作 $f(x) \sim g(x)\,(x \to x_0$ 或 $x \to \infty)$.

例如，当 $x \to 0$ 时，$x^3$，$\tan x$，$\sin x$，$2\sin x^3$ 都是无穷小量.

因为 $\lim\limits_{x \to 0} \dfrac{x^3}{\sin x} = \lim\limits_{x \to 0} \left( \dfrac{x}{\sin x} \cdot x^2 \right) = 0$，所以当 $x \to 0$ 时，$x^3$ 是比 $\sin x$ 高阶的无穷小量，即

$x^3 = o(\sin x)$.

因为 $\lim\limits_{x \to 0} \dfrac{\tan x}{x^3} = \lim\limits_{x \to 0} \left( \dfrac{\sin x}{x} \cdot \dfrac{1}{x^2 \cos x} \right) = \infty$，所以当 $x \to 0$ 时，$\tan x$ 是比 $x^3$ 低阶的无穷小量.

因为 $\lim\limits_{x \to 0} \dfrac{2\sin x^3}{x^3} = 2$，所以当 $x \to 0$ 时，$2\sin x^3$ 与 $x^3$ 为同阶无穷小量.

因为 $\lim\limits_{x \to 0} \dfrac{\tan x}{\sin x} = \lim\limits_{x \to 0} \dfrac{1}{\cos x} = 1$，所以当 $x \to 0$ 时，$\tan x$ 与 $\sin x$ 是等价无穷小量.

例 2-36    证明：当 $x \to 0$ 时，$\ln(1+x) \sim x$.

证明    因为

$$\lim\limits_{x \to 0} \dfrac{\ln(1+x)}{x} = \lim\limits_{x \to 0} \ln(1+x)^{\frac{1}{x}},$$

而函数 $\ln(1+x)^{\frac{1}{x}}$ 由 $\ln u$ 与 $u = (1+x)^{\frac{1}{x}}$ 复合而成，且

$$\lim\limits_{x \to 0} (1+x)^{\frac{1}{x}} = e, \quad \lim\limits_{u \to e} \ln u = \ln e = 1,$$

根据复合函数求极限法则，

$$\lim\limits_{x \to 0} \dfrac{\ln(1+x)}{x} = \lim\limits_{x \to 0} \ln(1+x)^{\frac{1}{x}} = \lim\limits_{u \to e} \ln u = 1.$$

所以当 $x \to 0$ 时，$\ln(1+x) \sim x$.

例 2-37    证明：当 $x \to 0$ 时，$e^x - 1 \sim x$.

证明    设 $t = e^x - 1$，则 $x = \ln(t+1)$.因为

$$\lim\limits_{x \to 0} \dfrac{e^x - 1}{x} = \lim\limits_{t \to 0} \dfrac{t}{\ln(1+t)},$$

利用例 2-36 的结果，有

$$\lim_{x \to 0} \frac{e^x - 1}{x} = \lim_{t \to 0} \frac{t}{\ln(1+t)} = 1.$$

所以当 $x \to 0$ 时，$e^x - 1 \sim x$.

**例 2-38**  证明：当 $x \to 0$ 时，$\sqrt[n]{1+x} - 1 \sim \dfrac{x}{n}, n \in \mathbf{N}_+$.

**证明**  设 $t = \sqrt[n]{1+x}$，则 $x = t^n - 1$，从而

$$\lim_{x \to 0} \frac{\sqrt[n]{1+x} - 1}{\dfrac{x}{n}} = \lim_{t \to 1} \frac{n(t-1)}{t^n - 1} = \lim_{t \to 1} \frac{n}{t^{n-1} + t^{n-2} + \cdots + 1} = 1.$$

所以当 $x \to 0$ 时，$\sqrt[n]{1+x} - 1 \sim \dfrac{x}{n}, n \in \mathbf{N}_+$.

常用的等价无穷小量：当 $x \to 0$ 时，

$$\sin x \sim x, \quad \tan x \sim x, \quad \arcsin x \sim x, \quad \arctan x \sim x,$$

$$1 - \cos x \sim \frac{x^2}{2}, \quad \ln(1+x) \sim x, \quad e^x - 1 \sim x, \quad \sqrt[n]{1+x} - 1 \sim \frac{x}{n} \quad n \in \mathbf{N}_+.$$

**注意**  不是所有无穷小量都可以比较. 如 $\lim\limits_{x \to 0} \dfrac{x \sin \dfrac{1}{x}}{x} = \lim\limits_{x \to 0} \sin \dfrac{1}{x}$ 不存在（非 $\infty$），所以

$x \to 0$ 时的无穷小量 $x \sin \dfrac{1}{x}$ 和 $x$ 不可比较.

## 三、应用等价无穷小量代换求函数的极限

**定理 2-10**  如果当 $x \to x_0$（或 $x \to \infty$）时，$f(x) \sim g(x)$，且 $\lim\limits_{\substack{x \to x_0 \\ (x \to \infty)}} f(x)h(x) = A$，那么

$\lim\limits_{\substack{x \to x_0 \\ (x \to \infty)}} g(x)h(x) = A$.

**证明**  仅就 $x \to x_0$ 时的情形加以证明.

因为当 $x \to x_0$ 时，$f(x) \sim g(x)$，所以 $\lim\limits_{x \to x_0} \dfrac{g(x)}{f(x)} = 1$，且 $f(x) \neq 0$. 又因为

$$\lim_{x \to x_0} g(x)h(x) = \lim_{x \to x_0} \left[ f(x)h(x) \cdot \frac{g(x)}{f(x)} \right] = A,$$

所以
$$\lim_{x \to x_0} g(x)h(x) = A.$$

**例 2-39**  求 $\lim\limits_{x \to 0} \dfrac{\arctan x}{\arcsin x}$.

**解**  因为当 $x \to 0$ 时，$\arctan x \sim x$，$\arcsin x \sim x$，所以

$$\lim_{x \to 0} \frac{\arctan x}{\arcsin x} = \lim_{x \to 0} \frac{x}{x} = 1.$$

例 2-40　计算 $\lim\limits_{x\to 0}\dfrac{\sqrt{1+x\sin x}-1}{\mathrm{e}^{x^2}-1}$.

解　因为当 $x\to 0$ 时, $\sqrt{1+x\sin x}-1\sim\dfrac{1}{2}x\sin x\sim\dfrac{1}{2}x^2$, $\mathrm{e}^{x^2}-1\sim x^2$, 所以

$$\lim\limits_{x\to 0}\dfrac{\sqrt{1+x\sin x}-1}{\mathrm{e}^{x^2}-1}=\lim\limits_{x\to 0}\dfrac{\dfrac{1}{2}x^2}{x^2}=\dfrac{1}{2}.$$

例 2-41　计算 $\lim\limits_{x\to 0}\dfrac{(\mathrm{e}^{x^2}-1)\sin\dfrac{x}{2}}{(1-\cos x)\ln(1+x)}$.

解　因为当 $x\to 0$ 时, $\mathrm{e}^{x^2}-1\sim x^2$, $\sin\dfrac{x}{2}\sim\dfrac{x}{2}$, $1-\cos x\sim\dfrac{x^2}{2}$, $\ln(1+x)\sim x$, 所以

$$\lim\limits_{x\to 0}\dfrac{(\mathrm{e}^{x^2}-1)\sin\dfrac{x}{2}}{(1-\cos x)\ln(1+x)}=\lim\limits_{x\to 0}\dfrac{x^2\cdot\dfrac{x}{2}}{\dfrac{x^2}{2}\cdot x}=1.$$

例 2-42　计算 $\lim\limits_{x\to 0}\dfrac{\cos(x\mathrm{e}^x)-\cos(2x\mathrm{e}^x)}{x^2}$.

解　根据公式

$$\cos A-\cos B=\cos\left(\dfrac{A+B}{2}+\dfrac{A-B}{2}\right)-\cos\left(\dfrac{A+B}{2}-\dfrac{A-B}{2}\right)=-2\sin\dfrac{A+B}{2}\sin\dfrac{A-B}{2}$$

可得

$$\cos(x\mathrm{e}^x)-\cos(2x\mathrm{e}^x)=2\sin\left(\dfrac{3}{2}x\mathrm{e}^x\right)\sin\left(\dfrac{1}{2}x\mathrm{e}^x\right).$$

而当 $x\to 0$ 时, $\sin\left(\dfrac{3}{2}x\mathrm{e}^x\right)\sim\dfrac{3}{2}x\mathrm{e}^x$, $\sin\left(\dfrac{1}{2}x\mathrm{e}^x\right)\sim\dfrac{1}{2}x\mathrm{e}^x$, 所以

$$\lim\limits_{x\to 0}\dfrac{\cos(x\mathrm{e}^x)-\cos(2x\mathrm{e}^x)}{x^2}=\lim\limits_{x\to 0}\dfrac{2\cdot\dfrac{3}{2}x\mathrm{e}^x\cdot\dfrac{1}{2}x\mathrm{e}^x}{x^2}=\dfrac{3}{2}.$$

应用等价无穷小量代换可简化求极限的运算, 但在具体应用时, 要注意满足定理 2-10 的条件, 如果盲目代换会得出错误的结果.

例 2-43　计算 $\lim\limits_{x\to 0}\dfrac{\tan x-\sin x}{x^3}$.

误解　因为当 $x\to 0$ 时, $\tan x\sim x$, $\sin x\sim x$, 所以

$$\lim\limits_{x\to 0}\dfrac{\tan x-\sin x}{x^3}=\lim\limits_{x\to 0}\dfrac{x-x}{x^3}=0.$$

因为由 $\lim\limits_{x\to 0}\dfrac{x-x}{\tan x-\sin x}=0$ 知 $x-x$ 是比 $\tan x-\sin x$ 高阶的无穷小量,而不是等价无穷小量,所以不能代换.

正解 $\lim\limits_{x\to 0}\dfrac{\tan x-\sin x}{x^3}=\lim\limits_{x\to 0}\dfrac{\sin x(1-\cos x)}{x^3\cos x}=\lim\limits_{x\to 0}\dfrac{x\cdot\dfrac{1}{2}x^2}{x^3\cos x}=\dfrac{1}{2}.$

## 本节小结

本节主要介绍无穷小量的性质、无穷小量的阶.无穷小量的性质、等价无穷小量代换都可用于求极限.注意:

1. 有限个无穷小量的和还是无穷小量,但无限个无穷小量的和不一定是无穷小量.

2. 有界变量乘无穷小量还是无穷小量,使用时需要明确哪部分有界,哪部分是无穷小量.

3. 某些复杂的极限问题通过等价无穷小量代换能够简化,但不能盲目代换,要注意是否满足代换的条件,避免部分等价,但整体不等价.

## 练习 2.4

### 基础题

1. 求下列极限:

(1) $\lim\limits_{x\to 0}(2x^3-x^2+x)$;

(2) $\lim\limits_{x\to 1}(x^2-1)\cos\dfrac{1}{x-1}$;

(3) $\lim\limits_{x\to\infty}\dfrac{\sqrt[3]{x}\cos x}{x+1}$;

(4) $\lim\limits_{n\to\infty}\dfrac{n^2}{n^3+2n+1}\arctan n$.

2. 当 $x\to 1$ 时,下列各对无穷小量是否等价:

(1) $1-x$ 与 $1-x^3$;

(2) $1-x$ 与 $\dfrac{1}{3}(1-x^3)$;

(3) $\dfrac{1-x}{1+x}$ 与 $1-\sqrt{x}$;

(4) $\arctan(1-x)$ 与 $1-e^{1-x}$.

3. 当 $x\to 0$ 时,下列函数中哪些是 $x$ 的高阶无穷小量?哪些是 $x$ 的同阶无穷小量?哪些是 $x$ 的低阶无穷小量?

(1) $x+\tan 2x$;

(2) $1-\cos x$;

（3）$\cos \dfrac{\pi}{2}(1-x)$；

（4）$\sin \sqrt{|x|}$.

4. 证明：当 $x \to 0$ 时，$\tan x - \sin x = o(x)$.

5. 利用等价无穷小量代换求下列极限：

（1）$\lim\limits_{x \to 0} \dfrac{\sin 2x}{\tan 5x}$；

（2）$\lim\limits_{x \to 0} \dfrac{x^2}{\sin^2 \dfrac{x}{3}}$；

（3）$\lim\limits_{x \to 0} \dfrac{\arctan 2x}{\arcsin 3x}$；

（4）$\lim\limits_{x \to 0} \dfrac{\sqrt[3]{1+2x}-1}{e^{-4x}-1}$.

### 提高题

1. 求 $\lim\limits_{x \to 0} \dfrac{3\sin x + x^2 \cos \dfrac{x+1}{x^2}}{(1+\cos x)\ln(1+x)}$.

2. 已知 $\lim\limits_{x \to +\infty}\left[(x^5+7x^4+2)^a-x\right]=b \neq 0$，求常数 $a, b$.

3. 当 $x \to 0$ 时，$\sqrt{1+x\arcsin x}-\sqrt{\cos x} \sim kx^2$，求常数 $k$.

4. 设 $\lim\limits_{x \to 0} \dfrac{a\tan x + b(1-\cos x)}{c\ln(1-2x)+d(1-e^{-x^2})}=2$，其中 $a^2+c^2 \neq 0$，则必有（      ）.

A. $b=4d$          B. $b=-4d$          C. $a=4c$          D. $a=-4c$

5. 求极限 $\lim\limits_{x \to 0} \dfrac{1}{x^3}\left[\left(\dfrac{2+\cos x}{3}\right)^x-1\right]$.

# §2.5   函数的连续性

　　自然界中有许多现象都是连续变化的，如气温随时间的变化、物体运动的路程随时间的变化、植物的生长等，这种变化特点用函数来表示，可以描述为：当自变量 $x$ 有一个微小变化时，相应的函数值 $f(x)$ 变化也很微小. 我们用极限来研究函数的这一特点，为此先引入增量的概念.

## 一、函数的增量

　　**定义 2-23**　设函数 $y=f(x)$，当自变量 $x$ 由初值 $x_0$ 变到终值 $x$ 时，相应函数值由 $f(x_0)$

变到 $f(x)$,则称 $x-x_0$ 为自变量的增量(或改变量),记为 $\Delta x$,即 $\Delta x = x-x_0$,称 $f(x)-f(x_0)$ 为函数的增量(或改变量),记为 $\Delta y$,如图 2-32,即

$$\Delta y = f(x)-f(x_0).$$

自变量的增量 $\Delta x$ 可正可负,但不能等于零;函数的增量 $\Delta y$ 可正可负,也可以为零.

因为 $x = x_0 + \Delta x$,所以相应的函数增量 $\Delta y$ 也可表示为

$$\Delta y = f(x_0 + \Delta x) - f(x_0).$$

当 $x_0$ 固定时,$\Delta y$ 是 $\Delta x$ 的函数.

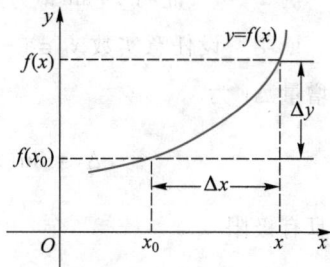

图 2-32

## 二、函数的连续性

定义 2-24    设函数 $y = f(x)$ 在点 $x_0$ 的某邻域内有定义,若在点 $x_0$ 处有极限

$$\lim_{\Delta x \to 0} \Delta y = \lim_{\Delta x \to 0} [f(x_0 + \Delta x) - f(x_0)] = 0,$$

则称函数 $y = f(x)$ 在点 $x_0$ 处连续.

例如,函数 $y = x^2$,当自变量在点 $x = 1$ 处改变 $\Delta x$ 时,函数相应的增量为

$$\Delta y = f(1+\Delta x) - f(1) = (1+\Delta x)^2 - 1^2 = 2\Delta x + (\Delta x)^2.$$

在 $x = 1$ 处,$\Delta y$ 为 $\Delta x$ 的函数. 因为

$$\lim_{\Delta x \to 0} \Delta y = \lim_{\Delta x \to 0} [2\Delta x + (\Delta x)^2] = 0,$$

所以函数 $y = x^2$ 在 $x = 1$ 处连续.

因为

$$\lim_{\Delta x \to 0} \Delta y = 0 \Leftrightarrow \lim_{x \to x_0} f(x) = f(x_0),$$

所以函数 $y = f(x)$ 在点 $x_0$ 处连续的定义也可以描述为下面的形式.

定义 2-25    设函数 $y = f(x)$ 在点 $x_0$ 的某邻域内有定义,若

$$\lim_{x \to x_0} f(x) = f(x_0),$$

则称函数 $y = f(x)$ 在点 $x_0$ 处连续.

由定义 2-25 可知,如果函数 $f(x)$ 在点 $x_0$ 处连续,那么极限 $\lim_{x \to x_0} f(x)$ 一定存在. 反之不然,如 §2.1 图 2-1、图 2-2 所示的函数在 $x = 1$ 处都有极限,但不连续.

定义 2-26    设函数 $y = f(x)$ 在区间 $(x_0-\delta, x_0]$(或 $[x_0, x_0+\delta)$)($\delta > 0$)内有定义,若

$$\lim_{x \to x_0^-} f(x) = f(x_0) \left( \text{或} \lim_{x \to x_0^+} f(x) = f(x_0) \right),$$

则称函数 $y = f(x)$ 在点 $x_0$ 处左连续(或右连续).

显然,函数 $f(x)$ 在点 $x_0$ 处连续的充要条件是函数 $f(x)$ 在点 $x_0$ 处既左连续,又右连续.

定义 2-27    如果函数 $f(x)$ 在开区间 $(a,b)$ 内任意一点都连续,那么称函数 $f(x)$ 在开区间 $(a,b)$ 内连续. 如果函数 $f(x)$ 在开区间 $(a,b)$ 内连续,且在点 $a$ 处右连续,在点 $b$ 处左

连续,那么称函数 $f(x)$ 在闭区间 $[a,b]$ 上连续,称函数 $f(x)$ 为闭区间 $[a,b]$ 上的连续函数.
如果函数 $f(x)$ 在其定义域内连续,则称 $f(x)$ 为连续函数.

**例 2-44**　证明 $y=\sin x$ 为连续函数.

**证明**　设任意实数 $x_0 \in (-\infty, +\infty)$,若自变量 $x$ 在点 $x_0$ 处取得增量 $\Delta x$,则函数相应的增量 $\Delta y$ 为

$$\Delta y = \sin(x_0 + \Delta x) - \sin x_0 = 2\sin\frac{\Delta x}{2}\cos\left(x_0 + \frac{\Delta x}{2}\right),$$

而且有极限

$$\lim_{\Delta x \to 0}\Delta y = \lim_{\Delta x \to 0}2\sin\frac{\Delta x}{2}\cos\left(x_0 + \frac{\Delta x}{2}\right) = \lim_{\Delta x \to 0}2\frac{\Delta x}{2}\cos\left(x_0 + \frac{\Delta x}{2}\right) = 0,$$

所以函数 $y=\sin x$ 在点 $x_0$ 处连续. 又由于 $x_0$ 是其定义域 $(-\infty, +\infty)$ 内的任一点,故 $y=\sin x$ 为连续函数.

同理可以证明 $y=\cos x$ 也是连续函数.

**例 2-45**　讨论下列函数在 $x=0$ 处的连续性:

$$(1)\ f(x)=\begin{cases} \dfrac{\ln(1+x)}{x}, & x>0, \\[3mm] 1, & x=0, \\[3mm] \dfrac{\sqrt{1+x}-\sqrt{1-x}}{x}, & -1<x<0; \end{cases}$$

$$(2)\ g(x)=\begin{cases} \dfrac{2^{\frac{1}{x}}-1}{2^{\frac{1}{x}}+1}, & x\neq 0, \\[3mm] 1, & x=0. \end{cases}$$

**解**　(1) 由于 $f(0)=1$,且

$$\lim_{x \to 0^+}f(x) = \lim_{x \to 0^+}\frac{\ln(1+x)}{x} = \lim_{x \to 0^+}\frac{x}{x} = 1,$$

$$\lim_{x \to 0^-}f(x) = \lim_{x \to 0^-}\frac{\sqrt{1+x}-\sqrt{1-x}}{x} = \lim_{x \to 0^-}\frac{2x}{x(\sqrt{1+x}+\sqrt{1-x})} = 1,$$

故

$$\lim_{x \to 0}f(x) = 1 = f(0).$$

由定义 2-25 知,函数 $f(x)$ 在 $x=0$ 处连续.

(2) 由于 $\lim\limits_{x \to 0^-}2^{\frac{1}{x}}=0$,故

$$\lim_{x \to 0^-}g(x) = \lim_{x \to 0^-}\frac{2^{\frac{1}{x}}-1}{2^{\frac{1}{x}}+1} = -1 \neq g(0).$$

又因为 $\lim\limits_{x \to 0^+}2^{\frac{1}{x}}=+\infty$,分子、分母同除以 $2^{\frac{1}{x}}$,有

$$\lim_{x \to 0^+} g(x) = \lim_{x \to 0^+} \frac{2^{\frac{1}{x}} - 1}{2^{\frac{1}{x}} + 1} = \lim_{x \to 0^+} \frac{1 - 2^{-\frac{1}{x}}}{1 + 2^{-\frac{1}{x}}} = 1 = g(0),$$

函数 $g(x)$ 在 $x = 0$ 处右连续但不左连续,所以 $g(x)$ 在 $x = 0$ 处不连续.

## 三、函数的间断点及其分类

根据函数连续的定义,$f(x)$ 在点 $x_0$ 处连续必须同时满足以下三个条件:

(1) $f(x)$ 在点 $x_0$ 的某邻域内有定义;

(2) $\lim\limits_{x \to x_0} f(x)$ 存在;

(3) $\lim\limits_{x \to x_0} f(x) = f(x_0)$.

如果函数 $f(x)$ 在点 $x_0$ 的某去心邻域内有定义,且函数 $f(x)$ 在点 $x_0$ 处不连续,那么称函数 $f(x)$ 在点 $x_0$ 处间断,且称点 $x_0$ 为函数 $f(x)$ 的间断点.

利用函数 $f(x)$ 在点 $x_0$ 处的极限情况,可把函数的间断点 $x_0$ 进行分类.

(1) 如果函数 $f(x)$ 在点 $x_0$ 处的左、右极限 $f(x_0^-)$,$f(x_0^+)$ 都存在,且 $f(x_0^-) = f(x_0^+)$,即极限 $\lim\limits_{x \to x_0} f(x)$ 存在,那么称 $x_0$ 为 $f(x)$ 的可去间断点.

若定义函数

$$\widetilde{f}(x) = \begin{cases} f(x), & x \neq x_0, \\ \lim\limits_{x \to x_0} f(x), & x = x_0, \end{cases}$$

则 $\widetilde{f}(x)$ 在点 $x_0$ 处连续,$\widetilde{f}(x)$ 称为 $f(x)$ 的连续拓展函数.

(2) 如果函数 $f(x)$ 在点 $x_0$ 处的左、右极限 $f(x_0^-)$,$f(x_0^+)$ 都存在,但是 $f(x_0^-) \neq f(x_0^+)$,那么称 $x_0$ 为 $f(x)$ 的跳跃间断点,称 $\left| f(x_0^+) - f(x_0^-) \right|$ 为 $f(x)$ 在点 $x_0$ 处的跳跃度.

可去间断点和跳跃间断点统称为第一类间断点.

例如,函数 $y = f(x) = \dfrac{\sin x}{x}$ 在点 $x = 0$ 处没有定义,但是有极限

$$\lim_{x \to 0} f(x) = \lim_{x \to 0} \frac{\sin x}{x} = 1,$$

因此 $x = 0$ 是 $f(x) = \dfrac{\sin x}{x}$ 的可去间断点,见图 2-33.

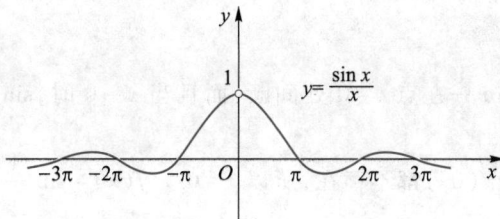

图 2-33

$f(x)$ 的连续拓展函数

$$\widetilde{f}(x) = \begin{cases} \dfrac{\sin x}{x}, & x \neq 0, \\ 1, & x = 0 \end{cases}$$

在 $x = 0$ 处连续.

例如,函数 $f(x) = \dfrac{|x|}{x}$ 在点 $x = 0$ 处间断,因为

$$f(0^-) = \lim_{x \to 0^-} \frac{|x|}{x} = \lim_{x \to 0^-} \left( -\frac{x}{x} \right) = -1,$$

$$f(0^+) = \lim_{x \to 0^+} \frac{|x|}{x} = \lim_{x \to 0^+} \frac{x}{x} = 1,$$

即 $f(0^-) \neq f(0^+)$,所以 $x = 0$ 为函数 $f(x) = \dfrac{|x|}{x}$ 的跳跃间断点,如图 2-34 所示. $f(x)$ 在点 $x = 0$ 处的跳跃度为 $|f(0^+) - f(0^-)| = 2$.

（3）如果函数 $f(x)$ 在点 $x_0$ 处的左、右极限 $f(x_0^-)$, $f(x_0^+)$ 至少有一个不存在,则称 $x_0$ 为函数 $f(x)$ 的第二类间断点.

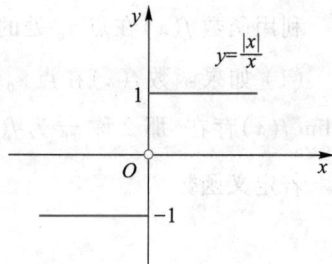

图 2-34

例如,函数 $f(x) = e^{\frac{1}{x}}$ 在 $x = 0$ 处间断,由于

$$f(0^-) = \lim_{x \to 0^-} e^{\frac{1}{x}} = 0, \quad f(0^+) = \lim_{x \to 0^+} e^{\frac{1}{x}} = +\infty,$$

函数 $f(x) = e^{\frac{1}{x}}$ 在 $x = 0$ 处的右极限不存在,而且是无穷大,所以 $x = 0$ 为 $f(x) = e^{\frac{1}{x}}$ 的第二类间断点. 左、右极限有一个为无穷大时又称为无穷间断点,见图 2-35.

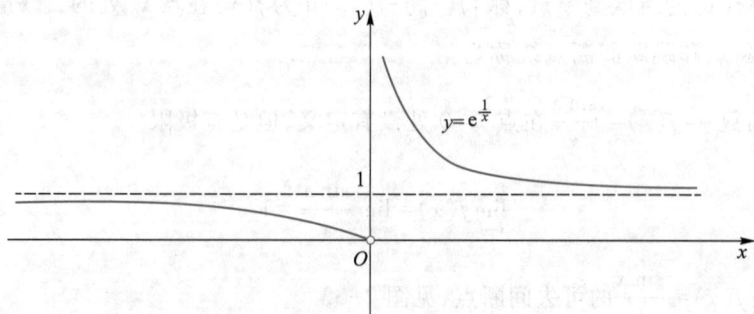

图 2-35

例如,函数 $f(x) = \sin \dfrac{1}{x}$ 在点 $x = 0$ 处间断,而且当 $x \to 0$ 时,$\sin \dfrac{1}{x}$ 的函数值在 $-1$ 与 $1$ 之间跳动,因此 $f(0^-)$ 与 $f(0^+)$ 都不存在,所以 $x = 0$ 为 $f(x) = \sin \dfrac{1}{x}$ 的第二类间断点,又称

为振荡间断点,见图 2-4(b).

## 四、连续函数的运算

定理 2-11  设函数 $f(x),g(x)$ 在点 $x_0$ 处连续,则

(1) 函数 $f(x) \pm g(x)$ 在点 $x_0$ 处连续;

(2) 函数 $f(x) \cdot g(x)$ 在点 $x_0$ 处连续;

(3) 当 $g(x_0) \neq 0$ 时,函数 $\dfrac{f(x)}{g(x)}$ 在点 $x_0$ 处连续.

连续函数的运算

因为连续是极限的一种特殊情况,由极限的四则运算法则和函数连续的定义,容易证明定理 2-11,下面仅证明商的情况.

证明  因为 $f(x)$ 与 $g(x)$ 都在点 $x_0$ 处连续,所以

$$\lim_{x \to x_0} f(x) = f(x_0), \quad \lim_{x \to x_0} g(x) = g(x_0).$$

设 $Q(x) = \dfrac{f(x)}{g(x)}$,又因为 $g(x_0) \neq 0$,所以

$$\lim_{x \to x_0} Q(x) = \lim_{x \to x_0} \frac{f(x)}{g(x)} = \frac{\lim\limits_{x \to x_0} f(x)}{\lim\limits_{x \to x_0} g(x)} = \frac{f(x_0)}{g(x_0)} = Q(x_0).$$

因此 $\dfrac{f(x)}{g(x)}$ 在点 $x_0$ 处连续.

例如,因为 $\tan x = \dfrac{\sin x}{\cos x}$,所以 $\tan x$ 为连续函数.

同理可得 $\cot x, \sec x, \csc x$ 都是连续函数.

定理 2-12(反函数的连续性)  设 $y = f(x)$ 在 $[a,b]$ 上单调递增(或单调递减)且连续,则其反函数 $y = f^{-1}(x)$ 在区间 $[f(a),f(b)]$(或 $[f(b),f(a)]$)上单调递增(或单调递减)且连续.

证明从略.

例如,因为函数 $y = \sin x$ 在区间 $\left[ -\dfrac{\pi}{2}, \dfrac{\pi}{2} \right]$ 上单调递增且连续,所以其反函数 $y = \arcsin x$ 在区间 $[-1,1]$ 上单调递增且连续,即 $y = \arcsin x$ 为连续函数.

同理可得 $y = \arccos x, y = \arctan x, y = \text{arccot}\, x$ 都是连续函数.

定理 2-13  设函数 $y = f(u)$ 在 $u = b$ 处连续,且 $\lim\limits_{x \to x_0} g(x) = b$,则

$$\lim_{x \to x_0} f[g(x)] = f(b) \quad \text{或} \quad \lim_{x \to x_0} f[g(x)] = f[\lim_{x \to x_0} g(x)].$$

证明  设 $u = g(x)$,因为

$$\lim_{x \to x_0} g(x) = b, \quad \lim_{u \to b} f(u) = f(b),$$

由复合函数的极限运算法则,可得

$$\lim_{x \to x_0} f\left[g(x)\right] = \lim_{u \to b} f(u) = f(b) = f\left[\lim_{x \to x_0} g(x)\right].$$

**例 2-46**　求 $\lim\limits_{x \to 1} \arccos \dfrac{1-\sqrt{x}}{1-x}$.

**解**　函数 $y = \arccos \dfrac{1-\sqrt{x}}{1-x}$ 由函数 $y = \arccos u$, $u = \dfrac{1-\sqrt{x}}{1-x}$ 复合构成,且 $\lim\limits_{x \to 1} \dfrac{1-\sqrt{x}}{1-x} = \lim\limits_{x \to 1} \dfrac{1}{1+\sqrt{x}}$

$= \dfrac{1}{2}$, 函数 $y = \arccos u$ 在 $u = \dfrac{1}{2}$ 处连续,由定理 2-13 得

$$\lim_{x \to 1} \arccos \frac{1-\sqrt{x}}{1-x} = \arccos \lim_{x \to 1} \frac{1}{1+\sqrt{x}} = \arccos \frac{1}{2} = \frac{\pi}{3}.$$

**推论(复合函数的连续性)**　设函数 $u = g(x)$ 在 $x = x_0$ 处连续,函数 $y = f(u)$ 在 $u = g(x_0)$ 处连续,则复合函数 $y = f(g(x))$ 在 $x = x_0$ 处连续.

**证明**　因为 $\lim\limits_{x \to x_0} g(x) = g(x_0)$, 函数 $y = f(u)$ 在 $u = g(x_0)$ 处连续,由定理 2-13 可得

$$\lim_{x \to x_0} f(g(x)) = f(\lim_{x \to x_0} g(x)) = f(g(x_0)).$$

所以复合函数 $y = f(g(x))$ 在 $x = x_0$ 处连续.

基本初等函数在其定义域内显然都是连续的,而初等函数是由基本初等函数经过有限次四则运算或有限次复合而得到的函数,由定理 2-11、定理 2-12、定理 2-13 可推得如下结论.

**定理 2-14**　初等函数在其定义区间(含在定义域内的最大区间)内都是连续的.

由上述定理可得

(1) 若 $f(x)$ 是初等函数,则函数 $f(x)$ 的定义区间就是它的连续区间.

(2) 因为根式函数为连续函数,所以 $\lim\limits_{x \to x_0} \sqrt{x} = \sqrt{x_0}$, 其中 $x_0 > 0$; $\lim\limits_{x \to x_0} \sqrt[n]{f(x)} = \sqrt[n]{\lim\limits_{x \to x_0} f(x)}$, 其中 $n$ 为正整数,且 $n$ 为偶数时 $\lim\limits_{x \to x_0} f(x) > 0$.

**例 2-47**　计算 $\lim\limits_{n \to \infty} \left(\dfrac{n^2+3}{n^2+2}\right)^{2n^2+5}$.

**解**　该极限为 $1^{\infty}$ 型未定式,根据数列极限与函数极限的关系得

$$\lim_{n \to \infty} \left(\frac{n^2+3}{n^2+2}\right)^{2n^2+5} = \lim_{x \to +\infty} \left(\frac{x^2+3}{x^2+2}\right)^{2x^2+5} = \lim_{x \to +\infty} \left(1+\frac{1}{x^2+2}\right)^{2x^2+5}.$$

通过换底,再由指数函数的连续性和无穷小量等价代换得

$$\lim_{x \to +\infty} \left(1+\frac{1}{x^2+2}\right)^{2x^2+5} = \lim_{x \to +\infty} \mathrm{e}^{(2x^2+5)\ln\left(1+\frac{1}{x^2+2}\right)} = \mathrm{e}^{\lim\limits_{x \to +\infty}(2x^2+5)\ln\left(1+\frac{1}{x^2+2}\right)} = \mathrm{e}^{\lim\limits_{x \to +\infty}\frac{2x^2+5}{x^2+2}} = \mathrm{e}^2.$$

所以 $\lim\limits_{n \to \infty} \left(\dfrac{n^2+3}{n^2+2}\right)^{2n^2+5} = \mathrm{e}^2$.

**例 2-48**    设 $\lim\limits_{x \to x_0} u(x) = 0$, $\lim\limits_{x \to x_0} v(x) = \infty$, $\lim\limits_{x \to x_0} u(x)v(x)$ 存在且等于 $a$, 计算 $\lim\limits_{x \to x_0} \left[ 1 + u(x) \right]^{v(x)}$.

**解**    因为 $\lim\limits_{x \to x_0} \left[ 1 + u(x) \right] = 1$, $\lim\limits_{x \to x_0} v(x) = \infty$, 该极限为 $1^{\infty}$ 型未定式. 由指数函数和对数函数的关系可得

$$\lim\limits_{x \to x_0} \left[ 1 + u(x) \right]^{v(x)} = \lim\limits_{x \to x_0} e^{v(x) \ln[1 + u(x)]}.$$

再由指数函数为连续函数得

$$\lim\limits_{x \to x_0} e^{v(x) \ln[1 + u(x)]} = e^{\lim\limits_{x \to x_0} v(x) \ln[1 + u(x)]}.$$

又由 $x \to x_0$ 时 $u(x) \to 0$, 推得 $x \to x_0$ 时 $\ln[1 + u(x)] \sim u(x)$, 所以

$$\lim\limits_{x \to x_0} \left[ 1 + u(x) \right]^{v(x)} = e^{\lim\limits_{x \to x_0} v(x) u(x)} = e^a.$$

**例 2-49**    计算 $\lim\limits_{x \to 0} (1 + \sin x^2)^{\frac{1}{1 - \cos x}}$.

**解**    利用例 2-48 的结论. 因为 $u(x) = \sin x^2$, $v(x) = \dfrac{1}{1 - \cos x}$,

$$\lim\limits_{x \to 0} u(x) = \lim\limits_{x \to 0} \sin x^2 = 0, \quad \lim\limits_{x \to 0} v(x) = \lim\limits_{x \to 0} \frac{1}{1 - \cos x} = \infty,$$

$$\lim\limits_{x \to 0} u(x) v(x) = \lim\limits_{x \to 0} \left( \sin x^2 \cdot \frac{1}{1 - \cos x} \right) = \lim\limits_{x \to 0} \frac{\sin x^2}{1 - \cos x} = \lim\limits_{x \to 0} \frac{x^2}{\frac{x^2}{2}} = 2,$$

所以

$$\lim\limits_{x \to 0} (1 + \sin x^2)^{\frac{1}{1 - \cos x}} = e^{\lim\limits_{x \to 0} v(x) u(x)} = e^2.$$

**例 2-50**    求函数 $f(x) = \begin{cases} e^{-\frac{1}{x^2}}, & x \neq 0, \\ 1, & x = 0 \end{cases}$ 的连续区间.

**解**    函数 $f(x)$ 的定义域为 $(-\infty, +\infty)$.

当 $x \neq 0$ 时, $f(x) = e^{-\frac{1}{x^2}}$ 是初等函数, 所以 $f(x)$ 在 $(-\infty, 0)$, $(0, +\infty)$ 内连续.

当 $x = 0$ 时, 因为 $f(0) = 1$, $\lim\limits_{n \to 0} f(x) = \lim\limits_{n \to 0} e^{-\frac{1}{x^2}} = 0 \neq f(0)$, 所以 $x = 0$ 是函数 $f(x)$ 的间断点.

综上可得 $f(x)$ 的连续区间为 $(-\infty, 0)$, $(0, +\infty)$.

**注意**    分段函数一般不是初等函数, 其在定义域内不一定处处连续, 函数的分段点是可能的间断点.

**例 2-51**    确定 $a, b$, 使函数 $f(x) = \lim\limits_{n \to \infty} \dfrac{x^{2n-1} + ax + b}{x^{2n} + 1}$ 在定义域内连续.

**解**    函数

$$f(x) = \lim\limits_{n \to \infty} \frac{x^{2n-1} + ax + b}{x^{2n} + 1}$$

$$= \begin{cases} ax+b, & |x|<1, \\ \dfrac{1}{x}, & |x|>1, \\ \dfrac{1}{2}(1+a+b), & x=1, \\ \dfrac{1}{2}(-1-a+b), & x=-1, \end{cases}$$

且 $f(x)$ 在定义域内连续,由连续的定义可知在 $x=1$ 处,$\lim\limits_{x\to 1^+}f(x)=\lim\limits_{x\to 1^-}f(x)=f(1)$,而

$$\lim_{x\to 1^+}f(x)=\lim_{x\to 1^+}\frac{1}{x}=1,\quad \lim_{x\to 1^-}f(x)=\lim_{x\to 1^-}(ax+b)=a+b,\quad f(1)=\frac{1}{2}(1+a+b),$$

所以

$$1=a+b=\frac{1}{2}(1+a+b). \tag{2-1}$$

在 $x=-1$ 处,$\lim\limits_{x\to -1^+}f(x)=\lim\limits_{x\to -1^-}f(x)=f(-1)$,而

$$\lim_{x\to -1^+}f(x)=\lim_{x\to -1^+}(ax+b)=-a+b,\quad \lim_{x\to -1^-}f(x)=\lim_{x\to -1^-}\frac{1}{x}=-1,\quad f(-1)=\frac{1}{2}(-1-a+b),$$

所以

$$-a+b=-1=\frac{1}{2}(-1-a+b). \tag{2-2}$$

由式(2-1)和式(2-2)可求得

$$a=1,\quad b=0,$$

所以当 $a=1,b=0$ 时,$f(x)=\begin{cases} x, & |x|\leqslant 1, \\ \dfrac{1}{x}, & |x|>1 \end{cases}$ 在定义域 $(-\infty,+\infty)$ 内连续.

## 五、闭区间上连续函数的性质

闭区间上的连续函数有一些特殊的性质,这些性质的证明需要用到实数的连续性,故略,其几何意义很明显,下面就依据函数的图形来介绍这些性质.

闭区间上连续
函数的性质

**定理 2-15**(最值性)　若函数 $f(x)$ 在闭区间 $[a,b]$ 上连续,则 $f(x)$ 在闭区间 $[a,b]$ 上可以取到最小值 $m$ 和最大值 $M$.

定理 2-15 表示,若 $f(x)$ 在闭区间 $[a,b]$ 上连续,则至少存在一点 $\xi_1\in[a,b]$ 使 $f(\xi_1)=m$,至少存在一点 $\xi_2\in[a,b]$ 使 $f(\xi_2)=M$,如图 2-36 所示.

如果 $f(x)$ 在闭区间上不连续,那么定理的结论不一定成立. 例如,函数 $y = \dfrac{1}{x}$ 在区间 $(0,1]$ 上连续,但 $f(x)$ 在该区间上无最大值.

**推论(有界性)** 若函数 $f(x)$ 在闭区间 $[a,b]$ 上连续,则 $f(x)$ 在闭区间 $[a,b]$ 上有界.

**定理 2-16(介值性)** 若函数 $f(x)$ 在闭区间 $[a,b]$ 上连续,值 $c$ 介于 $f(a)$ 与 $f(b)$ 之间,则在开区间 $(a,b)$ 内至少存在一点 $\xi$,使 $f(\xi) = c$.

如图 2-37 所示,函数 $f(x)$ 在点 $\xi_1,\xi_2,\xi_3$ 处的函数值均为 $c$,即有

$$f(\xi_1) = f(\xi_2) = f(\xi_3) = c.$$

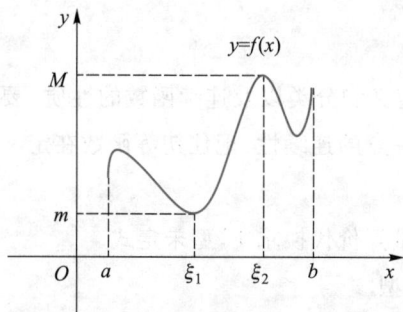

图 2-36

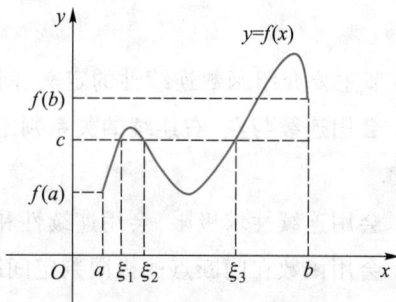

图 2-37

定理 2-16 表示闭区间 $[a,b]$ 上的连续函数 $f(x)$ 可以取到介于 $f(a)$ 与 $f(b)$ 之间的一切值.

**推论 1** 若函数 $f(x)$ 在闭区间 $[a,b]$ 上连续,则 $f(x)$ 在闭区间 $[a,b]$ 上可以取到介于最小值 $m$ 和最大值 $M$ 之间的所有数.

**推论 2(零点定理)** 设函数 $f(x)$ 在闭区间 $[a,b]$ 上连续,且 $f(a) \cdot f(b) < 0$,则在开区间 $(a,b)$ 内至少存在一点 $\xi$,使 $f(\xi) = 0$.

推论 2 表示当 $f(a) \cdot f(b) < 0$ 时,闭区间 $[a,b]$ 上的连续曲线 $y = f(x)$ 与 $x$ 轴至少有一个交点. 如图 2-38 所示,在开区间 $(a,b)$ 内有三个点 $\xi_1,\xi_2,\xi_3$,使 $f(\xi_1) = f(\xi_2) = f(\xi_3) = 0$.

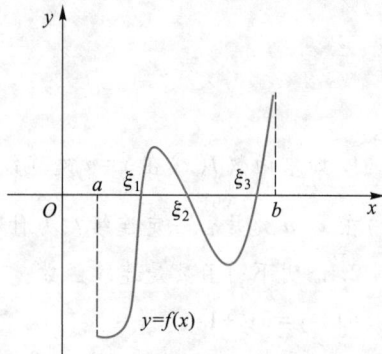

图 2-38

$f(\xi) = 0$ 意味着 $\xi$ 为方程 $f(x) = 0$ 的实根. 利用推论 2 可确定方程 $f(x) = 0$ 是否含有实根,并判定实根所在的范围.

**例 2-52** 证明方程 $x \cdot 2^x = 1$ 至少有一个小于 1 的正根.

**证明** 设 $f(x) = x \cdot 2^x - 1$,因为 $f(x)$ 是连续函数,所以 $f(x)$ 在闭区间 $[0,1]$ 上连续. 而

$$f(0) = -1 < 0, \quad f(1) = 1 > 0,$$

由零点定理知,在 $(0,1)$ 内至少存在一点 $\xi$,使 $f(\xi) = 0$,即 $\xi \cdot 2^\xi - 1 = 0$. 这说明方程

$x \cdot 2^x = 1$ 在区间 $(0,1)$ 内至少有一个实根.

**例 2-53**　设 $f(x) = e^x - 2$，证明在开区间 $(0,2)$ 内至少存在一点 $c$，使 $f(c) = c$.

**证明**　设 $F(x) = f(x) - x = e^x - 2 - x$，显然 $F(x)$ 在闭区间 $[0,2]$ 上连续. 因为

$$F(0) = e^0 - 2 = -1 < 0, \quad F(2) = e^2 - 2 - 2 > 0,$$

所以在区间 $(0,2)$ 内至少存在一点 $c$，使 $F(c) = 0$，即

$$e^c - 2 - c = 0,$$

亦即

$$f(c) = c.$$

## 本节小结

本节主要介绍函数连续性的定义、间断点的定义和分类以及连续函数的性质. 要求：

1. 会用连续与左、右连续的关系判定函数在一点的连续性，记住初等函数在定义区间内连续.

2. 会用连续性求极限，会用连续性和无穷小量等价代换求 $1^{\infty}$ 型未定式.

3. 会用函数在间断点的极限判定间断点的类型.

4. 会用闭区间上连续函数的性质证明某些命题，判断方程 $f(x) = 0$ 的根的存在性，在使用时应正确选择函数和区间.

## 练习 2.5

**基础题**

1. 如果函数 $f(x)$ 在 $x = a$ 处连续，问极限 $\lim\limits_{x \to a} f(x)$ 是否存在？反之，如果 $\lim\limits_{x \to a} f(x)$ 存在，$f(x)$ 在 $x = a$ 处是否一定连续？为什么？

2. 证明下列函数是连续函数：

(1) $y = 3x^2 + 1$；

(2) $y = \cos x$.

3. 函数 $f(x) = \begin{cases} 2x, & 0 \leqslant x < 1, \\ 3 - x, & 1 \leqslant x \leqslant 2 \end{cases}$ 在闭区间 $[0,2]$ 上是否连续？并画出 $f(x)$ 的图形.

4. $a$ 取何值，函数 $f(x) = \begin{cases} e^x, & x > 0, \\ a + x, & x \leqslant 0 \end{cases}$ 在 $x = 0$ 处连续？

5. 求下列函数的间断点，并指出其类型：

(1) $y = \dfrac{1}{(x+2)^2}$；

(2) $y = \dfrac{x}{\sin x}$；

（3）$y = x\cos\dfrac{1}{x}$；

（4）$y = \dfrac{1-\cos x}{x^2}$；

（5）$y = \dfrac{x+1}{\tan x}$；

（6）$y = \sin x\sin\dfrac{1}{x}$．

6. 求下列极限：

（1）$\lim\limits_{x\to 0} e^{\sin x}$；

（2）$\lim\limits_{x\to 2}\arctan\dfrac{x^2-4}{3x^2-6x}$；

（3）$\lim\limits_{x\to 0}(1-\sin x)^{\csc x}$；

（4）$\lim\limits_{x\to 0}\dfrac{\ln(1+x)}{\sin x}$；

（5）$\lim\limits_{x\to +\infty}\left(1-\dfrac{1}{x}\right)^{\sqrt{x}}$；

（6）$\lim\limits_{x\to \infty}\left(\dfrac{x+3}{x-6}\right)^{x}$；

（7）$\lim\limits_{x\to 0}\left(\dfrac{1+\tan x}{1+\sin x}\right)^{\frac{1}{x^3}}$；

（8）$\lim\limits_{x\to \infty}\left(\cos\dfrac{1}{x}+\sin\dfrac{1}{x}\right)^{x}$．

7. 证明：方程 $x^5-3x=1$ 在 1 与 2 之间至少存在一个实根.

8. 设 $f(x)$ 在闭区间 $[a,b]$ 上连续，且 $f(a)<a, f(b)>b$，证明：在区间 $(a,b)$ 内至少存在一点 $\xi$，使 $f(\xi)=\xi$．

## 提高题

1. 设函数 $f(x)$ 在区间 $(-\infty,+\infty)$ 内有定义，且 $\lim\limits_{x\to\infty} f(x)=a$，函数 $g(x)=\begin{cases} f\left(\dfrac{1}{x}\right), & x\neq 0, \\ 0, & x=0, \end{cases}$ 则（　　）.

A. 点 $x=0$ 必是函数 $g(x)$ 的第一类间断点

B. 点 $x=0$ 必是函数 $g(x)$ 的第二类间断点

C. 点 $x=0$ 必是函数 $g(x)$ 的连续点

D. 函数 $g(x)$ 在 $x=0$ 处的连续性与 $a$ 的取值有关

2. 求函数 $f(x)=\lim\limits_{n\to\infty}\dfrac{e^x+(1-x)e^{nx}-1}{\arctan x+e^{nx}}$ 的连续区间.

3. 求函数 $f(x)=\lim\limits_{t\to x}\left(\dfrac{\sin t}{\sin x}\right)^{\frac{x}{\sin t-\sin x}}$ 的间断点并判断其类型.

4. 求极限 $\lim\limits_{x\to 0}\left(\dfrac{e^x+e^{2x}+\cdots+e^{nx}}{n}\right)^{\frac{1}{x}}$.

## §2.6　极限在经济管理问题中的应用——货币的时间价值

货币的时间价值是指由于时间的推移,货币在不同时点上价值量的变化. 货币的时间价值的大小取决于三个基本因素:本金、期限、利息率. 货币的时间价值通常用终值与现值来体现,所谓"终值"就是期末本利和,"现值"就是"本金". 下面介绍货币的时间价值的几种计算方法.

## 一、单利

单利计息是指计算利息时,只按本金及规定的利率计算利息,每期的利息不再加入本金内计算利息.

设 $A_0$ 代表现值(本金), $I$ 代表利息, $r$ 代表每期利率, $n$ 代表期数, $A_n$ 代表第 $n$ 期终值,则利息 $I=A_0 rn$ ;第 $n$ 期终值 $A_n=A_0+A_0 rn=A_0(1+rn)$ ;现值 $A_0=\dfrac{A_n}{1+rn}$ .

## 二、复利

复利计息又称本利和,是指计算利息时把每期的利息加入本金内重复计算利息.

设 $A_0$ 代表现值, $r$ 代表每期利率, $n$ 代表期数, $A_n$ 代表第 $n$ 期终值,则

$$A_1=A_0+A_0 r=A_0(1+r),$$

$$A_2=A_1+A_1 r=A_0(1+r)+A_0(1+r)r=A_0(1+r)^2,$$

$$\cdots$$

$$A_n=A_0(1+r)^n.$$

现值 $A_0=\dfrac{A_n}{(1+r)^n}$ .

**例 2-54**　假定某公司拟从利润中取出 5 000 元存入银行,若以复利计的年利率为 9%,准备在 10 年后购买一台机器,试问 10 年期满的本利和为多少?

**解**　因为 $A_0=5\ 000, r=9\%, n=10$ ,所以

$$A_{10}=A_0(1+r)^{10}=5\ 000(1+9\%)^{10}\approx 11\ 836.82(元).$$

即 10 年期满可得本利和约为 11 836.82 元.

## 三、连续复利

上面讨论的复利问题采用的是按期计息方法,其计息期限是确定的,可以按年计息,也可以按季、按月计息. 如果计息期限无限缩短,其终值该如何计算呢? 这就是连续复利问题,我们用极限来讨论它.

设 $A_0$ 为本金,$r$ 代表年利率,$n$ 表示一年中的均匀计息期数,$A_n(t)$ 代表第 $t$ 年末的分期复利终值,$A(t)$ 代表第 $t$ 年末的连续复利终值,则

第一期末的终值 $A_n\left(\dfrac{1}{n}\right) = A_0 + A_0\dfrac{r}{n} = A_0\left(1 + \dfrac{r}{n}\right)$;

第一年末的终值 $A_n(1) = A_0\left(1 + \dfrac{r}{n}\right)^n$;

第 $t$ 年末的终值 $A_n(t) = A_0\left(1 + \dfrac{r}{n}\right)^{nt}$.

若一年中的均匀计息期数 $n \to \infty$,则表示计息期限无限缩短,于是 $t$ 年末的连续复利终值 $A(t)$ 等于 $n \to \infty$ 时 $A_n(t)$ 的极限,即

$$A(t) = \lim_{n \to \infty} A_n(t) = \lim_{n \to \infty} A_0\left(1 + \frac{r}{n}\right)^{nt} = \lim_{n \to \infty} A_0\left(1 + \frac{r}{n}\right)^{\frac{n}{r} \cdot rt} = A_0 e^{rt}.$$

## *四、年金

年金是指在一定期间内,每间隔相同的时间收到或付出的等额款项. 利息、租金、折旧、保险金、养老金等通常采用年金形式. 年金有多种:每期期末有等额的收付款项的年金称为普通年金(或后付年金);每期期初有等额的收付款项的年金称为预付年金(或先付年金);无限期等额收付的特种年金称为永续年金. 每种年金都有终值与现值之分,年金终值是指每期等额款项收入或支出数的复利终值之和,年金现值是指将各期的年金折合成第一期期初的价值. 年金终值用 $F_v A_n$ 表示,年金现值用 $P_v A_n$ 表示. 下面我们仅介绍普通年金和永续年金.

### 1. 普通年金终值与现值的计算

设 $A$ 代表年金数额,$r$ 代表每期利率,$n$ 为期数,$F_v A_n$ 代表第 $n$ 期年金终值,则

$$F_v A_n = A(1+r)^{n-1} + A(1+r)^{n-2} + \cdots + A(1+r) + A.$$

所以

$$F_v A_n = A \cdot \frac{(1+r)^n - 1}{r}.$$

设 $A$ 代表年金数额,$r$ 代表每期利率,$n$ 为期数,$P_v A_n$ 代表年金现值,则有

$$P_v A_n = A(1+r)^{-1} + A(1+r)^{-2} + \cdots + A(1+r)^{-n},$$

其中 $A(1+r)^{-1}$ 表示第一期年金折合后对应的现值, $A(1+r)^{-2}$ 表示第二期年金折合后对应的现值……$A(1+r)^{-n}$ 表示第 $n$ 期年金折合后对应的现值. 所以

$$P_v A_n = A \cdot \dfrac{\dfrac{1}{1+r} - \dfrac{1}{(1+r)^{n+1}}}{1 - \dfrac{1}{1+r}} = A \cdot \dfrac{1}{r}\left[1 - \dfrac{1}{(1+r)^n}\right].$$

**例 2-55**　银行同意贷款 250 000 元给某客户购房, 银行贷款年利率为 8.303%(以复利计), 协议规定他必须在 25 年内归还全部贷款本利和, 问该客户每年应付年金为多少?

**解**　此问题是普通年金问题. 因为 $P_v A_n = 250\ 000$, $r = 8.303\%$, $n = 25$, 由 $P_v A_n = \dfrac{A}{r}\left[1 - \dfrac{1}{(1+r)^n}\right]$ 得

$$A = \dfrac{P_v A_n}{\dfrac{1}{r}\left[1 - \dfrac{1}{(1+r)^n}\right]} = \dfrac{250\ 000}{\dfrac{1}{8.303\%}\left[1 - \dfrac{1}{(1+8.303\%)^{25}}\right]} \approx 24\ 029(元).$$

即该客户每年应付年金约为 24 029 元.

**2. 永续年金现值的计算**

计算永续年金终值无意义, 我们计算永续年金现值.

因为当 $n \to \infty$ 时, $\dfrac{1}{(1+r)^n} \to 0$, $P_v A_n = A \cdot \dfrac{1}{r}\left[1 - \dfrac{1}{(1+r)^n}\right] \to \dfrac{A}{r}$, 所以永续年金现值 $A_0$ 等于 $n \to \infty$ 时 $P_v A_n$ 的极限, 为

$$A_0 = \lim_{n \to \infty} P_v A_n = \lim_{n \to \infty} A \cdot \dfrac{1}{r}\left[1 - \dfrac{1}{(1+r)^n}\right] = \dfrac{A}{r}.$$

# 本节小结

本节主要介绍货币的时间价值, 极限在金融中的应用. 要求:

1. 了解单利、复利问题, $t$ 年末的连续复利终值等于 $n \to \infty$ 时 $A_n(t)$ 的极限.

2. 了解普通年金终值与现值的计算, 永续年金现值 $A_0$ 等于 $n \to \infty$ 时 $P_v A_n$ 的极限.

## 练习 2.6

1. 设某企业从利润中取出 200 万元存入银行, 准备若干年后建造一幢职工宿舍楼. 假设造价要 4 000 万元, 银行年利率为 8%, 按复利计算, 问需要多少年才能达到建房所需款项?

2. 假设某公司从利润中取出 45 120 元存入银行, 希望 6 年内能获取 80 000 元对某设备进行更新, 按复利计算, 问银行利率为多少时才能达到目的?

3. 设某企业决定用 200 000 元进行投资,希望今后 8 年内每年末能得到相等金额的款项发放奖金. 若投资报酬率为 10%,按复利计算,问每年末可得到多少款项?

# §2.7　极限在 MATLAB 中的实现

在 MATLAB 中,用于求函数极限的函数是 limit,其具体格式如下表所示:

| MATLAB 命令 | 数学运算符 |
|---|---|
| `limit(f(x),x,a)` | $\lim\limits_{x \to a} f(x)$ |
| `limit(f(x),x,a,'left')` | $\lim\limits_{x \to a^-} f(x)$ |
| `limit(f(x),x,a,'right')` | $\lim\limits_{x \to a^+} f(x)$ |
| `limit(f(x),x,-inf)` | $\lim\limits_{x \to -\infty} f(x)$ |
| `limit(f(x),x,+inf)` | $\lim\limits_{x \to +\infty} f(x)$ |

1. 求极限 $\lim\limits_{x \to 0} x\sin\dfrac{1}{x}$.

解　代码如下:

```
syms x
limit(x * sin(1/x),x,0)
```

按"Enter"键,即可得到结果:

```
ans = 0
```

2. 求极限 $\lim\limits_{x \to 1} \dfrac{x^2-4x+2}{(x-1)^2}$.

解　输入相关代码并运行:

```
>>syms x
>>limit((x^2-4 * x+2)/(x-1)^2,x,1)
ans = -Inf
```

Inf 表示无穷大,表明该函数在 $x \to 1$ 时不存在极限.

3. 求极限 $\lim\limits_{n \to -\infty} \arctan x$.

解　输入相关代码并运行:

```
>>syms x
>>limit(atan(x),x,-Inf)
ans = -pi/2
```

"pi"表示圆周率 $\pi$;"atan"表示反正切函数 $\arctan$,结果表明 $\arctan x$ 在 $x \to -\infty$ 时极限为 $-\dfrac{\pi}{2}$.

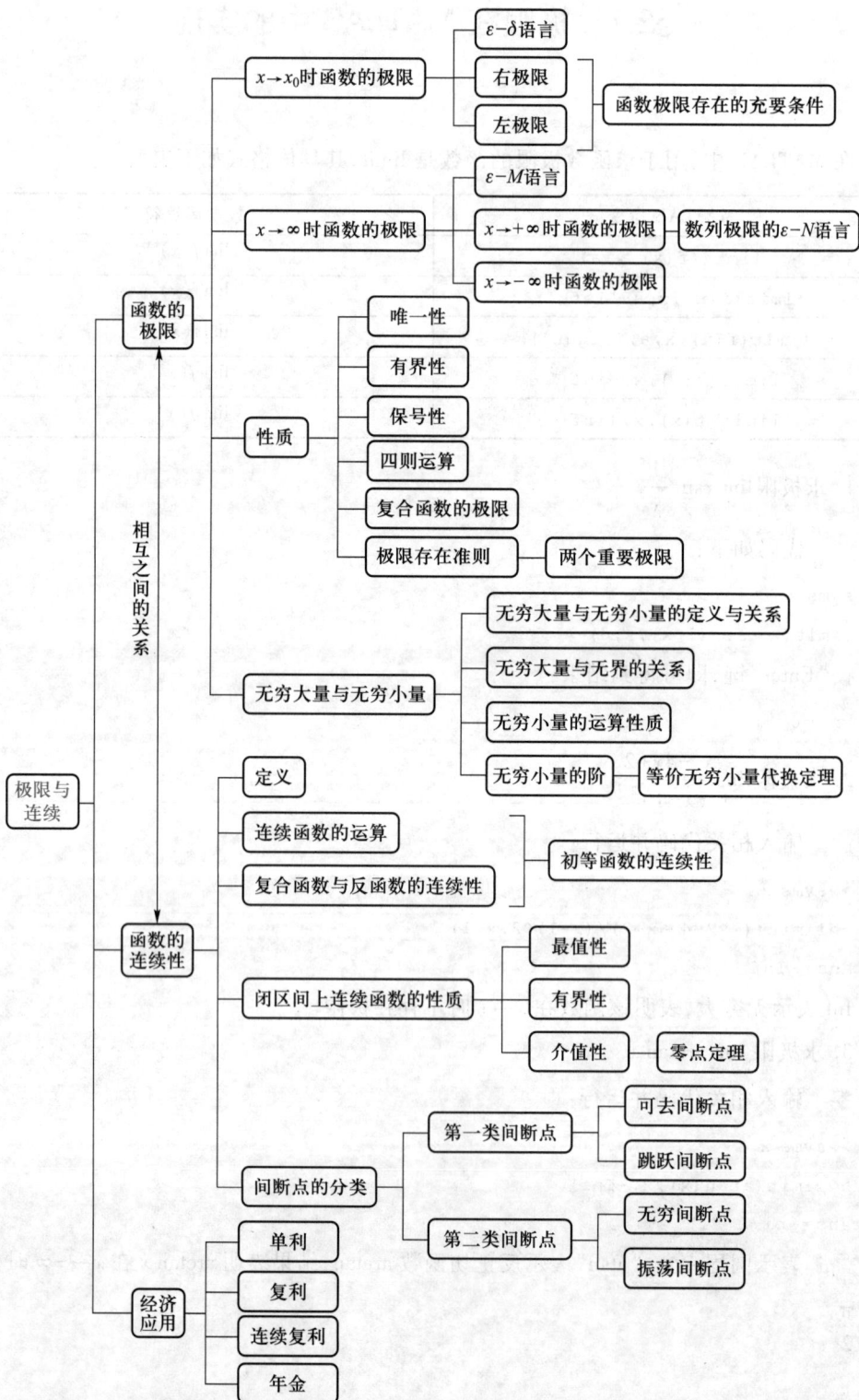

## 思维导图

极限与连续
- 函数的极限
  - 相互之间的关系
  - $x \to x_0$ 时函数的极限
    - $\varepsilon - \delta$ 语言
    - 右极限
    - 左极限
      - 函数极限存在的充要条件
  - $x \to \infty$ 时函数的极限
    - $\varepsilon - M$ 语言
    - $x \to +\infty$ 时函数的极限
      - 数列极限的 $\varepsilon - N$ 语言
    - $x \to -\infty$ 时函数的极限
  - 性质
    - 唯一性
    - 有界性
    - 保号性
    - 四则运算
  - 复合函数的极限
  - 极限存在准则
    - 两个重要极限
  - 无穷大量与无穷小量
    - 无穷大量与无穷小量的定义与关系
    - 无穷大量与无界的关系
    - 无穷小量的运算性质
    - 无穷小量的阶
      - 等价无穷小量代换定理
- 函数的连续性
  - 定义
  - 连续函数的运算
  - 复合函数与反函数的连续性
    - 初等函数的连续性
  - 闭区间上连续函数的性质
    - 最值性
    - 有界性
    - 介值性
      - 零点定理
  - 间断点的分类
    - 第一类间断点
      - 可去间断点
      - 跳跃间断点
    - 第二类间断点
      - 无穷间断点
      - 振荡间断点
- 经济应用
  - 单利
  - 复利
  - 连续复利
  - 年金

习题二

1. 选择题：

(1) 函数 $f(x)$ 在点 $x_0$ 处有定义是极限 $\lim\limits_{x \to x_0} f(x)$ 存在的(　　)；

A. 必要条件　　　　B. 充分条件　　　　C. 充要条件　　　　D. 无关条件

(2) 若 $f(x_0^+), f(x_0^-)$ 均存在，则(　　)；

A. $\lim\limits_{x \to x_0} f(x)$ 存在

B. $\lim\limits_{x \to x_0} f(x)$ 不存在

C. $\lim\limits_{x \to x_0} f(x)$ 可能存在也可能不存在

D. 以上都不对

(3) 数列极限存在是该数列有界的(　　)；

A. 必要条件　　　　B. 充分条件　　　　C. 充要条件　　　　D. 无关条件

(4) 数列 $1, 0, 1, 0, \cdots$ 的极限为(　　)；

A. 0　　　　　　　B. 1　　　　　　　C. 发散　　　　　　D. 不能确定

(5) 极限 $\lim\limits_{x \to 0} e^{\frac{1}{x}} = ($　　$)$；

A. 0　　　　　　　B. 1　　　　　　　C. $\infty$　　　　　　D. 不存在

(6) 极限 $\lim\limits_{x \to \infty} \dfrac{\sin x}{x} = ($　　$)$；

A. 0　　　　　　　B. 1　　　　　　　C. $\infty$　　　　　　D. 不存在

(7) 极限 $\lim\limits_{x \to \pi} \dfrac{\sin x}{(x - \pi) e^{x - \pi}} = ($　　$)$；

A. 1　　　　　　　B. $-1$　　　　　　C. 0　　　　　　　D. $\infty$

(8) 极限 $\lim\limits_{x \to 0} \left( x \sin \dfrac{1}{2x} + \dfrac{1}{x} \sin 2x \right) = ($　　$)$；

A. 4　　　　　　　B. $\dfrac{1}{4}$　　　　　　C. 1　　　　　　　D. 2

(9) 若极限 $\lim\limits_{x \to 0} \dfrac{3 \sin kx}{2x} = \dfrac{2}{3}$，则 $k = ($　　$)$；

A. 1　　　　　　　B. $\dfrac{3}{2}$　　　　　　C. $\dfrac{2}{3}$　　　　　　D. $\dfrac{4}{9}$

(10) 极限 $\lim\limits_{x \to 0} \left( 1 - \dfrac{x}{7} \right)^{\frac{1}{x}} = ($　　$)$；

A. $e^{\frac{1}{7}}$　　　　　　B. $e^{-\frac{1}{7}}$　　　　　　C. $e^7$　　　　　　D. $e^{-7}$

（11）极限 $\lim\limits_{x\to\infty}\left(\dfrac{x-1}{x}\right)^{2x}=$（　　）；

A. $e^{-2}$ 　　　　　 B. $e^{2}$ 　　　　　 C. $\dfrac{1}{e}$ 　　　　　 D. e

（12）极限 $\lim\limits_{x\to 0}\sqrt[x]{1-2x}=$（　　）；

A. $e^{2}$ 　　　　　 B. $e^{-2}$ 　　　　　 C. e 　　　　　 D. 不存在

（13）若 $\lim\limits_{x\to 0}(1+kx)^{\frac{1}{x}}=\dfrac{1}{e}$，则 $k=$（　　）；

A. 1 　　　　　 B. -1 　　　　　 C. 2 　　　　　 D. -2

（14）下列极限正确的是（　　）；

A. $\lim\limits_{x\to 0^{-}}\left(\dfrac{1}{2}\right)^{x}=-1$ 　　　　　　 B. $\lim\limits_{x\to +\infty}\left(\dfrac{a}{b}\right)^{x}=0\,(b>a>0)$

C. $\lim\limits_{x\to 0}e^{\frac{1}{x}}=\infty$ 　　　　　　 D. $\lim\limits_{x\to 0}\dfrac{|x|}{x}=1$

（15）设 $f(x)=\begin{cases}x, & x\neq 0,\\ 1, & x=0,\end{cases}$ 则 $\lim\limits_{x\to 0}f(x)=$（　　）；

A. 0 　　　　　 B. 1 　　　　　 C. $\infty$ 　　　　　 D. 不存在

（16）若 $\lim\limits_{x\to a}f(x)=\infty$，$\lim\limits_{x\to a}g(x)=\infty$，则（　　）；

A. $\lim\limits_{x\to a}[f(x)+g(x)]=\infty$

B. $\lim\limits_{x\to a}[f(x)-g(x)]=0$

C. $\lim\limits_{x\to a}\dfrac{1}{f(x)+g(x)}=0$

D. $\lim\limits_{x\to a}[f(x)-g(x)]$ 可能存在也可能不存在

（17）下列变量在给定的变化过程中为无穷小量的是（　　）；

A. $e^{x}\,(x\to 0)$ 　　　　　　 B. $1-\dfrac{\sin x}{x}\,(x\to 0)$

C. $\ln x\,(x\to 0^{+})$ 　　　　　　 D. $-x^{2}\,(x\to\infty)$

（18）当 $x\to 0$ 时，$\sin x$ 是 $1-\cos x$ 的（　　）；

A. 高阶无穷小量 　　　　　　 B. 低阶无穷小量

C. 同阶无穷小量 　　　　　　 D. 等价无穷小量

（19）下列变量在给定的变化过程中为无穷大量的是（　　）；

A. $\dfrac{x^{2}}{\sqrt{x^{3}+1}}\,(x\to +\infty)$ 　　　　　　 B. $e^{-\frac{1}{x}}\,(x\to 0^{+})$

C. $\dfrac{(x-1)\sqrt{x}}{x^{3}-1}\,(x\to 1)$ 　　　　　　 D. $(x-1)\sin\dfrac{1}{x-1}\,(x\to\infty)$

（20）设 $f(x)$ 为有理整函数，且 $\lim\limits_{x\to\infty}\dfrac{f(x)-2x^3}{x^2}=1$，$\lim\limits_{x\to0}\dfrac{f(x)}{x}=3$，则 $f(x)=$（　　　）；

A. $x^2+3x$ 　　　　 B. $2x^3+x^2$ 　　　 C. $2x^3+x^2+3x$ 　　　 D. $2x^3+x^2+3x+3$

（21）函数 $f(x)=x^2+x+1$ 在 $x=1$ 处的增量 $\Delta y=$（　　　）；

A. $2\Delta x+(\Delta x)^2$ 　　　　　　　　 B. $3\Delta x+(\Delta x)^2$

C. $(2x+1)\Delta x+(\Delta x)^2$ 　　　　　 D. $2x\Delta x+(\Delta x)^2$

（22）函数 $f(x)$ 在点 $x_0$ 处有定义是函数在该点连续的（　　　）；

A. 必要条件 　　　 B. 充分条件 　　　 C. 充要条件 　　　 D. 无关条件

（23）函数 $y=\dfrac{\sqrt{x-3}}{(x+1)(x+2)}$ 的间断点有（　　　）.

A. 1 个 　　　　　 B. 2 个 　　　　　 C. 3 个 　　　　　 D. 0 个

2. 求下列极限：

（1）$\lim\limits_{x\to1}\dfrac{x^2-1}{\sqrt{5-x}-2}$；　　　　　　　　　（2）$\lim\limits_{x\to\frac{\pi}{6}}\dfrac{2\sin^2 x+\sin x-1}{2\sin^2 x-3\sin x+1}$；

（3）$\lim\limits_{n\to\infty}\dfrac{1}{n}\left\{\left(x+\dfrac{a}{n}\right)+\left(x+\dfrac{2a}{n}\right)+\cdots+\left[x+\dfrac{(n-1)a}{n}\right]\right\}$；

（4）$\lim\limits_{n\to+\infty}\dfrac{\sqrt{x+\sqrt{x+\sqrt{x}}}}{\sqrt{x+1}}$；　　　　　（5）$\lim\limits_{n\to\infty}\dfrac{(2x-1)^{20}(3x-2)^{30}}{(2x+1)^{50}}$；

（6）$\lim\limits_{n\to\infty}\dfrac{2^{n+1}+3^{n+1}}{2^n+3^n}$；　　　　　　　（7）$\lim\limits_{n\to\infty}(\sqrt{n+1}-\sqrt{n})$；

（8）$\lim\limits_{n\to\infty}2^n\sin\dfrac{x}{2^n}$；　　　　　　　　（9）$\lim\limits_{n\to0^+}\dfrac{\sqrt{1-\cos x}}{x}$；

（10）$\lim\limits_{x\to0}\dfrac{\sin ax-\sin bx}{x}$（$a\neq b$）；　　（11）$\lim\limits_{x\to+\infty}\dfrac{x^2\sin\dfrac{1}{x}}{\sqrt{2x^2-1}}$；

（12）$\lim\limits_{n\to\infty}\left(\dfrac{n+2}{n+1}\right)^{2n+1}$；　　　　　（13）$\lim\limits_{x\to\infty}\left(\dfrac{x^2+1}{x^2-1}\right)^{x^2}$；

（14）$\lim\limits_{x\to0}(\cos x)^{\frac{1}{1-\cos x}}$；　　　　　　（15）$\lim\limits_{x\to1}\dfrac{\ln x}{x^2-1}$；

（16）$\lim\limits_{x\to0}\dfrac{\sqrt{2}-\sqrt{1+\cos x}}{\sqrt{1+x^2}-1}$；　　　（17）$\lim\limits_{n\to\infty}\dfrac{n!}{n^n}$.

3. 设 $\lim\limits_{x\to1}\dfrac{x^2+ax+b}{1-x}=5$，求 $a,b$.

4. 已知 $\lim\limits_{x\to\infty}\left(\dfrac{x^2+1}{x+1}-ax-b\right)=3$，求常数 $a,b$.

5. 证明：当 $x \to 0$ 时，$e^x - e^{x\cos x} \sim \dfrac{x^3}{2}$.

6. $a, b$ 为何值时，函数 $f(x) = \begin{cases} \dfrac{\sin x}{x}, & x < 0, \\ a, & x = 0, \\ x\sin\dfrac{1}{x} + b, & x > 0 \end{cases}$ 在 $x = 0$ 处连续？

7. 求下列函数的连续区间，并求极限：

（1）$f(x) = \dfrac{1}{\sqrt[3]{x^2 - 3x + 2}}$，并求 $\lim\limits_{x \to 0} f(x)$；

（2）$f(x) = \sqrt{x-4} + \sqrt{6-x}$，并求 $\lim\limits_{x \to 5} f(x)$；

（3）$f(x) = \ln\arcsin x$，并求 $\lim\limits_{x \to \frac{1}{2}} f(x)$；

（4）$f(x) = \lg(2-x)$，并求 $\lim\limits_{x \to -8} f(x)$.

8. 讨论下列函数在指定点处的连续性，并求出函数的连续区间：

（1）$f(x) = \begin{cases} e^x, & x < 0, \\ x+1, & x \geqslant 0, \end{cases}$ 在 $x = 0$ 处；

（2）$f(x) = \begin{cases} \dfrac{\ln(1+x)}{x}, & x > 0, \\ 0, & x = 0, \\ \dfrac{\sqrt{1+x} - \sqrt{1-x}}{x}, & -1 \leqslant x < 0, \end{cases}$ 在 $x = 0$ 处；

（3）$f(x) = \begin{cases} e^{-\frac{1}{(x+1)^2}}, & x \neq -1, \\ 0, & x = -1, \end{cases}$ 在 $x = -1$ 处；

（4）$f(x) = \begin{cases} \dfrac{\sin x}{|x|}, & x \neq 0, \\ 1, & x = 0, \end{cases}$ 在 $x = 0$ 处；

（5）$f(x) = \begin{cases} x^2\sin\dfrac{1}{x}, & x \neq 0, \\ 0, & x = 0, \end{cases}$ 在 $x = 0$ 处.

9. 给 $f(0)$ 补充定义一个函数值，使函数 $f(x)$ 在 $x = 0$ 处连续：

（1）$f(x) = \sin x\cos\dfrac{1}{x}$；        （2）$f(x) = \ln(1+kx)^{\frac{m}{x}}$.

10. 求函数 $f(x) = \lim\limits_{n \to \infty} \sqrt[n]{1 + x^{2n}}$ 的连续区间.

11. 设 $f(x)$ 为连续函数，$x = a$ 与 $x = b$ 是 $f(x) = 0$ 的两个相邻的根，证明：若已知 $(a, b)$ 内存在一点 $c$，使 $f(c) > 0$（或 $f(c) < 0$），则 $f(x)$ 在 $(a, b)$ 内处处为正（或负）.

12. 设 $f(x)$ 与 $g(x)$ 均在 $[a,b]$ 上连续, 且 $f(a)>g(a)$, $f(b)<g(b)$, 证明: 在 $(a,b)$ 内至少存在一点 $c$, 使 $f(c)=g(c)$.

13. (1) 利用极限存在准则证明: $\lim\limits_{x\to+\infty}\dfrac{\ln x}{x^2}=0$;

(2) 利用极限存在准则证明数列 $\{x_n\}$ 收敛, 其中 $a>0$, $x_0>0$, $x_n=\dfrac{1}{2}\left(x_{n-1}+\dfrac{a}{x_{n-1}}\right)$, $n=1$, $2,\cdots$, 并求其极限.

第 2 章部分习题
参考答案与提示

# 第3章
# 导数与微分

**本章导学**　　微分学是微积分的重要组成部分，它的基本概念是导数和微分. 函数的导数反映了函数相对自变量变化的快慢程度，如实际问题中物体运动的速度、城市人口增长的速度、国民经济发展的速度、劳动生产率等都表现为函数的导数；微分是由近似计算引入的概念，刻画了当自变量有微小变化时函数相应的改变量. 虽然导数与微分意义不同，但它们之间又密切相关. 本章我们讨论导数与微分的基本概念和基本计算.

**学习目标**　　1. 理解导数的概念，理解导数的几何意义，会求平面曲线的切线方程和法线方程；

2. 掌握导数的运算法则、反函数的求导法则、导数基本公式、链式法则及其应用，会求隐函数的导数，会用对数求导法；

3. 理解高阶导数的概念，会求简单函数的高阶导数和隐函数的二阶导数；

4. 理解微分的概念，理解微分基本公式和运算法则，会求函数的微分，了解微分在近似计算中的应用；

5. 理解导数的实际意义，掌握经济函数的变化率问题，会求经济函数的边际和弹性.

**学习要点**　　切线斜率；变速直线运动的瞬时速度；函数的导数；导数的运算法则；导数基本公式；链式法则；隐函数的求导法则；对数求导法；高阶导数；微分；微分近似计算；微分基本公式；微分运算法则；边际和弹性.

## §3.1 导数的概念

### 一、引例

下面从求平面曲线切线的斜率和求变速直线运动的瞬时速度引出导数的概念.

**1. 平面曲线切线的斜率**

设 $P_0(x_0, y_0)$ 为平面曲线 $y = f(x)$ 上的一个定点,求曲线在点 $P_0$ 处的切线的斜率.

为了求曲线在点 $P_0$ 处的切线的斜率,我们在点 $P_0$ 附近另取一点 $P(x, y)$,连接 $P_0$ 和 $P$ 得割线 $P_0 P$(图 3-1),则割线 $P_0 P$ 的斜率为

$$K_{P_0 P} = \frac{y - y_0}{x - x_0} = \frac{f(x) - f(x_0)}{x - x_0}.$$

当 $x \to x_0$ 时,点 $P$ 沿曲线 $y = f(x)$ 趋向于定点 $P_0$,这时割线 $P_0 P$ 的位置不断变化并趋向于它的极限位置 $P_0 T$,而直线 $P_0 T$ 为曲线 $y = f(x)$ 在定点 $P_0$ 处的切线,其斜率等于割线斜率的极限,即

$$K_{P_0 T} = \lim_{x \to x_0} \frac{f(x) - f(x_0)}{x - x_0}.$$

下面给出切线 $P_0 T$ 的斜率的另一种表达形式. 如图 3-2,设 $\Delta x = x - x_0$,则 $x = x_0 + \Delta x$,那么割线 $P_0 P$ 的斜率可表示为

$$K_{P_0 P} = \frac{f(x_0 + \Delta x) - f(x_0)}{\Delta x}.$$

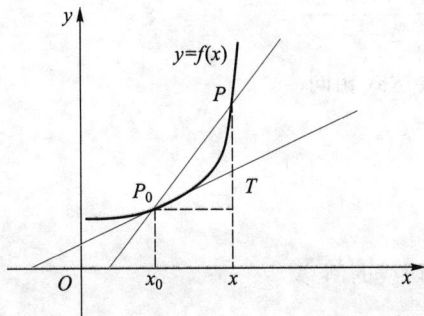

图 3-1

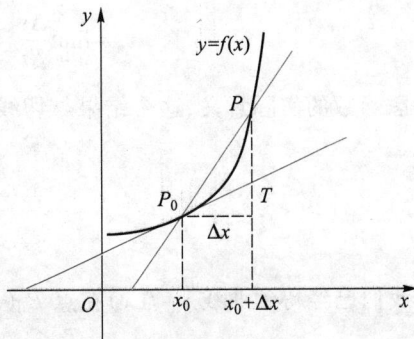

图 3-2

当 $x \to x_0$ 时,$\Delta x \to 0$,因此切线 $P_0 T$ 的斜率为

$$K_{P_0 T} = \lim_{\Delta x \to 0} \frac{f(x_0 + \Delta x) - f(x_0)}{\Delta x}.$$

**例 3-1**　求曲线 $f(x) = x^2$ 在点 $A(1,1)$ 处的切线的斜率.

**解**　在点 $A(1,1)$ 附近另取一点 $B(x,y)$（图 3-3），则割线 $AB$ 的斜率

$$K_{AB} = \frac{f(x) - f(1)}{x - 1} = \frac{x^2 - 1^2}{x - 1}.$$

当 $x \to 1$ 时，因为极限

$$\lim_{x \to 1} \frac{f(x) - f(1)}{x - 1} = \lim_{x \to 1} \frac{x^2 - 1^2}{x - 1} = \lim_{x \to 1} (x + 1) = 2,$$

所以曲线 $f(x) = x^2$ 在点 $A(1,1)$ 处的切线的斜率为 2.

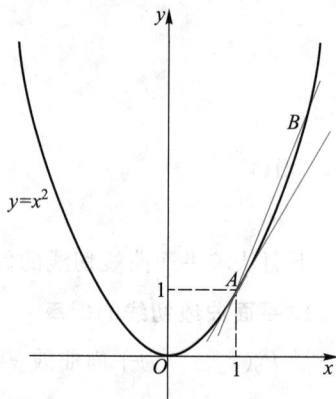

图 3-3

**2. 变速直线运动的瞬时速度**

设一质点做变速直线运动，运动的初始时刻记为 0，质点在时刻 $t$ 到达的位置用 $s$ 表示，则该质点的运动完全由函数 $s = f(t)$ 确定，我们称它为质点的位置函数. 求该质点在时刻 $t_0$ 的瞬时速度 $v_0$.

为了求质点在时刻 $t_0$ 的瞬时速度 $v_0$，另取一时刻 $t_0 + \Delta t$，显然由时刻 $t_0$ 到 $t_0 + \Delta t$，质点位移的增量为

$$\Delta s = f(t_0 + \Delta t) - f(t_0),$$

这段时间内质点的平均速度为

$$\frac{\Delta s}{\Delta t} = \frac{f(t_0 + \Delta t) - f(t_0)}{\Delta t},$$

$\Delta t$ 越小，平均速度越接近于时刻 $t_0$ 的瞬时速度 $v_0$. 如果 $\Delta t \to 0$ 时 $\dfrac{\Delta s}{\Delta t}$ 的极限存在，那么其极限就是质点在时刻 $t_0$ 的瞬时速度 $v_0$，即

$$v_0 = \lim_{\Delta t \to 0} \frac{\Delta s}{\Delta t} = \lim_{\Delta t \to 0} \frac{f(t_0 + \Delta t) - f(t_0)}{\Delta t}.$$

不考虑函数的实际意义，这个结果与切线斜率的表达式相同.

## 二、导数的定义

我们已经得到曲线 $y = f(x)$ 在点 $P_0(x_0, y_0)$ 处切线的斜率

$$K_{P_0 T} = \lim_{\Delta x \to 0} \frac{f(x_0 + \Delta x) - f(x_0)}{\Delta x},$$

质点在时刻 $t_0$ 的瞬时速度

$$v_0 = \lim_{\Delta t \to 0} \frac{\Delta s}{\Delta t} = \lim_{\Delta t \to 0} \frac{f(t_0 + \Delta t) - f(t_0)}{\Delta t}.$$

这两个实际问题虽不同，但求解的方法和建立的表达式相同，本质上就是函数平均变化率的极限，即函数的瞬时变化率. 据此，引入导数的一般定义.

**1. 函数在一点处的导数**

**定义 3-1**  设函数 $y = f(x)$ 在点 $x_0$ 的某邻域内有定义，当自变量 $x$ 在 $x_0$ 处取得增量 $\Delta x$ 时（点 $x_0 + \Delta x$ 仍在该邻域），函数的增量 $\Delta y = f(x_0 + \Delta x) - f(x_0)$. 如果当 $\Delta x \to 0$ 时极限

$$\lim_{\Delta x \to 0} \frac{\Delta y}{\Delta x} = \lim_{\Delta x \to 0} \frac{f(x_0 + \Delta x) - f(x_0)}{\Delta x}$$

存在，那么称函数 $f(x)$ 在点 $x_0$ 处可导，而上述极限就称为函数 $f(x)$ 在点 $x_0$ 处的导数，记为

$$f'(x_0), \quad y'\big|_{x=x_0}, \quad \frac{\mathrm{d}f}{\mathrm{d}x}\bigg|_{x=x_0}, \quad \frac{\mathrm{d}y}{\mathrm{d}x}\bigg|_{x=x_0}.$$

由导数的定义，有

$$f'(x_0) = \lim_{\Delta x \to 0} \frac{\Delta y}{\Delta x} = \lim_{\Delta x \to 0} \frac{f(x_0 + \Delta x) - f(x_0)}{\Delta x}.$$

如果函数 $f(x)$ 在点 $x_0$ 处可导，那么称点 $x_0$ 为函数 $f(x)$ 的**可导点**，否则称 $x_0$ 为函数 $f(x)$ 的**不可导点**.

导数的概念

根据导数的定义，切线的斜率和变速直线运动的瞬时速度实际上就是相应函数的导数. 更具体地讲，就是曲线 $y = f(x)$ 在点 $P_0(x_0, y_0)$ 处切线的斜率等于 $f'(x_0)$，即

$$K_{P_0 T} = \lim_{\Delta x \to 0} \frac{f(x_0 + \Delta x) - f(x_0)}{\Delta x} = f'(x_0).$$

做变速直线运动的质点当位置函数为 $s = f(t)$ 时，在时刻 $t_0$ 的瞬时速度 $v_0 = f'(t_0)$，即

$$v_0 = \lim_{\Delta t \to 0} \frac{f(t_0 + \Delta t) - f(t_0)}{\Delta t} = f'(t_0).$$

一般地，函数 $y = f(x)$ 在点 $x_0$ 处变量 $y$ 相对自变量 $x$ 的瞬时变化率等于 $f'(x_0)$，即

$$\lim_{\Delta x \to 0} \frac{\Delta y}{\Delta x} = \lim_{\Delta x \to 0} \frac{f(x_0 + \Delta x) - f(x_0)}{\Delta x} = f'(x_0).$$

下面给出求函数 $f(x)$ 在点 $x_0$ 处的导数的步骤：

（1）列出函数的增量 $\Delta y$ 与自变量的增量 $\Delta x$ 的比值：

$$\frac{\Delta y}{\Delta x} = \frac{f(x_0 + \Delta x) - f(x_0)}{\Delta x},$$

这个比值也叫**差商**；

（2）令 $\Delta x \to 0$，取极限，如果极限存在，那么

$$f'(x_0) = \lim_{\Delta x \to 0} \frac{\Delta y}{\Delta x} = \lim_{\Delta x \to 0} \frac{f(x_0 + \Delta x) - f(x_0)}{\Delta x}.$$

**例 3-2**　设函数 $f(x) = \sqrt{x}$，求 $f'(2)$.

**解**　因为 $x_0 = 2$，所以

$$\frac{\Delta y}{\Delta x} = \frac{f(x_0 + \Delta x) - f(x_0)}{\Delta x} = \frac{f(2 + \Delta x) - f(2)}{\Delta x} = \frac{\sqrt{2 + \Delta x} - \sqrt{2}}{\Delta x},$$

差商 $\dfrac{\Delta y}{\Delta x}$ 是 $\Delta x$ 的函数. 令 $\Delta x \to 0$，对差商取极限，则

$$f'(2) = \lim_{\Delta x \to 0} \frac{\sqrt{2 + \Delta x} - \sqrt{2}}{\Delta x} = \lim_{\Delta x \to 0} \frac{\Delta x}{\Delta x(\sqrt{2 + \Delta x} + \sqrt{2})} = \frac{1}{2\sqrt{2}}.$$

下面给出导数的另一种表达形式.

设 $x = x_0 + \Delta x$，则 $\Delta x = x - x_0$，且当 $\Delta x \to 0$ 时，$x \to x_0$. 因此函数 $f(x)$ 在点 $x_0$ 处的导数的另一种表达形式为

$$f'(x_0) = \lim_{x \to x_0} \frac{f(x) - f(x_0)}{x - x_0}.$$

例 3-2 的另一种解法：

因为 $x_0 = 2$，所以

$$\frac{\Delta y}{\Delta x} = \frac{f(x) - f(x_0)}{x - x_0} = \frac{f(x) - f(2)}{x - 2} = \frac{\sqrt{x} - \sqrt{2}}{x - 2},$$

差商是 $x$ 的函数. 令 $x \to 2$，对差商取极限，则

$$f'(2) = \lim_{x \to 2} \frac{\sqrt{x} - \sqrt{2}}{x - 2} = \lim_{x \to 2} \frac{\sqrt{x} - \sqrt{2}}{(\sqrt{x} - \sqrt{2})(\sqrt{x} + \sqrt{2})} = \frac{1}{2\sqrt{2}}.$$

**2. 左、右导数**

导数的概念是用极限来定义的，而极限概念中有左、右极限，相应地，有左、右导数的定义.

**定义 3-2**　设函数 $y = f(x)$ 在点 $x_0$ 的某个左邻域 $(x_0 + \Delta x, x_0]$（$\Delta x < 0$）内有定义，如果极限

$$\lim_{\Delta x \to 0^-} \frac{\Delta y}{\Delta x} = \lim_{\Delta x \to 0^-} \frac{f(x_0 + \Delta x) - f(x_0)}{\Delta x}$$

存在，那么称函数 $f(x)$ 在点 $x_0$ 处左可导，而上述极限就称为函数 $f(x)$ 在点 $x_0$ 处的左导数，记为 $f'_-(x_0)$，即

$$f'_-(x_0) = \lim_{\Delta x \to 0^-} \frac{f(x_0 + \Delta x) - f(x_0)}{\Delta x}.$$

类似地，可定义函数 $f(x)$ 在点 $x_0$ 处的右导数 $f'_+(x_0)$，且

$$f'_+(x_0) = \lim_{\Delta x \to 0^+} \frac{f(x_0 + \Delta x) - f(x_0)}{\Delta x}.$$

如果设 $x = x_0 + \Delta x$，那么左、右导数的另一种表达形式分别为

$$f'_-(x_0) = \lim_{x \to x_0^-} \frac{f(x) - f(x_0)}{x - x_0},$$

$$f'_+(x_0) = \lim_{x \to x_0^+} \frac{f(x) - f(x_0)}{x - x_0}.$$

根据极限与左、右极限的关系,不难得到导数与左、右导数的关系:

函数 $f(x)$ 在点 $x_0$ 处可导的**充要条件**是函数 $f(x)$ 在点 $x_0$ 处的左、右导数存在并且相等,即

$$f'(x_0) = A \Leftrightarrow f'_+(x_0) = f'_-(x_0) = A \quad (A \text{ 为常数}).$$

**例 3-3**　考察函数 $f(x) = |x|$ 在 $x = 0$ 处的可导性.

**解**　函数 $f(x) = |x| = \begin{cases} x, & x \geqslant 0, \\ -x, & x < 0 \end{cases}$（图 3-4）在 $x = 0$ 的左、右两侧表达式不同,必须先求左、右导数.

当 $\Delta x < 0$ 时,$f(0 + \Delta x) = -\Delta x$,则

$$f'_-(0) = \lim_{\Delta x \to 0^-} \frac{f(0 + \Delta x) - f(0)}{\Delta x} = \lim_{\Delta x \to 0^-} \frac{-\Delta x - 0}{\Delta x} = -1.$$

当 $\Delta x > 0$ 时,$f(0 + \Delta x) = \Delta x$,则

$$f'_+(0) = \lim_{\Delta x \to 0^+} \frac{f(0 + \Delta x) - f(0)}{\Delta x} = \lim_{\Delta x \to 0^+} \frac{\Delta x - 0}{\Delta x} = 1.$$

因为左、右导数都存在但不相等,所以函数 $f(x) = |x|$ 在 $x = 0$ 处不可导.

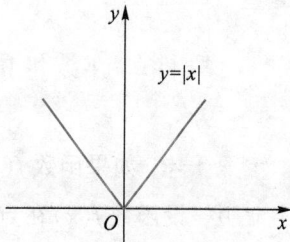

图 3-4

**例 3-4**　判断函数 $f(x) = \begin{cases} x^2 + x, & x \leqslant 0, \\ \ln(x+1), & x > 0 \end{cases}$ 在 $x = 0$ 处是否可导.

**解**　函数 $f(x)$ 在点 $x = 0$ 的左、右两侧表达式不同,必须先求 $f(x)$ 在点 $x = 0$ 处的左、右导数.

当 $x < 0$ 时,$f(x) = x^2 + x$,则

$$f'_-(0) = \lim_{x \to 0^-} \frac{f(x) - f(0)}{x - 0} = \lim_{x \to 0^-} \frac{x^2 + x - 0}{x} = \lim_{x \to 0^-} (x + 1) = 1.$$

当 $x > 0$ 时,$f(x) = \ln(1 + x)$,则

$$f'_+(0) = \lim_{x \to 0^+} \frac{f(x) - f(0)}{x - 0} = \lim_{x \to 0^+} \frac{\ln(x+1) - 0}{x} = 1.$$

因为左、右导数都存在且相等,所以 $f(x)$ 在 $x = 0$ 处可导,且 $f'(0) = 1$.

从图 3-5 可见曲线 $f(x) = \begin{cases} x^2 + x, & x \leqslant 0, \\ \ln(x+1), & x > 0 \end{cases}$ 在点 $x = 0$ 处的切线为 $y = x$.

例 3-3 和例 3-4 说明,如果 $x = x_0$ 是分段函数 $f(x)$ 的分段点,且 $f(x)$ 在点 $x_0$ 的左、右两侧表达式不同,那么必须先用左、右导数的定义求出函数在该点的左、右导数,然后判定 $f(x)$ 在点 $x_0$ 处是否可导.

例 3-5    设函数

$$f(x) = \begin{cases} x^2 \sin \dfrac{1}{x}, & x \neq 0, \\[3mm] 0, & x = 0, \end{cases}$$

讨论 $f(x)$ 在 $x = 0$ 处的可导性.

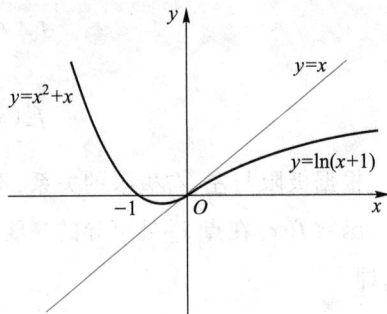

图 3-5

解    当 $x < 0$ 和 $x > 0$ 时,$f(x)$ 的表达式都是

$x^2 \sin \dfrac{1}{x}$,不用先求左、右导数.

因为

$$f'(0) = \lim_{x \to 0} \frac{f(x) - f(0)}{x - 0} = \lim_{x \to 0} \frac{x^2 \sin \dfrac{1}{x} - 0}{x} = \lim_{x \to 0} x \sin \frac{1}{x} = 0,$$

所以 $f(x)$ 在 $x = 0$ 处可导,且 $f'(0) = 0$.

## 三、 可导性与连续性的关系

定理 3-1    如果函数 $f(x)$ 在点 $x_0$ 处可导,那么函数 $f(x)$ 在点 $x_0$ 处连续.

证明    设函数 $f(x)$ 在点 $x_0$ 处可导,则导数

$$f'(x_0) = \lim_{x \to x_0} \frac{f(x) - f(x_0)}{x - x_0},$$

那么极限

$$\lim_{x \to x_0} [f(x) - f(x_0)] = \lim_{x \to x_0} \left[ \frac{f(x) - f(x_0)}{x - x_0} \cdot (x - x_0) \right]$$

$$= \lim_{x \to x_0} \frac{f(x) - f(x_0)}{x - x_0} \cdot \lim_{x \to x_0} (x - x_0)$$

$$= f'(x_0) \cdot 0 = 0.$$

因此极限

$$\lim_{x \to x_0} f(x) = \lim_{x \to x_0} [f(x) - f(x_0) + f(x_0)] = \lim_{x \to x_0} [f(x) - f(x_0)] + f(x_0)$$

$$= 0 + f(x_0) = f(x_0).$$

由函数连续性的定义知函数 $f(x)$ 在点 $x_0$ 处连续.

函数 $f(x) = |x|$ 在 $x = 0$ 处连续但不可导,也就是说函数连续时不一定可导. 综上可得可导性与连续性的关系:

函数在其可导的点处一定连续;函数在其不连续的点处一定不可导;函数在其连续的点处不一定可导.

注意 曲线 $f(x)$ 在点 $x_0$ 处出现下列情况时(图 3-6),函数 $f(x)$ 在点 $x_0$ 处不可导.

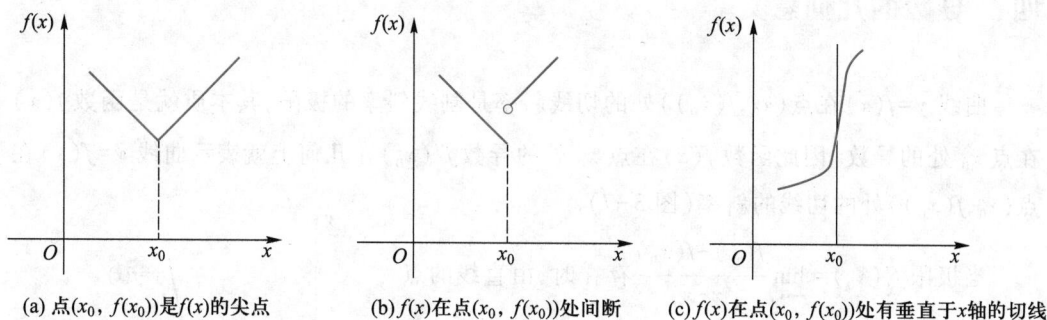

(a) 点 $(x_0, f(x_0))$ 是 $f(x)$ 的尖点     (b) $f(x)$ 在点 $(x_0, f(x))$ 处间断     (c) $f(x)$ 在点 $(x_0, f(x_0))$ 处有垂直于 $x$ 轴的切线

图 3-6

例 3-6 设函数

$$f(x) = \begin{cases} ax^2+1, & x \leqslant 2, \\ 2x+b, & x > 2 \end{cases}$$

在 $x=2$ 处可导,求常数 $a,b$.

解 由可导必连续得 $f(x)$ 在 $x=2$ 处连续,根据连续性,有

$$\lim_{x \to 2} f(x) = \lim_{x \to 2^-} f(x) = \lim_{x \to 2^+} f(x) = f(2).$$

因为

$$f(2) = 4a+1,$$

$$\lim_{x \to 2^-} f(x) = \lim_{x \to 2^-} (ax^2+1) = 4a+1,$$

$$\lim_{x \to 2^+} f(x) = \lim_{x \to 2^+} (2x+b) = 4+b,$$

所以 $4a+1 = 4+b$,即 $b=4a-3$.

函数 $f(x)$ 在 $x=2$ 处可导,由可导性,有 $f'_+(2) = f'_-(2) = f'(2)$. 因为右导数

$$f'_+(2) = \lim_{x \to 2^+} \frac{f(x)-f(2)}{x-2} = \lim_{x \to 2^+} \frac{2x+b-(4a+1)}{x-2},$$

把 $b=4a-3$ 代入上式,得

$$\lim_{x \to 2^+} \frac{2x+(4a-3)-(4a+1)}{x-2} = \lim_{x \to 2^+} \frac{2x-4}{x-2} = 2;$$

左导数

$$f'_-(2) = \lim_{x \to 2^-} \frac{f(x)-f(2)}{x-2} = \lim_{x \to 2^-} \frac{ax^2+1-(4a+1)}{x-2}$$

$$= \lim_{x \to 2^-} \frac{ax^2-4a}{x-2} = \lim_{x \to 2^-} a(x+2) = 4a,$$

所以 $4a=2$,即 $a=\dfrac{1}{2}$,而 $b=4a-3=-1$. 因此

$$f(x) = \begin{cases} \dfrac{1}{2}x^2+1, & x \leqslant 2, \\ 2x-1, & x > 2. \end{cases}$$

## 四、 导数的几何意义

曲线 $y=f(x)$ 在点 $(x_0,f(x_0))$ 处的切线斜率是割线斜率的极限,其本质就是函数 $f(x)$ 在点 $x_0$ 处的导数. 因此函数 $f(x)$ 在点 $x_0$ 处的导数 $f'(x_0)$ 在几何上就表示曲线 $y=f(x)$ 在点 $(x_0,f(x_0))$ 处的切线的斜率(图 3-7).

当极限 $f'(x_0)=\lim\limits_{x\to x_0}\dfrac{f(x)-f(x_0)}{x-x_0}$ 存在时,由直线的点斜式方程可得曲线 $y=f(x)$ 在点 $(x_0,f(x_0))$ 处的切线 $l$ 的方程为

$$y=f(x_0)+f'(x_0)(x-x_0),$$

当 $f'(x_0)\neq 0$ 时,曲线 $y=f(x)$ 在点 $(x_0,f(x_0))$ 处的法线 $l'$ 的方程为

$$y=f(x_0)-\frac{1}{f'(x_0)}(x-x_0).$$

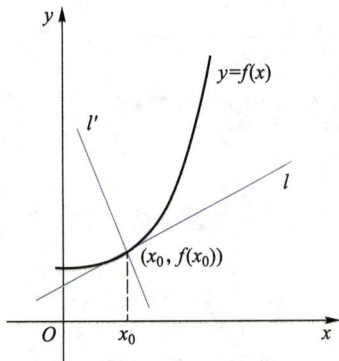

图 3-7

## 本节小结

本节主要介绍函数在点 $x_0$ 处导数的定义、可导与连续的关系、导数的几何意义. 注意:

1. 分段函数在分段点处的导数必须用导数定义来求,左、右导数存在且相等是可导的充要条件.

2. 可导一定连续,但连续不一定可导,不连续一定不可导.

3. 导数表示函数在某点的瞬时变化率,在几何上又表示切线的斜率.

## 练习 3.1

基础题

1. 用导数定义求下列函数的导数:

(1) $f(x)=\dfrac{1}{x}$,求 $f'(1)$;　　　　　　(2) $f(x)=\sqrt[3]{x}$,求 $f'(1)$.

2. 求曲线 $y=x^2+1$ 在点 $(1,2)$ 处的切线方程和法线方程,并用图形表示.

3. 半径为 $r$ 的圆的面积是 $S=\pi r^2$,求 $r=5$ 时圆的面积 $S$ 关于半径 $r$ 的变化率.

4. 画出函数 $f(x)$ 的图形,使 $f(x)$ 在闭区间 $D$ 上有满足下列条件的点:

(1) 可导;　　　　　(2) 连续但不可导;　　　　　(3) 不连续.

5. 讨论下列函数在 $x=0$ 处的连续性和可导性,并加以比较:

(1) $f(x)=\sin\dfrac{1}{x}$;

(2) $f(x)=\begin{cases}x\sin\dfrac{1}{x}, & x\neq 0, \\ 0, & x=0;\end{cases}$

(3) $f(x)=\begin{cases}\sqrt{x}\sin\dfrac{1}{x}, & x>0, \\ 0, & x\leqslant 0.\end{cases}$

**提高题**

1. 讨论函数 $y=\begin{cases}\dfrac{1}{x}, & 0<x\leqslant 1, \\ x^2, & x>1\end{cases}$ 在 $x=1$ 处的连续性和可导性.

2. 已知函数 $f(x)=\begin{cases}x^3, & x\leqslant 1, \\ ax+b, & x>1\end{cases}$ 在 $x=1$ 处可导,求 $a,b$.

3. 设函数 $f(x)$ 在点 $a$ 处可导,求下列极限:

(1) $\lim\limits_{x\to 0}\dfrac{f(a+2x)-f(a)}{x}$;

(2) $\lim\limits_{x\to 0}\dfrac{f(a+\alpha x)-f(a-\beta x)}{x}$;

(3) $\lim\limits_{n\to\infty}\left[f\left(a+\dfrac{1}{n}\right)-f(a)\right]$.

4. 设函数 $f(x)$ 在点 $a$ 处存在左、右导数,证明:函数 $f(x)$ 在点 $a$ 处连续.

# §3.2　导数的运算法则和导数基本公式

## 一、 导函数的定义

在例 3-2 中我们已得函数 $f(x)=\sqrt{x}$ 在 $x=2$ 处可导,且其导数 $f'(2)=\dfrac{1}{2\sqrt{2}}$,实际上函

数 $f(x)=\sqrt{x}$ 在任一大于零的实数点 $x$ 处都可导,且由导数定义有

$$f'(x) = \lim_{\Delta x \to 0} \frac{\Delta y}{\Delta x} = \lim_{\Delta x \to 0} \frac{f(x+\Delta x) - f(x)}{\Delta x}$$

$$= \lim_{\Delta x \to 0} \frac{\sqrt{x+\Delta x} - \sqrt{x}}{\Delta x} = \lim_{\Delta x \to 0} \frac{\Delta x}{\Delta x(\sqrt{x+\Delta x} + \sqrt{x})}$$

$$= \frac{1}{2\sqrt{x}}.$$

显然,当 $x>0$ 时, $f'(x) = \dfrac{1}{2\sqrt{x}}$ 是 $x$ 的函数.

注意:曲线 $f(x) = \sqrt{x}$ 在点 $x=0$ 处的切线垂直于 $x$ 轴,此时 $f'(x) = +\infty$,函数在 $x=0$ 处不可导.

函数 $f(x) = \sqrt{x}$ 和 $f'(x) = \dfrac{1}{2\sqrt{x}}$ 的图形见图 3-8.

一般地,如果函数 $f(x)$ 在区间 $(a,b)$ 内的每一点 $x$ 处都可导,那么函数的导数和自变量 $x$ 就构成了函数关系,这就是导函数.

定义 3-3　如果函数 $f(x)$ 在区间 $(a,b)$ 内的每一点 $x$ 处都可导,那么称函数 $f(x)$ 在区间 $(a,b)$ 内可导. 当下列极限存在时,函数 $f(x)$ 在点 $x$ 处的导数值

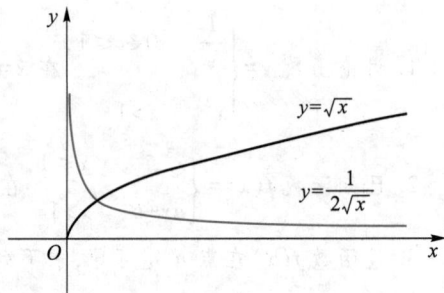

图 3-8

$$f'(x) = \lim_{\Delta x \to 0} \frac{f(x+\Delta x) - f(x)}{\Delta x}$$

是 $x$ 的函数,称此极限为函数 $f(x)$ 在区间 $(a,b)$ 内的导函数,简称导数.

导函数可用下列符号表示:

$$f'(x), \quad y', \quad \frac{\mathrm{d}f}{\mathrm{d}x}, \quad \frac{\mathrm{d}y}{\mathrm{d}x}.$$

因为函数 $f(x)$ 在可导点处一定有定义,且不一定在定义域内每一点都可导,所以导函数 $f'(x)$ 的定义域包含于函数 $f(x)$ 的定义域,即 $D_{f'} \subseteq D_f$.

我们用符号 $\dfrac{\mathrm{d}}{\mathrm{d}x}[f(x)]$ 或 $[f(x)]'$ 表示求函数 $f(x)$ 的导函数的运算,即

$$f'(x) = \frac{\mathrm{d}}{\mathrm{d}x}[f(x)] \quad \text{或} \quad f'(x) = [f(x)]'.$$

$f'(x_0)$ 表示函数 $f(x)$ 在点 $x_0$ 处的导数,它也等于导函数 $f'(x)$ 在点 $x_0$ 处的值,即

$$f'(x_0) = f'(x)\big|_{x=x_0}.$$

例 3-7　求常数函数 $f(x) = C$ 的导数.

解　根据导数的定义,

$$(C)' = f'(x) = \lim_{\Delta x \to 0} \frac{f(x+\Delta x) - f(x)}{\Delta x} = \lim_{\Delta x \to 0} \frac{C-C}{\Delta x} = 0.$$

因此,常数函数的导数 $(C)' = 0.$

**例 3-8** 求幂函数 $f(x) = x^n$($n$ 为正整数)的导数.

**解** 根据导数的定义,

$$(x^n)' = f'(x) = \lim_{\Delta x \to 0} \frac{f(x+\Delta x) - f(x)}{\Delta x} = \lim_{\Delta x \to 0} \frac{(x+\Delta x)^n - x^n}{\Delta x}$$

$$= \lim_{\Delta x \to 0} \frac{1}{\Delta x}\left[ x^n + nx^{n-1}\Delta x + \frac{n(n-1)}{2!}x^{n-2}(\Delta x)^2 + \cdots + (\Delta x)^n - x^n \right]$$

$$= \lim_{\Delta x \to 0}\left[ nx^{n-1} + \frac{n(n-1)}{2!}x^{n-2}\Delta x + \cdots + (\Delta x)^{n-1} \right] = nx^{n-1}.$$

因此,幂函数的导数

$$(x^n)' = nx^{n-1}.$$

后面将利用对数求导法证明:当 $\mu$ 为实数时,幂函数 $x^\mu$ 的导数

$$(x^\mu)' = \mu x^{\mu-1}.$$

比如,当 $n = \frac{1}{5}$ 时,$(\sqrt[5]{x})' = \frac{1}{5\sqrt[5]{x^4}}$;当 $n = -1$ 时,$\left(\frac{1}{x}\right)' = -\frac{1}{x^2}.$

**例 3-9** 求指数函数 $f(x) = a^x$($a>0, a\neq 1$)的导数.

**解** 根据导数的定义,

$$(a^x)' = f'(x) = \lim_{\Delta x \to 0} \frac{f(x+\Delta x) - f(x)}{\Delta x} = \lim_{\Delta x \to 0} \frac{a^{x+\Delta x} - a^x}{\Delta x}$$

$$= \lim_{\Delta x \to 0} \frac{a^x(a^{\Delta x}-1)}{\Delta x} = \lim_{\Delta x \to 0} \frac{a^x(e^{\Delta x \ln a}-1)}{\Delta x} = \lim_{\Delta x \to 0} \frac{a^x \Delta x \ln a}{\Delta x}$$

$$= a^x \ln a \quad (\text{因为当 } \Delta x \to 0 \text{ 时,} e^{\Delta x \ln a} - 1 \sim \Delta x \ln a).$$

因此,指数函数的导数

$$(a^x)' = a^x \ln a.$$

特别地,当 $a = e$ 时, $(e^x)' = e^x.$

**例 3-10** 求对数函数 $f(x) = \log_a x$($a>0, a\neq 1$)的导数.

**解** 根据导数的定义,

$$(\log_a x)' = f'(x) = \lim_{\Delta x \to 0} \frac{f(x+\Delta x) - f(x)}{\Delta x} = \lim_{\Delta x \to 0} \frac{\log_a(x+\Delta x) - \log_a x}{\Delta x}$$

$$= \lim_{\Delta x \to 0} \frac{1}{\Delta x}\log_a\left(1+\frac{\Delta x}{x}\right) = \lim_{\Delta x \to 0} \frac{\ln\left(1+\frac{\Delta x}{x}\right)}{\Delta x \ln a}$$

$$= \lim_{\Delta x \to 0} \frac{\frac{\Delta x}{x}}{\Delta x \ln a} = \frac{1}{x\ln a} \left(\text{因为当 } \Delta x \to 0 \text{ 时,} \ln\left(1+\frac{\Delta x}{x}\right) \sim \frac{\Delta x}{x}\right).$$

因此,对数函数的导数

$$(\log_a x)' = \frac{1}{x\ln a}.$$

特别地,当 $a = \mathrm{e}$ 时,自然对数函数的导数 $(\ln x)' = \frac{1}{x}$.

例 3-11    求正弦函数 $f(x) = \sin x$ 的导数.

解    根据导数的定义,

$$(\sin x)' = f'(x) = \lim_{\Delta x \to 0} \frac{f(x + \Delta x) - f(x)}{\Delta x}$$

$$= \lim_{\Delta x \to 0} \frac{\sin(x + \Delta x) - \sin x}{\Delta x}$$

$$= \lim_{\Delta x \to 0} \frac{2}{\Delta x} \cos\left(x + \frac{\Delta x}{2}\right) \sin \frac{\Delta x}{2}$$

$$= \lim_{\Delta x \to 0} \frac{2}{\Delta x} \cos\left(x + \frac{\Delta x}{2}\right) \cdot \frac{\Delta x}{2}$$

$$= \cos x.$$

因此,正弦函数的导数

$$(\sin x)' = \cos x.$$

同理可推出余弦函数的导数

$$(\cos x)' = -\sin x.$$

## 二、 导数的运算法则

法则 3-1(和的导数)    如果函数 $u(x)$ 和 $v(x)$ 都在点 $x$ 处可导,那么它们的和在点 $x$ 处也可导,且

$$[u(x) + v(x)]' = u'(x) + v'(x).$$

导数的运算
法则

证明    因为函数 $u(x)$ 和 $v(x)$ 都在点 $x$ 处可导,根据导数的定义,有

$$u'(x) = \lim_{\Delta x \to 0} \frac{u(x + \Delta x) - u(x)}{\Delta x}, \quad v'(x) = \lim_{\Delta x \to 0} \frac{v(x + \Delta x) - v(x)}{\Delta x}.$$

于是

$$[u(x) + v(x)]' = \lim_{\Delta x \to 0} \frac{[u(x + \Delta x) + v(x + \Delta x)] - [u(x) + v(x)]}{\Delta x}$$

$$= \lim_{\Delta x \to 0} \frac{[u(x + \Delta x) - u(x)] + [v(x + \Delta x) - v(x)]}{\Delta x}$$

$$= \lim_{\Delta x \to 0} \frac{u(x + \Delta x) - u(x)}{\Delta x} + \lim_{\Delta x \to 0} \frac{v(x + \Delta x) - v(x)}{\Delta x}$$

$$= u'(x) + v'(x).$$

推广到有限个函数的情形：如果函数 $u_1(x),u_2(x),\cdots,u_n(x)$ 都在点 $x$ 处可导，那么它们的和在点 $x$ 处也可导，且

$$[u_1(x)+u_2(x)+\cdots+u_n(x)]'=u_1'(x)+u_2'(x)+\cdots+u_n'(x).$$

**例 3-12** 设函数 $f(x)=x+\cos x+3^x+\ln 2$，求 $f'(0)$.

**解** 用法则 3-1 求导函数，

$$f'(x)=(x)'+(\cos x)'+(3^x)'+(\ln 2)'$$
$$=1-\sin x+3^x\ln 3+0$$
$$=1-\sin x+3^x\ln 3.$$

所以

$$f'(0)=f'(x)\big|_{x=0}=(1-\sin x+3^x\ln 3)\big|_{x=0}=1+\ln 3.$$

**法则 3-2**（乘积的导数） 如果函数 $u(x)$ 和 $v(x)$ 都在点 $x$ 处可导，那么它们的乘积在点 $x$ 处也可导，且

$$[u(x)v(x)]'=u'(x)v(x)+u(x)v'(x).$$

**证明** 根据导数定义，

$$[u(x)v(x)]'=\lim_{\Delta x\to 0}\frac{u(x+\Delta x)v(x+\Delta x)-u(x)v(x)}{\Delta x}$$

$$=\lim_{\Delta x\to 0}\frac{u(x+\Delta x)v(x+\Delta x)-u(x)v(x+\Delta x)+u(x)v(x+\Delta x)-u(x)v(x)}{\Delta x}$$

$$=\lim_{\Delta x\to 0}\frac{[u(x+\Delta x)-u(x)]v(x+\Delta x)+u(x)[v(x+\Delta x)-v(x)]}{\Delta x}$$

$$=\lim_{\Delta x\to 0}\left[\frac{u(x+\Delta x)-u(x)}{\Delta x}\cdot v(x+\Delta x)+u(x)\cdot\frac{v(x+\Delta x)-v(x)}{\Delta x}\right].$$

因为函数 $v(x)$ 可导，所以 $v(x)$ 在点 $x$ 处一定连续，从而 $\lim\limits_{\Delta x\to 0}v(x+\Delta x)=v(x)$. 于是

$$[u(x)v(x)]'=u'(x)v(x)+u(x)v'(x).$$

特别地，当 $v(x)=C$（常数）时，有

$$[Cu(x)]'=Cu'(x).$$

推广到三个函数的情形：如果函数 $u(x),v(x),w(x)$ 都在点 $x$ 处可导，则它们的乘积也在点 $x$ 处可导，且

$$[u(x)v(x)w(x)]'=u'(x)v(x)w(x)+u(x)v'(x)w(x)+u(x)v(x)w'(x).$$

推广到有限个函数的情形：如果函数 $u_1(x),u_2(x),\cdots,u_n(x)$ 都在点 $x$ 处可导，那么它们的乘积也在点 $x$ 处可导，且

$$[u_1(x)u_2(x)\cdots u_n(x)]'$$
$$=u_1'(x)u_2(x)\cdots u_n(x)+u_1(x)u_2'(x)\cdots u_n(x)+\cdots+u_1(x)u_2(x)\cdots u_n'(x).$$

由法则 3-1 和法则 3-2 可得减法法则：

$$[u(x)-v(x)]'=\{u(x)+[-v(x)]\}'=u'(x)-v'(x).$$

**例 3-13**   设函数 $f(x)=x^2e^x+\sin 2x$，求 $f'(x)$.

**解**   由法则 3-1 和法则 3-2 有

$$
\begin{aligned}
f'(x) &= (x^2e^x)'+(2\sin x\cos x)' \\
&= (x^2)'e^x+x^2(e^x)'+2[(\sin x)'\cos x+\sin x(\cos x)'] \\
&= 2xe^x+x^2e^x+2(\cos x\cos x-\sin x\sin x) \\
&= 2xe^x+x^2e^x+2(\cos^2 x-\sin^2 x) \\
&= (2x+x^2)e^x+2\cos 2x.
\end{aligned}
$$

**例 3-14**   求函数 $y=x^4-4x^3-5x+7$ 的导数.

**解**   由法则 3-1 和法则 3-2 有

$$
\begin{aligned}
y' &= (x^4-4x^3-5x+7)' \\
&= (x^4)'-(4x^3)'-(5x)'+(7)' \\
&= 4x^3-12x^2-5+0 \\
&= 4x^3-12x^2-5.
\end{aligned}
$$

**法则 3-3（商的导数）**   如果函数 $u(x)$ 和 $v(x)$ 都在点 $x$ 处可导，且 $v(x)\neq 0$，那么它们的商 $\dfrac{u(x)}{v(x)}$ 也在点 $x$ 处可导，且

$$
\left[\frac{u(x)}{v(x)}\right]'=\frac{u'(x)v(x)-u(x)v'(x)}{v^2(x)}.
$$

**证明**   根据导数定义，

$$
\begin{aligned}
\left[\frac{u(x)}{v(x)}\right]' &= \lim_{\Delta x\to 0}\frac{1}{\Delta x}\left[\frac{u(x+\Delta x)}{v(x+\Delta x)}-\frac{u(x)}{v(x)}\right] \\
&= \lim_{\Delta x\to 0}\frac{1}{\Delta x}\left[\frac{u(x+\Delta x)v(x)-u(x)v(x+\Delta x)}{v(x+\Delta x)v(x)}\right] \\
&= \lim_{\Delta x\to 0}\frac{1}{\Delta x}\cdot\frac{u(x+\Delta x)v(x)-u(x)v(x)+u(x)v(x)-u(x)v(x+\Delta x)}{v(x+\Delta x)v(x)} \\
&= \lim_{\Delta x\to 0}\frac{1}{\Delta x}\cdot\frac{[u(x+\Delta x)-u(x)]v(x)-u(x)[v(x+\Delta x)-v(x)]}{v(x+\Delta x)v(x)} \\
&= \lim_{\Delta x\to 0}\frac{1}{v(x+\Delta x)v(x)}\cdot\left[\frac{u(x+\Delta x)-u(x)}{\Delta x}\cdot v(x)-u(x)\cdot\frac{v(x+\Delta x)-v(x)}{\Delta x}\right].
\end{aligned}
$$

因为函数 $v(x)$ 可导，所以 $v(x)$ 在点 $x$ 处一定连续，从而 $\lim\limits_{\Delta x\to 0}v(x+\Delta x)=v(x)$. 于是

$$
\left[\frac{u(x)}{v(x)}\right]'=\frac{u'(x)v(x)-u(x)v'(x)}{v^2(x)}.
$$

特别地，当 $u(x)=1$ 时，有

$$
\left[\frac{1}{v(x)}\right]'=-\frac{v'(x)}{v^2(x)}.
$$

**例 3-15**   求函数 $y=\tan x$ 的导数.

解　由法则 3-3 有

$$y' = (\tan x)' = \left(\frac{\sin x}{\cos x}\right)' = \frac{(\sin x)'\cos x - \sin x(\cos x)'}{(\cos x)^2}$$

$$= \frac{\cos^2 x + \sin^2 x}{\cos^2 x} = \sec^2 x.$$

所以正切函数的导数

$$(\tan x)' = \sec^2 x.$$

同理得余切函数的导数

$$(\cot x)' = -\csc^2 x.$$

例 3-16　求函数 $y = \sec x$ 的导数.

解　由法则 3-3 有

$$y' = (\sec x)' = \left(\frac{1}{\cos x}\right)' = \frac{(1)'\cos x - 1 \cdot (\cos x)'}{\cos^2 x}$$

$$= \frac{\sin x}{\cos^2 x} = \frac{1}{\cos x} \cdot \frac{\sin x}{\cos x} = \sec x \tan x.$$

所以正割函数的导数

$$(\sec x)' = \sec x \tan x.$$

同理得余割函数的导数

$$(\csc x)' = -\csc x \cot x.$$

## 三、反函数的求导法则

函数 $y = 2x$ 的导数是 $\dfrac{\mathrm{d}y}{\mathrm{d}x} = 2$,其反函数 $x = \dfrac{1}{2}y$ 的导数是 $\dfrac{\mathrm{d}x}{\mathrm{d}y} = \dfrac{1}{2}$,这对函数的导数互为倒数,即存在关系

$$\frac{\mathrm{d}y}{\mathrm{d}x} = \frac{1}{\dfrac{\mathrm{d}x}{\mathrm{d}y}}.$$

一般地,有

法则 3-4(反函数的求导法则)　若函数 $x = \varphi(y)$ 在区间 $I_y$ 内单调、可导,且 $\varphi'(y) \neq 0$,则它的反函数 $y = f(x)$ 在区间 $I_x = \{x \mid x = \varphi(y), y \in I_y\}$ 内也可导,且

$$f'(x) = \frac{1}{\varphi'(y)} \quad \text{或} \quad \frac{\mathrm{d}y}{\mathrm{d}x} = \frac{1}{\dfrac{\mathrm{d}x}{\mathrm{d}y}}.$$

证明　设 $\Delta y = f(x + \Delta x) - f(x)$,由 $y = f(x)$ 可推得

$$f(x + \Delta x) = f(x) + \Delta y = y + \Delta y.$$

因为 $y=f(x)$ 与 $x=\varphi(y)$ 互为反函数,所以 $\Delta x=\varphi(y+\Delta y)-\varphi(y)$. 由于 $x=\varphi(y)$ 在区间 $I_y$ 内单调可导(从而连续),由定理 2-12 可知 $x=\varphi(y)$ 的反函数 $y=f(x)$ 存在,且 $y=f(x)$ 在区间 $I_x$ 内也单调连续. 因此当 $\Delta x\neq0$ 时,必有 $\Delta y\neq0$;当 $\Delta x\to0$ 时,必有 $\Delta y\to0$. 根据导数的定义,

$$f'(x)=\lim_{\Delta x\to0}\frac{f(x+\Delta x)-f(x)}{\Delta x}=\lim_{\Delta x\to0}\frac{\Delta y}{\Delta x}$$

$$=\lim_{\Delta x\to0}\frac{1}{\dfrac{\Delta x}{\Delta y}}=\frac{1}{\lim\limits_{\Delta y\to0}\dfrac{\varphi(y+\Delta y)-\varphi(y)}{\Delta y}}.$$

当 $\varphi'(y)\neq0$ 时,

$$f'(x)=\frac{1}{\lim\limits_{\Delta y\to0}\dfrac{\varphi(y+\Delta y)-\varphi(y)}{\Delta y}}=\frac{1}{\varphi'(y)}.$$

法则 3-4 可简单地说:反函数的导数等于原函数导数的倒数.

**例 3-17**    求反余弦函数 $y=\arccos x$ 的导数.

**解**    因为 $y=\arccos x\,(-1<x<1)$ 的反函数 $x=\cos y\,(0<y<\pi)$ 可导,且 $(\cos y)'=-\sin y\neq0$,根据法则 3-4,

$$(\arccos x)'=\frac{1}{(\cos y)'}=-\frac{1}{\sin y}=-\frac{1}{\sqrt{1-\cos^2 y}}=-\frac{1}{\sqrt{1-x^2}}.$$

所以反余弦函数的导数

$$(\arccos x)'=-\frac{1}{\sqrt{1-x^2}},\quad x\in(-1,1).$$

同理可得反正弦函数的导数

$$(\arcsin x)'=\frac{1}{\sqrt{1-x^2}},\quad x\in(-1,1).$$

**例 3-18**    求反正切函数 $y=\arctan x$ 的导数.

**解**    因为 $y=\arctan x\,(-\infty<x<+\infty)$ 的反函数 $x=\tan y\left(-\dfrac{\pi}{2}<y<\dfrac{\pi}{2}\right)$ 可导,且 $(\tan y)'=\sec^2 y\neq0$,根据法则 3-4,

$$(\arctan x)'=\frac{1}{(\tan y)'}=\frac{1}{\sec^2 y}=\frac{1}{1+\tan^2 y}=\frac{1}{1+x^2},\quad x\in(-\infty,+\infty).$$

所以反正切函数的导数

$$(\arctan x)'=\frac{1}{1+x^2},\quad x\in(-\infty,+\infty).$$

同理可得反余切函数的导数

$$(\text{arccot}\,x)'=-\frac{1}{1+x^2},\quad x\in(-\infty,+\infty).$$

反函数的
求导法则

读者还可以用反函数的求导法则去检验指数函数和对数函数导数的关系.

## 四、导数基本公式

我们利用导数的定义、导数的运算法则、反函数的求导法则求出了基本初等函数的导数,称它们为导数基本公式:

(1) $(C)' = 0$($C$ 为常数);

(2) $(x^{\mu})' = \mu x^{\mu-1}$($\mu$ 为任意实数);

(3) $(a^x)' = a^x \ln a$,特别地,$(e^x)' = e^x$;

(4) $(\log_a x)' = \dfrac{1}{x \ln a}$,特别地,$(\ln x)' = \dfrac{1}{x}$;

(5) $(\sin x)' = \cos x$,$(\cos x)' = -\sin x$,

$(\tan x)' = \sec^2 x$,$(\cot x)' = -\csc^2 x$,

$(\sec x)' = \sec x \tan x$,$(\csc x)' = -\csc x \cot x$;

(6) $(\arcsin x)' = \dfrac{1}{\sqrt{1-x^2}}$,$(\arccos x)' = -\dfrac{1}{\sqrt{1-x^2}}$,

$(\arctan x)' = \dfrac{1}{1+x^2}$,$(\text{arccot } x)' = -\dfrac{1}{1+x^2}$.

**例 3-19** 求曲线 $f(x) = 2x^2 + 3x + 1$ 在点 $(1,6)$ 处的切线方程和法线方程.

**解** 根据导数的几何意义,曲线在 $x=1$ 处切线的斜率

$$k = f'(1) = f'(x) \big|_{x=1} = (2x^2 + 3x + 1)' \big|_{x=1} = (4x+3) \big|_{x=1} = 7,$$

所以曲线 $f(x) = 2x^2 + 3x + 1$ 在点 $(1,6)$ 处的切线方程为

$$y - 6 = 7(x-1),$$

即

$$y = 7x - 1.$$

法线方程为

$$y - 6 = -\frac{1}{7}(x-1),$$

即

$$y = -\frac{1}{7}x + \frac{43}{7}.$$

## 五、用导数定义求极限

导数是用极限定义的,反过来也可用导数的定义求极限.

**例 3-20** 设函数 $f(x)$ 在 $x=x_0$ 处可导,且 $f'(x_0) = A$,求极限

$$\lim_{h \to 0} \frac{f(x_0 + 3h) - f(x_0 + 2h)}{5h}.$$

解  设 $\Delta x = h$，则由导数的定义可知

$$f'(x_0) = \lim_{\Delta x \to 0} \frac{f(x_0 + \Delta x) - f(x_0)}{\Delta x} = \lim_{h \to 0} \frac{f(x_0 + h) - f(x_0)}{h} = A.$$

因此

$$\lim_{h \to 0} \frac{f(x_0 + 3h) - f(x_0 + 2h)}{5h}$$

$$= \lim_{h \to 0} \frac{[f(x_0 + 3h) - f(x_0)] - [f(x_0 + 2h) - f(x_0)]}{5h}$$

$$= \lim_{h \to 0} \left[ \frac{3}{5} \cdot \frac{f(x_0 + 3h) - f(x_0)}{3h} - \frac{2}{5} \cdot \frac{f(x_0 + 2h) - f(x_0)}{2h} \right]$$

$$= \frac{3}{5} \cdot f'(x_0) - \frac{2}{5} \cdot f'(x_0) = \frac{1}{5} f'(x_0) = \frac{1}{5} A.$$

## 本节小结

本节主要介绍导函数的定义，导数的运算法则，反函数的求导法则和导数基本公式.

注意：

1. 函数在点 $x_0$ 处的导数等于其导函数在点 $x_0$ 处的函数值.

2. 导数基本公式和运算法则是求导数的基本知识，应熟练掌握.

3. 会用反函数的求导法则求反三角函数的导数.

4. 会用导数的定义求极限.

## 练习 3.2

**基础题**

1. 用导数定义求函数 $\cos x$ 的导数.

2. 设函数 $f(x) = \sqrt[3]{x}$.

（1）用导数定义求 $f'(x)$；

（2）分析在 $x = 0$ 处函数 $f(x)$ 的导数情况.

3. 设函数 $f(x) = x^2 + 2x + 3$.

（1）求 $f'(x)$；

（2）求使 $f'(x) = 0$ 的点；

（3）画出函数 $f(x)$ 和 $f'(x)$ 的图形，并分析 $f(x)$ 与 $f'(x)$ 的关系和特点.

4. 已知函数 $u(x)$ 和 $v(x)$ 在 $x=1$ 处可导，且 $u(1)=2,u'(1)=3,v(1)=3,v'(1)=4$，求：

（1）$(u(x)v(x))'|_{x=1}$；

（2）$\left(\dfrac{u(x)}{v(x)}\right)'\Big|_{x=1}$；

（3）$\left(\dfrac{v(x)}{u(x)}\right)'\Big|_{x=1}$；

（4）$(3u(x)-4v(x))'|_{x=1}$.

5. 求下列函数的导数：

（1）$y=\dfrac{x}{m}+\dfrac{m}{x}$（$m$ 为常数）；

（2）$y=3x+x^2$；

（3）$y=\dfrac{x^4}{4}+\dfrac{x^3}{3}+\dfrac{x^2}{2}+x+1$；

（4）$y=x^{10}+\ln x$；

（5）$y=x^4+4^x$；

（6）$y=x^2+3\tan x-a^2+\ln x-\ln|a|$，$a$ 为常数；

（7）$y=\sqrt{x\sqrt{x\sqrt{x}}}$；

（8）$y=x(2x-1)(3x+2)$；

（9）$y=\dfrac{\ln x}{x^2}+\log_3 x$；

（10）$y=xe^x\arctan x$；

（11）$y=(x^2-2x)e^x$；

（12）$y=\dfrac{x\sin x}{1+\tan x}$；

（13）$y=\dfrac{\sin x}{x^2}$；

（14）$y=(\sqrt{x}-1)\left(\dfrac{1}{\sqrt{x}}+1\right)$；

（15）$y=\dfrac{2x}{1-x^2}$；

（16）$y=\dfrac{1+x-x^2}{1-x+x^2}$.

6. 求下列函数在给定点的导数值：

（1）$f(x)=5x^4+4x^3-50$，求 $f'(1)$；

（2）$f(x)=\cos x\sin x$，求 $f'\left(\dfrac{\pi}{6}\right),f'\left(\dfrac{\pi}{4}\right)$.

7. 设 $f(x)=(x-1)(x-2)^2(x-3)^3$，求 $f'(1),f'(2),f'(3)$.

**提高题**

1. 设 $f(x)$ 为单调、可导函数，$f(4)=5,f'(4)=\dfrac{2}{3}$，求 $(f^{-1})'(5)$.

2. 设函数 $f(x)$ 满足 $\lim\limits_{x\to 0}\dfrac{f(x)}{x}=1$ 和 $f(x+y)=f(x)+f(y)+x^2y+xy^2$，$x,y$ 为任意实数，求：

（1）$f(0)$；　　　　（2）$f'(0)$；　　　　（3）$f'(x)$.

3. 求函数 $f(x)=\ln\dfrac{\sqrt{1+x}-\sqrt{1-x}}{\sqrt{1+x}+\sqrt{1-x}}$ 的导数.

4. 设函数 $f(x+1)=x^3$, 求 $f'(x)$, $f'(x+1)$, $f'(x-1)$.

# §3.3    链式法则与隐函数的导数

## 一、 复合函数的求导法则

基本初等函数通过复合运算构成复合函数, 那么复合函数的导数如何求呢?

我们先看一个例子

函数 $y=6x-10=2(3x-5)$ 是由 $y=2u$ 和 $u=3x-5$ 构成的复合函数, 这三个函数的导数之间存在什么关系呢?

函数 $y=6x-10$ 的导数: $\dfrac{\mathrm{d}y}{\mathrm{d}x}=6$.

函数 $y=2u$ 的导数: $\dfrac{\mathrm{d}y}{\mathrm{d}u}=2$.

函数 $u=3x-5$ 的导数: $\dfrac{\mathrm{d}u}{\mathrm{d}x}=3$.

我们发现 $6=2\times3$, 这三个函数的导数之间的关系是 $\dfrac{\mathrm{d}y}{\mathrm{d}x}=\dfrac{\mathrm{d}y}{\mathrm{d}u}\cdot\dfrac{\mathrm{d}u}{\mathrm{d}x}$.

从导数的实际意义来看, 这一关系是合理的. 导数表示变量的瞬时相对变化率, 当变量 $y$ 关于变量 $u$ 的变化率是 2, 变量 $u$ 关于变量 $x$ 的变化率是 3 时, 那么变量 $y$ 关于变量 $x$ 的变化率自然是 6.

从数学上来看, 这三个函数的导数之间的关系可解释为: 复合函数 $y=6x-10$ 的导数 $\dfrac{\mathrm{d}y}{\mathrm{d}x}$ 等于函数 $y=2u$ 的导数 $\dfrac{\mathrm{d}y}{\mathrm{d}u}$ 与函数 $u=3x-5$ 的导数 $\dfrac{\mathrm{d}u}{\mathrm{d}x}$ 的乘积. 该结论具有一般性.

法则 3-5(链式法则)    如果函数 $u=g(x)$ 在点 $x$ 处可导, 函数 $y=f(u)$ 在与 $x$ 对应的点 $u$ 处可导, 那么复合函数 $y=f\circ g(x)=f[g(x)]$ 在点 $x$ 处也可导, 且它在点 $x$ 处的导数

$$\frac{\mathrm{d}y}{\mathrm{d}x}=\frac{\mathrm{d}y}{\mathrm{d}u}\cdot\frac{\mathrm{d}u}{\mathrm{d}x} \quad \text{或} \quad \{f[g(x)]\}'=f'[g(x)]g'(x),$$

这里 $\dfrac{\mathrm{d}y}{\mathrm{d}x}$ 表示复合函数 $y=f[g(x)]$ 对自变量 $x$ 的导数, $\dfrac{\mathrm{d}y}{\mathrm{d}u}$ 表示函数 $y=f(u)$ 对变量 $u$ 的导数, $\dfrac{\mathrm{d}u}{\mathrm{d}x}$ 表示 $u=g(x)$ 对自变量 $x$ 的导数.

证明略. 可理解如下:

对于自变量在 $x$ 处的增量 $\Delta x$, 有

$$\Delta u = g(x+\Delta x) - g(x),$$

$$\Delta y = f[g(x+\Delta x)] - f[g(x)].$$

当 $\Delta u \neq 0$ 时,有

$$\frac{\Delta y}{\Delta x} = \frac{f[g(x+\Delta x)] - f[g(x)]}{\Delta x}$$

$$= \frac{f[g(x+\Delta x)] - f[g(x)]}{g(x+\Delta x) - g(x)} \cdot \frac{g(x+\Delta x) - g(x)}{\Delta x}$$

$$= \frac{\Delta y}{\Delta u} \cdot \frac{\Delta u}{\Delta x}.$$

复合函数的
求导法则

因为 $u = g(x)$ 在点 $x$ 处可导,所以 $u = g(x)$ 在点 $x$ 处连续,故当 $\Delta x \to 0$ 时,有 $\Delta u \to 0$. 于是

$$\lim_{\Delta x \to 0} \frac{\Delta y}{\Delta x} = \lim_{\Delta u \to 0} \frac{\Delta y}{\Delta u} \cdot \lim_{\Delta x \to 0} \frac{\Delta u}{\Delta x},$$

即有链式法则

$$\frac{dy}{dx} = \frac{dy}{du} \cdot \frac{du}{dx}.$$

当 $\Delta u = 0$ 时,等式 $\frac{\Delta y}{\Delta x} = \frac{\Delta y}{\Delta u} \cdot \frac{\Delta u}{\Delta x}$ 不成立,所以上述过程不能作为该法则的证明. 对链式法则的证明感兴趣的读者可以去看相关文献.

**例 3-21** 求函数 $y = (2x^2+3x+1)^5$ 的导数.

**解** 函数 $y = (2x^2+3x+1)^5$ 可以看成由函数 $y = u^5$ 和 $u = 2x^2+3x+1$ 构成的复合函数,容易求得

$$\frac{dy}{du} = 5u^4, \qquad \frac{du}{dx} = 4x+3.$$

根据链式法则,

$$\frac{dy}{dx} = \frac{dy}{du} \cdot \frac{du}{dx} = 5u^4 \cdot (4x+3) = 5(4x+3)(2x^2+3x+1)^4.$$

**例 3-22** 求函数 $y = 2^{\sin x}$ 的导数.

**解** 函数 $y = 2^{\sin x}$ 可以看成由函数 $y = 2^u$ 和 $u = \sin x$ 构成的复合函数,容易求得

$$\frac{dy}{du} = 2^u \ln 2, \qquad \frac{du}{dx} = \cos x.$$

根据链式法则,

$$\frac{dy}{dx} = \frac{dy}{du} \cdot \frac{du}{dx} = 2^u \ln 2 \cdot \cos x = 2^{\sin x} \ln 2 \cdot \cos x.$$

**例 3-23** 求函数 $y = \log_3 \frac{x}{x+1}$ 的导数.

**解** 函数 $y = \log_3 \frac{x}{x+1}$ 可以看成由函数 $y = \log_3 u$ 和 $u = \frac{x}{x+1}$ 构成的复合函数,容易求得

$$\frac{\mathrm{d}y}{\mathrm{d}u} = \frac{1}{u\ln 3}, \quad \frac{\mathrm{d}u}{\mathrm{d}x} = \frac{1}{(x+1)^2}.$$

根据链式法则,

$$\frac{\mathrm{d}y}{\mathrm{d}x} = \frac{\mathrm{d}y}{\mathrm{d}u} \cdot \frac{\mathrm{d}u}{\mathrm{d}x} = \frac{1}{u\ln 3} \cdot \frac{1}{(1+x)^2} = \frac{1}{(x^2+x)\ln 3}.$$

由于 $\dfrac{\mathrm{d}y}{\mathrm{d}x} = \dfrac{\mathrm{d}y}{\mathrm{d}u} \cdot \dfrac{\mathrm{d}u}{\mathrm{d}x} = f'(u)g'(x) = f'[g(x)]$ $g'(x)$,所以在用链式法则求复合函数的导数时,不一定要借助中间变量 $u$. 实际上,复合函数 $f[g(x)]$ 对自变量 $x$ 的导数等于函数 $f$ 对函数 $g$ 的导数与函数 $g$ 对自变量 $x$ 的导数的乘积,它们的链关系见图 3-9.

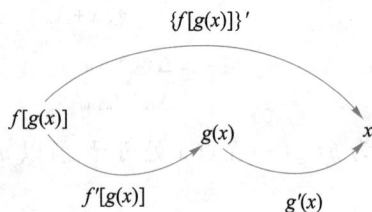

图 3-9

例 3-24   求函数 $y = \cos \mathrm{e}^x$ 的导数.

解   根据链式法则 $\{f[g(x)]\}' = f'[g(x)]g'(x)$,有

$$(\cos \mathrm{e}^x)' = -\sin \mathrm{e}^x \cdot (\mathrm{e}^x)' = -\sin \mathrm{e}^x \cdot \mathrm{e}^x = -\mathrm{e}^x \sin \mathrm{e}^x.$$

例 3-25   求 $y = \ln|x|$ 的导数.

解   因为 $y = \ln|x| = \ln\sqrt{x^2} = \dfrac{1}{2}\ln x^2$,根据链式法则,

$$y' = \left(\frac{1}{2}\ln x^2\right)' = \frac{1}{2} \cdot \frac{1}{x^2} \cdot (x^2)' = \frac{1}{2} \cdot \frac{1}{x^2} \cdot 2x = \frac{1}{x},$$

所以

$$(\ln|x|)' = \frac{1}{x}.$$

链式法则也可以推广到多重复合函数的情形,如当函数 $y = f(u)$,$u = \varphi(v)$,$v = \psi(x)$ 可导时,复合函数 $f[\varphi(\psi(x))]$ 也可导,且

$$\frac{\mathrm{d}y}{\mathrm{d}x} = \frac{\mathrm{d}y}{\mathrm{d}u} \cdot \frac{\mathrm{d}u}{\mathrm{d}v} \cdot \frac{\mathrm{d}v}{\mathrm{d}x}$$

或

$$\{f[\varphi(\psi(x))]\}' = f'[\varphi(\psi(x))]\varphi'(\psi(x))\psi'(x).$$

例 3-26   求函数 $y = \left(\arctan \dfrac{x}{2x+1}\right)^2$ 的导数.

解   $y = \left(\arctan \dfrac{x}{2x+1}\right)^2$ 由函数 $y = u^2$,$u = \arctan v$ 和 $v = \dfrac{x}{2x+1}$ 复合而成,且

$$\frac{\mathrm{d}y}{\mathrm{d}u} = 2u, \quad \frac{\mathrm{d}u}{\mathrm{d}v} = \frac{1}{1+v^2}, \quad \frac{\mathrm{d}v}{\mathrm{d}x} = \frac{1}{(2x+1)^2}.$$

根据链式法则,

$$\frac{\mathrm{d}y}{\mathrm{d}x} = \frac{\mathrm{d}y}{\mathrm{d}u} \cdot \frac{\mathrm{d}u}{\mathrm{d}v} \cdot \frac{\mathrm{d}v}{\mathrm{d}x} = 2u \cdot \frac{1}{1+v^2} \cdot \frac{1}{(2x+1)^2}$$

$$= 2\arctan \frac{x}{2x+1} \cdot \frac{1}{1+\left(\dfrac{x}{2x+1}\right)^2} \cdot \frac{1}{(2x+1)^2}$$

$$= \frac{2}{5x^2+4x+1}\arctan \frac{x}{2x+1}.$$

或者根据链式法则,$\{f[\varphi(\psi(x))]\}' = f'[\varphi(\psi(x))]\varphi'(\psi(x))\psi'(x)$,

$$\frac{\mathrm{d}y}{\mathrm{d}x} = \frac{\mathrm{d}}{\mathrm{d}x}\left[\left(\arctan \frac{x}{2x+1}\right)^2\right]$$

$$= 2\arctan \frac{x}{2x+1} \cdot \frac{\mathrm{d}}{\mathrm{d}x}\left(\arctan \frac{x}{2x+1}\right)$$

$$= 2\arctan \frac{x}{2x+1} \cdot \frac{1}{1+\left(\dfrac{x}{2x+1}\right)^2} \cdot \frac{\mathrm{d}}{\mathrm{d}x}\left(\frac{x}{2x+1}\right)$$

$$= 2\arctan \frac{x}{2x+1} \cdot \frac{1}{1+\left(\dfrac{x}{2x+1}\right)^2} \cdot \frac{1}{(2x+1)^2}$$

$$= \frac{2}{5x^2+4x+1}\arctan \frac{x}{2x+1}.$$

**例 3-27**  求 $f(x) = \tan\ln(1+x^2)$ 的导数.

**解**  根据链式法则,有

$$f'(x) = \sec^2 \ln(1+x^2) \cdot [\ln(1+x^2)]'$$

$$= \sec^2 \ln(1+x^2) \cdot \frac{1}{1+x^2} \cdot (1+x^2)'$$

$$= \frac{2x\sec^2 \ln(1+x^2)}{1+x^2}.$$

初等函数是由基本初等函数经过有限次四则运算和有限次复合运算而得到的函数,因此有了导数基本公式和法则 3-1 至法则 3-5,我们就能求任何初等函数的导数.

**例 3-28**  求函数 $y = \dfrac{1}{2}\ln(1+e^{2x}) + e^{-x}\arctan e^x - x$ 的导数.

**解**  $y' = \dfrac{1}{2}\dfrac{1}{1+e^{2x}}(1+e^{2x})' + e^{-x}(-x)'\arctan e^x + e^{-x}\dfrac{1}{1+(e^x)^2}(e^x)' - 1$

$$= \frac{e^{2x}}{2(1+e^{2x})}(2x)' - e^{-x}\arctan e^x + e^{-x}\frac{1}{1+e^{2x}}e^x - 1$$

$$= \frac{e^{2x}}{1+e^{2x}} - e^{-x}\arctan e^x + \frac{1}{1+e^{2x}} - 1$$

$$= -e^{-x}\arctan e^x.$$

**例 3-29**　求函数 $f(x) = (x-1)\arcsin\sqrt{\dfrac{x}{1+x}}$ 在点 $x=1$ 处的导数 $f'(1)$.

**解**　我们一般用关系式 $f'(x_0) = f'(x)\big|_{x=x_0}$ 求函数 $f(x)$ 在点 $x=x_0$ 处的导数,即先求导函数再求导数值,但此问题如果先求导函数,再求导数值会很麻烦,而直接用导数定义求 $f'(x_0)$ 更简单.

$$f'(1) = \lim_{x\to 1}\frac{f(x)-f(1)}{x-1} = \lim_{x\to 1}\frac{(x-1)\arcsin\sqrt{\dfrac{x}{1+x}}-0}{x-1}$$

$$= \lim_{x\to 1}\arcsin\sqrt{\frac{x}{1+x}} = \frac{\pi}{4}.$$

## 二、 隐函数求导法

函数分为显函数和隐函数. 形如 $y=f(x)$ 的函数称为显函数,如 $y=x^2$,$y=\tan x$,$y=2^x$ 都是显函数. 那么隐函数有什么特点呢?

把函数 $y=\sqrt{1-x^2}$ 和 $y=-\sqrt{1-x^2}$ 分别代入二元方程 $x^2+y^2=1$,二元方程都成立,我们称这两个函数都是由二元方程 $x^2+y^2=1$ 确定的隐函数.

一般地,函数 $y=f(x)$ 在某区间 $I$ 内若满足二元方程 $F(x,y)=0$,则称函数 $y=f(x)(x\in I)$ 为二元方程 $F(x,y)=0$ 确定的隐函数,或称 $y=f(x)(x\in I)$ 为二元方程 $F(x,y)=0$ 确定的隐函数的显化.

一般情况下将隐函数显化并不容易,比如方程 $x^3+y^3=xy$(图 3-10)确定了若干个隐函数,图 3-11 表示其中三个隐函数,但要将这些函数显化却很难,如何求它们的导数呢?

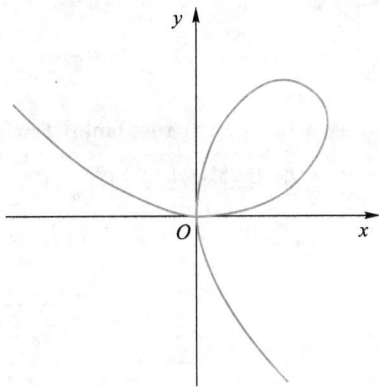

图 3-10

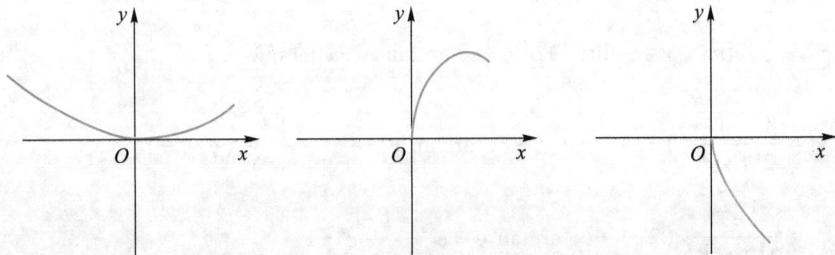

图 3-11

我们前面讨论的求导法都是针对形如 $y=f(x)$ 的显函数的,对隐函数求导未进行讨论,虽然有的隐函数不能表示为显函数,但同样可以用求导法则求导,下面我们用例子说明隐函数的求导方法.

先看一个例子. 设方程 $y^3-x-2=0$ 确定隐函数 $y=f(x)$,如何求 $y=f(x)$ 的导数 $y'$ 呢?

方法一　从方程 $y^3-x-2=0$ 求得函数 $y=\sqrt[3]{x+2}$,根据链式法则,

$$y'=\frac{1}{3}(x+2)^{-\frac{2}{3}}=\frac{1}{3\sqrt[3]{(x+2)^2}}.$$

方法二　设 $y=f(x)$ 是方程 $y^3-x-2=0$ 确定的隐函数,把 $y=f(x)$ 代入方程得

$$[f(x)]^3-x-2=0.$$

方程两边对 $x$ 求导,由复合函数的链式法则和差的求导法则得

$$3[f(x)]^2f'(x)-1=0.$$

因为 $y=f(x)$,所以上式实际上就是一个含 $y'$ 的方程:

$$3y^2y'-1=0,$$

其中 $3y^2y'$ 由函数 $y^3$ 对 $y$ 的导数 $3y^2$ 和 $y$ 对 $x$ 的导数 $y'$ 的乘积构成. 解上述方程可得隐函数 $y=f(x)$ 的导数

$$y'=\frac{1}{3y^2}.$$

因为 $y=\sqrt[3]{x+2}$,所以

$$y'=\frac{1}{3y^2}=\frac{1}{3\sqrt[3]{(x+2)^2}}.$$

结论和方法一相同.

这个例子说明求隐函数的导数不需要将隐函数显化,只要在方程 $F(x,y)=0$ 两边同时对 $x$ 求导,且注意变量 $y$ 是 $x$ 的函数,$y=f(x)$,求导过程中需要用链式法则.

隐函数的求导步骤:

(1) 方程 $F(x,y)=0$ 两边同时对 $x$ 求导,得含 $y'$ 的方程;

(2) 从(1)所得的方程中求出 $y'$.

隐函数的导数中一般既含自变量 $x$,又含因变量 $y$.

隐函数
求导法

例 3-30　设方程 $x^3+y^3=xy$ 确定隐函数 $y=f(x)$,求 $\dfrac{\mathrm{d}y}{\mathrm{d}x}$.

解　方程两边同时对 $x$ 求导,$\dfrac{\mathrm{d}}{\mathrm{d}x}(x^3+y^3)=\dfrac{\mathrm{d}}{\mathrm{d}x}(xy)$. 由复合函数的链式法则和导数的

四则运算法则得含 $\dfrac{\mathrm{d}y}{\mathrm{d}x}$ 的方程

$$3x^2+3y^2\frac{\mathrm{d}y}{\mathrm{d}x}=y+x\frac{\mathrm{d}y}{\mathrm{d}x}.$$

从方程中求出 $\dfrac{\mathrm{d}y}{\mathrm{d}x}$ , 得

$$\frac{\mathrm{d}y}{\mathrm{d}x} = \frac{y - 3x^2}{3y^2 - x}.$$

**例 3-31**  求由方程 $xy^2 + \mathrm{e}^y = \cos(x + y^2)$ 确定的隐函数的导数 $y'$ .

**解**  方程两边同时对 $x$ 求导, 由复合函数的链式法则和导数的四则运算法则得含 $y'$ 的方程

$$y^2 + 2xyy' + \mathrm{e}^y y' = -\sin(x + y^2) \cdot (1 + 2yy').$$

从上述方程中求出 $y'$ , 得

$$y' = -\frac{y^2 + \sin(x + y^2)}{2xy + \mathrm{e}^y + 2y\sin(x + y^2)}.$$

**例 3-32**  已知方程 $y\mathrm{e}^x + x\ln y = 1$ 确定隐函数 $y = f(x)$ , 求 $\dfrac{\mathrm{d}y}{\mathrm{d}x}\Big|_{x=0}$ .

**解**  方程两边同时对 $x$ 求导, 由复合函数的链式法则和导数的四则运算法则得含 $\dfrac{\mathrm{d}y}{\mathrm{d}x}$ 的方程

$$\mathrm{e}^x \frac{\mathrm{d}y}{\mathrm{d}x} + y\mathrm{e}^x + \ln y + \frac{x}{y} \cdot \frac{\mathrm{d}y}{\mathrm{d}x} = 0.$$

从上述方程中求出 $\dfrac{\mathrm{d}y}{\mathrm{d}x}$ , 得

$$\frac{\mathrm{d}y}{\mathrm{d}x} = -\frac{y^2\mathrm{e}^x + y\ln y}{y\mathrm{e}^x + x}.$$

把 $x = 0$ 代入方程 $y\mathrm{e}^x + x\ln y = 1$ 得 $y = 1$ . 所以

$$\frac{\mathrm{d}y}{\mathrm{d}x}\bigg|_{x=0} = -\frac{y^2\mathrm{e}^x + y\ln y}{y\mathrm{e}^x + x}\bigg|_{\substack{x=0 \\ y=1}} = -1.$$

## 三、对数求导法

用导数的运算法则直接求函数 $y = \sqrt[3]{\dfrac{(x+3)^2(3-2x^2)}{(1+x^2)(5-3x^3)}}$ 的导数时, 计算相当复杂, 如果用对数函数的性质, 在函数的两边同时取自然对数, 把函数 $y$ 转化为由一个二元方程确定的隐函数, 则可用隐函数求导法求 $y'$ . 这种方法称为对数求导法.

**例 3-33**  求函数 $y = \sqrt[3]{\dfrac{(x+3)^2(3-2x^2)}{(1+x^2)(5-3x^3)}}$ 的导数.

**解**  两边同时取自然对数, 将函数 $y$ 转化为由下列二元方程确定的隐函数 $\left(\text{注意} (\ln|x|)' = \dfrac{1}{x} \text{与} (\ln x)' = \dfrac{1}{x} \text{相同}\right)$ :

$$\ln|y| = \frac{1}{3}\left(2\ln|x+3| + \ln|3-2x^2| - \ln(1+x^2) - \ln|5-3x^3|\right).$$

用隐函数求导法,方程两边同时对 $x$ 求导得含 $y'$ 的方程

$$\frac{1}{y} \cdot y' = \frac{1}{3}\left(\frac{2}{x+3} - \frac{4x}{3-2x^2} - \frac{2x}{1+x^2} + \frac{9x^2}{5-3x^3}\right).$$

从上式求得

$$y' = \frac{1}{3}y\left(\frac{2}{x+3} - \frac{4x}{3-2x^2} - \frac{2x}{1+x^2} + \frac{9x^2}{5-3x^3}\right)$$

$$= \frac{1}{3}\sqrt[3]{\frac{(x+3)^2(3-2x^2)}{(1+x^2)(5-3x^3)}} \cdot \left(\frac{2}{x+3} - \frac{4x}{3-2x^2} - \frac{2x}{1+x^2} + \frac{9x^2}{5-3x^3}\right).$$

对数求导法求函数 $y=f(x)$ 的导数的步骤:

(1) 方程 $y=f(x)$ 两边同时取自然对数得二元方程;

(2) 二元方程两边同时对 $x$ 求导得含 $y'$ 的方程;

(3) 从含 $y'$ 的方程中解出 $y'$,并记住将 $y=f(x)$ 代回.

**例 3-34** 求幂函数 $y=x^\mu$($\mu$ 为任意实数)的导数.

**解** 两边同时取自然对数得

$$\ln|y| = \mu\ln|x|,$$

两边同时对 $x$ 求导得

$$\frac{1}{y} \cdot y' = \mu \cdot \frac{1}{x},$$

于是

$$y' = \mu \cdot \frac{1}{x} \cdot y = \mu \cdot \frac{1}{x} \cdot x^\mu = \mu x^{\mu-1}.$$

所以幂函数的导数

$$(x^\mu)' = \mu x^{\mu-1}, \mu \text{ 为任意实数}.$$

对数求导法还可用于求幂指函数的导数.

**例 3-35** 求函数 $y=(x^2+1)^x$ 的导数.

**解** 两边同时取自然对数得

$$\ln y = x\ln(x^2+1),$$

两边同时对 $x$ 求导得

$$\frac{1}{y} \cdot y' = \ln(x^2+1) + \frac{2x^2}{x^2+1},$$

解出 $y'$,并将 $y$ 回代得

$$y' = (x^2+1)^x\left[\ln(x^2+1) + \frac{2x^2}{x^2+1}\right].$$

一般地,如果函数 $f(x), g(x)$ 都可导,且 $f(x)>0$,那么利用对数求导法可得幂指函数

$y=f(x)^{g(x)}$ 的导数如下：

函数 $y=f(x)^{g(x)}$ 两边同时取自然对数得

$$\ln y=g(x)\ln f(x).$$

两边同时对 $x$ 求导得

$$\frac{1}{y}y'=g'(x)\ln f(x)+g(x)\frac{f'(x)}{f(x)}.$$

解出 $y'$，并将 $y$ 回代得

$$y'=f(x)^{g(x)}\left[g'(x)\ln f(x)+g(x)\frac{f'(x)}{f(x)}\right].$$

另外，幂指函数 $y=f(x)^{g(x)}$，$f(x)>0$ 的导数也可由链式法则求得. 因为

$$y=f(x)^{g(x)}=e^{g(x)\ln f(x)},$$

所以

$$y'=\left[e^{g(x)\ln f(x)}\right]'=e^{g(x)\ln f(x)}\left[g(x)\ln f(x)\right]'$$

$$=f(x)^{g(x)}\left[g'(x)\ln f(x)+g(x)\cdot\frac{f'(x)}{f(x)}\right].$$

**例 3-36**　求函数 $y=x^{x^2}(x>0)$ 的导数.

**解**　因为 $y=x^{x^2}=e^{x^2\ln x}$，所以

$$y'=\left(e^{x^2\ln x}\right)'=e^{x^2\ln x}(x^2\ln x)'=x^{x^2}(2x\ln x+x)=x^{x^2+1}(2\ln x+1).$$

**例 3-37**　方程 $y^x=x^y$ 确定 $y$ 是 $x$ 的函数，求 $\dfrac{\mathrm{d}y}{\mathrm{d}x}$.

**解**　两边同时取自然对数得

$$x\ln y=y\ln x.$$

上式两边同时对 $x$ 求导得

$$\ln y+x\cdot\frac{1}{y}\cdot y'=y'\ln x+\frac{y}{x}.$$

解出 $y'$ 得

$$y'=\frac{y^2-xy\ln y}{x^2-xy\ln x}.$$

即

$$\frac{\mathrm{d}y}{\mathrm{d}x}=\frac{y^2-xy\ln y}{x^2-xy\ln x}.$$

## 本节小结

本节主要介绍了复合函数求导的链式法则，隐函数求导法，对数求导法. 要求：

1. 会用链式法则求复合函数的导数.

2. 会求隐函数的导数. 求隐函数的导数时一般都不用将隐函数显化，而是直接在方

程两边对自变量求导,所得导数表达式中含自变量和因变量.

3. 会求幂指函数的导数,会用对数求导法.

## 练习 3.3

**基础题**

1. 用链式法则 $\dfrac{\mathrm{d}y}{\mathrm{d}x}=\dfrac{\mathrm{d}y}{\mathrm{d}u}\cdot\dfrac{\mathrm{d}u}{\mathrm{d}x}$ 求导数 $\dfrac{\mathrm{d}y}{\mathrm{d}x}$ :

(1) $y=u^3+3$ , $u=x^2+3x+1$ ;

(2) $y=2^u$ , $u=\tan x$ ;

(3) $y=\log_3 u$ , $u=\dfrac{x}{x+1}$ ;

(4) $y=\arcsin u$ , $u=x^2$ .

2. 用链式法则 $\{f[g(x)]\}'=f'[g(x)]g'(x)$ 求复合函数 $y=f[g(x)]$ 的导数:

(1) $y=(4x-3)^6$ ;

(2) $y=\left(\dfrac{2x+3}{x+2}\right)^8$ ;

(3) $y=\sec^2 x$ ;

(4) $y=\operatorname{arccot} 3^x$ .

3. 求下列函数的导数:

(1) $y=(x^2+a^2)^5$ ;

(2) $y=\dfrac{1}{(1+x)^2}$ ;

(3) $y=\dfrac{x}{\sqrt{a^2+x^2}}$ ;

(4) $y=x\sqrt{x^2+1}$ ;

(5) $y=\mathrm{e}^{-x^2}$ ;

(6) $y=\mathrm{e}^{4x+5}$ ;

(7) $y=2^{\tan\frac{1}{x}}$ ;

(8) $y=\mathrm{e}^{2x}(x^2-2x+2)$ ;

(9) $y=\mathrm{e}^x\left(1+\cot\dfrac{x}{2}\right)$ ;

(10) $y=\mathrm{e}^x\ln\sin x$ ;

(11) $y=\cos x^2$ ;

(12) $y=\ln\cos x$ ;

(13) $y=\ln\ln x$ ;

(14) $y=\tan\dfrac{x}{5}-\cot\dfrac{x}{5}$ ;

(15) $y=\sec^2\dfrac{x}{2}+\csc^2\dfrac{x}{2}$ ;

(16) $y=\dfrac{\sin^2 x}{\sin x^2}$ ;

(17) $y=\dfrac{\cos x}{2\sin^2 x}$ ;

(18) $y=\sin 2x\cos 3x$ ;

(19) $y=\dfrac{\arccos x}{x}$ ;

(20) $y=\arccos \ln x$ .

4. 求下列隐函数的导数:

(1) $2xy+y^2=x+y$;

(2) $2\sqrt{y}=x-y$;

(3) $e^y=2xy$;

(4) $e^{xy}+y\ln x-\cos 2x=0$.

5. 用对数求导法求下列函数的导数:

(1) $y=(\tan x)^{\sin x}$;

(2) $y=\sqrt[5]{\dfrac{(x+1)(x^2-2)}{(x+4)(x+5)}}$;

(3) $y=(\ln x)^{\ln x}$;

(4) $y=\dfrac{3x\cdot 2^x}{\sqrt{x^2+1}}$.

**提高题**

1. 求曲线 $x^2+xy-y^2=1$ 在点 $x=2$ 处的切线的斜率.

2. 设函数 $f(x)$ 可导, 且 $f'(x)=1+[f(x)]^2$. 令 $f[g(x)]=x$, 证明: $g'(x)=\dfrac{1}{1+x^2}$.

3. 设 $g(x)$ 为可导函数, $a$ 为实数, 求下列函数 $f(x)$ 的导数:

(1) $f(x)=g(x+g(x))$;

(2) $f(x)=g(xg(a))$;

(3) $f(x)=g(xg(x))$.

4. 设 $f(x)$ 为可导函数, 证明: 若 $x=1$ 时有 $\dfrac{d}{dx}f(x^2)=\dfrac{d}{dx}f^2(x)$, 则必有 $f'(1)=0$ 或 $f(1)=1$.

# §3.4　高 阶 导 数

## 一、高阶导数

当做变速直线运动的质点的位置函数 $f(t)=-t^3+3t^2-3t$ 时, 我们知道质点在时刻 $t$ 的速度 $v(t)$ 等于位置函数 $f(t)$ 对时间 $t$ 的导数, 即

$$v(t)=f'(t)=-3t^2+6t-3.$$

而质点在时刻 $t$ 的加速度 $a(t)$ 等于速度 $v(t)$ 对时间 $t$ 的导数, 即

$$a(t)=v'(t)=[f'(t)]'=-6t+6.$$

实际上加速度 $a(t)$ 等于位置函数 $f(t)$ 对时间 $t$ 的二阶导数.

一般地, 函数 $y=f(x)$ 的导函数 $f'(x)$ 仍然是 $x$ 的函数. 如果导函数 $f'(x)$ 也可导, 那么称 $f'(x)$ 的导数为 $f(x)$ 的二阶导数, 记为

$$y'', \quad f''(x), \quad \frac{\mathrm{d}^2 y}{\mathrm{d}x^2}, \quad \frac{\mathrm{d}^2 f}{\mathrm{d}x^2}.$$

而称 $f'(x)$ 为 $f(x)$ 的一**阶导数**.

如果二阶导数 $f''(x)$ 也可导,那么它的导数就称为 $f(x)$ 的**三阶导数**,记为

$$y''', \quad f'''(x), \quad \frac{\mathrm{d}^3 y}{\mathrm{d}x^3}, \quad \frac{\mathrm{d}^3 f}{\mathrm{d}x^3}.$$

同理,三阶导数 $f'''(x)$ 的导数称为 $f(x)$ 的**四阶导数**,记为

$$y^{(4)}, \quad f^{(4)}(x), \quad \frac{\mathrm{d}^4 y}{\mathrm{d}x^4}, \quad \frac{\mathrm{d}^4 f}{\mathrm{d}x^4}.$$

如果 $n-1$ 阶导数 $f^{(n-1)}(x)$ 也可导,那么 $f^{(n-1)}(x)$ 的导数就称为 $f(x)$ 的 $n$ **阶导数**,记为

$$y^{(n)}, \quad f^{(n)}(x), \quad \frac{\mathrm{d}^n y}{\mathrm{d}x^n}, \quad \frac{\mathrm{d}^n f}{\mathrm{d}x^n},$$

且有

$$y^{(n)} = \left( y^{(n-1)} \right)' \quad \text{或} \quad \frac{\mathrm{d}^n f}{\mathrm{d}x^n} = \frac{\mathrm{d}}{\mathrm{d}x} \left( \frac{\mathrm{d}^{n-1} f}{\mathrm{d}x^{n-1}} \right).$$

函数 $f(x)$ 具有 $n$ 阶导数,也常说成函数 $f(x)$ 为 $n$ 阶可导.

二阶及二阶以上的导数统称为**高阶导数**.

从上述高阶导数的定义过程,我们知道计算高阶导数时,仍然是用前面已有的基本初等函数的导数公式,导数的四则运算法则和复合函数求导的链式法则. 由一阶导数求二阶导数,由二阶导数求三阶导数,直到由 $n-1$ 阶导数求出 $n$ 阶导数,并得到 $n$ 阶导数的一般表达式.

**例 3-38** 求函数 $y = (1+x^2)\arctan x$ 的二阶导数.

**解** 一阶导数

$$y' = \left[ (1+x^2)\arctan x \right]'$$

$$= 2x\arctan x + (1+x^2) \cdot \frac{1}{1+x^2}$$

$$= 2x\arctan x + 1.$$

二阶导数

$$y'' = (y')' = (2x\arctan x + 1)'$$

$$= 2\arctan x + 2x \cdot \frac{1}{1+x^2} + 0$$

$$= 2\arctan x + \frac{2x}{1+x^2}.$$

**例 3-39** 求幂函数 $y = x^k$ ($k$ 为正整数) 的 $n$ 阶导数.

**解** 因为 $y' = kx^{k-1}$, $y'' = k(k-1)x^{k-2}$, $y''' = k(k-1)(k-2)x^{k-3}$,所以

当 $n < k$ 时, $y^{(n)} = k(k-1)(k-2)\cdots(k-n+1)x^{k-n}$.

当 $n=k$ 时, $y^{(n)}=k(k-1)(k-2)\cdots 1\cdot x^0=k!$.

当 $n>k$ 时, $y^{(n)}=(x^k)^{(n)}=0$.

**例 3-40**　求指数函数 $y=2^x$ 的 $n$ 阶导数.

解　因为

$$\frac{\mathrm{d}y}{\mathrm{d}x}=\frac{\mathrm{d}}{\mathrm{d}x}(2^x)=2^x\ln 2,$$

$$\frac{\mathrm{d}^2 y}{\mathrm{d}x^2}=\frac{\mathrm{d}}{\mathrm{d}x}(2^x\ln 2)=2^x(\ln 2)^2,$$

$$\frac{\mathrm{d}^3 y}{\mathrm{d}x^3}=\frac{\mathrm{d}}{\mathrm{d}x}\left[2^x(\ln 2)^2\right]=2^x(\ln 2)^3,$$

所以

$$\frac{\mathrm{d}^n y}{\mathrm{d}x^n}=2^x(\ln 2)^n,$$

即

$$(2^x)^{(n)}=2^x(\ln 2)^n.$$

**例 3-41**　求对数函数 $y=\ln(x+3)$ 的 $n$ 阶导数.

解　因为

$$y'=\frac{1}{x+3},\quad y''=-\frac{1}{(x+3)^2},\quad y'''=\frac{2}{(x+3)^3},\quad y^{(4)}=-\frac{2\times 3}{(x+3)^4},$$

所以

$$y^{(n)}=\left[\ln(x+3)\right]^{(n)}=(-1)^{n-1}\frac{(n-1)!}{(x+3)^n}.$$

由例 3-41 可推得

$$\left(\frac{1}{x+a}\right)^{(n)}=(-1)^n\frac{n!}{(x+a)^{n+1}}\quad (a\text{ 为常数}).$$

**例 3-42**　求正弦函数 $y=\sin x$ 的 $n$ 阶导数.

解　因为

$$y'=\cos x=\sin\left(x+\frac{\pi}{2}\right),$$

$$y''=-\sin x=\sin(x+\pi),$$

$$y'''=-\cos x=\sin\left(x+\frac{3\pi}{2}\right),$$

$$y^{(4)}=\sin x=\sin(x+2\pi),$$

所以

$$y^{(n)}=\sin\left(x+\frac{n\pi}{2}\right).$$

即得正弦函数的 $n$ 阶导数

$$(\sin x)^{(n)} = \sin\left(x + \frac{n\pi}{2}\right).$$

同理可得余弦函数的 $n$ 阶导数

$$(\cos x)^{(n)} = \cos\left(x + \frac{n\pi}{2}\right).$$

## 二、 高阶导数的运算公式

设 $u,v$ 都是 $x$ 的函数,且都 $n$ 阶可导,则函数 $(u \pm v)$ 和 $(uv)$ 也 $n$ 阶可导,且有加、减运算求导公式

$$(u \pm v)^{(n)} = u^{(n)} \pm v^{(n)};$$

数乘公式

$$(cu)^{(n)} = cu^{(n)},\text{其中 } c \text{ 为不等于 } 0 \text{ 的常数};$$

乘法求导公式

$$(uv)^{(n)} = C_n^0 u^{(n)} v^{(0)} + C_n^1 u^{(n-1)} v^{(1)} + C_n^2 u^{(n-2)} v^{(2)} + \cdots + C_n^k u^{(n-k)} v^{(k)} + \cdots + C_n^n u^{(0)} v^{(n)}$$

$$= \sum_{k=0}^{n} C_n^k u^{(n-k)} v^{(k)},$$

其中 $u^{(0)} = u, v^{(0)} = v, C_n^k = \dfrac{n(n-1)\cdots(n-k+1)}{k!}.$

乘法求导公式又称为莱布尼茨(Leibniz)公式. 下面是莱布尼茨公式的低阶形式:

$$(uv)' = u'v + uv',$$
$$(uv)'' = (u'v + uv')' = u''v + 2u'v' + uv'',$$
$$(uv)''' = u'''v + 3u''v' + 3u'v'' + uv''',$$
$$(uv)^{(4)} = u^{(4)}v + 4u'''v' + 6u''v'' + 4u'v''' + uv^{(4)}.$$

从上述表达式可得莱布尼茨公式形式上和二项展开式相同,只是二项展开式中函数的 $k$ 次幂应改为莱布尼茨公式中对应函数的 $k$ 阶导数.

**例 3-43**　求 $y = \dfrac{1}{x^2-1}$ 的 $n$ 阶导数.

**解**　将函数分解为

$$y = \frac{1}{2}\left(\frac{1}{x-1} - \frac{1}{x+1}\right),$$

因此

$$y^{(n)} = \frac{1}{2}\left[\left(\frac{1}{x-1}\right)^{(n)} - \left(\frac{1}{x+1}\right)^{(n)}\right].$$

由例 3-41 可得

$$y^{(n)} = \frac{(-1)^n}{2}\left[\frac{n!}{(x-1)^{n+1}} - \frac{n!}{(x+1)^{n+1}}\right].$$

例 3-44　求函数 $y = x^2 e^x$ 的 50 阶导数.

解　设 $u = e^x, v = x^2$,则

$$u^{(n)} = e^x,$$

$$v' = 2x, v'' = 2, v''' = 0, v^{(k)} = 0 (k = 4, 5, \cdots, 50).$$

由莱布尼茨公式有

$$y^{(n)} = (x^2 e^x)^{(n)} = C_n^0 (e^x)^{(n)} \cdot x^2 + C_n^1 (e^x)^{(n-1)} (x^2)' + C_n^2 (e^x)^{(n-2)} (x^2)'' + 0.$$

所以

$$y^{(50)} = C_{50}^0 e^x \cdot x^2 + C_{50}^1 e^x \cdot 2x + C_{50}^2 e^x \cdot 2$$

$$= e^x \cdot x^2 + 50 e^x \cdot 2x + \frac{50 \cdot 49}{2} e^x \cdot 2$$

$$= (x^2 + 100x + 2450) e^x.$$

## 三、 隐函数的二阶导数

例 3-45　若方程 $y - 1 = x e^y$ 确定 $y = y(x)$,求 $\dfrac{d^2 y}{dx^2}$.

解　方程两边同时对 $x$ 求导得

$$\frac{dy}{dx} = e^y + x e^y \frac{dy}{dx}.$$

从上式求出 $\dfrac{dy}{dx}$,得

$$\frac{dy}{dx} = \frac{e^y}{1 - x e^y} = \frac{e^y}{2 - y} \quad (因为 \ y - 1 = x e^y).$$

根据二阶导数的定义,有

$$\frac{d^2 y}{dx^2} = \frac{d}{dx} \left( \frac{dy}{dx} \right) = \frac{d}{dx} \left( \frac{e^y}{2 - y} \right)$$

$$= \frac{\dfrac{d}{dx}(e^y) \cdot (2 - y) - e^y \cdot \dfrac{d}{dx}(2 - y)}{(2 - y)^2}$$

$$= \frac{e^y \dfrac{dy}{dx} \cdot (2 - y) + e^y \dfrac{dy}{dx}}{(2 - y)^2}.$$

把 $\dfrac{dy}{dx} = \dfrac{e^y}{2 - y}$ 代入上式得

$$\frac{d^2 y}{dx^2} = \frac{(3 - y) e^{2y}}{(2 - y)^3}.$$

**例 3-46** 若方程 $\cos(xy) - x^2 y = 1$ 确定 $y$ 是 $x$ 的函数,求 $\left.\dfrac{\mathrm{d}^2 y}{\mathrm{d}x^2}\right|_{\substack{x=1 \\ y=0}}$.

**解** 方程两边同时对 $x$ 求导得

$$-\sin(xy)(y + xy') - (2xy + x^2 y') = 0. \tag{3-1}$$

上式两边再同时对 $x$ 求导(注意 $y, y'$ 都是 $x$ 的函数),得

$$-\cos(xy)(y + xy')^2 - \sin(xy)(y' + y' + xy'') - (2y + 2xy' + 2xy' + x^2 y'') = 0. \tag{3-2}$$

将 $x=1, y=0$ 代入方程(3-1),得 $y'\Big|_{\substack{x=1 \\ y=0}} = 0$. 再将 $x=1, y=0, y'=0$ 代入方程(3-2),得 $y'' = 0$,即

$$\left.\frac{\mathrm{d}^2 y}{\mathrm{d}x^2}\right|_{\substack{x=1 \\ y=0}} = 0.$$

## 本节小结

本节主要介绍高阶导数的定义和意义. 要求:

1. 会求简单函数的 $n$ 阶导数. 一般先求出函数的一阶、二阶、三阶或四阶导数,再归纳得 $n$ 阶导数表达式.

2. 会用已有的 $n$ 阶导数公式求复杂函数的 $n$ 阶导数表达式.

3. 会用莱布尼茨公式求 $n$ 阶导数. 求两个函数乘积的 $n$ 阶导数时,若两个函数中有一个是幂函数 $x, x^2$ 或 $x^3$,则用莱布尼茨公式更方便.

## 练习 3.4

基础题

1. 求下列函数的二阶导数:

(1) $y = \sqrt[5]{x^3}$;

(2) $y = 2x^2 + \ln(x+1)$;

(3) $y = x^3 \mathrm{e}^{3x}$;

(4) $y = \tan\dfrac{x}{2}$;

(5) $y = \sec x$;

(6) $y = \cos x \sin x$;

(7) $y = (1 + x^2)\operatorname{arccot} x$;

(8) $y = \ln(x + \sqrt{1 + x^2})$.

2. 证明:函数 $y = C_1 \mathrm{e}^{2x} + C_2 \mathrm{e}^{3x}$($C_1, C_2$ 是常数)满足方程 $y'' - 5y' + 6y = 0$.

3. 证明:函数 $y = (C_1 + C_2 x)\mathrm{e}^{5x}$($C_1, C_2$ 是常数)满足方程 $y'' - 10y' + 25y = 0$.

4. 求下列函数的 $n$ 阶导数：

（1）$y = e^{\alpha x}$（$\alpha$ 是常数）；

（2）$y = \dfrac{1-x}{1+x}$；

（3）$y = x\ln x$；

（4）$y = a_0 + a_1 x + a_2 x^2 + \cdots + a_n x^n$；

（5）$y = \cos 2x$；

（6）$y = \dfrac{1}{x^2 - 5x + 6}$.

5. 求下列隐函数的二阶导数：

（1）$x^3 + y^3 = 2x$；

（2）$xe^y = x + y$.

**提高题**

1. 用莱布尼茨公式求函数 $y = x^2 \cos 3x$ 的 50 阶导数.

2. 已知 $y^3 + y = 2\cos x$，求 $\dfrac{d^2 y}{dx^2}$ 在点 $(0,1)$ 处的值.

3. 已知 $y^{\frac{1}{3}} + x^{\frac{1}{3}} = 4$，求 $\dfrac{d^2 x}{dy^2}$ 在点 $(8,8)$ 处的值.

4. 求函数 $f(x) = x^2 2^x$ 在点 $x=0$ 处的 $n$ 阶导数 $f^{(n)}(0)$.

5. 求函数 $f(x) = |x^3|$ 在点 $x=0$ 处的各阶导数.

6. 设 $y = \arctan x$，求 $y^{(n)}\big|_{x=0}$.

# §3.5   微   分

## 一、 微分的定义

在现实生活中,特别是很多经济问题中,增量被广泛使用. 如当投资增加时,国内生产总值将增加多少？当收入增加时,消费的增量是多少？因此了解增量,探讨计算增量的方法是非常重要的.

先看一个例子. 设 $S$ 表示边长为 $x$ 的正方形的面积,如图 3-12 所示,有 $S = x^2$. 当边长有一个增量 $\Delta x$ 时,面积相应的增量为

$$\Delta S = (x+\Delta x)^2 - x^2 = 2x\Delta x + (\Delta x)^2.$$

$\Delta S$ 由两部分构成:第一部分 $2x\Delta x$ 是 $\Delta x$ 的线性函数；

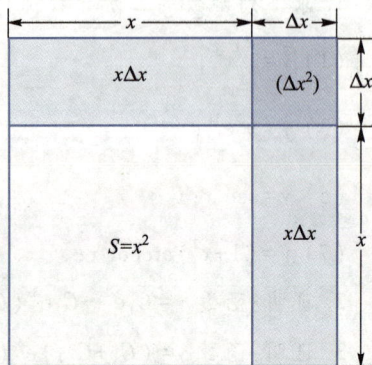
图 3-12

第二部分$(\Delta x)^2$当 $\Delta x \to 0$ 时是比 $\Delta x$ 高阶的无穷小量. 因此当 $\Delta x$ 很小时,第二部分可以忽略不计,那么面积的增量 $\Delta S$ 近似等于 $2x\Delta x$. 这个结论对于可导的一般函数也成立.

设函数 $y=f(x)$ 在点 $x_0$ 处可导,当自变量在点 $x_0$ 处有增量 $\Delta x$ 时,函数相应的真实增量为

$$\Delta y = f(x_0 + \Delta x) - f(x_0).$$

即 $\Delta y$ 也分解为两部分的和.

如果 $f'(x_0)$ 存在,根据导数的定义有 $\lim\limits_{\Delta x \to 0} \dfrac{\Delta y}{\Delta x} = f'(x_0)$,由无穷小量的性质得

$$\frac{\Delta y}{\Delta x} = f'(x_0) + \alpha,$$

其中 $\lim\limits_{\Delta x \to 0} \alpha = 0$. 上述方程两边同乘 $\Delta x$,得

$$\Delta y = f'(x_0)\Delta x + \alpha \Delta x,$$

如图 3-13 所示. $\Delta y$ 由两部分构成:

第一部分 $f'(x_0)\Delta x = A\Delta x$ 为 $\Delta x$ 的线性函数,是 $\Delta y$ 的主要部分,称为 $\Delta y$ 的线性主部,其中 $A = f'(x_0)$ 只与 $x_0$ 有关而与 $\Delta x$ 无关;

第二部分 $\alpha \Delta x = o(\Delta x)$ 当 $\Delta x \to 0$ 时是比 $\Delta x$ 高阶的无穷小量.

所以 $\Delta y$ 可以表示为 $\Delta y = A\Delta x + o(\Delta x)$.

我们有如下的微分定义.

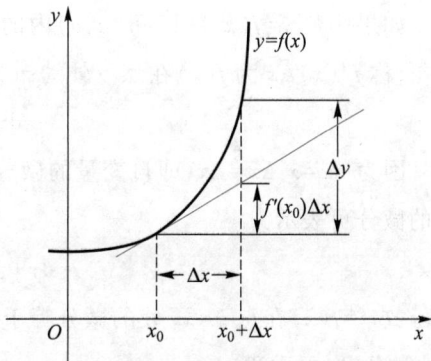

图 3-13

定义 3-4   设函数 $y=f(x)$ 在点 $x_0$ 的某邻域内有定义,如果当自变量 $x$ 在点 $x_0$ 处改变 $\Delta x$ 时,函数 $y=f(x)$ 相应的增量可表示为

$$\Delta y = A\Delta x + o(\Delta x)$$

其中 $A$ 只与 $x_0$ 有关而与 $\Delta x$ 无关,那么称函数 $y=f(x)$ 在点 $x_0$ 处可微,$A\Delta x$ 称为函数 $y=f(x)$ 在点 $x_0$ 处的微分,记为

$$\mathrm{d}y \big|_{x=x_0} \quad \text{或} \quad \mathrm{d}f(x) \big|_{x=x_0},$$

即

$$\mathrm{d}y \big|_{x=x_0} = A\Delta x.$$

从前面的分析可知,若函数 $y=f(x)$ 在点 $x_0$ 处可导,则 $y=f(x)$ 在点 $x_0$ 处可微;反之,函数 $y=f(x)$ 在点 $x_0$ 处可微时,$f(x)$ 在点 $x_0$ 处也可导,且 $A = f'(x_0)$. 关于可导与可微的关系,有如下结论.

定理 3-2   函数 $y=f(x)$ 在点 $x_0$ 处可微的充要条件是函数 $y=f(x)$ 在点 $x_0$ 处可导,且

$$\mathrm{d}y \big|_{x=x_0} = f'(x_0)\Delta x.$$

证明   前面已经证明了定理的充分性,下面证明必要性. 设 $y=f(x)$ 在点 $x_0$ 处可微,根据微分的定义,有

$$\Delta y = A \Delta x + o(\Delta x).$$

两边同时除以 $\Delta x$ 得

$$\frac{\Delta y}{\Delta x} = A + \frac{o(\Delta x)}{\Delta x}.$$

因为

$$\lim_{\Delta x \to 0} \frac{\Delta y}{\Delta x} = A + \lim_{\Delta x \to 0} \frac{o(\Delta x)}{\Delta x} = A + 0 = A,$$

所以函数 $y = f(x)$ 在点 $x_0$ 处可导, 且其导数

$$f'(x_0) = A.$$

因此, 函数 $y = f(x)$ 在点 $x_0$ 处的微分

$$\mathrm{d}y \,\big|_{x=x_0} = f'(x_0) \Delta x.$$

如果函数 $y = f(x)$ 在区间 $(a, b)$ 内的每一点 $x$ 处都可微, 那么称 $f(x)$ 在区间 $(a, b)$ 内可微, 称 $f'(x) \Delta x$ 为 $f(x)$ 在点 $x$ 处的微分, 记为 $\mathrm{d}y$ 或 $\mathrm{d}f(x)$, 即

$$\mathrm{d}y = f'(x) \Delta x.$$

因为 $\mathrm{d}x = x' \Delta x = \Delta x$, 即自变量的微分 $\mathrm{d}x$ 和增量 $\Delta x$ 相等, 所以函数 $y = f(x)$ 在点 $x = x_0$ 处的微分可表示为

$$\mathrm{d}y \,\big|_{x=x_0} = f'(x_0) \mathrm{d}x.$$

即函数 $y = f(x)$ 在点 $x = x_0$ 处的微分等于函数 $y = f(x)$ 在点 $x = x_0$ 处的导数 $f'(x_0)$ 与自变量 $x$ 的微分 $\mathrm{d}x$ 的乘积.

函数 $y = f(x)$ 在点 $x$ 处的微分 $\mathrm{d}y$ 与 $f'(x)$ 和 $\mathrm{d}x$ 有关, 表示为

$$\mathrm{d}y = f'(x) \mathrm{d}x.$$

由上式可得 $f'(x) = \dfrac{\mathrm{d}y}{\mathrm{d}x}$, 这意味着函数 $y = f(x)$ 在点 $x$ 处的导数 $f'(x)$, 等于函数的微分 $\mathrm{d}y$ 与自变量的微分 $\mathrm{d}x$ 之商, 因此导数也称微商.

## 二、微分基本公式与微分运算法则

根据微分的定义, 函数 $y = f(x)$ 在点 $x$ 处的微分

$$\mathrm{d}y = f'(x) \mathrm{d}x.$$

比如, $\mathrm{d}\left(\dfrac{1}{x}\right) = \left(\dfrac{1}{x}\right)' \mathrm{d}x = -\dfrac{1}{x^2} \mathrm{d}x$, $\mathrm{d}(\sqrt{x}) = (\sqrt{x})' \mathrm{d}x = \dfrac{1}{2\sqrt{x}} \mathrm{d}x.$

由微分定义和导数基本公式, 可得基本初等函数的微分公式和微分运算法则.

**1. 微分基本公式**

(1) $\mathrm{d}(C) = 0$($C$ 为常数);

(2) $\mathrm{d}(x^\mu) = \mu x^{\mu-1} \mathrm{d}x$($\mu$ 为任意实数);

(3) $d(a^x) = a^x \ln a dx (a>0, a \neq 1)$,特别地,$d(e^x) = e^x dx$;

(4) $d(\log_a x) = \dfrac{1}{x\ln a} dx (a>0, a \neq 1)$,特别地,$d(\ln x) = \dfrac{1}{x} dx$;

(5) $d(\sin x) = \cos x dx, d(\cos x) = -\sin x dx$,

    $d(\tan x) = \sec^2 x dx, d(\cot x) = -\csc^2 x dx$,

    $d(\sec x) = \sec x \tan x dx, d(\csc x) = -\csc x \cot x dx$;

(6) $d(\arcsin x) = \dfrac{dx}{\sqrt{1-x^2}}, d(\arccos x) = -\dfrac{dx}{\sqrt{1-x^2}}$;

    $d(\arctan x) = \dfrac{dx}{1+x^2}, d(\operatorname{arccot} x) = -\dfrac{dx}{1+x^2}$.

### 2. 微分的运算法则

设函数 $u=u(x), v=v(x)$ 可微,则

(1) $d(u \pm v) = du \pm dv$;

(2) $d(Cu) = Cdu$($C$ 为任意常数);

(3) $d(uv) = vdu + udv$;

(4) $d\left(\dfrac{u}{v}\right) = \dfrac{vdu - udv}{v^2}, v \neq 0$.

根据微分定义和复合函数的求导法则可得复合函数的微分法则:

设函数 $y = f(u), u = g(x)$ 都可微,则复合函数 $f[g(x)]$ 也可微,且

$$dy = f'[g(x)]g'(x)dx.$$

这是因为

$$dy = df[g(x)] = \{f[g(x)]\}'dx = f'[g(x)]g'(x)dx.$$

注意到 $u = g(x), du = g'(x)dx$,则上式也可表示为

$$dy = f'(u)du.$$

由此可知,无论 $u$ 是自变量还是中间变量,$y = f(u)$ 的微分形式都是 $dy = f'(u)du$,称这一性质为微分形式不变性.

根据微分定义和微分运算法则,可以求初等函数的微分. 下面通过实例介绍求微分的各种方法.

**例 3-47** 求函数 $y = \cos e^x$ 的微分 $dy$.

**解 方法一** 由复合函数求导法则得

$$y' = -\sin e^x \cdot (e^x)' = -e^x \sin e^x.$$

根据微分定义,

$$dy = -e^x \sin e^x dx.$$

**方法二** 因为函数 $y = \cos e^x$ 由 $y = f(u) = \cos u, u = g(x) = e^x$ 复合而成,用微分形式不变性得

$$dy = f'(u)\,du = -\sin u\,du = -\sin e^x\,d(e^x) = -e^x \sin e^x\,dx.$$

**例 3-48**  已知 $y = 5^{\ln(x^2+2x)}$, 求 $dy$.

**解**  由微分形式不变性得

$$dy = d\left[5^{\ln(x^2+2x)}\right] = 5^{\ln(x^2+2x)} \ln 5\,d\left[\ln(x^2+2x)\right]$$

$$= 5^{\ln(x^2+2x)} \ln 5 \cdot \frac{1}{x^2+2x}d(x^2+2x)$$

$$= 5^{\ln(x^2+2x)} \ln 5 \cdot \frac{1}{x^2+2x}(2x+2)\,dx$$

$$= 5^{\ln(x^2+2x)} \ln 5 \cdot \frac{2(x+1)}{x^2+2x}\,dx.$$

**例 3-49**  已知函数 $y = e^{\sec x}\arctan x$, 求 $dy$.

**解**  由乘积微分运算法则和微分形式不变性得

$$dy = \arctan x\,d(e^{\sec x}) + e^{\sec x}d(\arctan x)$$

$$= \arctan x \cdot e^{\sec x}d(\sec x) + e^{\sec x} \cdot \frac{1}{1+x^2}dx$$

$$= \arctan x \cdot e^{\sec x} \cdot \sec x\tan x\,dx + e^{\sec x} \cdot \frac{1}{1+x^2}dx$$

$$= e^{\sec x}\left(\arctan x \cdot \sec x\tan x + \frac{1}{1+x^2}\right)dx.$$

**例 3-50**  若方程 $x+\sin y = e^{xy}$ 确定隐函数 $y = f(x)$, 求 $dy$ 和 $y'$.

**解**  方程两边同时微分, 由微分运算法则得

$$dx + d(\sin y) = d(e^{xy}),$$

$$dx + \cos y\,dy = e^{xy}d(xy),$$

$$dx + \cos y\,dy = e^{xy}(x\,dy + y\,dx).$$

从上式解出 $dy$ 得

$$dy = \frac{ye^{xy}-1}{\cos y - xe^{xy}}dx.$$

因为导数等于微分之商, 所以

$$y' = \frac{dy}{dx} = \frac{ye^{xy}-1}{\cos y - xe^{xy}}.$$

## 三、 微分在近似计算中的应用

由微分的定义知, 如果函数 $y = f(x)$ 在点 $x = x_0$ 处可微, 那么

$$\Delta y = f'(x_0)\,dx + o(\Delta x) = dy + o(\Delta x).$$

因为当 $\Delta x \to 0$ 时,$o(\Delta x)$是比 $\Delta x$ 高阶的无穷小量,所以当 $|\Delta x|$ 很小时,$o(\Delta x)$ 可以忽略不计,有近似公式 $\Delta y \approx \mathrm{d}y$(图 3-14).

**例 3-51**　已知函数 $y = x^3 - x$,求在点 $x = 2$ 处 $\Delta x$ 分别等于 $0.1, 0.01$ 时的 $\Delta y$ 和 $\mathrm{d}y$.

**解**　在点 $x = 2$ 处,当 $\mathrm{d}x = \Delta x = 0.1$ 时,

$$\Delta y = f(x + \Delta x) - f(x) = (2.1^3 - 2.1) - (2^3 - 2) = 1.161.$$

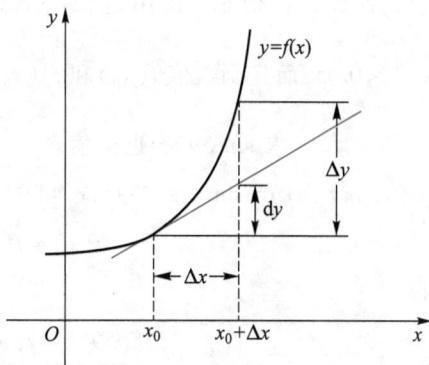

图 3-14

因为 $\mathrm{d}y = (3x^2 - 1)\mathrm{d}x$,所以 $\mathrm{d}y \big|_{\substack{x=2 \\ \Delta x = 0.1}} = 1.1$.

在点 $x = 2$ 处,当 $\mathrm{d}x = \Delta x = 0.01$ 时,

$$\Delta y = f(x + \Delta x) - f(x) = (2.01^3 - 2.01) - (2^3 - 2) = 0.110\ 601.$$

因为 $\mathrm{d}y = (3x^2 - 1)\mathrm{d}x$,所以 $\mathrm{d}y \big|_{\substack{x=2 \\ \Delta x = 0.01}} = 0.11$.

由微分定义知,微分 $\mathrm{d}y$ 是自变量的增量 $\Delta x$ 的线性函数,比较容易计算. 因此实际问题中在函数可微的条件下,当自变量的增量 $\Delta x$ 很小时,我们常用微分 $\mathrm{d}y$ 近似代替函数的增量 $\Delta y$.

**例 3-52**　设圆的半径 $r$ 从 1 cm 增加到 1.01 cm,试用微分计算圆的面积 $A$ 的增量.

**解**　圆的面积 $A = \pi r^2, r = 1, \mathrm{d}r = \Delta r = 0.01, A' = 2\pi r$. 由近似公式有

$$\Delta A \approx \mathrm{d}A = A'\mathrm{d}r = 2\pi r \mathrm{d}r = 2\pi \times 1 \times 0.01 \approx 0.062\ 83.$$

所以圆的面积 $A$ 的增量近似等于 $0.062\ 83$ cm$^2$.

函数 $y = f(x)$ 在点 $x = x_0$ 处可微时,因为 $\Delta y = f(x_0 + \Delta x) - f(x_0)$,$\mathrm{d}y \big|_{x=x_0} = f'(x_0)\Delta x$,所以近似公式 $\Delta y \approx \mathrm{d}y$ 也可表示为

$$f(x_0 + \Delta x) - f(x_0) \approx f'(x_0)\Delta x.$$

由此可得当 $|\Delta x|$ 很小时,$f(x_0 + \Delta x)$ 的近似计算公式:

$$f(x_0 + \Delta x) \approx f(x_0) + f'(x_0)\Delta x$$

或

$$f(x_0 + \mathrm{d}x) \approx f(x_0) + \mathrm{d}y \big|_{x=x_0}.$$

设 $x = x_0 + \Delta x$,则有

$$f(x) \approx f(x_0) + f'(x_0)(x - x_0).$$

微分运算与
近似计算

上述近似公式的几何意义如图 3-15 所示. 因为直线 $y = f(x_0) + f'(x_0)(x - x_0)$ 就是曲线 $f(x)$ 在点 $(x_0, f(x_0))$ 处的切线,所以上述近似公式表示在切点 $(x_0, f(x_0))$ 附近用切线段近似代替曲线段,且离切点越近近似程度越好.

当计算 $f(x)$ 的真实值很困难时,我们可用近

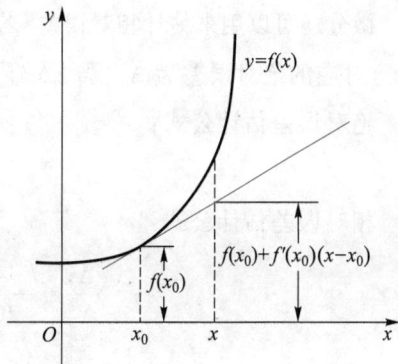

图 3-15

似公式计算其近似值. 在用近似公式时, 要注意点 $x_0$ 必须在点 $x$ 附近, 一般要满足 $\left|\dfrac{x-x_0}{x_0}\right| < 0.05$, 而且函数值 $f(x_0)$ 和 $f'(x_0)$ 容易计算.

**例 3-53** 求 $\sin 59°$ 的近似值.

**解** 设 $f(x) = \sin x$, $x = 59°$, $x_0 = 60°$, 因此 $f'(x) = \cos x$. 由近似公式

$$f(x) \approx f(x_0) + f'(x_0)(x - x_0)$$

可得

$$f(59°) \approx f(60°) + f'(60°) \cdot (-1°)$$

也就是

$$\sin 59° \approx \sin 60° + \cos 60° \cdot \left(-\frac{\pi}{180}\right) = \frac{\sqrt{3}}{2} - \frac{1}{2} \cdot \frac{\pi}{180} \approx 0.857\ 3.$$

当 $|x|$ 很小时, 我们取 $x_0 = 0$, 相应的近似计算公式为 $f(x) \approx f(0) + f'(0)x$, 用它可得如下常用近似公式: 在 $|x|$ 很小的条件下, 有

$$\sin x \approx x, \quad \tan x \approx x, \quad \arcsin x \approx x, \quad \arctan x \approx x,$$

$$e^x \approx 1 + x, \quad \ln(1+x) \approx x, \quad \sqrt[n]{1+x} \approx 1 + \frac{x}{n}.$$

**例 3-54** 计算 $\sqrt[5]{33}$ 的近似值.

**解** 因为

$$\sqrt[5]{33} = \sqrt[5]{32+1} = 2 \cdot \sqrt[5]{1 + \frac{1}{32}},$$

取 $x = \dfrac{1}{32}$, 则 $|x|$ 很小, 所以由近似公式 $\sqrt[n]{1+x} \approx 1 + \dfrac{x}{n}$, 得

$$\sqrt[5]{1 + \frac{1}{32}} \approx 1 + \frac{1}{5} \cdot \frac{1}{32} = 1.006\ 25.$$

因此

$$\sqrt[5]{33} = 2 \cdot \sqrt[5]{1 + \frac{1}{32}} \approx 2.012\ 5.$$

微分还可以用来估计相对误差. 若 $y = f(x)$, 设测量 $x = x_0$ 时产生的绝对误差为 $\Delta x$, $y_0 = f(x_0)$ 对应的绝对误差为 $\Delta y$, 当 $|\Delta x|$ 很小时, 由微分近似计算知

绝对误差估计公式:

$$\Delta y \approx f'(x_0) \Delta x.$$

相对误差估计公式:

$$\frac{\Delta y}{y_0} \approx \frac{f'(x_0) \Delta x}{f(x_0)} = x_0 \cdot \frac{f'(x_0)}{f(x_0)} \frac{\Delta x}{x_0}.$$

由上式可见, 自变量的相对变化率 $\dfrac{\Delta x}{x_0}$ 与函数相应的相对变化率 $\dfrac{\Delta y}{y_0}$ 之间的近似关系.

## *四、 高阶微分

高阶微分的定义和高阶导数的定义类似. 如果函数 $y=f(x)$ 的微分 $dy=f'(x)dx$ 可微, 那么 $dy$ 的微分称为 $y=f(x)$ 的二阶微分, 记为 $d^2y$.

注意 $dx=\Delta x$ 相对变量 $x$ 是常数, 并记 $(dx)^2=dx^2$, 则

$$d^2y=d(dy)=d(f'(x)dx)=dx\cdot df'(x)=dx\cdot f''(x)dx=f''(x)dx^2.$$

如果 $d^2y$ 可微, 那么 $d^2y$ 的微分称为 $y=f(x)$ 的三阶微分, 记为 $d^3y$, 且

$$d^3y=d(d^2y)=d(f''(x)dx^2)=dx^2\cdot df''(x)=dx^2\cdot f'''(x)dx=f'''(x)dx^3.$$

一般地, 函数 $y=f(x)$ 的 $n$ 阶微分记为 $d^ny$, 且

$$d^ny=d(f^{(n-1)}(x)dx^{n-1})=dx^{n-1}\cdot f^{(n)}(x)dx=f^{(n)}(x)dx^n,$$

其中 $(dx)^n=dx^n$.

从高阶微分的定义可得

$$f''(x)=\frac{d^2y}{dx^2}, f'''(x)=\frac{d^3y}{dx^3}, \cdots, f^{(n)}(x)=\frac{d^ny}{dx^n},$$

即导数等于微分之商.

## 本节小结

本节主要介绍微分的定义、微分的运算和微分在近似计算中的应用. 要求:

1. 会用公式 $dy=f'(x)dx$ 求微分.

2. 会用微分基本公式、微分运算法则和微分形式不变性求微分.

3. 会用微分作近似计算. 近似计算时应正确选择函数 $f(x)$, 点 $x$ 和 $x_0$, 且满足条件 $\left|\dfrac{x-x_0}{x_0}\right|<0.05$.

## 练习 3.5

基础题

1. 已知 $y=x^3$, 计算点 $x=2$ 处当 $\Delta x=0.01$ 时 $\Delta y$ 和 $dy$ 的值, 并用图形表示它们.

2. 已知 $y=1-x^2$, 计算点 $x=1$ 处当 $\Delta x=-0.1$ 时 $\Delta y$ 和 $dy$ 的值, 并用图形表示它们.

3. 设球的半径 $r$ 从 5 cm 增加到 5.01 cm, 试用微分计算球的体积的增量.

4. （1）证明近似公式：当 $|x|$ 很小时，$e^x \approx 1+x$；

（2）描述（1）的几何意义；

（3）利用（1）求 $e^{-0.05}$ 的近似值.

5. 计算 $\cos 29°$ 和 $\sqrt[3]{996}$ 的近似值.

6. 求下列函数的微分：

（1）$y = \dfrac{x}{\sqrt{x^2+1}}$；

（2）$y = [\ln(1-x)]^2$；

（3）$y = x^2 e^{2x}$；

（4）$y = \ln(\ln x)$；

（5）$y = \cos(\cos x)$；

（6）$y = e^x \arctan x$；

（7）$y = \arcsin \sqrt{1-x^2}$；

（8）$y = e^{2x} \sin 3x$；

（9）$y = \dfrac{x}{\sqrt{1-x^2}}$，在点 $x=0$ 处；

（10）$y = \arccos \dfrac{1}{|x|}$.

7. 求下列隐函数的微分 $dy$：

（1）$x^3 + x^2 y + xy^2 = y$；

（2）$\cos xy = y+x$.

8. 在下列括号内填入适当的函数：

（1）$c\,dx = d(\quad)$（$c$ 为常数）；

（2）$dx = \dfrac{1}{2}d(\quad)$；

（3）$dx = 5d(\quad)$；

（4）$x\,dx = \dfrac{1}{2}d(\quad)$；

（5）$\dfrac{1}{\sqrt{x}}dx = d(\quad)$；

（6）$x^a dx = d(\quad)$（$a \neq -1$）；

（7）$\dfrac{1}{x}dx = d(\quad)$；

（8）$a^x dx = d(\quad)$；

（9）$\sin x\,dx = d(\quad)$；

（10）$\cos x\,dx = d(\quad)$；

（11）$\sec^2 x\,dx = d(\quad)$；

（12）$\csc^2 x\,dx = d(\quad)$；

（13）$\sec x\tan x\,dx = d(\quad)$；

（14）$\csc x\cot x\,dx = d(\quad)$；

（15）$\dfrac{1}{\sqrt{1-x^2}}dx = d(\quad)$；

（16）$\dfrac{1}{1+x^2}dx = d(\quad)$.

提高题

1. 已知函数 $y=f(x)$ 由方程 $xy+e^y=e$ 确定，求 $dy\big|_{x=0}$.

2. （圆环面积）水管壁的正截面是一个圆环，设它的内半径为 $R_0$，壁厚为 $h$，利用微分计算这个圆环面积的近似值.

3. 设 $u(x)=\ln x, v(x)=e^x$，求 $d^2\left(\dfrac{u}{v}\right), d^3(uv)$.

4. 为了使计算出的球体积精确到 1%,问度量半径为 $r$ 时允许发生的相对误差最多为多少?

# §3.6 导数在经济管理问题中的应用——边际与弹性

## 一、边际

导数作为函数的变化率,在现实世界有广泛的应用. 物理学家用位置函数的变化率即速度和加速度描述运动;经济学家称函数的变化率或导数为边际,如边际成本、边际收益、边际利润等.

**1. 边际成本**

假设生产某商品的总成本函数为 $C(x)$,$x$ 为产量,则总成本函数 $C(x)$ 相对产量 $x$ 的变化率 $C'(x)$ 称为边际成本函数,并用 $MC$(marginal cost)表示,即

$$MC = C'(x),$$

称 $C'(x_0)$ 为总成本函数 $C(x)$ 当产量为 $x_0$ 时的边际成本.

边际成本 $C'(x_0)$ 的实际意义是什么呢?

根据导数的定义,有

$$C'(x_0) = \lim_{\Delta x \to 0} \frac{C(x_0 + \Delta x) - C(x_0)}{\Delta x}.$$

由极限和无穷小量的关系可知,当 $|\Delta x|$ 很小时,有

$$C'(x_0) \approx \frac{C(x_0 + \Delta x) - C(x_0)}{\Delta x}.$$

当 $\Delta x = 1$,即产量增加一个单位时(因为一个单位相对总产量 $x_0$ 来说很小),有

$$C'(x_0) \approx C(x_0 + 1) - C(x_0).$$

实际上利用微分近似计算也可得上式. 上式表示 $C'(x_0)$ 近似等于生产 $x_0 + 1$ 个单位商品所需的成本减生产 $x_0$ 个单位商品所需的成本,一般略去"近似"二字. 由此可见,边际成本 $C'(x_0)$ 的经济意义:在产量为 $x_0$ 时,多生产一个单位商品的总成本的增量,或表示在已生产 $x_0$ 个单位商品时,生产第 $x_0 + 1$ 个单位商品增加的成本.

例 3-55 某工厂生产某商品的总成本(单位:元)函数为

$$C(x) = 100 + \frac{x^2}{4},$$

$x$ 为产量(单位:件),求:

(1) 产量为 10 件时的总成本、平均成本和边际成本;

（2）说明产量为 10 件时边际成本的经济意义.

解    （1）总成本

$$C(x) = 100 + \frac{x^2}{4},$$

平均成本

$$\overline{C}(x) = \frac{C(x)}{x} = \frac{100}{x} + \frac{x}{4},$$

边际成本

$$C'(x) = \frac{x}{2}.$$

当 $x = 10$ 时，$C(10) = 125$ 元，$\overline{C}(10) = 12.5$ 元/件，$C'(10) = 5$ 元/件. 即产量为 10 件时的总成本、平均成本和边际成本分别是 125 元，12.5 元/件，5 元/件.

（2）$C'(10) = 5$ 的经济意义：当产量为 10 件时，再多生产一件商品，总成本将增加 5 元.

**2. 边际收益**

设某公司销售某种商品的总收益函数为 $R = R(Q)$，$Q$ 为销量，称收益 $R(Q)$ 相对销量 $Q$ 的变化率 $R'(Q)$ 为边际收益函数，并用 $MR$(marginal revenue) 表示，即

$$MR = R'(Q).$$

$R'(Q_0)$ 为销量为 $Q_0$ 时的边际收益，其经济意义：在销量为 $Q_0$ 时，多销售一个单位商品的总收益的增量，或表示在已销售 $Q_0$ 个单位商品时，销售第 $Q_0 + 1$ 个单位商品增加的收益.

**例 3-56**    假定市场均衡，设某商品的需求函数

$$Q = 168 - 8P,$$

$Q$ 为需求量，$P$ 为价格，求销量 $Q = 20$ 时的边际收益，并说明 $Q = 20$ 时边际收益的经济意义.

解    将需求函数改写为

$$P = 21 - \frac{Q}{8}.$$

因为收益等于价格乘以销量，所以收益函数为

$$R(Q) = PQ = 21Q - \frac{Q^2}{8},$$

边际收益函数为

$$R'(Q) = 21 - \frac{Q}{4}.$$

因此，$R'(20) = 16$，即当销量为 20 时，多销售一个单位商品，总收益将增加 16 个货币单位.

**3. 边际利润**

设某公司销售某种商品的总利润函数为 $L = L(Q)$，$Q$ 为销量. 总利润函数 $L(Q)$ 相对

销量 $Q$ 的变化率 $L'(Q)$ 称为边际利润函数,记为 $ML$. $L'(Q_0)$ 是销量为 $Q_0$ 时的边际利润,其经济意义:在销量为 $Q_0$ 时,多销售一个单位商品的总利润的增量,或表示在已销售 $Q_0$ 个单位商品时,销售第 $Q_0+1$ 个单位商品增加的利润.

利润等于收益减成本,即

$$L(Q) = R(Q) - C(Q),$$

$Q$ 为产量(或销量),所以边际利润等于边际收益减边际成本,即

$$L'(Q) = R'(Q) - C'(Q).$$

当 $L'(Q_0) = 0$,即 $R'(Q_0) = C'(Q_0)$ 时,表示销量为 $Q_0$ 时,多销售一个单位商品的总利润的增量为零,一般意味着总利润在 $Q_0$ 处达到最大.经济学中等式 $R'(Q) = C'(Q)$ 被称为厂商理论(第 4 章中将进一步论证该理论).一般称使边际收益等于边际成本的产量 $Q$ 为最优产量.

例 3-57    设某商品的需求函数为 $P = 50 - \dfrac{Q}{2}$(其中 $Q$ 为需求量,$P$ 为价格),总成本函数为 $C(Q) = 42 + 5Q$,根据厂商理论求最优产量.

解    总收益函数为

$$R(Q) = PQ = 50Q - \frac{Q^2}{2},$$

则

$$R'(Q) = 50 - Q, \quad C'(Q) = 5.$$

若边际收益等于边际成本,即 $R'(Q) = C'(Q)$,则

$$50 - Q = 5,$$

即

$$Q = 45.$$

根据厂商理论,产量为 45 时,利润达到最大,因此 $Q = 45$ 为最优产量.

## 二、 弹性

函数 $y = f(x)$ 的边际函数 $f'(x)$ 描述的是变量 $x$ 与变量 $y$ 的绝对改变量之间的关系,弹性描述的是变量 $x$ 与变量 $y$ 的相对改变量之间的关系.

**1. 弹性的概念**

由例 3-56 可知收益 $R(Q) = 21Q - \dfrac{Q^2}{8}$,在 $Q = 20$ 处,当 $\Delta Q = 1$ 时,$\Delta R \approx R'(20) = 16$,即边际解决了两个经济变量的绝对改变量 $\Delta Q$ 与 $\Delta R$ 之间的关系.现在想知道在 $Q = 20$ 处,如果销量增加 1%,销售收益在相应的收益 $R = 370$ 处将改变多少?利用边际无法回答,需要建立相对改变量 $\dfrac{\Delta Q}{Q}$ 与 $\dfrac{\Delta R}{R(Q)}$ 之间的关系.类似的经济问题有很多,如当商品的价格上涨 1% 时,商品的需求量将如何变化?投资增加一个百分点时,国内生产总值将增加几个百

分点等. 相对改变量 $\dfrac{\Delta Q}{Q}$ 与 $\dfrac{\Delta R}{R(Q)}$ 之间存在什么关系呢?

因为

$$\Delta R \approx R'(Q)\Delta Q,$$

由微分近似计算可得

$$\frac{\Delta R}{R(Q)} \approx \frac{R'(Q)\Delta Q}{R(Q)} = Q \cdot \frac{R'(Q)}{R(Q)} \cdot \frac{\Delta Q}{Q}.$$

因此当 $\dfrac{\Delta Q}{Q} = 1\%$ 时,

$$\frac{\Delta R}{R(Q)} \approx \left( Q \cdot \frac{R'(Q)}{R(Q)} \right)\%.$$

把 $Q = 20$ 代入上式得

$$\frac{\Delta R}{R(Q)} \approx \left( Q \cdot \frac{R'(Q)}{R(Q)} \right)\% = \left( 20 \cdot \frac{16}{370} \right)\% \approx 0.86\%,$$

即当 $Q = 20$ 时,如果销量增加 $1\%$,那么收益在 $R = 370$ 的基础上将近似增加 $0.86\%$. 一般略去"近似"二字.

一般地,如果函数 $y = f(x)$ 在 $x = x_0$ 的某邻域内有定义,且 $y_0 = f(x_0) \neq 0$,当 $x$ 在 $x_0$ 处增加 $\Delta x$ 时,函数相应的增量为 $\Delta y = f(x_0 + \Delta x) - f(x_0)$,因此自变量的平均相对变化率为 $\dfrac{\Delta x}{x_0}$,函数相应的平均相对变化率为 $\dfrac{\Delta y}{y_0}$. 若 $y = f(x)$ 在 $x = x_0$ 处可导,利用可导性,可得极限

$$\lim_{\Delta x \to 0} \frac{\Delta y / y_0}{\Delta x / x_0} = \lim_{\Delta x \to 0} \left( \frac{x_0}{f(x_0)} \cdot \frac{\Delta y}{\Delta x} \right) = x_0 \frac{f'(x_0)}{f(x_0)}.$$

再根据极限和无穷小量的关系有

$$\frac{\Delta y / y_0}{\Delta x / x_0} \approx x_0 \frac{f'(x_0)}{f(x_0)},$$

即

$$\frac{\Delta y}{y_0} \approx x_0 \frac{f'(x_0)}{f(x_0)} \frac{\Delta x}{x_0}.$$

因此当 $\dfrac{\Delta x}{x_0} = 1\%$ 时,

$$\frac{\Delta y}{y_0} \approx \left( x_0 \cdot \frac{f'(x_0)}{f(x_0)} \right)\%.$$

上述结果和前面由微分近似计算推出的结果一致. 下面我们引入一个无量纲的概念,即弹性.

定义 3-5　设函数 $y = f(x)$ 可导,当 $f(x) \neq 0$ 时,称 $x \cdot \dfrac{f'(x)}{f(x)}$ 为函数 $f(x)$ 的弹性函数,记为 $\dfrac{Ey}{Ex}$,即

$$\frac{Ey}{Ex} = x \cdot \frac{f'(x)}{f(x)}.$$

当 $f(x_0) \neq 0$ 时,称

$$\left.\frac{Ey}{Ex}\right|_{x=x_0} = x_0 \cdot \frac{f'(x_0)}{f(x_0)}$$

为函数 $f(x)$ 在 $x=x_0$ 处的弹性.

弹性 $\left.\dfrac{Ey}{Ex}\right|_{x=x_0}$ 表示在 $x=x_0$ 的基础上,$x$ 改变 1%,函数将在 $y_0 = f(x_0)$ 的基

础上改变 $\left(\left.\dfrac{Ey}{Ex}\right|_{x=x_0}\right)$%. $\left.\dfrac{Ey}{Ex}\right|_{x=x_0}$ 的符号表示变化的方向,当 $\left.\dfrac{Ey}{Ex}\right|_{x=x_0} > 0$ 时,自

变量增加,函数值也增加;当 $\left.\dfrac{Ey}{Ex}\right|_{x=x_0} < 0$ 时,自变量增加,函数值却减少.

若函数 $y=f(x)$ 的弹性函数 $\dfrac{Ey}{Ex} = C$,$C$ 为常数,则称函数 $y=f(x)$ 有不变弹性.

**例 3-58** 求函数 $y = \mathrm{e}^{4x}$ 的弹性函数,并求 $x=2$ 时的弹性.

**解** 因为

$$y' = 4\mathrm{e}^{4x},$$

所以弹性函数为

$$\frac{Ey}{Ex} = x \cdot \frac{y'}{y} = x \cdot \frac{4\mathrm{e}^{4x}}{\mathrm{e}^{4x}} = 4x.$$

故

$$\left.\frac{Ey}{Ex}\right|_{x=2} = 8.$$

**例 3-59** 已知模型 $\ln y = \beta_0 + \beta_1 \ln x$,其中 $\beta_0, \beta_1$ 为常数,求弹性函数 $\dfrac{Ey}{Ex}$.

**解** 方程两边对 $x$ 求导得

$$\frac{y'}{y} = \frac{\beta_1}{x},$$

因此

$$\beta_1 = x \cdot \frac{y'}{y}.$$

由弹性函数的定义知

$$\frac{Ey}{Ex} = \beta_1,$$

即模型系数 $\beta_1$ 就是变量 $y$ 对变量 $x$ 的弹性. 我们将在后续课程中使用这一结论.

**2. 弹性的经济应用**

（1）需求弹性

设某商品的需求函数为 $Q^D = D(P)$,其中 $D$ 为需求量,$P$ 为价格,需求量对价格的弹

性称为**需求弹性**,记为 $\eta$,即

$$\eta = \frac{ED}{EP} = P \cdot \frac{D'(P)}{D(P)}.$$

价格的波动会导致需求量的变化,一般情况下价格上涨,需求量下降,因而需求弹性 $\eta < 0$.

若 $P = P_0$ 时,$\left.\dfrac{ED}{EP}\right|_{P=P_0} = \eta_0$,说明当价格在 $P = P_0$ 的基础上上涨 $1\%$,需求量将在 $D_0 = D(P_0)$ 的基础上下降 $|\eta_0|\%$.

若商品的需求弹性 $|\eta| > 1$,则称该商品的需求量对价格富有弹性,这时需求量下降的幅度将大于价格上涨的幅度;若 $|\eta| < 1$,则称该商品的需求量对价格缺乏弹性,这时需求量下降的幅度将小于价格上涨的幅度;若 $|\eta| = 1$,则称该商品具有单位弹性,这时价格上涨的幅度和需求量下降的幅度相同.

**例 3-60**    某商品的需求函数为 $Q^D = D(P) = \mathrm{e}^{-\frac{P}{5}}$.

(1) 求需求弹性函数;

(2) 求 $P = 6$ 时的需求弹性,并说明其经济意义.

**解**    (1) 根据弹性定义,需求弹性函数

$$\frac{EQ^D}{EP} = P \cdot \frac{D'(P)}{D(P)} = P \cdot \frac{-\dfrac{1}{5}\mathrm{e}^{-\frac{P}{5}}}{\mathrm{e}^{-\frac{P}{5}}} = -\frac{P}{5}.$$

(2) $P = 6$ 时的需求弹性为

$$\eta = \left.\frac{EQ^D}{EP}\right|_{P=6} = -\frac{6}{5} = -1.2.$$

$|\eta| = 1.2 > 1$,为富有弹性,表示当价格在 $P = 6$ 的基础上上涨 $1\%$,需求量将下降 $1.2\%$.

(2) 供给弹性

设某商品的供给函数为 $Q^s = S(P)$,其中 $S$ 为供给量,$P$ 为价格,则供给量对价格的弹性

$$\frac{ES}{EP} = P \cdot \frac{S'(P)}{S(P)}$$

称为**供给弹性**.

因为一般情况下价格上涨,供给量会增加,所以对供给函数 $Q^s = S(P)$,有 $\dfrac{ES}{EP} > 0$.

(3) 收益弹性

设某商品的需求函数为 $Q = Q(P)$,其中 $Q$ 为需求量,$P$ 为价格,则收益函数为

$$R(P) = PQ = PQ(P).$$

根据弹性函数的定义,收益对价格的弹性为

$$\frac{ER}{EP} = P \cdot \frac{R'(P)}{R(P)},$$

称之为**收益弹性**. 把 $R(P) = PQ(P)$ 代入上式得

$$\frac{ER}{EP}=P\cdot\frac{R'(P)}{R(P)}=\frac{P}{PQ(P)}[Q(P)+PQ'(P)]$$

$$=1+\frac{PQ'(P)}{Q(P)}=1+\frac{EQ}{EP},$$

即

$$\frac{ER}{EP}=1+\frac{EQ}{EP}.$$

上式表示收益弹性等于需求弹性加 1. 由此可得当$\frac{EQ}{EP}>-1$ 时,提高价格收益将增加;当

$\frac{EQ}{EP}<-1$ 时,提高价格收益将减少.

利润对价格的弹性留给有兴趣的读者自行探讨.

## 本节小结

本节主要介绍边际和弹性的概念和意义. 边际和弹性都是经济函数的变化率问题.
要求:

1. 掌握边际成本、边际收益、边际利润,了解边际的意义.
2. 掌握需求弹性、供给弹性、收益弹性,了解弹性的意义.

## 练习 3.6

**基础题**

1. 设某洗衣机厂生产 $x$ 台洗衣机的总成本(单位:百元)函数是

$$C(x)=2\,000+100x-0.01x^2.$$

(1) 求生产 100 台洗衣机的平均成本;

(2) 求生产 100 台洗衣机后,再生产第 101 台洗衣机所需要的真实成本;

(3) 求生产 100 台洗衣机时的边际成本,指出其经济意义,并阐述它和"再生产第 101 台洗衣机所需要的真实成本"的关系.

2. 已知销售某商品 $x$ 件的总收益(单位:元)函数为 $R(x)=100x-0.005x^2$,求销量分别为 1 000 件和 10 000 件时的边际收益,并指出它们的经济意义.

3. 已知某企业的总成本函数和总收益函数分别为

$$C(x) = 1\ 000 + 5x + \frac{x^2}{10}, \quad R(x) = 200x + \frac{x^2}{20}.$$

（1）求边际成本、边际收益和边际利润；

（2）求销售第 251 个单位商品时增加的利润.

4. 设市场上某商品的需求函数为 $D(P) = 10^{2.1} \cdot P^{-0.25}$.

（1）求需求量对价格的弹性；

（2）求 $P = 2$ 时需求量对价格的弹性，并指出其经济意义.

**提高题**

设某商品的需求函数 $Q = f(P)$ 是可导函数，$Q$ 表示需求量，$P$ 表示商品价格，$R$ 表示商品总收益，求商品的收益弹性和需求弹性之间的关系，并解释其经济意义.

# §3.7  导数在 MATLAB 中的实现

在学习过一元函数的求导方法后，对于一些复杂的导数问题，我们可以通过 MATLAB 来求解，下面一起来学习相关的命令及方法.

在 MATLAB 中，可以用 diff 函数求具体函数的导数，diff 函数的具体调用格式如下：

```
diff(f,x,n)
```

该函数的功能是将函数 f 对自变量 x 求 n 阶导数. 其中，若 n 缺省，则默认返回 f 的一阶导数；若 x 缺省，则默认返回 f 预设的独立变量的 n 阶导数.

1. 已知 $f(x) = x^2 \cos x \sin \dfrac{1}{x}$，求 $f'(x)$，$f''(x)$.

**解**  代码如下：

```
syms x;
f = x^2 * cos(x) * sin(1/x)
f1 = diff(f,x)
f2 = diff(f,x,2)
```

按"Enter"键，即可得到一阶导数和二阶导数如下：

```
f = x^2 * sin(1/x) * cos(x)
f1 = 2 * x * sin(1/x) * cos(x) - x^2 * sin(1/x) * sin(x) - cos(1/x) * cos(x)
f2 = 2 * cos(1/x) * sin(x) + 2 * sin(1/x) * cos(x) - 4 * x * sin(1/x) * sin(x) - (2 * cos
(1/x) * cos(x))/x - (sin(1/x) * cos(x))/x^2 - x^2 * sin(1/x) * cos(x)
```

故

$$f'(x) = 2x\sin\frac{1}{x}\cos x - x^2\sin\frac{1}{x}\sin x - \cos\frac{1}{x}\cos x,$$

$$f''(x) = 2\cos\frac{1}{x}\sin x + 2\sin\frac{1}{x}\cos x - 4x\sin\frac{1}{x}\sin x - \frac{2\cos\dfrac{1}{x}\cos x}{x} - \frac{\sin\dfrac{1}{x}\cos x}{x^2} - x^2\sin\frac{1}{x}\cos x.$$

2. 求由参数方程 $\begin{cases} x = 1 - \sin t, \\ y = 3\cos t \end{cases}$ 确定的函数 $y = f(x)$ 在 $t = 2$ 处的导数.

解　代码如下：

```
syms t;
x=1-sin(t)
y=3*cos(t)
x1=diff(x,t)
y1=diff(y,t)
dydx=y1/x1
```

按"Enter"键，即可得所求导数如下：

```
x=1-sin(t)
y=3*cos(t)
x1=-cos(t)
y1=-3*sin(t)
dydx=(3*sin(t))/cos(t)
z=subs(dydx,'2')
z=(3*sin(2))/cos(2)
eval(z)
ans=-6.5551
```

故 $f'(1 - \sin 2) = -6.555\,1$.

说明：(1) subs 是符号计算函数，其调用格式是"subs(S, OLD, NEW)"，表示将符号表达式"S"中的符号变量"OLD"替换为新的值"NEW".

(2) eval 函数的作用是将括号内的字符串视为语句并运行，其调用格式为"eval(expression)".

3. 求 $y = \ln(1-x)$ 的 10 阶导数.

解　代码如下：

```
syms x;
dy10=diff(log(1-x),10)
```

按"Enter"键，即可得所求导数如下：

```
dy10=-362880/(x-1)^10
```

故 $y^{(10)} = \dfrac{-362\,880}{(x-1)^{10}}$.

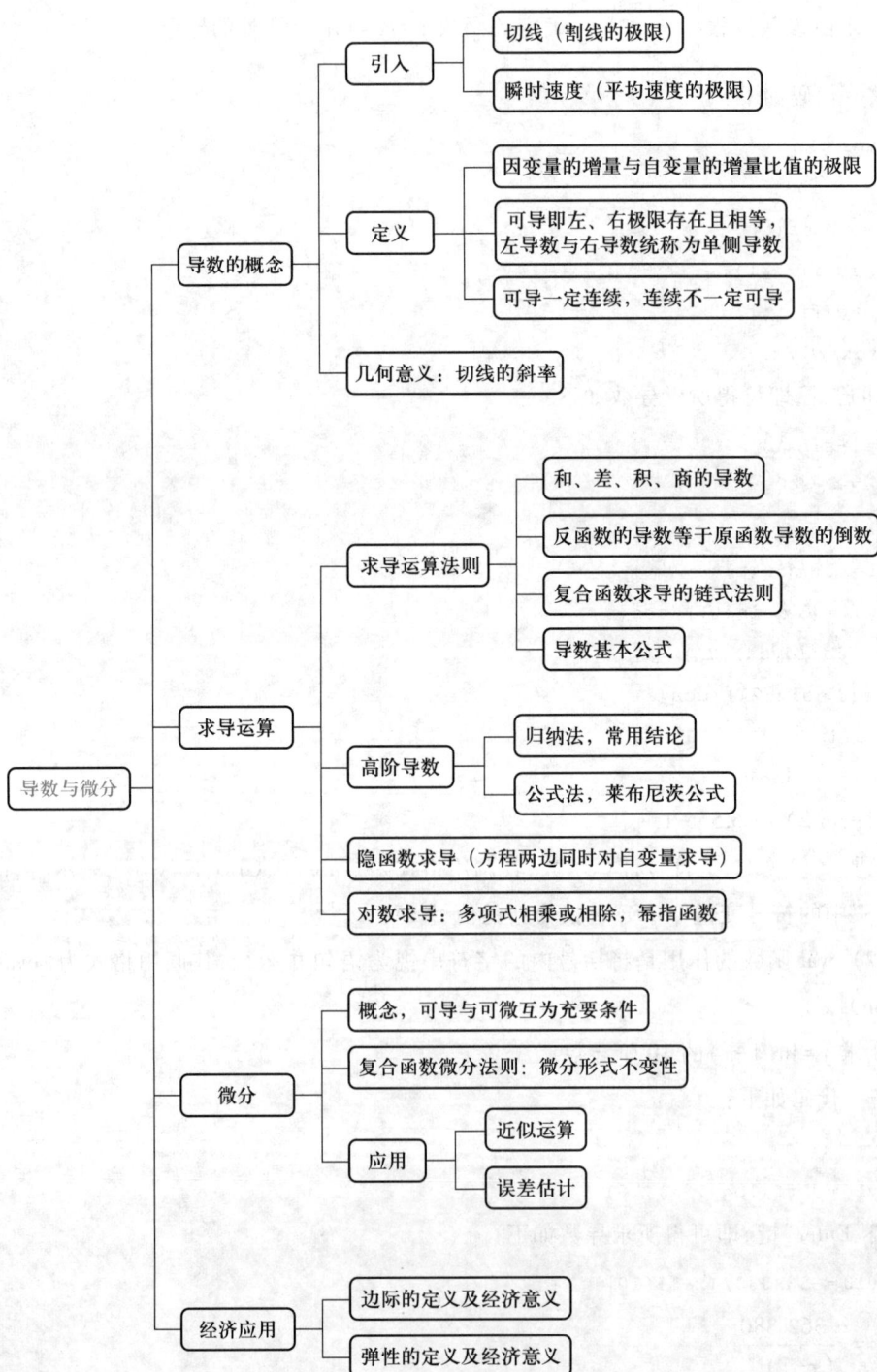

## 思维导图

导数与微分
- 导数的概念
  - 引入
    - 切线（割线的极限）
    - 瞬时速度（平均速度的极限）
  - 定义
    - 因变量的增量与自变量的增量比值的极限
    - 可导即左、右极限存在且相等，左导数与右导数统称为单侧导数
    - 可导一定连续，连续不一定可导
  - 几何意义：切线的斜率
- 求导运算
  - 求导运算法则
    - 和、差、积、商的导数
    - 反函数的导数等于原函数导数的倒数
    - 复合函数求导的链式法则
    - 导数基本公式
  - 高阶导数
    - 归纳法，常用结论
    - 公式法，莱布尼茨公式
  - 隐函数求导（方程两边同时对自变量求导）
  - 对数求导：多项式相乘或相除，幂指函数
- 微分
  - 概念，可导与可微互为充要条件
  - 复合函数微分法则：微分形式不变性
  - 应用
    - 近似运算
    - 误差估计
- 经济应用
  - 边际的定义及经济意义
  - 弹性的定义及经济意义

## 习题三

1. 选择题:

(1) 设函数 $f(x)$ 在 $x=x_0$ 处可导,则极限 $\lim\limits_{h\to 0}\dfrac{f(x_0+ah)-f(x_0+bh)}{h}=$ ( );

A. $(a+b)f'(x_0)$          B. $(a-b)f'(x_0)$

C. $af'(x_0)$          D. $bf'(x_0)$

(2) 设函数 $f(x)$ 在 $x=0$ 处可导,且 $f(0)=0, f'(0)=1$,则 $\lim\limits_{x\to 0}\dfrac{f(2x)+f(3x)}{x}=$ ( );

A. 0     B. 1     C. 3     D. 5

(3) 已知函数 $f(x)=\begin{cases} x^a\sin\dfrac{1}{x}, & x>0, \\ 0, & x\le 0 \end{cases}$ 在 $x=0$ 处连续但不可导,则 ( );

A. $a>0$          B. $a\le 1$

C. $0<a\le 1$          D. $a=2$

(4) 若 $y=f(x)$ 有 $f'(x_0)=2$,则当 $\Delta x\to 0$ 时,该函数在点 $x=x_0$ 处的微分 $dy$ 是 ( );

A. $\Delta x$ 的等价无穷小量      B. $\Delta x$ 的同阶无穷小量

C. 比 $\Delta x$ 低阶的无穷小量      D. 比 $\Delta x$ 高阶的无穷小量

(5) 若 $f(x)=\begin{cases} \dfrac{1-\cos 2x}{x}, & x\ne 0, \\ 0, & x=0, \end{cases}$ 则 $f'(0)=$ ( );

A. 0     B. 2     C. $-2$     D. 4

(6) 已知函数 $f(x), g(x)$ 在 $x=0$ 的某邻域内连续,且 $\lim\limits_{x\to 0}\dfrac{g(x)}{x}=-1, \lim\limits_{x\to 0}\dfrac{f(x)}{g^2(x)}=2$,则在 $x=0$ 处 $f(x)$ ( );

A. 不可导          B. 可导,且 $f'(0)=0$

C. 可导,且 $f'(0)\ne 0$          D. 无法判断

(7) 设 $f(x)$ 处处可导,则 ( );

A. 当 $\lim\limits_{x\to +\infty}f'(x)=+\infty$ 时,必有 $\lim\limits_{x\to +\infty}f(x)=+\infty$

B. 当 $\lim\limits_{x\to +\infty}f(x)=+\infty$ 时,必有 $\lim\limits_{x\to +\infty}f'(x)=+\infty$

C. 当 $\lim\limits_{x\to -\infty}f'(x)=-\infty$ 时,必有 $\lim\limits_{x\to +\infty}f(x)=-\infty$

D. 当 $\lim\limits_{x\to -\infty}f(x)=-\infty$ 时,必有 $\lim\limits_{x\to -\infty}f'(x)=-\infty$

(8) 若 $f(-x)=f(x)(-\infty<x<+\infty)$,在 $(-\infty,0)$ 内有 $f'(x)>0, f''(x)<0$,则 $f(x)$ 在 $(0,+\infty)$ 有 ( ).

A. $f'(x)>0, f''(x)<0$            B. $f'(x)>0, f''(x)>0$

C. $f'(x)<0, f''(x)<0$            D. $f'(x)<0, f''(x)>0$

2. 用定义求 $f(x)=x^2\sin(x-2)$ 在点 $x=2$ 处的导数 $f'(2)$.

3. 设 $f(x)=x+(x-1)\arcsin\sqrt{\dfrac{x}{x+1}}$，求 $f'(1)$.

4. 求下列函数的导数：

（1）$y=\sqrt{x+\sqrt{x+\sqrt{x}}}$ ；

（2）$y=\sqrt[3]{x+\sqrt[3]{x+\sqrt[3]{x}}}$ ；

（3）$y=\tan x+\dfrac{2}{3}\tan^3 x+\dfrac{1}{5}\tan^5 x$ ;

（4）$y=4\sqrt[3]{\cot^2 x}+\sqrt[3]{\cot^8 x}$ ;

（5）$y=(2-x^2)\cos x+2x\sin x$ ;

（6）$y=\sin(\cos^2 x)\cdot\cos(\sin^2 x)$ ;

（7）$y=\sin[\sin(\sin x)]$ ;

（8）$y=\sin[\cos^2(\tan^3 x)]$ ;

（9）$y=e^x+e^{e^x}$ ;

（10）$y=x^{a^a}+a^{x^a}+a^{a^x}$（$a$ 为常数，$a>0$ 且 $a\neq1$）；

（11）$y=\ln[\ln(\ln x)]$ ;

（12）$y=\ln[\ln^2(\ln^3 x)]$ ;

（13）$y=\arcsin x^2$ ;

（14）$y=\mathrm{arccot}\sqrt{x}$ ;

（15）$y=\arccos\dfrac{2x}{1+x^2}$ ;

（16）$y=\arctan\dfrac{1+x}{1-x}$ ;

（17）$y=\sqrt{x}-\arctan\sqrt{x}$ ;

（18）$y=x+\sqrt{1-x^2}\arccos x$ ;

（19）$y=e^{-x}\sqrt{1-e^{2x}}+\arcsin e^x$ ;

（20）$y=\ln(x+\sqrt{x^2+1})$ ;

（21）$y=x\ln(x+\sqrt{x^2+1})$ ;

（22）$y=x\ln(x+\sqrt{x^2+1})-\sqrt{x^2+1}$ ;

（23）$y=-2\sqrt{x^2+1}\ln(x+\sqrt{x^2+1})+2x$ ;

（24）$y=x(\arcsin x)^2+2\sqrt{1-x^2}\arcsin x-2x$ ;

（25）$y=x\arctan x-\dfrac{1}{2}\ln(x^2+1)-\dfrac{1}{2}(\arctan x)^2$ ;

（26）$y=\dfrac{1}{2\sqrt{2}}\arctan\dfrac{\sqrt{2}\,x}{\sqrt{1+x^4}}-\dfrac{1}{4\sqrt{2}}\ln\dfrac{\sqrt{1+x^4}-\sqrt{2}\,x}{\sqrt{1+x^4}+\sqrt{2}\,x}$ ;

（27）$y=\dfrac{1}{2}\arctan\dfrac{\sqrt{x^2+2}}{x}+\dfrac{1}{4\sqrt{3}}\ln\dfrac{\sqrt{x^2+2}-\sqrt{3}\,x}{\sqrt{x^2+2}+\sqrt{3}\,x}$ .

5. 求下列函数的导数：

（1）$y=(\sin x)^{\cos x}$ ;

（2）$y=x^{x^x}$ ;

（3）$y=\sqrt[x]{x}$ ;

（4）$y=(\ln x)^x$ ;

（5）$y=x+x^x+x^{x^x}$ ;

（6）$y=x^{x^a}+x^{a^x}+a^{x^x}$（$a$ 为常数，$a>0$ 且 $a\neq1$）；

（7）$y=\dfrac{x}{(1-x)^2(1+x)^3}$ ;

（8）$y=\dfrac{\sqrt{2-x^2}\cdot\sqrt[3]{3-x^3}}{\sqrt[4]{4-x^4}}$ ;

(9) $y=\left(\dfrac{a}{b}\right)^{x}\cdot\left(\dfrac{b}{x}\right)^{a}\cdot\left(\dfrac{x}{a}\right)^{b}$ ($a,b$ 为常数,$a>0,b>0$).

6. 求下列隐函数的导数:

(1) 已知 $x^2+2xy-y^2=2x$ 确定函数 $y=f(x)$,求 $\dfrac{\mathrm{d}y}{\mathrm{d}x}\Big|_{x=2}$;

(2) 已知 $\arctan\dfrac{y}{x}=\ln\sqrt{x^2+y^2}$ 确定函数 $y=f(x)$,求 $\dfrac{\mathrm{d}y}{\mathrm{d}x}$;

(3) 已知 $xy^3-3x^2=xy+5$ 确定函数 $y=f(x)$,求 $\dfrac{\mathrm{d}y}{\mathrm{d}x}$;

(4) 已知 $x^y-y^x=2$ 确定函数 $y=f(x)$,求 $\dfrac{\mathrm{d}y}{\mathrm{d}x}$.

7. 证明:可导的偶函数的导数是奇函数,可导的奇函数的导数是偶函数.

8. 设 $f(x)=(x-a)\varphi(x)$,其中函数 $\varphi(x)$ 在 $x=a$ 处连续,证明 $f(x)$ 在 $x=a$ 处可导,并求导数.

9. 求曲线 $xy+\ln y=1$ 在点 $(1,1)$ 处的切线方程和法线方程.

10. 证明曲线 $x^2-y^2=a$ 和 $xy=b$ 在其交点处的切线互相垂直.

11. 求由下列方程确定的隐函数 $y=f(x)$ 的微分 $\mathrm{d}y$:

(1) $x^2+y^2=xy$;       (2) $\mathrm{e}^{x+y}-xy=1$.

12. 已知 $u,v$ 是 $x$ 的可微函数,求下列函数的微分:

(1) $y=\dfrac{u}{v^2}$;       (2) $y=\dfrac{1}{\sqrt{u^2+v^2}}$.

13. 求下列各数的近似值:

(1) $\sin 29°$;       (2) $\arctan 1.05$;

(3) $\sqrt[5]{245}$;       (4) $(1.01)^{10}$;

(5) $\sqrt[10]{1\,000}$;       (6) $\ln(\mathrm{e}^3-1)$.

14. 求下列函数的高阶导数:

(1) $y=x\sqrt{1+x^2}$,求 $y''$;       (2) $y=\dfrac{x}{\sqrt{1-x^2}}$,求 $y''$;

(3) $y=x\ln x$,求 $y''$;       (4) $y=x^2\sin x$,求 $y^{(4)}$;

(5) $y=\dfrac{1}{ax+b}$,求 $y^{(n)}$;       (6) $y=(ax+b)^m$,求 $y^{(n)}$,$m$ 是自然数;

(7) $y=\ln x$,求 $y^{(n)}$;       (8) $y=x^2\mathrm{e}^x$,求 $y^{(n)}$;

(9) $y=\dfrac{1}{1-x^2}$,求 $y^{(n)}$;       (10) $y=\dfrac{1}{\sqrt{1+x}}$,求 $y^{(n)}$;

(11) 已知 $y^3+x^2y=8$,求 $\dfrac{\mathrm{d}^2y}{\mathrm{d}x^2}\Big|_{x=0}$;       (12) $y=\dfrac{x^n}{1-x}$,求 $y^{(n)}$.

15. 证明函数

$$y = x^n \left[ C_1 \cos(\ln x) + C_2 \sin(\ln x) \right]$$

(其中 $C_1$, $C_2$ 为任意常数, $n$ 为常数)满足方程

$$x^2 y'' + (1 - 2n) xy' + (1 + n^2) y = 0.$$

16. 已知生产某商品 $x$ 件的总成本(单位:万元)函数为

$$C(x) = 100 + 3x - 0.001x^2,$$

求生产 500 件商品时的边际成本,并指出其经济意义.

17. 设某商品的成本函数为 $C(Q) = 100 + 5Q$,需求函数为 $Q = 100 - 5P$,求该商品的边际利润函数,并求产量为 30 时的边际利润及此时的价格.

18. 设某商品的需求函数为 $Q = 100 e^{-0.5P}$,求该商品在价格为 $P = 5$ 时的需求弹性和收益弹性.

第 3 章部分习题

参考答案与提示

# 第4章
# 微分中值定理与导数的应用

**本章导学**　　从上一章可知，导数反映因变量相对自变量的变化快慢程度，并讨论了导数的计算方法. 作为函数变化率的模型，导数还可以用来反映函数的某些性质及其曲线的弯曲形态，在社会科学、工程技术、自然科学等领域有广泛的应用. 本章首先介绍微分中值定理，这是导数解决应用问题的理论基础，也是联系函数与导数的一座桥梁；接着，运用微分中值定理介绍一种求解未定式的有效方法——洛必达法则；最后，在微分中值定理的基础上，通过导数研究函数的单调性、极值、最值及其曲线的凹向性，并利用这些知识点解决利润最大、成本最小、用料最省等实际问题.

**学习目标**　　1. 掌握并会应用罗尔定理、拉格朗日中值定理，了解柯西中值定理；

　　2. 掌握用洛必达法则求解未定式的方法；

　　3. 理解函数的极值概念，掌握用导数判断函数的单调性和求函数极值的方法；

　　4. 熟练掌握曲线凹向性的判别方法以及求拐点的方法；

　　5. 熟练掌握求曲线渐近线的方法；

　　6. 掌握函数作图的基本步骤和方法；

　　7. 熟练掌握函数最值的求法及其在实际问题中的应用.

**学习要点**　　微分中值定理的应用；求解未定式；求函数的极值和最值；利用函数单调性证明不等式；求曲线的凹向区间及拐点；函数图形的描绘；导数在经济上的综合应用.

# §4.1   微分中值定理

　　微分中值定理揭示了函数在某区间的整体性质与该区间内部某一点的导数之间的关系,包括罗尔定理、拉格朗日中值定理、柯西中值定理.

　　上一章从函数相对自变量的瞬时变化率引入导数的概念,如当我们把 $x$ 看成时间,$f(x)$ 看成做变速直线运动的物体经过的路程时,则 $f'(x)$ 就是瞬时速度. 由于瞬时速度是通过该点附近的平均速度求极限而得到的,故平均速度一定介于瞬时速度 $f'(x)$ 的最大值与最小值之间,也就是说应该存在 $\xi \in (a,b)$,使 $f'(\xi) = \dfrac{f(b)-f(a)}{b-a}$. 显然 $f(b)=f(a)$ 是其中的一种特殊情况. 根据从特殊到一般、从简单到复杂的数学思维,若 $f(x)$ 在 $(a,b)$ 内可导,且 $f(a)=f(b)$,则存在 $\xi \in (a,b)$,使 $f'(\xi) = 0$. 这恰恰是罗尔定理的雏形,进而推导出更为一般的拉格朗日中值定理、柯西中值定理.

## 一、 罗尔定理

　　**定理 4-1**(罗尔定理)    如果函数 $f(x)$ 满足

　　　　(1) 在闭区间 $[a,b]$ 上连续;

　　　　(2) 在开区间 $(a,b)$ 内可导;

　　　　(3) $f(a)=f(b)$,

罗尔定理

那么在 $(a,b)$ 内至少存在一点 $\xi$,使 $f'(\xi) = 0$.

　　**证明**    由于 $f(x)$ 在闭区间 $[a,b]$ 上连续,根据闭区间上连续函数的最值性,在闭区间 $[a,b]$ 上必定可以取得它的最大值 $M$ 和最小值 $m$. 这样只有两种可能情形:

　　(1) $M=m$,这时函数在区间 $[a,b]$ 上取得常数 $M$:$f(x) = M$,因此可以选取 $(a,b)$ 内任意一点记为 $\xi$,都有 $f'(\xi) = 0$.

　　(2) $M>m$,因为 $f(a)=f(b)$,所以 $M$ 和 $m$ 这两个数中至少有一个不等于 $f(x)$ 在区间 $[a,b]$ 端点处的函数值. 不妨设 $M \neq f(a)$(如果设 $m \neq f(a)$,证法完全类似),那么在开区间 $(a,b)$ 内必定存在一点 $\xi$ 使 $f(\xi) = M$. 下面证明在点 $\xi$ 处的导数等于零,即 $f'(\xi) = 0$.

　　因为 $\xi$ 是开区间 $(a,b)$ 内的一点,由假设可知 $f'(\xi)$ 存在,即极限

$$\lim_{\Delta x \to 0} \frac{f(\xi + \Delta x) - f(\xi)}{\Delta x}$$

存在. 而由于极限存在必有左、右极限都存在并且相等,故

$$f'(\xi)=\lim_{\Delta x\to 0^+}\frac{f(\xi+\Delta x)-f(\xi)}{\Delta x}=\lim_{\Delta x\to 0^-}\frac{f(\xi+\Delta x)-f(\xi)}{\Delta x}.$$

由于 $f(\xi)=M$ 是 $f(x)$ 在 $[a,b]$ 上的最大值,故不论 $\Delta x$ 是正的还是负的,只要 $\xi+\Delta x$ 在 $[a,b]$ 上,总有

$$f(\xi+\Delta x)-f(\xi)\leqslant 0.$$

当 $\Delta x>0$ 时,

$$\frac{f(\xi+\Delta x)-f(\xi)}{\Delta x}\leqslant 0.$$

根据函数极限的保号性,有

$$f'_+(\xi)=\lim_{\Delta x\to 0^+}\frac{f(\xi+\Delta x)-f(\xi)}{\Delta x}\leqslant 0.$$

同理,当 $\Delta x<0$ 时,

$$\frac{f(\xi+\Delta x)-f(\xi)}{\Delta x}\geqslant 0,$$

从而

$$f'_-(\xi)=\lim_{\Delta x\to 0^-}\frac{f(\xi+\Delta x)-f(\xi)}{\Delta x}\geqslant 0.$$

因此必然有 $f'(\xi)=0$.

如图 4-1 所示,设曲线弧 $AB$ 的方程为 $y=f(x)(a\leqslant x\leqslant b)$.

罗尔定理的几何意义:$AB$ 是一条连续的曲线弧,除端点外处处具有不垂直于 $x$ 轴的切线,且两个端点的纵坐标相等,则在曲线弧 $AB$ 上至少存在一点 $\xi$,使得在该点处曲线的切线是水平的.

罗尔定理的代数意义:当 $f(x)$ 可导时,在函数 $f(x)$ 的两个等值点之间至少存在方程 $f'(x)=0$ 的一个根. 若 $x=x_0$ 满足 $f'(x_0)=0$,则称点 $x_0$ 为函数的驻点.

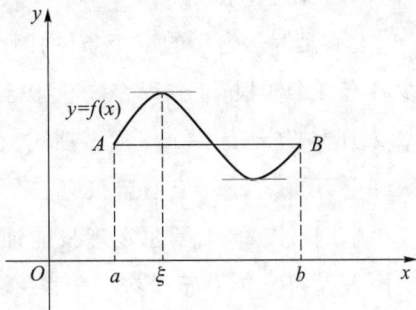

图 4-1

注意 (1) 定理中的 $\xi$ 不唯一,定理只表明 $\xi$ 的存在性.

(2) 定理的条件是结论成立的充分条件而非必要条件,即条件满足时结论一定成立,若条件不满足,结论可能成立也可能不成立.

例如,函数 $f(x)=x^2-3x+2=(x-1)(x-2)$ 在闭区间 $[1,3]$ 上连续,在 $(1,3)$ 内可导,又因为 $f'(x)=2x-3$,显然存在 $\xi=\frac{3}{2}\in(1,3)$,使 $f'(\xi)=f'\left(\frac{3}{2}\right)=0$. 虽然它在端点处的值 $f(1)\neq f(3)$,即不满足罗尔定理的第三个条件,但结论依然成立.

你是否还能想到其他的例子:不满足罗尔定理的全部条件,但结论依然成立.

**例 4-1**　设 $f(x) = \ln \sin x, x \in \left[\dfrac{\pi}{6}, \dfrac{5\pi}{6}\right]$，$f(x)$ 是否满足罗尔定理的条件？若满足，求出相应的 $\xi$，使 $f'(\xi) = 0$.

**解**　在 $\left[\dfrac{\pi}{6}, \dfrac{5\pi}{6}\right]$ 上 $\sin x > 0$，所以函数 $f(x) = \ln \sin x$ 在 $\left[\dfrac{\pi}{6}, \dfrac{5\pi}{6}\right]$ 上有意义，这是一个初等函数，从而是连续函数，它在 $\left(\dfrac{\pi}{6}, \dfrac{5\pi}{6}\right)$ 内可导，其导数为

$$f'(x) = (\ln \sin x)' = \frac{1}{\sin x}\cos x = \cot x.$$

又

$$f\left(\frac{5\pi}{6}\right) = \ln \sin \frac{5\pi}{6} = \ln \sin\left(\pi - \frac{\pi}{6}\right) = \ln \sin \frac{\pi}{6} = f\left(\frac{\pi}{6}\right),$$

故 $f(x)$ 满足罗尔定理的条件，从方程

$$f'(\xi) = \cot \xi = 0 \quad \left(\frac{\pi}{6} < \xi < \frac{5\pi}{6}\right)$$

可解得

$$\xi = \frac{\pi}{2}.$$

**例 4-2**　设 $f(x) = (x-1)(x-2)(x-3)(x-4)$，不求导数，证明：方程 $f'(x) = 0$ 有三个实根.

**证明**　显然，$f(1) = f(2) = f(3) = f(4) = 0$，即 $f(x)$ 有四个零点. 在区间 $[1,2]$，$[2,3]$，$[3,4]$ 上满足罗尔定理的三个条件，因此 $f'(x) = 0$ 在 $(1,2)$，$(2,3)$，$(3,4)$ 这三个区间内至少各有一个实根，即方程 $f'(x) = 0$ 至少有 3 个实根.

又因为 $f'(x)$ 是一个三次多项式，在实数范围内 $f'(x) = 0$ 至多有三个实根.

综上可知，$f'(x) = 0$ 有且仅有三个实根.

由本例可以看出，罗尔定理只能证明当函数 $f(x)$ 在闭区间上满足定理条件时，在开区间内方程 $f'(x) = 0$ 至少有一个根，但不能确定根的个数. 对于一元高次方程，可以根据方程的次数来确定根的个数；对于其他方程，可以利用函数的单调性来确定.

**思考**　利用罗尔定理可以证明方程在开区间内至少有一个根，而根据连续函数的零点定理，也能证明一个方程在给定开区间内至少有一个根. 那么，如何选择和区分这两个定理呢？

**例 4-3**　设函数 $f(x)$ 在 $[a,b]$（$0 < a < b$）上连续，在 $(a,b)$ 内可导，且 $f(a) = b, f(b) = a$，证明：在 $(a,b)$ 内至少存在一点 $\xi$，使 $f'(\xi) = -\dfrac{f(\xi)}{\xi}$.

**分析**　将结论变形为 $\xi f'(\xi) + f(\xi) = 0$，即

$$(xf(x))'\big|_{x=\xi} = 0.$$

下面构造辅助函数 $F(x) = xf(x)$，对 $F(x)$ 利用罗尔定理来证明结论.

**证明**  令 $F(x) = xf(x)$, 由已知可以得到 $F(x)$ 在 $[a,b]$ 上连续, 在 $(a,b)$ 内可导, 并且有 $F(a) = F(b) = ab$, 即 $F(x)$ 在 $[a,b]$ 上满足罗尔定理的条件. 于是至少存在一点 $\xi \in (a,b)$, 使 $F'(\xi) = 0$, 即 $\xi f'(\xi) + f(\xi) = 0$. 所以

$$f'(\xi) = -\frac{f(\xi)}{\xi} \quad (a < \xi < b).$$

**例 4-4**  设函数 $f(x)$ 与 $g(x)$ 在 $[a,b]$ 上连续, 在 $(a,b)$ 内可导, 且 $f(a) = f(b) = 0$, 证明: 在 $(a,b)$ 内至少存在一点 $\xi$, 使 $f'(\xi) = g'(\xi)f(\xi)$.

**分析**  将结论变形为 $f'(\xi) - g'(\xi)f(\xi) = 0$, 因为 $[e^{-g(x)}]' = -g'(x)e^{-g(x)}$, 所以

$$[e^{-g(x)}f(x)]' = e^{-g(x)}[f'(x) - g'(x)f(x)].$$

下面就构造辅助函数 $F(x) = e^{-g(x)}f(x)$, 对 $F(x)$ 利用罗尔定理来证明结论.

**证明**  令 $F(x) = e^{-g(x)}f(x)$, 由已知可以得到 $F(x)$ 在 $[a,b]$ 上连续, 在 $(a,b)$ 内可导, 并且有 $F(a) = F(b) = 0$, 即 $F(x)$ 在 $[a,b]$ 上满足罗尔定理的条件. 于是至少存在一点 $\xi \in (a,b)$, 使 $F'(\xi) = 0$, 即 $e^{-g(\xi)}[f'(\xi) - g'(\xi)f(\xi)] = 0$. 又由于 $e^{-g(\xi)} > 0$, 所以

$$f'(\xi) = g'(\xi)f(\xi) \quad (a < \xi < b).$$

**例 4-5**  设函数 $f(x)$ 在 $[0,1]$ 上连续, 在 $(0,1)$ 内可导, 且 $f(1) = 0$, 证明: 在 $(0,1)$ 内至少存在一点 $\xi$, 使 $\xi f'(\xi) + (\xi + 2)f(\xi) = 0$.

**证明**  令 $F(x) = x^2 e^x f(x)$, 由已知可以得到 $F(x)$ 在 $[0,1]$ 上连续, 在 $(0,1)$ 内可导, 并且有 $F(0) = F(1) = 0$, 即 $F(x)$ 在 $[0,1]$ 上满足罗尔定理的条件. 于是至少存在一点 $\xi \in (0,1)$, 使 $F'(\xi) = 0$, 即

$$2\xi e^\xi f(\xi) + \xi^2 e^\xi f(\xi) + \xi^2 e^\xi f'(\xi) = 0,$$

亦即

$$\xi e^\xi [\xi f'(\xi) + (\xi + 2)f(\xi)] = 0.$$

又由于 $\xi e^\xi > 0 \, (0 < \xi < 1)$, 所以

$$\xi f'(\xi) + (\xi + 2)f(\xi) = 0.$$

## 二、 拉格朗日中值定理

从罗尔定理的几何意义 (图 4-1) 可以看出, 由于 $f(a) = f(b)$, 弦 $AB$ 平行于 $x$ 轴, 故点 $\xi$ 处的切线实际上也平行于弦 $AB$. 但罗尔定理中 $f(a) = f(b)$ 这个条件是相当特殊的, 它使罗尔定理的应用受到限制. 如果把这个条件取消, 但仍保留其余两个条件, 相当于将图 4-1 变化为图 4-2, 可以发现, 至少存在一点 $(\xi, f(\xi))$, 使得过该点的切线平行于弦 $AB$, 即

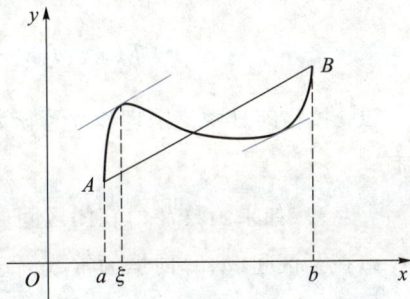

图 4-2

$$f'(\xi) = \frac{f(b) - f(a)}{b - a}.$$

由此就得到微分学中十分重要的拉格朗日中值定理.

**定理 4-2**(拉格朗日中值定理)    如果函数 $f(x)$ 满足条件

(1) 在闭区间 $[a, b]$ 上连续;

(2) 在开区间 $(a, b)$ 内可导,

那么在 $(a, b)$ 内至少存在一点 $\xi$,使

$$f(b) - f(a) = f'(\xi)(b - a). \tag{4-1}$$

若令 $f(a) = f(b)$,拉格朗日中值定理就转化为罗尔定理. 由此可见,罗尔定理是拉格朗日中值定理的特殊情形.

从上述拉格朗日中值定理与罗尔定理的关系,自然想到利用罗尔定理来证明拉格朗日中值定理. 但在拉格朗日中值定理中,函数 $f(x)$ 不一定具备 $f(a) = f(b)$ 这个条件,为此我们设想构造一个与 $f(x)$ 有密切联系的函数 $F(x)$,使 $F(x)$ 满足条件 $F(a) = F(b)$. 然后对 $F(x)$ 应用罗尔定理,再把所得的结论进行适当转换即可证得所要的结果.

**证明**    引进辅助函数

$$F(x) = f(x) - \frac{f(b) - f(a)}{b - a} x.$$

容易验证函数 $F(x)$ 满足罗尔定理的条件:在闭区间 $[a, b]$ 上连续,在开区间 $(a, b)$ 内可导,且 $F(a) = F(b)$. 由罗尔定理可知在 $(a, b)$ 内至少存在一点 $\xi$,使 $F'(\xi) = 0$,即

$$f'(\xi) - \frac{f(b) - f(a)}{b - a} = 0.$$

由此得

$$f'(\xi) = \frac{f(b) - f(a)}{b - a},$$

即

$$f(b) - f(a) = f'(\xi)(b - a).$$

定理证毕.

**注意**    (1) 辅助函数的构造不是唯一的,还可设

$$F(x) = f(x) - f(a) - \frac{f(b) - f(a)}{b - a}(x - a).$$

(2) 拉格朗日中值定理建立了函数与导数的等式关系,由此可以用导数研究函数的性质.

**推论 1**    如果函数 $f(x)$ 在闭区间 $[a, b]$ 上连续,且在开区间 $(a, b)$ 内恒有 $f'(x) = 0$,那么 $f(x)$ 在开区间 $(a, b)$ 内恒为常数.

**证明**    在 $[a, b]$ 上任取两点 $x_1, x_2$,不妨设 $x_1 < x_2$,显然 $f(x)$ 在 $[x_1, x_2]$ 上满足拉格朗日中值定理的条件,则必有

$$f(x_2)-f(x_1)=f'(\xi)(x_2-x_1), \quad \xi\in(x_1,x_2).$$

由于 $f'(\xi)=0$，故 $f(x_2)=f(x_1)$. 这意味着 $f(x)$ 在 $(a,b)$ 内任意两点处的函数值都相等，所以 $f(x)$ 在 $(a,b)$ 内恒为常数.

**推论 2** 如果函数 $f(x)$ 与 $g(x)$ 在闭区间 $[a,b]$ 上连续，且在开区间 $(a,b)$ 内恒有 $f'(x)=g'(x)$，那么在开区间 $(a,b)$ 内恒有

$$f(x)=g(x)+c,$$

其中 $c$ 为常数.

此推论可以由推论 1 直接导出.

**例 4-6** 证明：函数 $y=px^2+qx+r(p\neq0)$ 应用拉格朗日中值定理所求得的 $\xi$ 的值总是位于区间的正中间.

**证明** 设 $a,b$ 为任意实数，且 $a<b$，则函数 $y=px^2+qx+r$ 在 $[a,b]$ 上连续，在 $(a,b)$ 内可导，故函数满足拉格朗日中值定理的条件，所以在 $(a,b)$ 内至少存在一点 $\xi$，使

$$y(b)-y(a)=y'(\xi)(b-a).$$

而 $y'(x)=2px+q$，所以

$$(pb^2+qb+r)-(pa^2+qa+r)=(b-a)(2p\xi+q),$$
$$p(b^2-a^2)+q(b-a)=(b-a)(2p\xi+q),$$
$$p(b+a)+q=2p\xi+q,$$

从而

$$\xi=\frac{a+b}{2}, .$$

即 $\xi$ 位于区间 $[a,b]$ 的正中间. 证毕.

**例 4-7** 证明等式：$\arcsin x+\arccos x=\dfrac{\pi}{2}$.

**证明** 令 $f(x)=\arcsin x+\arccos x$，显然 $f(x)$ 在 $[-1,1]$ 上连续，在 $(-1,1)$ 内可导，且 $f'(x)=0$，于是由推论 1，在 $(-1,1)$ 上恒有

$$f(x)=c,$$

其中 $c$ 为常数，即

$$\arcsin x+\arccos x=c.$$

令 $x=0$，得 $c=\dfrac{\pi}{2}$. 故

$$\arcsin x+\arccos x=\frac{\pi}{2}.$$

**例 4-8** 已知 $f(x)$ 在 $[a,b]$ 上连续，在 $(a,b)$ 内可导，证明：在 $(a,b)$ 内至少存在一点 $\xi$，使

$$\frac{bf(b)-af(a)}{b-a}=f(\xi)+\xi f'(\xi).$$

**证明**　设 $F(x)=xf(x)$，由已知条件可得 $F(x)$ 在 $[a,b]$ 上连续，在 $(a,b)$ 内可导. 故 $F(x)$ 在 $[a,b]$ 上满足拉格朗日中值定理的条件，从而

$$\frac{F(b)-F(a)}{b-a}=F'(\xi)\quad(a<\xi<b)$$

又 $F'(x)=f(x)+xf'(x)$，所以

$$F'(\xi)=f(\xi)+\xi f'(\xi).$$

因此在 $(a,b)$ 内至少存在一点 $\xi$，使

$$\frac{bf(b)-af(a)}{b-a}=f(\xi)+\xi f'(\xi).$$

**例 4-9**　已知 $f(x)$ 在 $[a,b]$ 上连续，在 $(a,b)$ 内可导，且 $f(a)=f(b)=1$，证明：在 $(a,b)$ 内至少存在 $\xi,\eta$，使

$$e^{\eta-\xi}[f(\eta)+f'(\eta)]=1.$$

**分析**　将结论变形为

$$e^{\eta}[f(\eta)+f'(\eta)]=e^{\xi},$$

即

$$[e^{x}f(x)]'\big|_{x=\eta}=(e^{x})'\big|_{x=\xi}.$$

**证明**　设 $F(x)=e^{x}f(x)$，由已知条件可得 $F(x)$ 在 $[a,b]$ 上连续，在 $(a,b)$ 内可导，故 $F(x)$ 在 $[a,b]$ 上满足拉格朗日中值定理的条件. 由拉格朗日中值定理得

$$\frac{F(b)-F(a)}{b-a}=F'(\eta)\quad(a<\eta<b),$$

即

$$\frac{e^{b}f(b)-e^{a}f(a)}{b-a}=e^{\eta}[f(\eta)+f'(\eta)]\quad(a<\eta<b).$$

由已知 $f(a)=f(b)=1$，所以

$$\frac{e^{b}-e^{a}}{b-a}=e^{\eta}[f(\eta)+f'(\eta)]\quad(a<\eta<b).$$

另一方面，设 $G(x)=e^{x}$，则 $G(x)=e^{x}$ 在 $[a,b]$ 上满足拉格朗日中值定理的条件. 由拉格朗日中值定理得

$$\frac{G(b)-G(a)}{b-a}=G'(\xi)\quad(a<\xi<b),$$

即

$$\frac{e^{b}-e^{a}}{b-a}=e^{\xi}\quad(a<\xi<b).$$

因此，在 $(a,b)$ 内存在 $\xi,\eta$，使

$$e^{\eta}[f(\eta)+f'(\eta)]=e^{\xi},$$

即

$$e^{\eta-\xi}[f(\eta)+f'(\eta)]=1.$$

**例 4-10** 设 $e<a<b<e^2$,证明: $(b-a)\dfrac{2}{e^2}<(\ln b)^2-(\ln a)^2<\dfrac{4}{e}(b-a)$.

**证明** 令 $f(x)=(\ln x)^2$,显然 $f(x)$ 在 $[a,b]$ 上满足拉格朗日中值定理的条件.由拉格朗日中值定理得

$$\frac{f(b)-f(a)}{b-a}=f'(\xi)\quad(a<\xi<b),$$

$$\frac{(\ln b)^2-(\ln a)^2}{b-a}=\frac{2\ln\xi}{\xi}\quad(a<\xi<b).$$

而 $e<a<\xi<b<e^2$,所以

$$1<\ln\xi<2,$$

$$\frac{1}{e^2}<\frac{1}{\xi}<\frac{1}{e},$$

即

$$\frac{2}{e^2}<\frac{2\ln\xi}{\xi}<\frac{4}{e},$$

所以

$$\frac{2}{e^2}<\frac{(\ln b)^2-(\ln a)^2}{b-a}<\frac{4}{e}.$$

故

$$(b-a)\frac{2}{e^2}<(\ln b)^2-(\ln a)^2<\frac{4}{e}(b-a).$$

设 $y=f(x)$ 在区间 $[a,b]$ 上满足拉格朗日中值定理的条件,$x$ 为区间 $[a,b]$ 上一点,$x+\Delta x$ 为这个区间上的另一点,则在区间 $[x,x+\Delta x]$(当 $\Delta x>0$ 时)或在区间 $[x+\Delta x,x]$(当 $\Delta x<0$ 时)上,使用拉格朗日中值定理得

$$f(x+\Delta x)-f(x)=f'(x+\theta\Delta x)\Delta x\quad(0<\theta<1),\tag{4-2}$$

数值 $\theta$ 在 0 与 1 之间,所以 $x+\theta\Delta x$ 介于 $x$ 与 $x+\Delta x$ 之间.

若记 $f(x)$ 为 $y$,则(4-2)式又可写成

$$\Delta y=f'(x+\theta\Delta x)\Delta x\quad(0<\theta<1).$$

上式称为有限增量公式.令 $\xi=x+\theta\Delta x(x<\xi<x+\Delta x)$,则该公式精确表达了函数 $y=f(x)$ 当自变量变化 $\Delta x$ 时,函数的相应增量 $\Delta y$ 与函数在点 $\xi$ 处的导数之间的关系.

把上式变形为 $\dfrac{\Delta y}{\Delta x}=f'(\xi)$,该式表明函数在某一闭区间上的平均变化率与该区间内至少某一点的导数相等.这是用函数的局部性研究函数整体性的桥梁.

**例 4-11(区间测速)** 在交通管理中一般采用区间测速的方法来测试汽车是否超速.假设在时刻 $a$ 采集到汽车的位移为 $f(a)$,在时刻 $b$ 采集到汽车的位移为 $f(b)$,可以据此算出平均速度为

$$\frac{f(b)-f(a)}{b-a}.$$

假设计算出来的平均速度为 80 km/h,那么瞬时速度可分为以下两种情况:

匀速前进:整个路程的瞬时速度必然全为 80 km/h;

变速前进:整个路程的瞬时速度必然有大于、等于、小于 80 km/h 的情况.

如果这段路限速 60 km/h,那么根据汽车的平均速度为 80 km/h,就可以判定路程中必然至少有一个点超速. 这就是拉格朗日中值定理的一个实际应用.

## 三、 柯西中值定理

定理 4-3(柯西中值定理)   如果函数 $f(x)$ 及 $g(x)$ 在闭区间 $[a,b]$ 上连续,在开区间 $(a,b)$ 内可导,且 $g'(x)$ 在 $(a,b)$ 内的每一点处均不为零,那么在 $(a,b)$ 内至少存在一点 $\xi$,使

$$\frac{f(b)-f(a)}{g(b)-g(a)}=\frac{f'(\xi)}{g'(\xi)}.$$

若令 $g(x)=x$,则柯西中值定理转化为拉格朗日中值定理,所以拉格朗日中值定理是柯西中值定理的特殊情形.

例 4-12   证明 $f(x)=x^2+1$ 与 $g(x)=\ln x$ 在 $[1,2]$ 上满足柯西中值定理的条件,并由结论求 $\xi$ 的值.

拉格朗日中
值定理与柯
西中值定理

解   由于 $f(x)=x^2+1,g(x)=\ln x$ 在 $[1,2]$ 上连续,在 $(1,2)$ 内可导,且 $g'(x)=\dfrac{1}{x}\neq0\,(x\in(1,2))$,所以 $f(x)$ 与 $g(x)$ 在 $[1,2]$ 上满足柯西中值定理的条件. 故在 $(1,2)$ 内至少存在一点 $\xi$,使

$$\frac{f(2)-f(1)}{g(2)-g(1)}=\frac{f'(\xi)}{g'(\xi)},$$

即

$$\frac{5-2}{\ln 2-\ln 1}=\frac{2\xi}{1/\xi}=2\xi^2,$$

从而

$$\xi=\sqrt{\frac{3}{2\ln 2}}.$$

例 4-13   设 $b>a>0$,函数 $f(x)$ 在 $[a,b]$ 上连续,在 $(a,b)$ 内可导,证明:至少存在一点 $\xi\in(a,b)$,使

$$2\xi[f(b)-f(a)]=(b^2-a^2)f'(\xi).$$

分析   上式可改写为

$$\frac{f(b)-f(a)}{b^2-a^2}=\frac{f'(\xi)}{2\xi}.$$

证明　设 $g(x)=x^2$,则 $g'(x)=2x$. 由条件知 $f(x)$ 和 $g(x)$ 在区间 $[a,b]$ 上满足柯西中值定理的条件,故至少存在一点 $\xi\in(a,b)$,使

$$\frac{f(b)-f(a)}{g(b)-g(a)}=\frac{f'(\xi)}{g'(\xi)},$$

即

$$\frac{f(b)-f(a)}{b^2-a^2}=\frac{f'(\xi)}{2\xi},$$

亦即

$$2\xi[f(b)-f(a)]=(b^2-a^2)f'(\xi).$$

## 本节小结

本节主要讲述罗尔定理、拉格朗日中值定理和柯西中值定理. 要求:

1. 会利用三个中值定理证明有关命题和不等式,如"证明在开区间内至少存在一点,满足……".

2. 会利用三个中值定理讨论方程在给定区间内根的个数.

此类题目的证明,经常要构造辅助函数,而辅助函数的构造技巧性较强,要求读者既能从题目所给条件进行分析推导,逐步引出所需的辅助函数;又能从所需证明的结论(或其变形)出发,"递推"出所要构造的辅助函数. 此外,在证明中还经常用到函数的单调性和连续函数的零点定理等.

## 练习 4.1

基础题

1. 函数 $f(x)=4x^3-5x^2+x-2$ 在区间 $[0,1]$ 上是否满足罗尔定理的所有条件? 若满足,求出使定理结论成立的 $\xi$ 值.

2. 函数 $f(x)=x^3$ 与 $g(x)=x^2+1$ 在 $[0,1]$ 上是否满足柯西中值定理的条件? 若满足,求出使定理结论成立的 $\xi$ 值.

3. 证明方程 $x^3-3x+1=0$ 在 $[0,1]$ 上存在一个实根.

4. 证明方程 $x^5+x-1=0$ 只有一个正根.

**5.** 利用拉格朗日中值定理证明下列不等式：

（1）$\left|\arctan x - \arctan y\right| \leqslant \left|x - y\right|$；

（2）若 $0 < b \leqslant a$，则 $\dfrac{a-b}{a} \leqslant \ln \dfrac{a}{b} \leqslant \dfrac{a-b}{b}$；

（3）若 $x > 0$，则 $\dfrac{x}{1+x} < \ln(1+x) < x$；

（4）若 $x > 1$，则 $e^x > ex$.

**6.** 证明恒等式：$\arctan x + \operatorname{arccot} x = \dfrac{\pi}{2}$.

**提高题**

**1.** 方程 $6\ln x = x^2$ 在 $(1, e)$ 内的实根个数为（　　）.

A. 0 　　　　　　　　　B. 1 　　　　　　　　　C. 2 　　　　　　　　　D. 3

**2.** 若 $a^2 - 3b < 0$，则方程 $x^3 + ax^2 + bx + c = 0$（　　）.

A. 有唯一实根 　　　　　　　　　　　　B. 有两个不同实根

C. 有三个不同实根 　　　　　　　　　　D. 无实根

**3.** 已知 $f(x)$ 在 $[0,1]$ 上连续，在 $(0,1)$ 内可导，且 $f(0) = 0, f(1) = 1$，证明：

（1）存在 $\xi \in (0,1)$，使 $f(\xi) = 1 - \xi$；

（2）存在两个不同的点 $\eta, \gamma \in (0,1)$，使 $f'(\eta)f'(\gamma) = 1$.

**4.** 证明不等式：

$$\frac{a^{\frac{1}{n+1}}}{(1+n)^2} < \frac{a^{\frac{1}{n}} - a^{\frac{1}{n+1}}}{\ln a} < \frac{a^{\frac{1}{n}}}{n^2} \quad (a > 1, n \geqslant 1).$$

**5.** 设函数 $f(x)$ 在 $[0,1]$ 上连续，在 $(0,1)$ 内可导，且 $f(0) = 0, f(1) = 1$，证明：在 $(0,1)$ 内存在两点 $\xi_1$ 与 $\xi_2$，使

$$\frac{1}{f'(\xi_1)} + \frac{1}{f'(\xi_2)} = 2.$$

**6.** 设 $f(x)$ 在 $[0,1]$ 上连续，在 $(0,1)$ 内可导. 若在 $(0,1)$ 内存在 $x_1, x_2 (x_1 < x_2)$，使 $f\left(\dfrac{x_1 + x_2}{2}\right) \geqslant \dfrac{f(x_1) + f(x_2)}{2}$，证明：在 $(0,1)$ 内存在两点 $\xi_1$ 与 $\xi_2 (\xi_1 < \xi_2)$，使 $f'(\xi_1) \geqslant f'(\xi_2)$.

# §4.2　洛必达法则

当 $x \to x_0$（或 $x \to \infty$）时，两个函数 $f(x)$ 与 $g(x)$ 都趋于零或都趋于无穷大，那么极限

$\lim\limits_{\substack{x \to x_0 \\ (x \to \infty)}} \dfrac{f(x)}{g(x)}$ 可能存在、也可能不存在. 通常把这种极限叫做未定式,并分别简记为 $\dfrac{0}{0}$ 或 $\dfrac{\infty}{\infty}$.

此外,还有五种未定式:$\infty - \infty$,$\infty \cdot 0$,$\infty^0$,$1^\infty$,$0^0$,我们在第 2 章曾讨论过一些未定式的求解方法,但并不适用于所有的未定式. 这就需要寻求另一种求解未定式的方法.

1696 年,法国数学家洛必达(L' Hospital)在《无穷小分析》一书中给出了求解 $\dfrac{0}{0}$ 型和 $\dfrac{\infty}{\infty}$ 型未定式的方法,即将函数的商的极限等价转化为导数的商的极限,这就是洛必达法则.

我们着重讨论 $\dfrac{0}{0}$ 型未定式的求解方法.

## 一、$\dfrac{0}{0}$ 型未定式

**定理 4-4** 如果函数 $f(x)$ 与 $g(x)$ 满足以下三个条件:

(1) $\lim\limits_{x \to x_0} f(x) = \lim\limits_{x \to x_0} g(x) = 0$;

(2) 在点 $x_0$ 的某邻域内(点 $x_0$ 可除外)可导,且 $g'(x) \neq 0$;

(3) $\lim\limits_{x \to x_0} \dfrac{f'(x)}{g'(x)}$ 存在(或为无穷大),

那么

$$\lim_{x \to x_0} \frac{f(x)}{g(x)} = \lim_{x \to x_0} \frac{f'(x)}{g'(x)}.$$

**证明** 由条件(1)可知,点 $x_0$ 是 $f(x)$ 和 $g(x)$ 的连续点或可去间断点,当 $x_0$ 为连续点时,有 $f(x_0) = g(x_0) = 0$;当 $x_0$ 为可去间断点时,由于我们讨论的是函数当 $x \to x_0$ 时的极限,而与函数在点 $x_0$ 处的取值无关,所以可通过补充定义或改变点 $x_0$ 的函数值的方法,即令 $f(x_0) = g(x_0) = 0$,使两个函数在点 $x_0$ 处连续,于是函数 $f(x)$ 和 $g(x)$ 在点 $x_0$ 的某邻域内连续.

设 $x$ 为该邻域内任意一点($x \neq x_0$),则 $f(x)$ 和 $g(x)$ 在以 $x_0$ 和 $x$ 为端点的闭区间上满足柯西中值定理的条件,故

$$\frac{f(x) - f(x_0)}{g(x) - g(x_0)} = \frac{f'(\xi)}{g'(\xi)} \quad (\xi \text{ 在 } x_0 \text{ 与 } x \text{ 之间}),$$

即

$$\frac{f(x)}{g(x)} = \frac{f'(\xi)}{g'(\xi)} \quad (\xi \text{ 在 } x_0 \text{ 与 } x \text{ 之间}).$$

由于当 $x \to x_0$ 时,$\xi \to x_0$,对上式两边取极限得

$$\lim_{x \to x_0} \frac{f(x)}{g(x)} = \lim_{\xi \to x_0} \frac{f'(\xi)}{g'(\xi)},$$

即

$$\lim_{x \to x_0} \frac{f(x)}{g(x)} = \lim_{x \to x_0} \frac{f'(x)}{g'(x)}.$$

这种在一定条件下用导数的商代替函数的商去求未定式的方法被称为洛必达法则.

若把定理 4-4 中的 $x \to x_0$ 换成 $x \to x_0^+$, $x \to x_0^-$, $x \to \infty$, $x \to +\infty$, $x \to -\infty$, 只要对定理的三个条件作相应修改,均可得相似的结论,即无论自变量变化过程如何,只要是满足相应条件的 $\dfrac{0}{0}$ 型未定式,均可使用洛必达法则求解,另

洛必达法则

外,求 $\dfrac{0}{0}$ 型未定式时,有时可以多次连续使用洛必达法则,即

$$\lim_{x \to x_0} \frac{f(x)}{g(x)} \xlongequal{\frac{0}{0}型} \lim_{x \to x_0} \frac{f'(x)}{g'(x)} \xlongequal{\frac{0}{0}型} \lim_{x \to x_0} \frac{f''(x)}{g''(x)},$$

以此类推.

但特别注意,在每次使用法则之前,必须分析所求极限是否满足洛必达法则条件,若不满足,应停止使用,改用其他方法.

**例 4-14**　求极限 $\lim\limits_{x \to 0} \dfrac{x - \sin x}{x^3}$.

**解**　该极限为 $\dfrac{0}{0}$ 型未定式,由洛必达法则得

$$\lim_{x \to 0} \frac{x - \sin x}{x^3} \xlongequal{\frac{0}{0}型} \lim_{x \to 0} \frac{1 - \cos x}{3x^2} \xlongequal{\frac{0}{0}型} \lim_{x \to 0} \frac{\sin x}{6x} = \frac{1}{6}.$$

在本例中,也可以用一次洛必达法则,再利用当 $x \to 0$ 时, $1 - \cos x \sim \dfrac{1}{2}x^2$, 即得

$$\lim_{x \to 0} \frac{x - \sin x}{x^3} \xlongequal{\frac{0}{0}型} \lim_{x \to 0} \frac{1 - \cos x}{3x^2} = \lim_{x \to 0} \frac{\frac{1}{2}x^2}{3x^2} = \frac{1}{6}.$$

**例 4-15**　求极限 $\lim\limits_{x \to 0} \dfrac{x - \arcsin x}{\sin^3 x}$.

**解**　由于 $x \to 0$ 时, $\sin x \sim x$, 故

$$\lim_{x \to 0} \frac{x - \arcsin x}{\sin^3 x} = \lim_{x \to 0} \frac{x - \arcsin x}{x^3} \xlongequal{\frac{0}{0}型} \lim_{x \to 0} \frac{1 - \dfrac{1}{\sqrt{1 - x^2}}}{3x^2}$$

$$\xlongequal{\frac{0}{0}型} \lim_{x \to 0} \frac{-\dfrac{x}{(1 - x^2)^{\frac{3}{2}}}}{6x} = -\lim_{x \to 0} \frac{1}{6(1 - x^2)^{\frac{3}{2}}} = -\frac{1}{6}.$$

本题若开始就用洛必达法则,则计算较繁,大家不妨一试.

**例 4-16**  求极限 $\lim\limits_{x \to +\infty} \dfrac{\dfrac{\pi}{2} - \arctan x}{\dfrac{1}{x}}$.

**解**  $\lim\limits_{x \to +\infty} \dfrac{\dfrac{\pi}{2} - \arctan x}{\dfrac{1}{x}} \xlongequal{\frac{0}{0}\text{型}} \lim\limits_{x \to +\infty} \dfrac{-\dfrac{1}{1+x^2}}{-\dfrac{1}{x^2}} = \lim\limits_{x \to +\infty} \dfrac{x^2}{1+x^2} = \lim\limits_{x \to +\infty} \dfrac{1}{1+\left(\dfrac{1}{x}\right)^2} = 1.$

**例 4-17**  求极限 $\lim\limits_{x \to 0} \dfrac{e^x - 1 - \sin x}{(e^x - 1)\sin x}$.

**解**  注意到 $e^x - 1 \sim x (x \to 0)$,$\sin x \sim x (x \to 0)$,但分子中的 $e^x - 1$ 和 $\sin x$ 不能替换.

$\lim\limits_{x \to 0} \dfrac{e^x - 1 - \sin x}{(e^x - 1)\sin x} = \lim\limits_{x \to 0} \dfrac{e^x - 1 - \sin x}{x^2} \xlongequal{\frac{0}{0}\text{型}} \lim\limits_{x \to 0} \dfrac{e^x - \cos x}{2x} \xlongequal{\frac{0}{0}\text{型}} \lim\limits_{x \to 0} \dfrac{e^x + \sin x}{2} = \dfrac{1}{2}.$

**注意**  本例若直接使用洛必达法则,计算过程十分烦琐. 因此在求极限时,除使用洛必达法则外,有时还要使用其他方法,如两个重要极限、换元法、等价无穷小量代换等.

**例 4-18**  求极限 $\lim\limits_{x \to 0} \dfrac{e^{\sin x} - e^{\tan x}}{x^3}$.

**解**  $\lim\limits_{x \to 0} \dfrac{e^{\sin x} - e^{\tan x}}{x^3} = \lim\limits_{x \to 0} \dfrac{e^{\tan x}(e^{\sin x - \tan x} - 1)}{x^3} = \lim\limits_{x \to 0} e^{\tan x} \cdot \lim\limits_{x \to 0} \dfrac{\sin x - \tan x}{x^3}$

$= \lim\limits_{x \to 0} \dfrac{\tan x (\cos x - 1)}{x^3} = \lim\limits_{x \to 0} \dfrac{x \cdot \left(-\dfrac{1}{2}x^2\right)}{x^3} = -\dfrac{1}{2}.$

**注意**  读者可以体会到本例用等价无穷小量代换求极限的好处,当 $x \to 0$ 时,$\tan x \sim x$,$e^{(\sin x - \tan x)} - 1 \sim \sin x - \tan x$,$1 - \cos x \sim \dfrac{1}{2}x^2$. 本例若直接使用洛必达法则,计算过程会变得十分烦琐.

**例 4-19**  指出下列使用洛必达法则求极限的错误:

(1)  求极限 $\lim\limits_{x \to 0} \dfrac{e^x - \cos x}{x\sin x}$.

**误解**  $\lim\limits_{x \to 0} \dfrac{e^x - \cos x}{x\sin x} = \lim\limits_{x \to 0} \dfrac{e^x - \cos x}{x^2} = \lim\limits_{x \to 0} \dfrac{e^x + \sin x}{2x} = \lim\limits_{x \to 0} \dfrac{e^x + \cos x}{2} = 1.$

(2)  求极限 $\lim\limits_{x \to 0} \dfrac{x^2 \sin \dfrac{1}{x}}{\sin x}$.

**误解**  $\lim\limits_{x \to 0} \dfrac{x^2 \sin \dfrac{1}{x}}{\sin x} = \lim\limits_{x \to 0} \dfrac{2x\sin \dfrac{1}{x} - \cos \dfrac{1}{x}}{\cos x}$,极限不存在,故原极限不存在.

正确做法如下:

(1) 由于 $\lim\limits_{x\to 0}\dfrac{\mathrm{e}^x+\sin x}{2x}$ 不是 $\dfrac{0}{0}$ 型未定式,故不能使用洛必达法则.

正解    $\lim\limits_{x\to 0}\dfrac{\mathrm{e}^x-\cos x}{x\sin x}=\lim\limits_{x\to 0}\dfrac{\mathrm{e}^x-\cos x}{x^2}=\lim\limits_{x\to 0}\dfrac{\mathrm{e}^x+\sin x}{2x}=\infty$ .

(2) 由于 $\lim\limits_{x\to 0}\dfrac{2x\sin\dfrac{1}{x}-\cos\dfrac{1}{x}}{\cos x}$ 不存在,且不为 $\infty$,不满足洛必达法则的条件(3),故不能使用洛必达法则. 这也说明洛必达法则不是万能的. 在许多情形下,第 2 章所介绍的求极限的方法仍是常用的.

正解    $\lim\limits_{x\to 0}\dfrac{x^2\sin\dfrac{1}{x}}{\sin x}=\lim\limits_{x\to 0}\dfrac{x^2\sin\dfrac{1}{x}}{x}=\lim\limits_{x\to 0}\left(x\sin\dfrac{1}{x}\right)=0$,其中 $\sin x\sim x(x\to 0)$.

注意    例 4-19 中利用洛必达法则求极限的错误方法是常见的,初学者在使用该法则时要特别慎重.

## 二、$\dfrac{\infty}{\infty}$ 型未定式

定理 4-5    如果函数 $f(x)$ 与 $g(x)$ 满足如下三个条件:

(1) $\lim\limits_{x\to x_0}f(x)=\infty$ ,$\lim\limits_{x\to x_0}g(x)=\infty$ ;

(2) 在点 $x_0$ 的某邻域内(点 $x_0$ 可除外)可导,且 $g'(x)\neq 0$;

(3) $\lim\limits_{x\to x_0}\dfrac{f'(x)}{g'(x)}$ 存在(或为无穷大),

那么

$$\lim\limits_{x\to x_0}\dfrac{f(x)}{g(x)}=\lim\limits_{x\to x_0}\dfrac{f'(x)}{g'(x)}.$$

定理 4-5 对于 $x\to x_0^+$,$x\to x_0^-$,$x\to\infty$,$x\to+\infty$,$x\to-\infty$ 也有类似的结论. 另外,在满足定理 4-5 的条件下,该洛必达法则也可有限次连续使用.

例 4-20    求极限 $\lim\limits_{x\to\infty}\dfrac{x+\cos x}{x}$.

解    该极限是 $\dfrac{\infty}{\infty}$ 型未定式,设 $f(x)=x+\cos x$,$g(x)=x$,当 $x\to\infty$ 时,$f(x)\to\infty$,$g(x)\to\infty$. 由于 $\lim\limits_{x\to\infty}\dfrac{f'(x)}{g'(x)}=\lim\limits_{x\to\infty}(1-\sin x)$ 不存在,定理的条件不满足,不能用洛必达法则.

实际上,

$$\lim\limits_{x\to\infty}\dfrac{x+\cos x}{x}=\lim\limits_{x\to\infty}\left(1+\dfrac{\cos x}{x}\right)=1.$$

**例 4-21** 求极限 $\lim\limits_{x \to +\infty} \dfrac{\ln(x\ln x)}{x^a}$ $(a>0)$.

**解** $\lim\limits_{x \to +\infty} \dfrac{\ln(x\ln x)}{x^a} \xlongequal{\frac{\infty}{\infty}\text{型}} \lim\limits_{x \to +\infty} \dfrac{\frac{1}{x\ln x}(\ln x+1)}{ax^{a-1}} = \lim\limits_{x \to +\infty} \dfrac{1+\frac{1}{\ln x}}{ax^a} = 0.$

**例 4-22** 求极限 $\lim\limits_{x \to +\infty} \dfrac{e^x - e^{-x}}{e^x + e^{-x}}$.

**解** $\lim\limits_{x \to +\infty} \dfrac{e^x - e^{-x}}{e^x + e^{-x}} = \lim\limits_{x \to +\infty} \dfrac{e^{2x} - 1}{e^{2x} + 1} \xlongequal{\frac{\infty}{\infty}\text{型}} \lim\limits_{x \to +\infty} \dfrac{2e^{2x}}{2e^{2x}} = 1.$

## 三、其他未定式

利用洛必达法则,基本上可以解决 $\dfrac{0}{0}$ 型和 $\dfrac{\infty}{\infty}$ 型未定式问题. 至于其他几种未定式 $\infty - \infty$, $\infty \cdot 0$, $\infty^0$, $1^\infty$, $0^0$,虽然不能直接使用洛必达法则,但可以对这些未定式作适当的变形,将它们转化为 $\dfrac{0}{0}$ 型或 $\dfrac{\infty}{\infty}$ 型未定式,然后再用洛必达法则来计算.

**例 4-23** 求极限 $\lim\limits_{x \to \frac{\pi}{2}}(\sec x - \tan x)$.

**解** 该极限是 $\infty - \infty$ 型未定式,将其转化成 $\dfrac{0}{0}$ 型未定式:

$$\lim\limits_{x \to \frac{\pi}{2}}(\sec x - \tan x) = \lim\limits_{x \to \frac{\pi}{2}} \dfrac{1 - \sin x}{\cos x} \xlongequal{\frac{0}{0}\text{型}} \lim\limits_{x \to \frac{\pi}{2}} \dfrac{-\cos x}{-\sin x} = 0.$$

**例 4-24** 求极限 $\lim\limits_{x \to 1}(x-1)\tan\dfrac{\pi}{2}x$.

**解** 该极限是 $0 \cdot \infty$ 型未定式,将其转化成 $\dfrac{0}{0}$ 型未定式:

$$\lim\limits_{x \to 1}(x-1)\tan\dfrac{\pi}{2}x = \lim\limits_{x \to 1} \dfrac{x-1}{\cot\dfrac{\pi}{2}x} \xlongequal{\frac{0}{0}\text{型}} \lim\limits_{x \to 1} \dfrac{1}{-\csc^2\dfrac{\pi}{2}x \cdot \dfrac{\pi}{2}} = -\dfrac{2}{\pi}.$$

**注意** $0 \cdot \infty$ 型未定式是转化为 $\dfrac{0}{0}$ 型还是 $\dfrac{\infty}{\infty}$ 型未定式,要根据具体问题确定.

**例 4-25** 求极限 $\lim\limits_{x \to 0^+} x^x$.

**解** 该极限是 $0^0$ 型未定式,先用指数形式转化为 $e^{0 \cdot \infty}$ 型未定式,然后再使用 $0 \cdot \infty$ 型未定式的计算方法.

$$\lim\limits_{x \to 0^+} x^x = \lim\limits_{x \to 0^+} e^{x\ln x} = e^{\lim\limits_{x \to 0^+} x\ln x}.$$

由于

$$\lim_{x\to 0^+}x\ln\ x=\lim_{x\to 0^+}\frac{\ln\ x}{x^{-1}}=\lim_{x\to 0^+}\frac{x^{-1}}{-x^{-2}}=\lim_{x\to 0^+}(-x)=0,$$

故

$$\lim_{x\to 0^+}x^x=\mathrm{e}^0=1.$$

**例 4-26**　求极限 $\lim\limits_{x\to 0^+}\left(\dfrac{1}{x}\right)^{\tan x}$.

**解**　该极限为 $\infty^0$ 型未定式,求解方法与 $0^0$ 型未定式类似:

$$\lim_{x\to 0^+}\left(\frac{1}{x}\right)^{\tan x}=\lim_{x\to 0^+}\mathrm{e}^{-\tan x\ln x}=\mathrm{e}^{\lim_{x\to 0^+}(-\tan x\ln x)}=\mathrm{e}^{\lim_{x\to 0^+}(-x\ln x)}\quad(\tan\ x\sim x,x\to 0).$$

由例 4-25 知 $\lim\limits_{x\to 0^+}x\ln\ x=0$,所以

$$\lim_{x\to 0^+}\left(\frac{1}{x}\right)^{\tan x}=\mathrm{e}^0=1.$$

**注意**　未定式 $\infty^0,1^\infty,0^0$ 均属于幂指函数的极限,它们的计算方法相同,都可以采用指数形式进行变形.

## 本节小结

本节主要讲述洛必达法则在求极限上的应用. 注意:

1. 使用法则前,必须检验是否属于 $\dfrac{0}{0}$ 型或 $\dfrac{\infty}{\infty}$ 型未定式,若不是,就不能使用该法则.

2. 如果有可约因子或有非零极限值的乘积因子,那么可先约去或提取出来,以简化运算步骤.

3. 当 $\lim\dfrac{f'(x)}{g'(x)}$ 不存在(不包括 $\infty$ 的情况)时,并不能断定 $\lim\dfrac{f(x)}{g(x)}$ 也不存在,此时应使用其他方法求极限.

## 练习 4.2

基础题

1. 用洛必达法则求下列极限:

$(1)$ $\lim\limits_{x\to 0}\dfrac{\ln(1+x^2)}{x^2}$;

$(2)$ $\lim\limits_{x\to 0}\dfrac{e^x-e^{-x}}{x}$;

$(3)$ $\lim\limits_{x\to\frac{\pi}{6}}\dfrac{1-2\sin x}{\cos 3x}$;

$(4)$ $\lim\limits_{x\to 0}\dfrac{\ln(1+x)-x}{\cos x-1}$;

$(5)$ $\lim\limits_{x\to\frac{\pi}{2}}\dfrac{\ln\sin x}{(\pi-2x)^2}$;

$(6)$ $\lim\limits_{x\to a}\dfrac{x^m-a^m}{x^n-a^n}$ $(m,n,a$ 为常数,且 $a>0)$;

$(7)$ $\lim\limits_{x\to 0^+}\dfrac{\ln\tan 7x}{\ln\tan 2x}$;

$(8)$ $\lim\limits_{x\to\frac{\pi}{2}}\dfrac{\tan x}{\tan 3x}$;

$(9)$ $\lim\limits_{x\to +\infty}\dfrac{\ln\left(1+\dfrac{1}{x}\right)}{\operatorname{arccot} x}$;

$(10)$ $\lim\limits_{x\to 0}\dfrac{\ln(1+x^2)}{\sec x-\cos x}$;

$(11)$ $\lim\limits_{x\to 0}(x\cot 2x)$;

$(12)$ $\lim\limits_{x\to 0}x^2 e^{\frac{1}{x^2}}$;

$(13)$ $\lim\limits_{x\to 1}\left(\dfrac{2}{x^2-1}-\dfrac{1}{x-1}\right)$;

$(14)$ $\lim\limits_{x\to\infty}\left(1+\dfrac{a}{x}\right)^x$;

$(15)$ $\lim\limits_{x\to 0^+}x^{\sin x}$;

$(16)$ $\lim\limits_{x\to +\infty}\left(\dfrac{2}{\pi}\arctan x\right)^x$.

2. 证明极限 $\lim\limits_{x\to\infty}\dfrac{x+\sin x}{x}$ 存在,但不能用洛必达法则得出.

3. 证明极限 $\lim\limits_{x\to 0}\dfrac{x+\sin x}{x+\cos x}$ 存在,但不能用洛必达法则得出.

## 提高题

1. 求极限 $\lim\limits_{x\to 1}\dfrac{\ln\cos(x-1)}{1-\sin\dfrac{\pi}{2}x}$.

2. 求极限 $\lim\limits_{x\to\infty}\left(x+\sqrt{1+x^2}\right)^{\frac{1}{x}}$.

3. 求极限 $\lim\limits_{x\to 0}\dfrac{e^{x^2}-e^{2-2\cos x}}{x^4}$.

4. 求极限 $\lim\limits_{x\to +\infty}\dfrac{2^x+x^{100}}{2e^x+\ln^{10}x}$.

5. 求极限 $\lim\limits_{x\to 0}\dfrac{\cos x-e^{-\frac{x^2}{2}}}{x^2[x+\ln(1-x)]}$.

# §4.3   函数的单调性、极值和最值

## 一、 函数单调性的判别

在第 1 章中讲述了函数在区间上的单调性概念,对于给定的函数或曲线,首先关注的是函数的单调性或曲线的升降走向,这是函数或者曲线的一种基本性质. 如果按照定义来判别函数在给定区间上的单调性,会比较麻烦,但如果利用导数和微分中值定理来处理,就容易得多.

如图 4-3 所示,函数 $f(x)$ 在 $(a,c)$ 内单调递增,这时函数曲线的切线与 $x$ 轴正向的夹角 $\alpha$ 都是锐角,因而 $f'(x) = \tan \alpha > 0$;函数 $f(x)$ 在 $(c,b)$ 内单调递减,这时函数曲线的切线与 $x$ 轴正向的夹角 $\beta$ 都是钝角,因而 $f'(x) = \tan \beta < 0$. 由此可知:函数的单调性是和一阶导数的符号紧密联系在一起的.

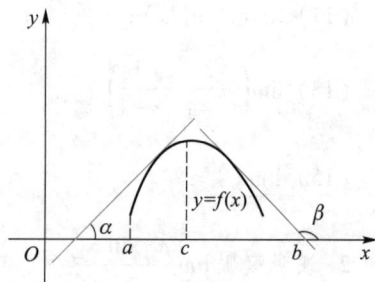

图 4-3

一般地,我们有下面的函数单调性判别方法.

**定理 4-6**   设函数 $f(x)$ 在区间 $[a,b]$ 上连续,在区间 $(a,b)$ 内可导,则

(1) 如果 $f'(x) > 0, x \in (a,b)$,那么 $f(x)$ 在区间 $[a,b]$ 内单调递增;

(2) 如果 $f'(x) < 0, x \in (a,b)$,那么 $f(x)$ 在区间 $[a,b]$ 内单调递减.

函数单调性的判别

**证明**   在 $[a,b]$ 内任取两点 $x_1, x_2 (x_1 < x_2)$,则 $f(x)$ 在 $[x_1, x_2]$ 上满足拉格朗日中值定理的条件,由定理结论可得

$$f(x_2) - f(x_1) = f'(\xi)(x_2 - x_1) \quad (x_1 < \xi < x_2).$$

(1) 若 $f'(x) > 0, x \in (a,b)$,则 $f'(\xi) > 0$,由上式得 $f(x_1) < f(x_2)$,所以 $f(x)$ 在区间 $[a,b]$ 内单调递增.

(2) 若 $f'(x) < 0, x \in (a,b)$,则 $f'(\xi) < 0$,由上式得 $f(x_1) > f(x_2)$,所以 $f(x)$ 在区间 $[a,b]$ 内单调递减.

如果把这个判别方法中的闭区间换成其他各种区间(包括无穷区间),那么结论也成立.

值得注意的是,上述定理不可逆,即 $f(x)$ 在某区间内单调递增(或单调递减),不一定有 $f'(x) > 0$(或 $f'(x) < 0$).

**例 4-27**   判别函数 $y = x^3$ 的单调性.

**解**   $y' = 3x^2 > 0 (x \neq 0)$,所以函数 $y = x^3$ 在 $(-\infty, 0)$ 和 $(0, +\infty)$ 上单调递增.

由于 $y' = 3x^2 \geq 0$，且仅当 $x = 0$ 时，$y' = 0$. 根据单调性的定义可知：$y = x^3$ 在 $(-\infty, +\infty)$ 上单调递增.

由此推理：若在区间 $(a, b)$ 内函数 $f(x)$ 的导数 $f'(x) \geq 0$（或 $f'(x) \leq 0$），且使得 $f'(x) = 0$ 的点是一些离散的点，则 $f(x)$ 在区间 $(a, b)$ 内单调递增（或单调递减）.

例 4-28  求函数 $y = 2x^3 - 3x^2 - 12x + 17$ 的单调区间.

解  由 $y' = 6x^2 - 6x - 12 = 6(x+1)(x-2), x \in (-\infty, +\infty)$ 可见在区间 $(-\infty, -1)$ 和 $(2, +\infty)$ 上 $y' > 0$，在区间 $(-1, 2)$ 上 $y' < 0$，所以该函数在区间 $(-\infty, -1)$ 和 $(2, +\infty)$ 上单调递增，在区间 $(-1, 2)$ 上单调递减.

为了避免解不等式 $f'(x) > 0, f'(x) < 0$，我们可以根据 $f'(x) = 0$ 的点或 $f'(x)$ 不存在的点，按以下步骤判定函数 $y = f(x)$ 的单调区间：

（1）确定 $f(x)$ 的定义域；

（2）计算 $f'(x)$，并求出使得 $f'(x) = 0$ 的点或 $f'(x)$ 不存在的点，用这些点把 $f(x)$ 的定义域划分成几个区间；

（3）列表考察在这几个区间内 $f'(x)$ 的符号，从而判断 $f(x)$ 在各个区间内的单调性.

例 4-29  求函数 $y = (x-1)\sqrt[3]{x^2}$ 的单调区间.

解  （1）定义域为 $(-\infty, +\infty)$.

（2）$y' = \sqrt[3]{x^2} + \dfrac{2(x-1)}{3\sqrt[3]{x}} = \dfrac{5x-2}{3\sqrt[3]{x}}$. 令 $y' = 0$，得 $x_1 = \dfrac{2}{5}$，另外还有导数不存在的点 $x_2 = 0$.

（3）列表：

| $x$ | $(-\infty, 0)$ | $0$ | $\left(0, \dfrac{2}{5}\right)$ | $\dfrac{2}{5}$ | $\left(\dfrac{2}{5}, +\infty\right)$ |
|---|---|---|---|---|---|
| $y'$ | + | 不存在 | − | 0 | + |
| $y$ | ↗ | | ↘ | | ↗ |

所以函数在 $(-\infty, 0)$ 及 $\left(\dfrac{2}{5}, +\infty\right)$ 内单调递增，在 $\left(0, \dfrac{2}{5}\right)$ 内单调递减.

例 4-30  设 $f(x)$ 在 $[0, a]$（$a > 0$）上连续，在 $(0, a)$ 内可导，且 $f(0) = 0, f'(x)$ 单调递增，证明：$\dfrac{f(x)}{x}$ 在 $(0, a)$ 内也单调递增.

证明  由于 $f(x)$ 在 $[0, x]$（$0 < x < a$）上满足拉格朗日中值定理的条件，故由定理可得

$$f(x) - f(0) = f'(\xi)(x - 0) \quad (0 < \xi < x),$$

即

$$f(x) = f'(\xi) x \quad (0 < \xi < x).$$

由于 $f'(x)$ 单调递增，故

$$f'(x) > f'(\xi) \quad (x > \xi > 0).$$

于是

$$\left[\frac{f(x)}{x}\right]' = \frac{xf'(x)-f(x)}{x^2} = \frac{xf'(x)-xf'(\xi)}{x^2} = \frac{f'(x)-f'(\xi)}{x} > 0,$$

所以 $\frac{f(x)}{x}$ 在 $(0,a)$ 内单调递增.

前面我们介绍了函数单调性的判别方法,下面利用函数的单调性证明不等式以及判定方程 $f(x)=0$ 的实根($f(x)$ 的零点)的个数.

**例 4-31**    证明:当 $x \neq 0$ 时,$e^x > 1+x$.

**证明**    设 $f(x) = e^x - (1+x)$,则 $f(0)=0$,

$$f'(x) = e^x - 1.$$

由此可见,当 $x>0$ 时,$f'(x)>0$,从而 $f(x)$ 在区间 $[0,+\infty)$ 内单调递增;当 $x<0$ 时,$f'(x)<0$,从而 $f(x)$ 在区间 $(-\infty,0]$ 上单调递减.

所以当 $x \neq 0$ 时,有 $f(x)>f(0)=0$,即

$$e^x - (1+x) > 0,$$

从而
$$e^x > 1+x.$$

**例 4-32**    证明:方程 $xe^x = 2$ 在 $(0,1)$ 内有且只有一个实根.

**证明**    设 $f(x) = xe^x - 2$,因 $f(x)$ 在 $[0,1]$ 上连续,且 $f(0)=-2<0$,$f(1)=e-2>0$,由零点定理,在 $(0,1)$ 内至少存在一点 $\xi$ 使 $f(\xi)=0$,即 $f(x)=0$ 在 $(0,1)$ 内至少有一个实根.

又因为 $f'(x) = e^x(x+1) > 0\,(0<x<1)$,所以 $f(x)$ 在 $(0,1)$ 内单调递增,于是 $f(x)$ 在 $(0,1)$ 内至多有一个零点.

综上所述,$f(x)$ 在 $(0,1)$ 内有且只有一个零点,即 $xe^x=2$ 在 $(0,1)$ 内有且只有一个实根.

## 二、 函数的极值与最值

导数的另一个重要应用就是寻求函数的极值和最值.

例如,射角为多大时,大炮的射程达到最大?在 17 世纪初,伽利略断定在真空中达到最大射程的射角是 $45°$,他还求出了在不同射角下炮弹所能达到的不同最大高度. 天文学家研究行星运动轨迹时也常遇到求解函数最大值或最小值的问题,例如行星离太阳的最远距离和最近距离.

**1. 函数的极值**

**定义 4-1**    设函数 $f(x)$ 在点 $x_0$ 的某邻域内有定义. 若对于邻域内任何异于 $x_0$ 的点 $x$,均有

(1) $f(x)<f(x_0)$,则称 $f(x_0)$ 为函数 $f(x)$ 的极大值,称 $x_0$ 为函数 $f(x)$ 的极大值点;

(2) $f(x)>f(x_0)$,则称 $f(x_0)$ 为函数 $f(x)$ 的极小值,称 $x_0$ 为函数 $f(x)$ 的极小值点.

极大值与极小值统称为极值,极大值点与极小值点统称为极值点.

如图 4-4 所示,$f(x)$ 在 $x=x_1$,$x_3$ 处取得极大值,在 $x=x_2$,$x_4$ 处取得极小值. 由定义可知,极值点是函数单调递增区间与单调递减区间的分界点,它只能是给定区间内部的点,不会是区间的端点. 另外,极值是局部概念,它只是在极值点的某邻域内与所有点的函数值作比较为最大或者最小,即极值是极值点某邻域内函数的最大值或者最小值,并不一定是函数在定义域内的最大值或最小值.

函数的极值

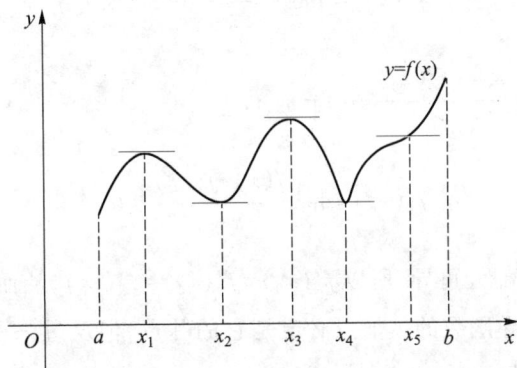

图 4-4

例 4-33 求 $f(x)=-x^2+x$ 的极值.

解 由于

$$f(x)=-x^2+x=-\left(x-\frac{1}{2}\right)^2+\frac{1}{4}\leqslant\frac{1}{4},$$

也即当 $x\neq\frac{1}{2}$ 时,$f(x)<f\left(\frac{1}{2}\right)=\frac{1}{4}$.

根据极值定义,$f(x)$ 在 $x=\frac{1}{2}$ 处取得极大值 $\frac{1}{4}$,$f\left(\frac{1}{2}\right)=\frac{1}{4}$ 也是 $f(x)$ 在定义域 $(-\infty,+\infty)$ 上的最大值.

由定义去求函数的极值一般是比较困难的,下面利用导数来判别函数的极值点并求函数的极值.

如前所述,极值点 $x=x_0$ 是函数 $f(x)$ 的单调递增区间和单调递减区间的分界点,那么 $x=x_0$ 就是 $f'(x)$ 的符号发生变化的分界点,即 $f'(x_0)$ 既不能为正,也不能为负. 于是在极值点 $x=x_0$ 处只可能有两种情况:(1) 若 $f'(x_0)$ 存在,则 $f'(x_0)$ 必为零;(2) $f'(x_0)$ 不存在.

这样,在 $f(x)$ 的定义域内,那些使 $f'(x)$ 存在且不等于零的点一定不是极值点,那些使 $f'(x)$ 等于零或者 $f'(x)$ 不存在的点才可能是极值点. 上述情况(1)就是下面的定理.

定理 4-7(极值存在的必要条件) 若函数 $f(x)$ 在点 $x_0$ 处可导,且在点 $x_0$ 处 $f(x)$ 取得极值,则必有 $f'(x_0)=0$.

证明　假设 $f(x_0)$ 是极大值（极小值的情形可以类似地证明），由极大值的定义，对于点 $x_0$ 的某邻域内的任意异于 $x_0$ 的点 $x$，总有

$$f(x) < f(x_0),$$

那么

（1）当 $x < x_0$ 时，有 $\dfrac{f(x) - f(x_0)}{x - x_0} > 0$，于是

$$f'_-(x_0) = \lim_{x \to x_0^-} \frac{f(x) - f(x_0)}{x - x_0} \geqslant 0.$$

（2）当 $x > x_0$ 时，有 $\dfrac{f(x) - f(x_0)}{x - x_0} < 0$，于是

$$f'_+(x_0) = \lim_{x \to x_0^+} \frac{f(x) - f(x_0)}{x - x_0} \leqslant 0.$$

由已知，$f(x)$ 在点 $x_0$ 处可导，所以 $f'_-(x_0) = f'_+(x_0) = f'(x_0)$，从而 $f'(x_0) = 0$.

定理 4-7 表明，可导函数的极值点必定是它的驻点，但反过来不一定成立，即函数的驻点不一定是极值点. 如函数 $f(x) = x^3$，$f'(0) = 0$，即 $x = 0$ 是 $f(x)$ 的驻点，但它不是 $f(x)$ 的极值点. 由此可得 $f'(x_0) = 0$ 只是可导函数 $f(x)$ 在点 $x_0$ 处取得极值的必要条件，而非充分条件.

另外，定理 4-7 是对导数存在的点而言的，在导数不存在的点，函数也有可能取得极值，如函数 $f(x) = |x|$，$f'(0)$ 不存在，但 $f(x)$ 在 $x = 0$ 处取得极小值 $f(0) = 0$，如图 4-5 所示；在导数不存在的点，函数也可能没有极值，如函数 $f(x) = x^{\frac{1}{3}}$，$f'(x) = \dfrac{1}{3} x^{-\frac{2}{3}}$，$f'(0)$ 不存在，$f(x)$ 在 $x = 0$ 处没有极值，如图 4-6 所示.

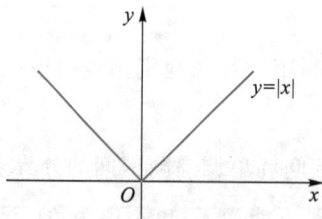

图 4-5

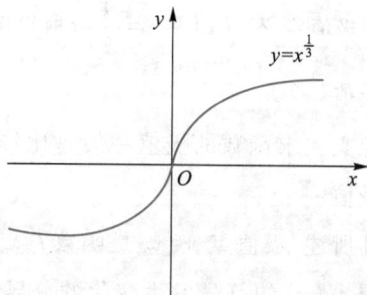

图 4-6

注意　函数的极值点必是函数的驻点或一阶导数不存在的点. 但是，驻点或一阶导数不存在的点不一定就是函数的极值点.

如何判断驻点或一阶导数不存在的点是否是极值点呢？为此，下面介绍极值存在的充分条件.

定理 **4-8**(极值存在的第一充分条件)　设 $f(x)$ 在点 $x_0$ 处连续,且在 $x_0$ 的邻域内($x_0$ 可除外)可导.如果对于该邻域内任意异于 $x_0$ 的点 $x$,

(1) 当 $x<x_0$ 时,$f'(x)>0$;当 $x>x_0$ 时,$f'(x)<0$,那么函数 $f(x)$ 在点 $x_0$ 处取得极大值;

(2) 当 $x<x_0$ 时,$f'(x)<0$;当 $x>x_0$ 时,$f'(x)>0$,那么函数 $f(x)$ 在点 $x_0$ 处取得极小值;

(3) 当 $x<x_0$ 与 $x>x_0$ 时,$f'(x)$ 不变号,那么函数 $f(x)$ 在点 $x_0$ 处没有极值.

证明　(1) 当 $x<x_0$ 时,$f'(x)>0$,根据函数单调性判别方法,函数 $f(x)$ 在点 $x_0$ 的左邻域内单调递增,所以 $f(x)<f(x_0)$;当 $x>x_0$ 时,$f'(x)<0$,根据函数单调性判别方法,函数 $f(x)$ 在点 $x_0$ 的右邻域内单调递减,所以 $f(x_0)>f(x)$.因此对于邻域内任意异于 $x_0$ 的点 $x$,均有 $f(x)<f(x_0)$,即 $f(x)$ 在点 $x_0$ 处取得极大值.

同理可证明(2),(3).

根据极值存在的第一充分条件,我们只要依据驻点或不可导点的左、右邻域内导数 $f'(x)$ 的符号,就可以确定这些点是否是极值点.

根据上面的两个定理,我们可以按下面的步骤来求 $f(x)$ 的极值点和极值:

(1) 确定 $f(x)$ 的定义域;

(2) 计算 $f'(x)$,并求出驻点和导数不存在的点;

(3) 列表考察这些点的左、右邻域内 $f'(x)$ 的符号,再根据极值存在的第一充分条件,判断这些点是否为极值点,若是极值点,判断是极大值点还是极小值点;

(4) 求出各极值点的函数值,从而得到 $f(x)$ 的全部极值.

例 **4-34**　求函数 $f(x)=-x^4+4x^3+5$ 的单调区间与极值.

解　(1) 定义域为 $(-\infty,+\infty)$.

(2) $f'(x)=-4x^3+12x^2=-4x^2(x-3)$,令 $f'(x)=0$,得驻点 $x_1=0$ 和 $x_2=3$,没有导数不存在的点.

(3) 列表:

| $x$ | $(-\infty,0)$ | $0$ | $(0,3)$ | $3$ | $(3,+\infty)$ |
|---|---|---|---|---|---|
| $f'(x)$ | + | 0 | + | 0 | − |
| $f(x)$ | ↗ | 非极值 | ↗ | 极大值 | ↘ |

函数 $f(x)=-x^4+4x^3+5$ 的单调递增区间为 $(-\infty,3)$,单调递减区间为 $(3,+\infty)$,极大值为 $f(3)=32$.

例 **4-35**　求函数 $f(x)=(2x-5)\sqrt[3]{x^2}$ 的单调区间与极值.

解　(1) 定义域为 $(-\infty,+\infty)$.

(2) $f'(x)=\dfrac{10(x-1)}{3\sqrt[3]{x}}$,令 $f'(x)=0$,得驻点 $x_1=1$.还有导数不存在的点 $x_2=0$.

(3) 列表:

| $x$ | $(-\infty,0)$ | 0 | $(0,1)$ | 1 | $(1,+\infty)$ |
|---|---|---|---|---|---|
| $f'(x)$ | + | 不存在 | − | 0 | + |
| $f(x)$ | ↗ | 极大值 | ↘ | 极小值 | ↗ |

函数 $f(x)=(2x-5)\sqrt[3]{x^2}$ 的单调递增区间为 $(-\infty,0)$ 和 $(1,+\infty)$,单调递减区间为 $(0,1)$,极大值为 $f(0)=0$,极小值为 $f(1)=-3$.

**定理 4-9**(极值存在的第二充分条件)  设函数 $f(x)$ 在点 $x_0$ 处有二阶导数,且 $f'(x_0)=0$,$f''(x_0)\neq 0$.

(1) 若 $f''(x_0)<0$,则函数 $f(x)$ 在点 $x_0$ 处取得极大值;

(2) 若 $f''(x_0)>0$,则函数 $f(x)$ 在点 $x_0$ 处取得极小值.

**证明**  (1) 由于 $f''(x_0)<0$,按二阶导数的定义有

$$f''(x_0)=\lim_{x\to x_0}\frac{f'(x)-f'(x_0)}{x-x_0}<0.$$

根据函数极限的局部保号性,当 $x$ 在点 $x_0$ 的足够小的去心邻域内时,

$$\frac{f'(x)-f'(x_0)}{x-x_0}<0.$$

而 $f'(x_0)=0$,所以上式即

$$\frac{f'(x)}{x-x_0}<0.$$

从而对于此去心邻域内的 $x$,$f'(x)$ 与 $x-x_0$ 的符号相反. 因此当 $x-x_0<0$ 即 $x<x_0$ 时,$f'(x)>0$;当 $x-x_0>0$ 即 $x>x_0$ 时,$f'(x)<0$. 根据定理 4-8,$f(x)$ 在点 $x_0$ 处取得极大值.

类似地可以证明(2).

**注意**  第二充分条件只能在驻点处使用,并且要求 $f(x_0)$ 的二阶导数存在且不为零. 因此第二充分条件的使用受到很多限制,而第一充分条件对所有极值判别问题都可以使用. 在实际运用中,可根据具体问题分别使用第一充分条件或者第二充分条件来讨论函数的极值.

**例 4-36**  求 $g(x)=x^2+1-\ln x$ 的极值.

**解**  定义域为 $(0,+\infty)$. $g(x)$ 在 $(0,+\infty)$ 上可导,其导数为

$$g'(x)=2x-\frac{1}{x}=\frac{2x^2-1}{x}=2\frac{\left(x-\frac{\sqrt{2}}{2}\right)\left(x+\frac{\sqrt{2}}{2}\right)}{x}.$$

令 $g'(x)=0$,得驻点

$$x_1=\frac{\sqrt{2}}{2},\quad x_2=-\frac{\sqrt{2}}{2}(与题设不合,舍去).$$

而

$$g''(x) = 2 + \frac{1}{x^2}, \quad g''\left(\frac{\sqrt{2}}{2}\right) = 4 > 0,$$

所以 $g(x)$ 在 $x = \dfrac{\sqrt{2}}{2}$ 处取得极小值,极小值为

$$g\left(\frac{\sqrt{2}}{2}\right) = \frac{1}{2} + 1 - \ln\frac{\sqrt{2}}{2} = \frac{3}{2} + \frac{\ln 2}{2},$$

$g(x)$ 没有极大值.

**例 4-37** 求 $f(x) = (x^2 - 1)^3 - 2$ 的极值.

**解** 定义域为 $(-\infty, +\infty)$.

$$f'(x) = 3(x^2 - 1)^2 \cdot 2x = 6x(x^2 - 1)^2,$$

令 $f'(x) = 0$,得驻点

$$x_1 = 0, \quad x_2 = 1, \quad x_3 = -1.$$

$$f''(x) = 6(x^2 - 1)^2 + 6x \cdot 2(x^2 - 1) \cdot 2x = 6(x^2 - 1)(5x^2 - 1),$$

因 $f''(0) = 6 > 0$,故 $f(x)$ 在 $x = 0$ 处取得极小值,极小值为 $f(0) = -3$.

因 $f''(1) = f''(-1) = 0$,故对于 $x = \pm 1$,第二充分条件失效,改用第一充分条件. 在点 $x = -1$ 的左、右邻域内,$f'(x) < 0$,即 $f'(x)$ 在 $x = -1$ 的左、右邻域内同号,所以 $f(x)$ 在 $x = -1$ 处没有极值. 类似可得 $f(x)$ 在 $x = 1$ 处没有极值.

**例 4-38** 求 $f(x) = \cos x + \sin x$ 在 $[0, 2\pi]$ 上的极值.

**解** $f'(x) = -\sin x + \cos x$,令 $f'(x) = 0$,得 $\tan x = 1$,解得驻点

$$x_1 = \frac{\pi}{4}, \quad x_2 = \frac{5\pi}{4}.$$

又 $f''(x) = -\cos x - \sin x$,而 $f''\left(\dfrac{\pi}{4}\right) = -\sqrt{2} < 0$,故 $f(x)$ 在 $x = \dfrac{\pi}{4}$ 处取得极大值,极大值为

$f\left(\dfrac{\pi}{4}\right) = \sqrt{2}$;$f''\left(\dfrac{5\pi}{4}\right) = \sqrt{2} > 0$,故 $f(x)$ 在 $x = \dfrac{5\pi}{4}$ 处取得极小值,极小值为 $f\left(\dfrac{5\pi}{4}\right) = -\sqrt{2}$.

**2. 函数的最值**

在许多生产活动和科技实践中,常常会遇到这样一类问题:在一定条件下,怎样才能使"产量最高""成本最低""用料最省""利润最大""射程最远"等,这类问题在数学上可归结为求某个函数(或称目标函数)的最大值或最小值问题.

前面我们已经说过函数的极值与最值是有区别的. 极值只是一个局部概念,它是针对某一点的邻域而言的;而最值是一个整体概念,它是针对整个定义域而言的. 下面先讨论闭区间上连续函数的最值问题.

由闭区间上连续函数的性质可知,若 $f(x)$ 在闭区间 $[a, b]$ 上连续,则 $f(x)$ 在 $[a, b]$ 上必有最大值和最小值.

因为函数 $f(x)$ 的最大值和最小值可能出现在 $[a, b]$ 的端点,所以求出 $f(x)$ 的极大值

和极小值后,还必须与 $f(a),f(b)$ 比较才可求出函数的最大值与最小值. 又由于 $f(x)$ 的极大值和极小值只可能在 $f(x)$ 的驻点或使 $f'(x)$ 不存在的点处取得,所以只要求出这些点的函数值,再与 $f(a),f(b)$ 比较,即可求出函数的最大值与最小值.

例 4-39    求 $f(x)=3x^4-4x^3-12x^2+1$ 在区间 $[-3,3]$ 上的最大值与最小值.

解    $f'(x)=12x^3-12x^2-24x=12x(x-2)(x+1)$.

令 $f'(x)=0$,得三个驻点 $x=0,-1,2$,均在 $[-3,3]$ 内,又

$$f(0)=1,\quad f(-1)=-4,\quad f(2)=-31,\quad f(-3)=244,\quad f(3)=28.$$

比较上述 5 个点的函数值可知,$f(x)$ 在 $[-3,3]$ 上的最大值为 $f(-3)=244$,最小值为 $f(2)=-31$.

在特殊情况下求函数的最值:

(1) 如果函数 $f(x)$ 在闭区间 $[a,b]$ 上连续且单调递增,那么 $f(x)$ 在 $x=a$ 处取得最小值,在 $x=b$ 处取得最大值;如果函数 $f(x)$ 在闭区间 $[a,b]$ 上连续且单调递减,那么 $f(x)$ 在 $x=a$ 处取得最大值,在 $x=b$ 处取得最小值.

(2) 如果连续函数 $f(x)$ 在开区间 $(a,b)$ 内有且仅有一个极值,那么它就是 $f(x)$ 在开区间 $(a,b)$ 内的最值;如果它是极大值(或极小值),那么这个极大值(或极小值)就是函数在 $(a,b)$ 内的最大值(或最小值).

例 4-40    将一长为 $a$ 的铁丝切成两段,并将其中一段围成正方形,另一段围成圆形.为使正方形与圆形面积之和最小,问两段铁丝的长各为多少?

解    设围成正方形的一段铁丝长为 $x$,则围成圆形的一段铁丝长为 $a-x$,于是正方形与圆形面积之和为

$$S(x)=\left(\frac{1}{4}x\right)^2+\pi\left(\frac{a-x}{2\pi}\right)^2=\frac{1}{16}x^2+\frac{1}{4\pi}(a-x)^2\quad(0<x<a),$$

$$S'(x)=\frac{1}{8}x-\frac{1}{2\pi}(a-x).$$

令 $S'(x)=0$,得唯一驻点

$$x=\frac{4a}{4+\pi}.$$

由于 $S''(x)=\frac{1}{8}+\frac{1}{2\pi}$,所以 $S''\left(\frac{4a}{4+\pi}\right)>0$. 因此,$S(x)$ 在 $\frac{4a}{4+\pi}$ 处取得极小值. 又 $x=\frac{4a}{4+\pi}$ 是区间 $(0,a)$ 内唯一的极值点,所以极小值就是 $S(x)$ 的最小值,即 $S(x)$ 在 $x=\frac{4a}{4+\pi}$ 处达到最小值,最小值为

$$S\left(\frac{4a}{4+\pi}\right)=\frac{a^2}{4(4+\pi)}.$$

因此,当围成正方形的铁丝长为 $\frac{4a}{4+\pi}$,围成圆形的铁丝长为 $\frac{\pi a}{4+\pi}$ 时,正方形与圆形面积之和

最小.

**例 4-41** 求数列 $\{\sqrt[n]{n}\}$ 的最大项.

**解** 设 $f(x)=x^{\frac{1}{x}},x\in(0,+\infty)$,则

$$f'(x)=x^{\frac{1}{x}}\cdot\frac{1-\ln x}{x^2}.$$

令 $f'(x)=0$,得唯一驻点 $x=\mathrm{e}$.

当 $0<x<\mathrm{e}$ 时,$f'(x)>0$;当 $x>\mathrm{e}$ 时,$f'(x)<0$. 所以 $x=\mathrm{e}$ 是极大值点,且为唯一极值点,故 $x=\mathrm{e}$ 是最大值点. 由于数列 $\{\sqrt[n]{n}\}$ 中的项数只能取正整数,所以数列的最大值点可能是 $n=2$ 或 $n=3$,又由于 $\sqrt[3]{3}>\sqrt[4]{4}=\sqrt{2}$,故 $\sqrt[3]{3}$ 是数列 $\{\sqrt[n]{n}\}$ 的最大项.

## 本节小结

本节主要学习了利用导数判断函数的单调性、求函数的极值和最值的方法. 要求:

1. 掌握函数单调性判别方法.
2. 掌握极值的判别方法,包括第一充分条件和第二充分条件(注意使用的条件);
3. 了解极值和最值的区别,最值是整体概念,而极值是局部概念.

## 练习 4.3

**基础题**

1. 求下列函数的单调区间:

(1) $f(x)=2+x-x^2$;            (2) $f(x)=x^2-2\ln x$.

2. 证明下列不等式:

(1) 当 $x>0$ 时,$1+\frac{1}{2}x>\sqrt{1+x}$;

(2) 当 $x>0$ 时,$1+x\ln(x+\sqrt{1+x^2})>\sqrt{1+x^2}$;

(3) 当 $0<x<\frac{\pi}{2}$ 时,$\tan x>x+\frac{1}{3}x^3$;

(4) 当 $x>4$ 时,$2^x>x^2$.

3. 求下列函数的极值:

(1) $f(x)=2x^3-6x^2-18x+17$;            (2) $f(x)=2-(x-1)^{\frac{2}{3}}$.

4. 求下列函数在所给区间上的最大值和最小值:

(1) $f(x) = x^3 - 6x$, $[-2,2]$;　　　　　　(2) $f(x) = \sin 2x - x$, $\left[-\dfrac{\pi}{2}, \dfrac{\pi}{2}\right]$.

**提高题**

1. 证明:方程 $\sin x = x$ 有且仅有一个实根.

2. 已知一工厂 $A$ 与铁路的垂直距离为 20 km,它的垂足 $B$ 到火车站 $C$ 的铁路长为 100 km,工厂的产品需经过火车站 $C$ 才能转销外地,为使运费最省,准备在铁路上选定一点 $D$ 向工厂修筑一条公路. 假设铁路每千米货运的运费与公路每千米货运的运费之比为 3:7,为了使产品从工厂 $A$ 运到火车站 $C$ 的运费最省,问 $D$ 点应离火车站 $C$ 多少千米?

3. 求抛物线 $y = 1 - x^2 (0 < x < 1)$ 的切线与两条坐标轴所围成的三角形的面积的最小值.

# §4.4 函数曲线的凹向及拐点

在研究函数图形的变化状况时,仅知道它的上升和下降是不够的. 如图 4-7 所示,曲线 $l_1$, $l_2$ 都是上升的曲线弧,但它们的弯曲状况不相同,从左到右,曲线 $l_1$ 向下弯曲,曲线 $l_2$ 向上弯曲. 因此研究函数的图形时还要研究曲线的弯曲状况.

从图形中可看出,向上弯曲的曲线弧 $l_2$ 位于这条弧段上任意一点的切线的上方,向下弯曲的曲线弧 $l_1$ 位于这条弧段上任意一点的切线的下方.

**定义 4-2** 设函数 $y = f(x)$ 在某区间内可导,若曲线弧位于其上任一点处切线的上方,则称曲线 $y = f(x)$ 是 **上凹** 的;若曲线弧位于其上任一点处切线的下方,则称曲线 $y = f(x)$ 是 **下凹** 的.

如何确定曲线的凹向呢?

从图 4-8 中容易看出,在 $(a,c)$ 内,函数曲线上凹,当 $x$ 的取值增大时,切线斜率 $\tan \alpha$ 增大,即 $f'(x)$ 单调递增;在 $(c,b)$ 内,函数曲

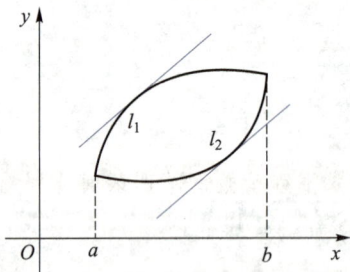

图 4-7

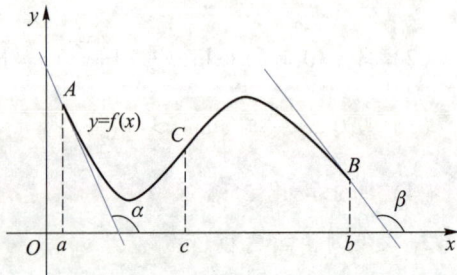

图 4-8

线下凹,当 $x$ 的取值增大时,切线斜率 $\tan\beta$ 减小,即 $f'(x)$ 单调递减. 由此可知:函数曲线的凹向是和一阶导数的单调性紧密联系在一起的. 这样,我们可以利用二阶导数的符号判别一阶导数的单调性,从而判定曲线的凹向.

**定理 4-10** 设函数 $y=f(x)$ 在区间 $(a,b)$ 内存在二阶导数,则

(1) 若 $f''(x)>0,x\in(a,b)$,那么曲线 $y=f(x)$ 在 $(a,b)$ 内上凹;

(2) 若 $f''(x)<0,x\in(a,b)$,那么曲线 $y=f(x)$ 在 $(a,b)$ 内下凹.

证明略.

同样要注意的是,$f''(x)>0$(或 $f''(x)<0$)只是曲线上凹(或下凹)的充分条件,并不是必要条件. 曲线在某区间内上凹(或下凹)时,也可能存在某些点使得函数的二阶导数为 0. 如 $y=x^4$ 在 $(-\infty,+\infty)$ 内上凹,但 $y''\big|_{x=0}=0$.

**推论** 如果在区间 $(a,b)$ 内恒有 $f''(x)\geq 0$(或 $f''(x)\leq 0$),且使 $f''(x)=0$ 的点只是一些离散的点,那么函数曲线 $y=f(x)$ 在区间 $(a,b)$ 内上凹(或下凹).

**例 4-42** 判定函数曲线 $f(x)=x-\ln(x+1)$ 的凹向.

**解** 因为 $f'(x)=1-\dfrac{1}{x+1}$,$f''(x)=\dfrac{1}{(x+1)^2}>0$,所以函数曲线在定义域 $(-1,+\infty)$ 内上凹.

**例 4-43** 判定函数曲线 $y=\arctan x$ 的凹向.

**解** 由 $y'=\dfrac{1}{1+x^2}$,$y''=-\dfrac{2x}{(1+x^2)^2}$ 可知:当 $x<0$ 时,$y''>0$;当 $x>0$ 时,$y''<0$. 所以,函数曲线 $y=\arctan x$ 在 $(-\infty,0)$ 内上凹,在 $(0,+\infty)$ 内下凹.

由例 4-43 可看出,一条函数曲线可能一部分是上凹的,而另一部分是下凹的,即在定义域内曲线的凹向不一致.

在函数曲线 $y=f(x)$ 上,上凹弧与下凹弧的连接点称为曲线 $y=f(x)$ 的拐点. 由于拐点是曲线上的点,故拐点必须用坐标 $(x_0,f(x_0))$ 来表示. 另外,拐点是曲线上凹与下凹的分界点,因此在拐点的左、右两侧邻近 $f''(x)$ 必然异号,从而在拐点处必然有 $f''(x)=0$ 或 $f''(x)$ 不存在.

求曲线 $y=f(x)$ 的凹向区间与拐点的步骤:

(1) 求函数 $f(x)$ 的定义域;

(2) 计算二阶导数 $f''(x)$,并求出使得 $f''(x)=0$ 的点和 $f''(x)$ 不存在的点;

函数曲线的
凹向及拐点

(3) 利用上述点将定义域划分成若干个小区间,列表考察各个区间内 $f''(x)$ 的符号,再确定凹向区间和拐点.

**例 4-44** 求曲线 $f(x)=\dfrac{3}{5}x^{\frac{5}{3}}-\dfrac{3}{2}x^{\frac{2}{3}}+1$ 的凹向区间及拐点.

**解** (1) 定义域为 $(-\infty,+\infty)$.

（2）$f'(x)=x^{\frac{2}{3}}-x^{-\frac{1}{3}},f''(x)=\dfrac{2}{3}x^{-\frac{1}{3}}+\dfrac{1}{3}x^{-\frac{4}{3}}=\dfrac{2x+1}{3x^{\frac{4}{3}}}.$

令 $f''(x)=0$，得 $x_1=-\dfrac{1}{2}.$ 又 $x_2=0$ 为 $f''(x)$ 不存在的点.

（3）列表：

| $x$ | $\left(-\infty,-\dfrac{1}{2}\right)$ | $-\dfrac{1}{2}$ | $\left(-\dfrac{1}{2},0\right)$ | $0$ | $(0,+\infty)$ |
| --- | --- | --- | --- | --- | --- |
| $f''(x)$ | $-$ | $0$ | $+$ | 不存在 | $+$ |
| $f(x)$ | 下凹 | $1-\dfrac{9}{10}\sqrt[3]{2}$ | 上凹 | $1$ | 上凹 |

曲线的下凹区间是 $\left(-\infty,-\dfrac{1}{2}\right)$，上凹区间是 $\left(-\dfrac{1}{2},+\infty\right)$，拐点是 $\left(-\dfrac{1}{2},1-\dfrac{9}{10}\sqrt[3]{2}\right)$. 请注意，$(0,1)$ 点不是拐点，因为曲线在 $x=0$ 的左、右两侧邻近凹向相同.

**例 4-45**　函数曲线的凹向性在股票市场上的应用. 道琼斯指数是世界上历史最为悠久的股票指数之一，通常所说的道琼斯指数指的是道琼斯工业平均指数. 在股票市场上投资者可以考虑根据道琼斯指数图形进行买卖，购买股票最希望的是在最低点买入，在最高点抛售，但在实际操作中是几乎不可能的，因此可以利用图像的拐点来进行买卖，在最低点附近（上凹图形部分）购买，在最高点附近（下凹图形部分）抛售（图 4-9）.

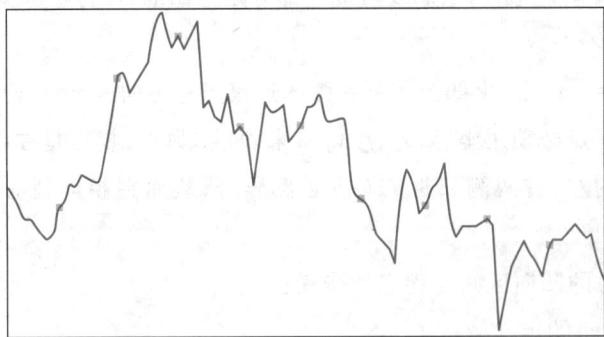

图 4-9

## 本节小结

本节主要介绍函数曲线的凹向及拐点. 要求：

1. 掌握函数曲线凹向的概念及其判别方法.

2. 掌握曲线的拐点及其求法.

## 练习 4.4

**基础题**

求下列函数曲线的凹向区间与拐点：

(1) $f(x) = 3x^2 - x^3$；

(2) $f(x) = \sqrt{1+x^2}$；

(3) $f(x) = a - \sqrt[3]{x-b}$；

(4) $f(x) = 3x^{\frac{1}{3}} + 2x$.

**提高题**

1. 曲线 $y = (x-1)(x-2)^2(x-3)^3(x-4)^4$ 的一个拐点是（　　）．

A. $(1,0)$ 　　　　 B. $(2,0)$ 　　　　 C. $(3,0)$ 　　　　 D. $(4,0)$

2. 曲线 $y = (x-5)x^{\frac{2}{3}}$ 的拐点坐标为_____．

# §4.5　曲线的渐近线与函数图形的描绘

## 一、曲线的渐近线

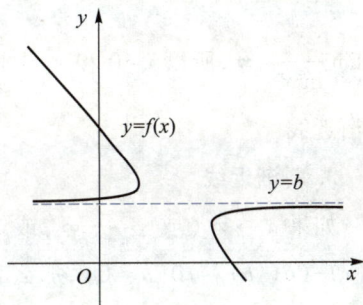

在平面上，当曲线伸向无穷远时，一般很难把它的图形描绘准确．为了确定曲线的变化趋势，有必要研究曲线的渐近线．

**定义 4-3**　当曲线上一点沿着该曲线无限远离坐标原点时，如果该点与某一直线的距离趋于零，那么称该直线为曲线的<u>渐近线</u>.

曲线的渐近线

渐近线分为水平渐近线、垂直渐近线和斜渐近线．

**1. 水平渐近线**

如果 $x \to \infty$（或 $x \to -\infty$，或 $x \to +\infty$）时，$f(x) \to b$，那么直线 $y = b$ 为曲线 $y = f(x)$ 的<u>水平渐近线</u>（图 4-10）．在应用时要注意，若当 $x \to -\infty$ 和 $x \to +\infty$ 时，$f(x)$ 都有极限但不相等，则此时曲线 $y = f(x)$ 仍存在水平

图 4-10

渐近线.

例 4-46  求曲线 $y = \mathrm{e}^{\frac{1}{x}}$ 的水平渐近线.

解  因为

$$\lim_{x \to \infty} \mathrm{e}^{\frac{1}{x}} = 1,$$

所以 $y = 1$ 是曲线 $y = \mathrm{e}^{\frac{1}{x}}$ 的水平渐近线.

例 4-47  求曲线 $y = \arctan x$ 的水平渐近线.

解  因为

$$\lim_{x \to -\infty} \arctan x = -\frac{\pi}{2}, \quad \lim_{x \to +\infty} \arctan x = \frac{\pi}{2},$$

所以 $y = -\dfrac{\pi}{2}, y = \dfrac{\pi}{2}$ 都是曲线 $y = \arctan x$ 的水平渐近线.

### 2. 垂直渐近线

如果 $x \to c$(或 $x \to c^-$,或 $x \to c^+$)时, $f(x) \to \infty$,那么直线 $x = c$ 为曲线 $y = f(x)$ 的**垂直渐近线**(图 4-11).

例 4-48  求曲线 $y = \dfrac{1}{(x+2)^3}$ 的垂直渐近线.

解  因为

$$\lim_{x \to -2} \frac{1}{(x+2)^3} = \infty,$$

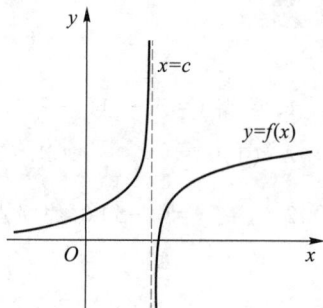

图 4-11

所以 $x = -2$ 为曲线 $y = \dfrac{1}{(x+2)^3}$ 的垂直渐近线.

例 4-49  求曲线 $y = \dfrac{\mathrm{e}^{\frac{1}{x}}}{\ln x}$ 的垂直渐近线.

解  因为

$$\lim_{x \to 0^+} \frac{\mathrm{e}^{\frac{1}{x}}}{\ln x} = \lim_{x \to 0^+} \frac{-\dfrac{1}{x^2} \mathrm{e}^{\frac{1}{x}}}{\dfrac{1}{x}} = \infty,$$

又 $\lim\limits_{x \to 1} \dfrac{\mathrm{e}^{\frac{1}{x}}}{\ln x} = \infty$,所以 $x = 0$ 和 $x = 1$ 均为该曲线的垂直渐近线.

### 3. 斜渐近线

如果 $x \to \infty$(或 $x \to -\infty$,或 $x \to +\infty$)时,有 $[f(x) - (ax+b)] \to 0 (a \neq 0)$,那么直线 $y = ax+b$ 为曲线 $y = f(x)$ 的**斜渐近线**(图 4-12).

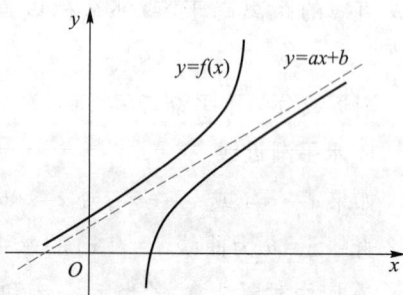

图 4-12

下面来求 $a, b$.

因为 $\lim\limits_{x\to\infty}[f(x)-(ax+b)]=0$, 所以

$$\lim_{x\to\infty}\frac{f(x)-(ax+b)}{x}=0,$$

即

$$\lim_{x\to\infty}\left[\frac{f(x)}{x}-a-\frac{b}{x}\right]=0,$$

从而

$$a=\lim_{x\to\infty}\frac{f(x)}{x}.$$

由 $\lim\limits_{x\to\infty}[f(x)-(ax+b)]=0$ 得

$$b=\lim_{x\to\infty}[f(x)-ax].$$

斜渐近线中 $a, b$ 的求解对于 $x\to+\infty$ 或 $x\to-\infty$ 两种情形同样适用. 当这两个极限均存在时, $y=f(x)$ 有斜渐近线 $y=ax+b$, 否则 $y=f(x)$ 无斜渐近线.

**例 4-50** 求曲线 $y=\dfrac{x^2}{1+x}$ 的斜渐近线.

**解** 设斜渐近线为 $y=ax+b(a\neq0)$, 则

$$a=\lim_{x\to\infty}\frac{f(x)}{x}=\lim_{x\to\infty}\frac{x^2}{x(1+x)}=1,$$

$$b=\lim_{x\to\infty}[f(x)-ax]=\lim_{x\to\infty}\left(\frac{x^2}{1+x}-x\right)=\lim_{x\to\infty}\frac{-x}{1+x}=-1,$$

所以 $y=x-1$ 是曲线的斜渐近线.

前面介绍的实例均是求某一类型的渐近线, 如果是要求曲线的所有渐近线, 就必须对各种类型的渐近线分别判断并求出.

**例 4-51** 求曲线 $y=\dfrac{2x^2}{x^2-1}$ 的渐近线.

**解** 因为

$$\lim_{x\to\infty}\frac{2x^2}{x^2-1}=2,$$

所以 $y=2$ 为水平渐近线.

又因为

$$\lim_{x\to1}\frac{2x^2}{x^2-1}=\infty, \quad \lim_{x\to-1}\frac{2x^2}{x^2-1}=\infty,$$

所以 $x=1$ 和 $x=-1$ 为垂直渐近线.

曲线无斜渐近线.

## 二、 函数的作图

正确地描绘函数的图形,有助于了解函数在定义域上的全貌,进一步了解函数的动态性质.

我们知道,作一个函数 $y=f(x)$ 的图形不可能计算出所有的函数值 $f(x)$,从而描出曲线上所有的点,而只能有选择地描出曲线上一些最能反映曲线变化的"关键点",如极值点和拐点;其次,利用 $f'(x)$ 和 $f''(x)$ 的符号确定函数的单调性和凹向,同时再参考曲线的渐近线,就可以把函数的图形描绘出来;另外,为了简化作图,还要参考函数的奇偶性、周期性.

函数作图的一般步骤:

(1) 确定函数的定义域;

(2) 讨论函数的奇偶性、周期性;

(3) 求出函数的渐近线;

(4) 计算 $f'(x)$,$f''(x)$,求出驻点、不可导点以及 $f''(x)=0$ 和 $f''(x)$ 不存在的点;

(5) 用上述点将定义域划分成若干个区间,并列表讨论各区间上的单调性和凹向,并求出极值和拐点;

(6) 根据函数的上述性态绘出函数的图形.

**例 4-52**　作函数 $f(x)=\dfrac{1}{\sqrt{2\pi}}e^{-\frac{x^2}{2}}$ 的图形.

**解**　(1) 定义域为 $(-\infty,+\infty)$.

(2) $f(x)$ 是偶函数,关于 $y$ 轴对称,无周期性.

(3) $y=0$ 是该曲线的水平渐近线.

(4) $f'(x)=-\dfrac{x}{\sqrt{2\pi}}e^{-\frac{x^2}{2}}$,$f''(x)=\dfrac{(x+1)(x-1)}{\sqrt{2\pi}}e^{-\frac{x^2}{2}}$.令 $f'(x)=0$,得 $x_1=0$;令 $f''(x)=0$ 得 $x_2=-1$,$x_3=1$.

(5) 列表讨论,由于 $f(x)$ 是偶函数,我们可以先讨论 $[0,+\infty)$ 的图形,再根据偶函数的图形关于 $y$ 轴对称的性质将 $x$ 轴右侧的图形"映射"到 $x$ 轴左侧:

| $x$ | 0 | $(0,1)$ | 1 | $(1,+\infty)$ |
|---|---|---|---|---|
| $f'(x)$ | 0 | - | - | - |
| $f''(x)$ | - | - | 0 | + |
| $f(x)$ | 极大值 $\dfrac{1}{\sqrt{2\pi}}$ | ↘(下凹) | 拐点 $\left(1,\dfrac{1}{\sqrt{2\pi e}}\right)$ | ↘(上凹) |

（6）作图（图4-13）.

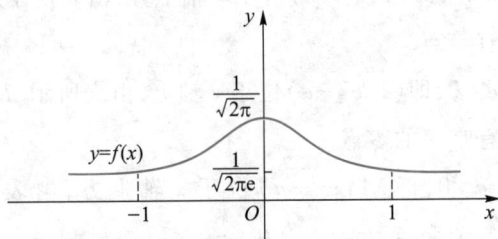

图 4-13

## 三、 利用函数的性态讨论方程 $f(x)=0$ 的根

由于函数的性态（如连续性、单调性、极值等）反映了函数及其图形的基本特征,而从函数图形的特征可以确定函数 $f(x)$ 的零点（即 $f(x)=0$ 的根）的分布状况,所以函数的性态对于方程的根的讨论具有很重要的作用.

讨论方程 $f(x)=0$ 的根的一般步骤:

（1）确定 $f(x)$ 的定义域及其连续性;

（2）求 $f(x)$ 的驻点和 $f'(x)$ 不存在的点,并划分 $f(x)$ 的单调区间;

（3）求 $f(x)$ 的极值（或最值）;

（4）分析极值（或最值）与 $x$ 轴的相对位置,确定 $f(x)$ 的零点的大致位置及其个数.

例 4-53　试讨论方程 $xe^{-x}=a(a>0)$ 的实根.

解　令 $F(x)=xe^{-x}-a$, $F(x)$ 的定义域为 $(-\infty,+\infty)$,且在定义域内连续. 由 $F'(x)=(1-x)e^{-x}=0$ 得 $x=1$,列表如下:

| $x$ | $(-\infty,1)$ | 1 | $(1,+\infty)$ |
|---|---|---|---|
| $F'(x)$ | + | 0 | − |
| $F(x)$ | ↗ | 极大值 $e^{-1}-a$ | ↘ |

由于 $x=1$ 是 $F(x)$ 的唯一极值点,因而也是 $F(x)$ 的最大值点,即 $F(1)=e^{-1}-a$ 为最大值. 以下就 $F(1)=e^{-1}-a$ 与 $x$ 轴的相对位置讨论 $F(x)$ 的零点.

因为 $F(x)$ 在 $(-\infty,1)$ 内单调递增,且

$$\lim_{x\to-\infty}F(x)=\lim_{x\to-\infty}(xe^{-x}-a)=-\infty,$$

又 $F(x)$ 在 $(1,+\infty)$ 内单调递减,且

$$\lim_{x\to+\infty}F(x)=\lim_{x\to+\infty}(xe^{-x}-a)=-a<0,$$

所以

(1) 若 $F(1) = \mathrm{e}^{-1} - a < 0$，即 $(1, \mathrm{e}^{-1} - a)$ 位于 $x$ 轴下方，由表所示，$F(x)$ 的图形与 $x$ 轴不会有交点，因此 $F(x)$ 没有零点.

(2) 若 $F(1) = \mathrm{e}^{-1} - a = 0$，即 $(1, \mathrm{e}^{-1} - a)$ 位于 $x$ 轴上，由表所示，$F(x)$ 的图形与 $x$ 轴只有一个交点，因此 $F(x)$ 只有唯一的零点.

(3) 若 $F(1) = \mathrm{e}^{-1} - a > 0$，即 $(1, \mathrm{e}^{-1} - a)$ 位于 $x$ 轴上方，由表所示，$F(x)$ 的图形在 $(-\infty, 1)$ 内与 $x$ 轴只有一个交点，即 $F(x)$ 在 $(-\infty, 1)$ 内只有一个零点；另外，$F(x)$ 的图形在 $(1, +\infty)$ 内与 $x$ 轴也只有一个交点，即 $F(x)$ 在 $(1, +\infty)$ 内也只有一个零点.

综上所述，当 $\mathrm{e}^{-1} - a < 0$ 时，方程 $x\mathrm{e}^{-x} = a$ 没有实根；当 $\mathrm{e}^{-1} - a = 0$ 时，方程 $x\mathrm{e}^{-x} = a$ 有唯一实根；当 $\mathrm{e}^{-1} - a > 0$ 时，方程 $x\mathrm{e}^{-x} = a$ 有两个实根，且分别在 $(-\infty, 1)$ 和 $(1, +\infty)$ 内.

## 本节小结

描绘函数图形要综合运用函数性态的研究. 要求：

1. 会求曲线的水平渐近线、垂直渐近线和斜渐近线.

2. 会描绘函数的图形.

### 练习 4.5

**基础题**

求下列曲线的渐近线：

(1) $y = -x - 1 + \sqrt{x^2 + 1}$；

(2) $y = \dfrac{1}{(x+1)^3}$.

**提高题**

作出下列函数的图形：

(1) $y = x + \dfrac{1}{x}$；

(2) $y = \sqrt[3]{x^2} + 2$.

## §4.6 导数在经济管理问题中的应用

我们在 §4.3 中已经讨论了函数的最值问题,当连续函数 $f(x)$ 在区间 $(a,b)$ 内只有唯一极值点时,函数的极值就是函数的最值,即求函数的最值可以转化为求函数的极值,经济函数的最值问题一般属于这种情况.

求经济函数的最值点也称经济函数的最优化问题,经济函数的最值点称为最优解,经济函数的最值称为最优值.

经济函数最优化的求解步骤如下:

(1) 根据实际情况,建立经济函数表达式;

(2) 求经济函数的极值点,往往也是最值点,即得最优解.

经济函数的
最值问题

### 一、平均成本最小

在生产过程中,商品的总成本 $C$ 与产量 $Q$ 所构成的总成本函数为 $C=C(Q)$,平均成本函数为 $\overline{C}(Q) = \dfrac{C(Q)}{Q}$. 令 $\overline{C}'(Q)=0$,得唯一驻点 $Q=Q_0$. 当 $\overline{C}''(Q_0)>0$ 时,$\overline{C}(Q)$ 在 $Q=Q_0$ 处取得极小值,即为最小值.

**例 4-54** 某工厂生产某种商品的总成本(单位:元)函数为

$$C(Q) = 25\,000 + 200Q + \frac{1}{40}Q^2$$

其中 $Q$ 为产量(单位:件),问生产多少件商品时,可使平均成本最小?

**解** 平均成本函数

$$\overline{C}(Q) = \frac{C(Q)}{Q} = \frac{25\,000}{Q} + 200 + \frac{1}{40}Q \quad (Q>0),$$

$$\overline{C}'(Q) = -\frac{25\,000}{Q^2} + \frac{1}{40}.$$

令 $\overline{C}'(Q)=0$,得驻点 $Q_1 = 1\,000$,$Q_2 = -1\,000$(舍去). 而

$$\overline{C}''(Q) = \frac{50\,000}{Q^3}, \quad \overline{C}''(1\,000) = 5 \times 10^{-5} > 0,$$

故当 $Q=1\,000$ 时,$\overline{C}(Q)$ 取得极小值,即最小值. 因此要使平均成本最小,应生产 1 000 件商品.

## 二、 收益函数最大

收益函数是商品销售后所获得的总收益与产品销量的函数关系,当商品销量为 $Q$,单价为 $P$ 时,收益函数的一般形式是

$$R = Q \cdot P,$$

其中 $R$ 为收益,即销售收益或销售额.

**例 4-55** 设某种商品的单价为 $P$,销量 $Q$ 可表示为

$$Q = \frac{a}{P+b} - c,$$

其中 $a, b, c$ 均为正数,且 $a > bc$.

(1) $P$ 在何种范围变化时,能使相应收益函数增加或减少?

(2) 要使收益最大,$P$ 应取何值? 最大收益是多少?

**解** (1) 设收益为 $R$,则

$$R(P) = PQ = \frac{aP}{P+b} - cP.$$

由于 $Q = \frac{a}{P+b} - c \geq 0$,所以单价 $P \leq \frac{a-bc}{c}$. 故

$$R(P) = \frac{aP}{P+b} - cP \quad \left(0 \leq P \leq \frac{a-bc}{c}\right).$$

求导得

$$R'(P) = \frac{ab}{(P+b)^2} - c.$$

令 $R'(P) = 0$,得 $P_0 = \sqrt{\frac{ab}{c}} - b = \sqrt{\frac{b}{c}}(\sqrt{a} - \sqrt{bc})$. 由题设 $a > bc$ 知 $P_0 > 0$.

当 $0 \leq P < \sqrt{\frac{b}{c}}(\sqrt{a} - \sqrt{bc})$ 时,有 $R'(P) > 0$,相应收益函数随单价 $P$ 增加而增加;

当 $\sqrt{\frac{b}{c}}(\sqrt{a} - \sqrt{bc}) < P \leq \frac{a-bc}{c}$ 时,有 $R'(P) < 0$,相应收益函数随单价 $P$ 增加而减少.

(2) 由(1)知,唯一驻点 $P_0 = \sqrt{\frac{b}{c}}(\sqrt{a} - \sqrt{bc})$ 为收益函数的极大值点,也为最大值点,

最大收益为 $R(P_0) = (\sqrt{a} - \sqrt{bc})^2$.

## 三、 利润函数最优化

由经济理论知,当市场均衡时,销量与产量相等,均用 $Q$ 表示,则利润函数

$$L(Q)=R(Q)-C(Q),$$

其中 $R$ 为收益,$C$ 为总成本.

令 $L'(Q)=0$,即 $R'(Q)=C'(Q)$,得唯一驻点 $Q=Q_0$.

当 $L''(Q_0)<0$ 时,$L(Q)$ 在 $Q=Q_0$ 处取得极大值,也为最大值,因此可得如下结论:在边际利润等于零(即边际成本等于边际收益),且 $L''(Q)<0$ 的产量上,利润达到最大值.

**例 4-56** 某厂每日生产 $Q$ 个单位某商品的总成本为 $C$ 元,其中固定成本为 200 元,且生产一个单位商品的变动成本为 10 元,每单位商品售价为 $P$ 元,需求函数为 $Q=150-2P$. 假设市场均衡,问每日产量为多少才能使总利润最大?

**解** 由需求函数 $Q=150-2P$ 解出

$$P=75-\frac{Q}{2}.$$

收益函数为

$$R(Q)=Q\cdot P=Q\cdot\left(75-\frac{Q}{2}\right)=75Q-\frac{Q^2}{2}(Q\geq0).$$

由于固定成本为 200 元,又由于生产一个单位商品的变动成本为 10 元,从而生产 $Q$ 个单位商品的变动成本为 $10Q$ 元,因而总成本函数为

$$C(Q)=200+10Q.$$

利润函数为

$$L(Q)=R(Q)-C(Q)=\left(75Q-\frac{Q^2}{2}\right)-(200+10Q)$$

$$=-\frac{Q^2}{2}+65Q-200 \quad (Q\geq0).$$

令 $L'(Q)=-Q+65=0$,得唯一驻点 $Q=65$,且 $L''(65)=-1<0$,故 $Q=65$ 为 $L(Q)$ 的极大值点,也是最大值点,也即利润函数的最优解. 故每日产量为 65 个单位才能使总利润最大.

**例 4-57** 一商店按批发价 3 元买进一批商品零售. 若零售价定为每件 5 元,估计可售出 100 件;若每件售价降低 0.2 元,则可多售出 20 件. 问该商品应买进多少件,每件售价为多少,才能使利润最大?最大利润为多少?

**解** 设利润函数为 $L$,买进 $x$ 件,零售价为每件 $P$ 元,则

$$L=(P-3)x.$$

现求 $P$ 与 $x$ 的关系,由题设可知

$$\frac{x-100}{5-P}=\frac{20}{0.2},$$

即

$$x=600-100P.$$

于是

$$L = (P-3)(600-100P) = -100P^2 + 900P - 1\ 800 \quad (P \geqslant 0).$$

$$L' = -200P + 900 = 0,$$

得唯一驻点 $P = 4.5$, 此时 $x = 150$, 有

$$L''(4.5) = -200 < 0.$$

故买进 150 件, 每件售价 4.5 元, 可获最大利润, 最大利润为

$$L = (4.5 - 3) \times 150 = 225(\text{元}).$$

**例 4-58**　厂商的总收益函数和总成本函数分别为

$$R(Q) = 30Q - Q^2, \quad C(Q) = Q^2 + 2Q + 1,$$

其中 $Q$ 为产量 (并假设产量等于需求量和销量). 假设每单位商品需要纳税 $t$ 个单位, 求:

（1）纳税前的最大利润及此时的销量和商品的价格;

（2）纳税后获得最大利润时的销量和商品的价格;

（3）在获得最大税后利润的前提下税收收益的最大值及此时的税率.

**解**　（1）纳税前的利润函数为

$$L(Q) = 30Q - Q^2 - (Q^2 + 2Q + 1) = -2Q^2 + 28Q - 1 \quad (Q \geqslant 0).$$

$$L'(Q) = -4Q + 28.$$

令 $L'(Q) = 0$, 得唯一驻点 $Q = 7$, 且

$$L''(7) = -4 < 0.$$

故当 $Q = 7$ 时, 税前利润最大, 最大税前利润为 $L(7) = 97$.

由收益函数 $R(Q)$ 得需求函数

$$P = \frac{R(Q)}{Q} = 30 - Q,$$

故税前利润最大时商品的价格为

$$P = (30 - Q)\Big|_{Q=7} = 23.$$

（2）税收收益函数为

$$T = tQ \quad (Q \geqslant 0),$$

纳税后总成本函数为

$$C_t = C_t(Q) = Q^2 + 2Q + 1 + tQ \quad (Q \geqslant 0),$$

纳税后利润函数为

$$L(Q) = R(Q) - C_t(Q) = -2Q^2 + 28Q - 1 - tQ \quad (Q \geqslant 0).$$

$$L'(Q) = -4Q + 28 - t.$$

令 $L'(Q) = 0$, 得唯一驻点 $Q_0 = \dfrac{28 - t}{4}$, 且

$$L''(Q_0) = -4 < 0.$$

故纳税后获得最大利润的销量为 $Q_0 = \dfrac{28-t}{4}$，此时的价格为

$$P = 30 - Q_0 = 30 - \frac{28-t}{4} = 23 + \frac{1}{4}t.$$

（3）当纳税后利润最大时，销量与税率的关系为

$$Q = \frac{28-t}{4}.$$

故税收收益为

$$T = tQ = \frac{1}{4}(28t - t^2) \quad (t \geqslant 0).$$

$$T' = \frac{1}{4}(28 - 2t).$$

令 $T' = 0$，得唯一驻点 $t = 14$，且 $T''(14) = -\dfrac{1}{2} < 0$，故当 $t = 14$ 时，税收收益最大，且最大收益为

$$T(14) = \frac{1}{4}(28 \times 14 - 14^2) = 49.$$

## 四、存货控制

由第 1 章 §1.2 的库存函数可知，商品的存货成本等于订货成本与库存费用之和，即

$$T = \frac{AP}{Q} + \frac{CQ}{2}$$

其中 $T$ 为全年存货成本，$A$ 为全年商品需求量，$Q$ 为批量，$P$ 为每次订货成本，$C$ 为一年内单位商品的库存费用.

由此可知，在需求量一定的条件下，订货批量大，订货次数少，订货成本就少，而库存费用就要增加；反之，订货批量小，则订货成本增加，而库存费用减少，那么，如何确定一个最优的订货批量使存货成本 $T$ 最小呢？

根据库存函数 $T = \dfrac{AP}{Q} + \dfrac{CQ}{2}$ $(Q > 0)$，有

$$T' = -\frac{AP}{Q^2} + \frac{C}{2}.$$

令 $T' = 0$，得唯一驻点 $Q_0 = \sqrt{\dfrac{2AP}{C}}$. 又 $T''(Q_0) = \dfrac{2AP}{Q_0^3} > 0$，所以 $Q_0 = \sqrt{\dfrac{2AP}{C}}$ 为最小值点，也即最优订货批量.

**例 4-59**  某工厂对某材料的年需求量为 24 000 kg,该材料价格为 4 000 元/kg,年库存费率(即库存费用与商品价值之比)为 12%,每次订货的成本为 6 400 元,求最优批量和最小存货成本.

**解**  设 $Q$ 为订货批量,根据题意可知 $A = 24\ 000$,$P = 6\ 400$,$C = 4\ 000 \times 12\% = 480$,所以存货成本为

$$T = \frac{AP}{Q} + \frac{CQ}{2} = \frac{24\ 000 \times 6\ 400}{Q} + \frac{480Q}{2} = \frac{153\ 600\ 000}{Q} + 240Q \quad (Q > 0).$$

$$T' = \frac{-153\ 600\ 000}{Q^2} + 240.$$

令 $T' = 0$,得唯一驻点 $Q = 800$. 又因为

$$T'' = \frac{307\ 200\ 000}{Q^3},$$

$$T''(800) = \frac{307\ 200\ 000}{800^3} > 0,$$

所以 $Q = 800$ kg 为最优批量,最小存货成本为

$$T(800) = 384\ 000(元).$$

## *五、  固定资产经济寿命决策

由经济知识可知,固定资产分为有形磨损和无形磨损,有形磨损是由使用磨损和自然损耗造成的,而无形磨损造成的原因:一是新技术、新设备的性能和经济效益远远超过了原有设备,使原有设备贬值;二是设备性能虽然未发生改变,但是生产这种设备的劳动生产率明显提高,购置这种设备的费用降低,使原有设备贬值. 固定资产的经济寿命是指固定资产使用的合理年限,也即固定资产的最佳更新周期,它由有形磨损和无形磨损共同决定. 如何确定固定资产的更新周期,使得固定资产的使用费用最小,这就是固定资产经济寿命决策问题.

固定资产年折旧费(按直线折旧法折旧)与年均维修费之和就是固定资产年度使用总费用,即

$$y = \frac{c}{n} + \frac{(n-1)\Delta s}{2} + s,$$

其中 $c$ 为固定资产成本,$s$ 为固定资产第一年的维修费,$\Delta s$ 为各年度维修费增加额,$n$ 为固定资产经济寿命.

由于 $n$ 取正整数,故上述费用函数不是连续函数,因而该函数也不可导. 为了求它的最值,将 $n$ 改成连续变量 $x$,设置固定资产年度使用费用连续函数:

$$y = \frac{c}{x} + \frac{(x-1)\Delta s}{2} + s \quad (x > 0).$$

$$y' = -\frac{c}{x^2} + \frac{\Delta s}{2}.$$

令 $y' = 0$，得固定资产年度使用总费用函数的唯一驻点

$$x_0 = \sqrt{\frac{2c}{\Delta s}},$$

则

$$y''(x_0) = \frac{2c}{x_0^3} > 0.$$

故固定资产年度使用总费用在 $x_0 = \sqrt{\frac{2c}{\Delta s}}$ 处取得最小值. 若 $x_0 = \sqrt{\frac{2c}{\Delta s}}$ 为正整数,此时固定资产的经济寿命为 $n_0 = \sqrt{\frac{2c}{\Delta s}}$;若 $x_0 = \sqrt{\frac{2c}{\Delta s}}$ 不是正整数,则确定与该数值最接近的两个正整数,然后将这两点处的函数值作比较,使得函数值较小的点就是固定资产年度使用总费用的最小值点,也即为固定资产的经济寿命.

**例 4-60** 某工程完工决算为 56 250 万元,交付使用后第一年维修费为 100 万元,以后维修费每年递增 500 万元,问它的最佳更新周期为多少?

**解** 由题意可知,$c = 56\,250$,$s = 100$,$\Delta s = 500$,从中可得固定资产年度使用总费用函数的驻点为

$$x_0 = \sqrt{\frac{2c}{\Delta s}} = \sqrt{\frac{2 \times 56\,250}{500}} = 15.$$

由于 $x_0$ 为正整数,所以当 $n = x_0 = 15$ 时,固定资产年度使用总费用达到最小,即该项工程的最佳更新周期为 15 年,最小使用费用为

$$y = \frac{c}{n} + \frac{(n-1)\Delta s}{2} + s = \frac{56\,250}{15} + \frac{(15-1) \times 500}{2} + 100 = 7\,350(万元).$$

## 本节小结

本节讲述了导数在经济问题中的五个应用,分别为平均成本最小、收益函数最大、利润函数最优化、存货控制、固定资产经济寿命决策. 要求:

1. 掌握五个经济应用问题建模的原理,建立的方程的含义.
2. 掌握导数在经济问题中的应用.
3. 了解实际问题和理论分析的联系和区别.

## 练习 4.6

### 基础题

1. 一房地产公司有 50 套公寓要出租,当月租金定为 1 000 元时,公寓会全部租出去;当月租金每增加 50 元时,就会多一套公寓租不出去. 而租出去的公寓每月需花费 100 元的维修费,问房租定为多少才可获最大收益?

2. 某商品的销量 $Q$(单位:t)是价格 $P$(单位:万元/t)的函数: $Q = \dfrac{100}{P+1} - 1$,问价格为多少时,总收益最大? 并求总收益最大时,收益对价格的弹性及需求量对价格的弹性.

3. 某工厂生产一种商品的总成本函数为 $C(Q) = 1\,200 + 2Q$,需求函数为 $P = \dfrac{100}{\sqrt{Q}}$,其中 $Q$ 为需求量,$P$ 为价格,求市场均衡状态下生产该商品的最优产量和最大利润.

4. 假设某企业的需求函数为 $Q = 90 - 2P$,平均成本函数为 $\overline{C}(Q) = Q^2 - 39.5Q + 120 + \dfrac{125}{Q}$,其中 $Q$ 为需求量也即产量,$P$ 为价格,求企业利润最大时的产量.

5. 设某商品的需求量 $Q$ 是单价 $P$(单位:元)的函数 $Q = 12\,000 - 80P$,商品的总成本 $C$ 是需求量 $Q$ 的函数 $C = 25\,000 + 50Q$,每单位商品需要纳税 2 元,求使销售利润最大的商品单价和最大利润.

6. 某厂生产一种商品,其年销量为 100 万件,每批生产需增加生产准备费 1 000 元,每件产品的年库存费用为 0.05 元. 如果年销售率是均匀的,且上批销售完后,立即生产下一批,问分几批生产,才能使生产准备费与库存费用之和最小?

### 提高题

1. 某航空公司的广告上说:到某地旅行,100 人包机的票价为 1 350 元一张;100 人以上包机时,每超出 10 人,票价降低 30 元. 问多少人包机时才可使该航空公司的收益达到最大?

2. 一商家销售某种商品的价格(单位:万元/t)满足关系 $P = 7 - 0.2Q$,$Q$ 为销量(单位:

t),商品的成本(单位:万元)函数为 $C(Q)=3Q+1$.

(1) 若每销售一吨产品,需要纳税 $x$ 万元,求该商家获最大利润时的销量;

(2) 在最优销量的前提下,税率 $x$ 为多少,才能使税收总额最大?

3. 某厂支出 135 000 元购入一台机器,交付使用后第一年维修费为 200 元,以后维修费每年递增 300 元,求该机器的经济寿命及最小年平均使用费用.

# §4.7  极值在 MATLAB 中的实现

我们可以利用 MATLAB 求解复杂函数的极值问题.

1. 求函数 $f(x)=x^3-6x$ 的极值.

解  先画图. 代码如下:

```
syms x;
f='x.^3-6.*x'
fplot(@ (x)x.3-6.*x)
grid on
```

运行结果如图 4-14 所示.

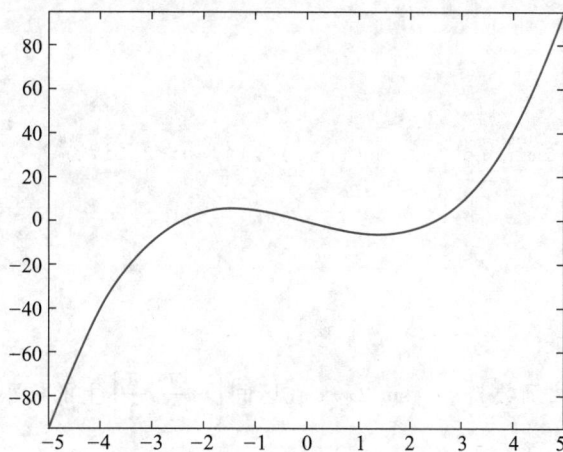

图 4-14

从图 4-14 可以看出:在区间 $(-4,4)$ 内函数 $f(x)$ 有一个极大值和极小值. 继续输入以下相关代码并运行:

```
>>[xmin,ymin]=fminbnd('x.^3-6.*x',-4,4)
xmin=
    1.4142
```

```
ymin =

      -5.6569
>>[xmax,ymax]=fminbnd('-(x.^3-6.*x)',-4,4)
xmax =

      -1.4142
ymax =

      5.6569
```

从运行结果可知, 区间 $(-4,4)$ 内函数 $x^3-6x$ 的极小值是 $f(1.4142) = -5.6569$, 极大值是 $f(-1.4142) = 5.6569$. 这跟利用 §4.3 的知识求出的驻点及极值是一样的.

2. 求函数 $f(x) = \sin 2x - x$ 在区间 $\left[-\dfrac{\pi}{2}, \dfrac{\pi}{2}\right]$ 上的极值.

**解**    在命令行窗口输入以下相关代码并运行:

```
>>syms  x
>>f='sin(2.*x)-x'
f='sin(2.*x)-x'
>>fminbnd(f,-pi/2,pi/2)
ans =

      -0.5236
>>[xmin,ymin]=fminbnd(f,-pi/2,pi/2)
xmin =

      -0.5236
ymin =

      -0.3424
>>[xmax,ymax]=fminbnd('-(sin(2.*x)-x)',-pi/2,pi/2)
xmax =

      0.5236
ymax =

      0.3424
```

从运行结果可知, 函数 $f(x) = \sin 2x - x$ 在区间 $\left[-\dfrac{\pi}{2}, \dfrac{\pi}{2}\right]$ 上的极小值是 $-0.342\ 4$, 极大值是 $0.342\ 4$.

思维导图

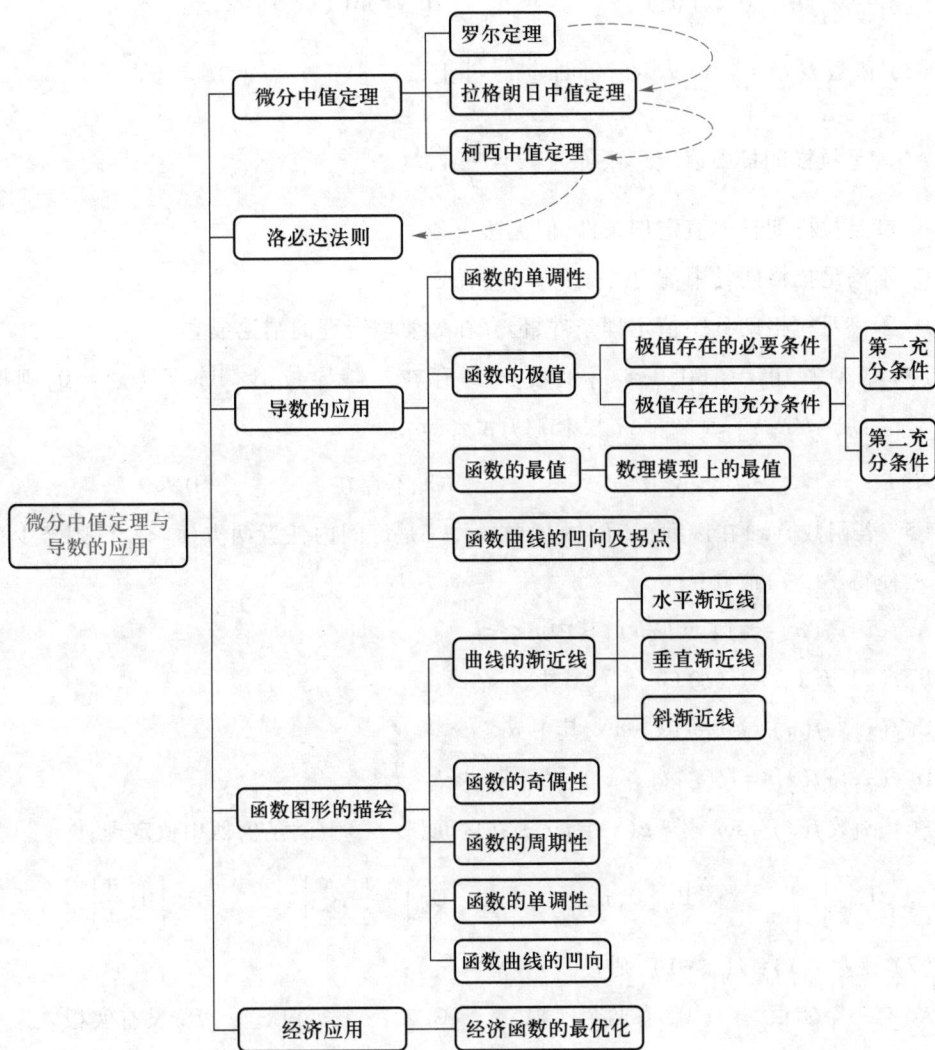

习题四

1. 选择题：

（1）下列函数在给定区间上满足罗尔定理条件的是（      ）；

A. $y = x^2 - 5x + 6, [2, 3]$                     B. $y = \dfrac{1}{\sqrt[3]{(x-1)^2}}, [0, 2]$

C. $y = xe^{-x}, [0,1]$　　　　　　　　　　D. $y = \begin{cases} x+1, & x<5, \\ 1, & x \geqslant 5, \end{cases} [0,5]$

(2) 下列函数在给定区间上不满足拉格朗日中值定理条件的是(　　);

A. $y = \dfrac{2x}{1+x^2}, [-1,1]$　　　　　　　　B. $y = |x|, [-1,2]$

C. $y = 4x^3 - 5x^2 + x - 2, [0,1]$　　　　　D. $y = \ln(1+x^2), [2,3]$

(3) 函数 $f(x) = |\cos x|$ 在区间 $\left[\dfrac{\pi}{3}, \dfrac{2\pi}{3}\right]$ 上(　　);

A. 满足拉格朗日中值定理条件,且 $\xi = \dfrac{\pi}{2}$

B. 满足拉格朗日中值定理条件,但无法求 $\xi$

C. 不满足拉格朗日中值定理条件,不存在 $\xi$

D. 不满足拉格朗日中值定理条件,但存在 $\xi$ 使该定理的结论成立

(4) 若对一切 $x \in (0, +\infty)$,函数 $f(x)$ 存在二阶导数,且 $\lim\limits_{x \to +\infty} f''(x) = 0$,则极限 $\lim\limits_{x \to +\infty} [f'(x+a) - f'(x)] = ($　　$)$(其中 $a$ 为正常数);

A. 1　　　　　　B. 0　　　　　　C. 不存在　　　　　　D. $\infty$

(5) 若函数 $f(x)$ 在区间 $(a,b)$ 内可导,$x_1, x_2$ 是区间内任意两点 $(x_1 < x_2)$,则至少存在一点 $\xi$,使得(　　)成立;

A. $f(b) - f(a) = f'(\xi)(b-a)$,其中 $a < \xi < b$

B. $f(b) - f(x_1) = f'(\xi)(b - x_1)$,其中 $x_1 < \xi < b$

C. $f(x_2) - f(a) = f'(\xi)(x_2 - a)$,其中 $a < \xi < x_2$

D. $f(x_2) - f(x_1) = f'(\xi)(x_2 - x_1)$,其中 $a < \xi < b$

(6) 函数 $f(x) = \sin x$ 与 $g(x) = \tan x$ 在区间(　　)上满足柯西中值定理;

A. $\left[0, \dfrac{\pi}{2}\right]$　　　　B. $[0, \pi]$　　　　C. $\left[-\dfrac{\pi}{2}, \dfrac{\pi}{2}\right]$　　　　D. $\left[0, \dfrac{\pi}{4}\right]$

(7) 函数 $f(x) = x(x^2 - 1)$,则 $f'(x) = 0$(　　);

A. 有一个实根　　　B. 有两个实根　　　C. 有三个实根　　　D. 没有实根

(8) 函数 $f(x)$ 在区间 $(a,b)$ 内可导,则 $f'(x) > 0$ 是函数 $f(x)$ 在 $(a,b)$ 内单调递增的(　　);

A. 充分非必要条件　　　　　　　　B. 必要非充分条件

C. 充要条件　　　　　　　　　　　D. 无关条件

(9) 函数 $f(x) = \dfrac{x^2}{1+x}$ 在区间 $(-1,1)$ 内(　　);

A. 单调递增　　　B. 单调递减　　　C. 有增有减　　　D. 不增不减

(10) 下列极限中,能使用洛必达法则的是(　　);

A. $\lim\limits_{x\to\infty}\dfrac{x+\sin x}{x}$ 　　　　　　　　　　B. $\lim\limits_{x\to\infty}\dfrac{\sqrt{1+x^2}}{x}$

C. $\lim\limits_{x\to 0}\dfrac{e^x-\cos x}{x}$ 　　　　　　　　　　D. $\lim\limits_{x\to\infty}\dfrac{x-\sin x}{x+\sin x}$

(11) 极限 $\lim\limits_{x\to 0^+}\dfrac{e^{-\frac{1}{x}}}{x}=$ (　　　)；

A. 1　　　　　　　B. 0　　　　　　　C. $\infty$　　　　　　D. 不存在

(12) 函数 $f(x)$ 在点 $x_0$ 处取得极大值,则必有(　　　)；

A. $f'(x_0)=0$ 　　　　　　　　　　B. $f''(x_0)<0$

C. $f'(x_0)=0$ 且 $f''(x_0)<0$ 　　　　D. $f(x_0+\Delta x)<f(x_0)$ ( $|\Delta x|$ 很小)

(13) 设 $f(x)$ 在 $(-\infty,+\infty)$ 内存在二阶导数,且满足方程 $xf''(x)+3x[f'(x)]^2=1$,若 $x=c(c\neq 0)$ 是 $f(x)$ 的极值点,则(　　　)；

A. 当 $c<0$ 时, $x=c$ 是极小值点　　　B. 当 $x>c$ 时, $f(x)$ 单调递增

C. 当 $c>0$ 时, $x=c$ 是极小值点　　　D. 当 $c>0$ 时, $x=c$ 是极大值点

(14) 已知函数 $f(x)=e^{-x}\ln ax$ 在 $x=\dfrac{1}{2}$ 处有极值,则 $a=$ (　　　)；

A. $e^2$　　　　　　B. $2e^2$　　　　　　C. $e$　　　　　　D. $2e$

(15) 函数 $f(x)$ 在开区间 $(a,b)$ 内连续且有唯一极值点,则 $f(x)$ 在 $(a,b)$ 内(　　　)；

A. 至多有一个驻点　　　　　　　　B. 必有且只有一个最值

C. 既有最小值,也有最大值　　　　　D. 不一定有最值

(16) 设 $f(x)$ 在区间 $(a,b)$ 内二阶可导,则 $f''(x)>0$ 是 $f(x)$ 在 $(a,b)$ 内上凹的 (　　　)；

A. 充分非必要条件　　　　　　　　B. 必要非充分条件

C. 充要条件　　　　　　　　　　　D. 无关条件

(17) 如果点 $(0,1)$ 是曲线 $y=ax^3+bx^2+c$ 的一个拐点,那么(　　　)；

A. $a=0,b\neq 0,c=1$ 　　　　　　　B. $a\neq 0,b=0,c=1$

C. $a\in\mathbf{R},b\in\mathbf{R},c=1$ 　　　　　D. $a\neq 0,b\neq 0,c\in\mathbf{R}$

(18) 点 $(0,0)$ 是曲线(　　　)的拐点；

A. $y=x^2$　　　　B. $y=x^4$　　　　C. $y=x^3+1$　　　　D. $y=x^{\frac{1}{3}}$

(19) 设 $y=f(x)$ 连续,则 $f''(x_0)=0$ 是点 $(x_0,f(x_0))$ 为曲线 $y=f(x)$ 的拐点的(　　　)；

A. 充分非必要条件　　　　　　　　B. 必要非充分条件

C. 充要条件　　　　　　　　　　　D. 以上答案都不对

(20) 曲线 $y=\ln\left(3-\dfrac{e}{x}\right)$ 的渐近线的条数为(　　　)；

A. 0　　　　　　　B. 1　　　　　　　C. 2　　　　　　D. 3

（21）曲线 $y = \dfrac{e^{1-x}}{1-x}$ 的水平渐近线是（    ）；

A. $y = 0$  B. $y = 1$  C. $y = 3$  D. 不存在

（22）曲线 $y = x + \dfrac{x}{x^2 - 1}$（    ）.

A. 没有渐近线  B. 有水平渐近线

C. 仅有两条垂直渐近线  D. 有斜渐近线

2. 已知 $f(x)$ 在区间 $(a,b)$ 内存在二阶导数，$a < x_1 < x_2 < x_3 < b$，且 $f(x_1) = f(x_2) = f(x_3)$，证明：在 $(a,b)$ 内至少存在一点 $\xi$，使 $f''(\xi) = 0$.

3. 设 $f(x)$ 可导，且 $f(a) = f(b) = 0$，证明：在 $(a,b)$ 内至少存在一点 $\xi$，使 $f(\xi) + f'(\xi) = 0$.

4. 已知 $f(x)$ 在 $[a,b]$ 上连续，在 $(a,b)$ 内 $f''(x)$ 存在，又连接 $A(a, f(a))$，$B(b, f(b))$ 两点的直线交曲线 $y = f(x)$ 于 $C(c, f(c))$，且 $a < c < b$，证明：在 $(a,b)$ 内至少存在一点 $\xi$，使 $f''(\xi) = 0$.

5. 已知函数 $f(x)$ 在 $(-\infty, +\infty)$ 内满足关系式 $f'(x) = f(x)$，且 $f(0) = 1$，证明：$f(x) = e^x$.

6. 证明：方程 $e^x = ax^2 + bx + c \ (a, b, c \in \mathbf{R})$ 最多有三个实根.

7. 设 $f(x)$ 在 $[a,b]$ 上连续，在 $(a,b)$ 内可导 $(0 < a < b)$，证明：在 $(a,b)$ 内存在一点 $\xi$，使

$$f(b) - f(a) = \xi \ln \frac{b}{a} f'(\xi).$$

8. 设 $f(x)$ 在 $[a,b]$ 上连续，在 $(a,b)$ 内可导，证明：在 $(a,b)$ 内至少存在一点 $\xi$，使

$$\frac{b^2 f(b) - a^2 f(a)}{b - a} = 2\xi f(\xi) + \xi^2 f'(\xi).$$

9. 求下列极限：

（1）$\lim\limits_{x \to 0} \dfrac{\sqrt[3]{1+x} - 1}{e^{\frac{x}{16}} - 1}$；

（2）$\lim\limits_{x \to 0} \dfrac{e^{\sin x} - e^x}{\sin x - x}$；

（3）$\lim\limits_{x \to +\infty} \dfrac{\sin \frac{1}{x}}{\pi - 2 \arctan x}$；

（4）$\lim\limits_{x \to +\infty} \dfrac{x^2 + \ln x}{x \ln x}$；

（5）$\lim\limits_{x \to 0} \left( \cot x - \dfrac{1}{x} \right)$；

（6）$\lim\limits_{x \to \infty} (\pi - 2 \arctan x) \ln x$；

（7）$\lim\limits_{x \to 0^+} (\cot x)^{\frac{1}{\ln x}}$；

（8）$\lim\limits_{x \to \left( \frac{\pi}{2} \right)^-} (\cos x)^{\frac{\pi}{2} - x}$；

（9）$\lim\limits_{x \to 1} \left( \tan \dfrac{\pi}{4} x \right)^{\tan \frac{\pi}{2} x}$；

（10）$\lim\limits_{x \to e} (\ln x)^{\frac{1}{1 - \ln x}}$.

10. 设 $f(x)$ 存在二阶连续导数，求 $\lim\limits_{h \to 0} \dfrac{f(a+h) - 2f(a) + f(a-h)}{h^2}$.

11. 设 $f(x)$ 连续可导,且 $f(0)=f'(0)=1$,求 $\lim\limits_{x\to 0}\dfrac{f(\sin x)-1}{\ln f(x)}$.

12. 求下列函数的单调区间:

(1) $f(x)=x+\sin x$;　　　　　(2) $f(x)=\sqrt{x}-x$;

(3) $f(x)=\dfrac{2x}{1+x^2}$;　　　　　(4) $f(x)=x^n e^{-x}(n\in \mathbf{N})$.

13. 设 $f(x)$ 在 $[a,b]$ 上连续,且在 $(a,b)$ 内有 $f''(x)>0$,证明: $\dfrac{f(x)-f(a)}{x-a}$ 在 $(a,b)$ 内单调递增.

14. 证明下列不等式:

(1) 当 $x>0$ 时, $\ln(1+x)>\dfrac{\arctan x}{1+x}$;

(2) 当 $x>0$ 时, $\ln\left(1+\dfrac{1}{x}\right)>\dfrac{1}{1+x}$;

(3) $|\arcsin \alpha -\arcsin \beta|\geqslant |\alpha -\beta|$, $|\alpha|\leqslant 1$, $|\beta|\leqslant 1$.

15. 求下列函数的极值:

(1) $f(x)=x-\ln(1+x)$;　　　　　(2) $f(x)=x^2 e^{-x}$;

(3) $f(x)=\dfrac{\ln^2 x}{x}$;　　　　　(4) $f(x)=|x+1|$.

16. 若函数 $f(x)=ax^3+bx^2+cx+d$ 在 $x=-1$ 处有极大值8,在 $x=2$ 处有极小值$-19$,求 $a$, $b,c,d$ 的值.

17. 当 $a$ 为何值时,函数 $f(x)=a\sin x+\dfrac{1}{3}\sin 3x$ 在 $x=\dfrac{\pi}{3}$ 处取得极值? 它是极大值还是极小值? 并求出极值.

18. 已知 $x_1=1,x_2=2$ 均为函数 $y=a\ln x+bx^2+3x$ 的极值点,求 $a,b$ 的值.

19. 求下列函数在所给区间上的最大值和最小值:

(1) $f(x)=\dfrac{x-1}{x+1}$,$[0,4]$;　　　　　(2) $f(x)=x\sqrt{1+x^2}$,$[-1,1]$.

20. 求 $f(x)=nx(1-x)^n(n\in \mathbf{N}_+)$ 在 $[0,1]$ 上的最大值 $M$,并求 $\lim\limits_{n\to \infty}M$.

21. 求下列函数曲线的凹向区间与拐点:

(1) $f(x)=x+\sin x$;　　　　　(2) $f(x)=\ln(1+x^2)$.

22. 确定曲线 $y=ax^3+bx^2+cx+d$ 的系数 $a,b,c,d$,使得曲线过点 $(-2,44)$,且以 $x=-2$ 为驻点,$(1,-10)$ 为拐点.

23. 当 $a,b$ 为何值时,$(1,3)$ 为曲线 $y=ax^3+bx^2$ 的拐点?

24. 求下列曲线的渐近线:

(1) $y=x+\dfrac{\ln x}{x}$;　　　　　(2) $y=\dfrac{x^3+4}{x^2}$.

25. 作出下列函数的图形：

（1）$y = \ln(x^2 + 1)$；                （2）$y = \dfrac{4(x+1)}{x^2}$.

26. 设某商品的需求函数为 $Q = 30 - P$（$Q$ 为需求量，单位：件；$P$ 为价格，单位：百元/件）. 若生产该商品的固定成本为 10 000 元，多生产一件商品成本增加 200 元，并假定市场均衡，问如何定价才能使利润最大？最大利润是多少？

27. 某公司销售某商品 5 000 台，每次进货费用为 40 元，价格为 200 元/台，年保管费用率为 20%，求最优订购批量（即最小总费用时的批量）.

28. 已知某种商品的销量 $Q$ 是单价 $P$（单位：万元）的函数：$Q = 5 - \dfrac{P}{4}$，总成本（单位：万元）函数为 $C = 2Q + 3$. 假设每销售一件商品需要纳税 $t$ 万元.

（1）求销售利润最大时的单价；

（2）在销售利润最大的前提下，税率 $t$ 为何值时，税收额最大？

第4章部分习题
参考答案与提示

# 第 5 章
# 多元函数微分学

**本章导学**

前面四章讨论的函数都只有一个自变量，即一元函数. 但在工程技术和经济活动中常常涉及多方面的因素，反映到数学上就是依赖于多个自变量的函数的情形. 这就提出了多元函数的微分和积分问题. 本章将在一元函数微分学的基础上，讨论多元函数微分学及其应用. 本章我们以二元函数为主，因为一元函数到二元函数会产生一些本质的不同，而从二元函数到二元以上的多元函数可以类推.

本章大致分为三部分：

第一部分为基本概念，主要包括平面点集、区域、多元函数的极限与连续、偏导数与全微分、多元函数的极值与最值等. 这些概念虽然是一元函数微分学的基本思想到多元函数的延伸与发展，但是由于自变量从一个到多个，变量之间的关系变得更为复杂，从而具有与一元函数微分学不同的特征，学习时要善于类比.

第二部分为多元函数的偏导数与全微分计算，其中多元复合函数的链式法则是重点与难点.

第三部分是多元函数微分学在经济分析中的应用，也就是求经济函数中的最大值与最小值问题.

**学习目标**

1. 了解平面点集的概念，会判定平面点集中点的类型、点集的类型；

2. 掌握求解二元函数极限及证明极限不存在的方法；

3. 掌握多元函数的偏导数、高阶偏导数、全微分、复合函数偏导数计算；

4. 了解多元函数可微的条件，熟练掌握多元隐函数的求导方法；

5. 熟悉多元函数无条件极值的求法、多元函数条件极值的拉格朗日乘数法，并能应用到实际经济问题中.

平面点集；邻域；区域；空间曲线与曲面方程；多元函数的基本概念；二元函数的极限；二元函数的连续性；偏导数的概念；偏导数的计算；高阶偏导数；全微分的定义；可微的必要条件；可微的充分条件；多元复合函数的求导法则及其相应的定理；一阶全微分形式不变性；隐函数存在定理；多元函数极值的概念；极值存在的必要条件；极值存在的充分条件；无条件极值的求解方法；条件极值和拉格朗日乘数法；需求函数的偏边际；需求函数的偏弹性；经济决策的最值问题.

# §5.1　多元函数的基本概念

## 一、平面区域

在讨论一元函数时,一些理论和方法都基于一维数组 $\mathbf{R}^1$ 中的点集、两点间的距离、区间和邻域等基本概念. 为了将一元函数微分推广到多元函数的情形,首先需要将上述概念加以推广. 为此我们先引入平面点集的概念,将有关概念从 $\mathbf{R}^1$ 中的情形推广到 $\mathbf{R}^2$ 中.

### 1. 平面点集

由平面解析几何可知,当平面中引入直角坐标系后,平面上的点 $P$ 与有序二元实数组 $(x,y)$ 之间就建立了一一对应关系. 因此,有序二元实数组 $(x,y)$ 与平面上的点 $P$ 视为等同. 这种建立了坐标系的平面称为坐标平面. 二元有序实数组 $(x,y)$ 的全体即 $\mathbf{R}^2 = \mathbf{R} \times \mathbf{R} = \{(x,y) \mid x,y \in \mathbf{R}\}$ 表示坐标平面.

坐标平面上满足条件 $P$ 的点的集合称为平面点集,记作

$$E = \{(x,y) \mid (x,y) \text{满足条件 } P\}.$$

**例 5-1**　平面上以点 $(a,a)$ 为圆心、$r$ 为半径的圆内所有点的集合是(图 5-1)

$$C = \{(x,y) \mid (x-a)^2 + (y-a)^2 < r^2\}.$$

**例 5-2**　平面上满足条件 $y > x^2$ 的所有点的集合是(图 5-2)

$$E = \{(x,y) \mid y > x^2\}.$$

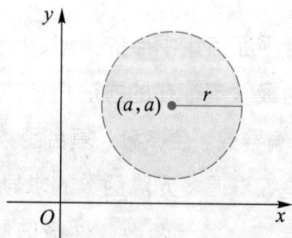

图 5-1

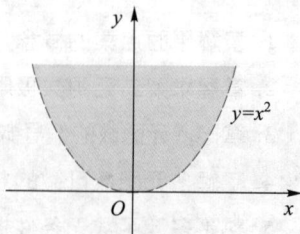

图 5-2

### 2. 邻域

设 $P_0(x_0, y_0)$ 是 $xOy$ 平面上的一点, $\delta$ 是某一正数. 与点 $P_0$ 距离小于 $\delta$ 的点 $P(x, y)$ 的全体称为点 $P_0$ 的 $\delta$ 邻域, 记作 $U(P_0, \delta)$. 当不强调 $\delta$ 时, 简记为 $U(P_0)$, 即

$$U(P_0, \delta) = \{P \mid |PP_0| < \delta\} \quad \text{或} \quad U(P_0, \delta) = \{(x, y) \mid \sqrt{(x-x_0)^2 + (y-y_0)^2} < \delta\}.$$

点 $P_0$ 的去心 $\delta$ 邻域就是 $xOy$ 平面上以 $P_0$ 为圆心, 以 $\delta$ 为半径的圆内部点 (点 $P_0$ 除外) 的全体 (图 5-3), 记作 $\mathring{U}(P_0, \delta)$, 即

$$\mathring{U}(P_0, \delta) = \{P \mid 0 < |PP_0| < \delta\}.$$

下面以邻域概念为基础, 描述点与点集的关系.

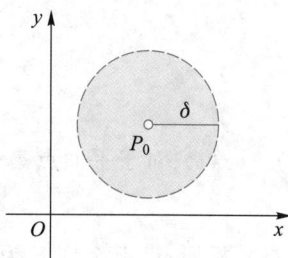

图 5-3

### 3. 点集的内点、外点、边界点

(1) 内点: 若存在点 $P$ 的某个邻域 $U(P)$, 使 $U(P) \subset E$, 则称 $P$ 为点集 $E$ 的内点, 如图 5-4 中的 $P_1$ 是 $E$ 的内点.

(2) 外点: 若存在点 $P$ 的某个邻域 $U(P)$, 使 $U(P) \cap E = \varnothing$, 则称 $P$ 为点集 $E$ 的外点, 如图 5-4 中的 $P_2$ 是 $E$ 的外点.

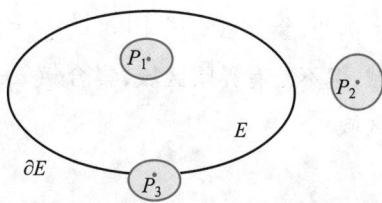

图 5-4

(3) 边界点: 若点 $P$ 的任何一个邻域内既含有属于 $E$ 的点, 又含有不属于 $E$ 的点, 则称 $P$ 为点集 $E$ 的边界点, 如图 5-4 中的 $P_3$ 是 $E$ 的边界点.

$E$ 的边界点的全体称为 $E$ 的边界, 记为 $\partial E$, 如图 5-4 中的 $\partial E$.

点集 $E$ 的内点必定属于 $E$; $E$ 的外点必定不属于 $E$; 而 $E$ 的边界点可能属于 $E$, 也可能不属于 $E$.

**例 5-3** 设平面点集

$$E = \{(x, y) \mid 1 \leqslant x^2 + y^2 < 9\}.$$

如图 5-5 所示, 满足不等式 $1 < x^2 + y^2 < 9$ 的所有点都是 $E$ 的内点; 满足方程 $x^2 + y^2 = 1$ 的所有点都是 $E$ 的边界点, 它们都属于 $E$; 满足方程 $x^2 + y^2 = 9$ 的所有点也是 $E$ 的边界点, 但它们都不属于 $E$; 满足不等式 $x^2 + y^2 < 1$ 或 $x^2 + y^2 > 9$ 的所有点都是 $E$ 的外点.

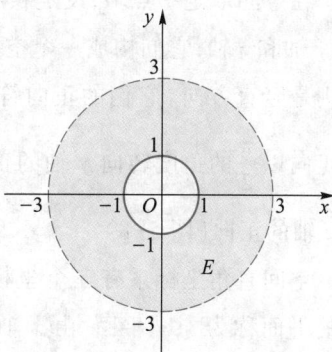

图 5-5

### 4. 区域

根据点集中点的特征, 我们再来定义一些重要的平面点集.

(1) 开集: 若点集 $E$ 中的所有点都是 $E$ 的内点, 则称 $E$ 为开集.

(2) 开区域: 若开集 $E$ 中的任意两点 $P_1, P_2$ 都可用属于 $E$ 的折线 (有限条线段首尾相连) 连接起来, 则称 $E$ 为开区域 (图 5-6).

(3) 闭区域: 开区域连同它的边界构成的集合称为闭区域 (图 5-7).

（4）区域：开区域、闭区域或开区域连同它的部分边界构成的集合称为区域.

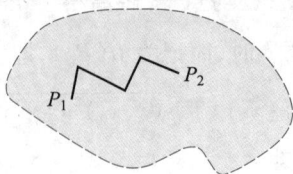

图 5-6

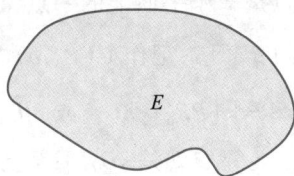

图 5-7

（5）有界集：对于平面点集 $E$，如果存在某一正数 $r$，使

$$E \subset U(O, r),$$

其中 $O$ 是坐标原点，那么称 $E$ 为有界集.

（6）无界集：如果集合 $E$ 不是有界集，就称 $E$ 为无界集.

例如，集合 $\{(x, y) \mid 1 \leqslant x^2 + y^2 \leqslant 9\}$ 是有界闭区域，集合 $\{(x, y) \mid 1 \leqslant x^2 + y^2 < 9\}$ 是有界区域，但不是有界闭区域，集合 $\{(x, y) \mid y \geqslant x^2\}$ 是无界闭区域，集合 $\{(x, y) \mid y > x^2\}$ 是无界开区域.

## 二、空间解析几何简介

### 1. 空间直角坐标系

为了确定平面上任意一点的位置，我们建立了平面直角坐标系. 同样，为了确定空间中任一点的位置，相应地引入空间直角坐标系.

在空间取定一点 $O$，设定长度单位，以 $O$ 为原点作三条两两垂直的数轴，依次记为 $x$ 轴、$y$ 轴和 $z$ 轴，它们构成一个空间直角坐标系. 通常把 $x$ 轴和 $y$ 轴放置在水平面上，而 $z$ 轴则是竖直方向. 它们的正向符合右手法则，即以右手握住 $z$ 轴，当右手其余四指从 $x$ 轴的正向以 $\frac{\pi}{2}$ 的角度转向 $y$ 轴的正向时，大拇指的指向就是 $z$ 轴的正向（图 5-8）.

空间直角坐标系有三个坐标平面：由 $x$ 轴和 $y$ 轴确定的平面称为 $xOy$ 平面；由 $x$ 轴和 $z$ 轴确定的平面称为 $zOx$ 平面；由 $y$ 轴和 $z$ 轴确定的平面称为 $yOz$ 平面. 三个坐标平面把空间分成八个部分，每一部分叫做一个卦限. 其中，在 $xOy$ 平面上方且在 $yOz$ 平面前方、$zOx$ 平面右方的那个卦限叫做第一卦限；在 $xOy$ 平面上方，由第一卦限出发按逆时针方向依次确定第二、第三、第四卦限. 在 $xOy$ 平面下方，第一卦限之下对应的是第五卦限，由第五卦限出发按逆时针方向依次确定第六、第七、第八卦限.

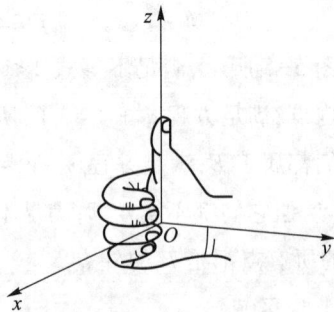

图 5-8

对于空间中任意一点 $M$，过点 $M$ 作三个平面，分别垂直于 $x$ 轴、$y$ 轴、$z$ 轴，且与这三个轴分别交于 $P, Q, R$ 三点（图 5-9）. 设 $OP = a, OQ = b, OR = c$，则 $M$ 唯一地确定了一个三元

有序数组 $(a,b,c)$;反之,对任意一个三元有序数组 $(a,b,c)$,在 $x$ 轴、$y$ 轴、$z$ 轴上分别取点 $P,Q,R$,使 $OP=a,OQ=b,OR=c$,然后过 $P,Q,R$ 三点分别作垂直于 $x$ 轴、$y$ 轴、$z$ 轴的平面,这三个平面交于一点 $M$,则由一个三元有序数组 $(a,b,c)$ 唯一地确定了空间中的一点 $M$. 这样,空间中任意一点 $M$ 和一个三元有序数组 $(a,b,c)$ 建立了一一对应关系. 我们称三元有序数组为点 $M$ 的坐标,记为 $M(a,b,c)$.

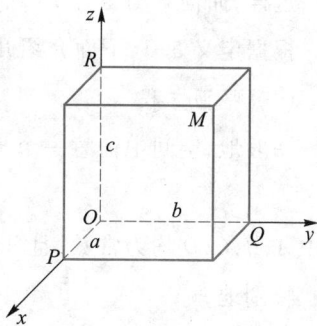

图 5-9

因此,坐标原点的坐标为 $(0,0,0)$;$x$ 轴、$y$ 轴、$z$ 轴上任意一点的坐标分别为 $(x,0,0),(0,y,0),(0,0,z)$;而 $xOy$ 平面、$zOx$ 平面、$yOz$ 平面上任意一点的坐标分别为 $(x,y,0),(x,0,z),(0,y,z)$.

**2. 空间中任意两点间的距离**

设有空间中两点 $M_1(x_1,y_1,z_1)$ 和 $M_2(x_2,y_2,z_2)$,过 $M_1,M_2$ 各作三个平面,它们分别垂直于三个坐标轴,这六个面围成一个长方体,$M_1M_2$ 是它的一条对角线,如图 5-10 所示. 这一个长方体的三条边分别为 $|x_2-x_1|$,$|y_2-y_1|$,$|z_2-z_1|$,在直角三角形 $M_2BM_1$ 中,有 $|M_1M_2|^2=|M_1B|^2+|M_2B|^2$,$|M_1B|^2=|M_1A|^2+|AB|^2$,从而有

$$|M_1M_2|=\sqrt{(x_2-x_1)^2+(y_2-y_1)^2+(z_2-z_1)^2}. \tag{5-1}$$

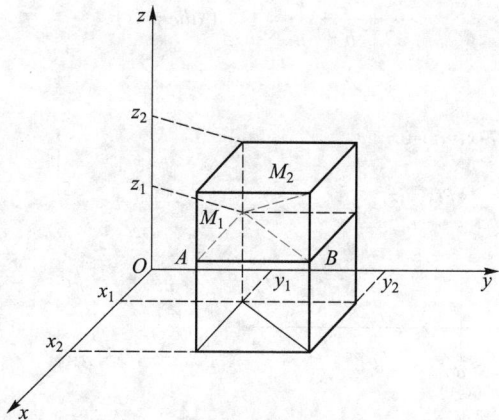

图 5-10

**3. 空间曲线与曲面方程**

在平面解析几何中,平面曲线和二元方程建立了一一对应关系,而在空间解析几何中,我们也可以建立空间曲面与三元方程之间的一一对应关系.

**定义 5-1** 如果曲面 $S$ 上任意一点 $P$ 的坐标都满足方程 $F(x,y,z)=0$,而不在曲面 $S$ 上的点都不满足方程 $F(x,y,z)=0$,那么方程 $F(x,y,z)=0$ 称为曲面 $S$ 的方程,而曲面 $S$ 称为方程 $F(x,y,z)=0$ 的图形.

这样,曲面 $S$ 与方程 $F(x,y,z)=0$ 就建立了一一对应关系,如图 5-11 所示.

根据定义 5-1,下面介绍几种常见的曲面方程.

(1) 平面方程

一般地,空间中任意一个平面的方程为三元一次方程

$$Ax+By+Cz+D=0, \tag{5-2}$$

其中 $A,B,C,D$ 均为常数,且 $A,B,C$ 不全为零.

特别地,

$xOy$ 平面方程:$z=0$.

$zOx$ 平面方程:$y=0$.

$yOz$ 平面方程:$x=0$.

与 $x$ 轴平行的平面方程:$By+Cz+D=0$.

与 $y$ 轴平行的平面方程:$Ax+Cz+D=0$.

与 $z$ 轴平行的平面方程:$Ax+By+D=0$.

与 $xOy$ 平面平行的平面方程:$Cz+D=0$.

与 $zOx$ 平面平行的平面方程:$By+D=0$.

与 $yOz$ 平面平行的平面方程:$Ax+D=0$.

过点 $M(a,0,0),N(0,b,0),S(0,0,c)$ 的平面(截距式)方程为(图 5-12)

$$\frac{x}{a}+\frac{y}{b}+\frac{z}{c}=1 \quad (abc\neq 0). \tag{5-3}$$

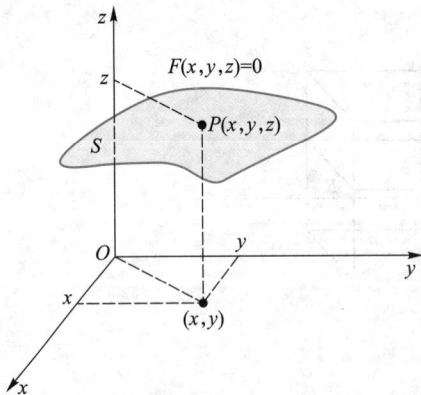

图 5-11

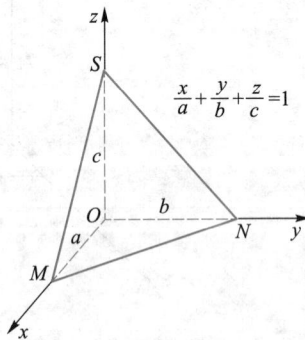

图 5-12

(2) 柱面方程

设有动直线 $L$ 沿一给定的曲线 $C$ 移动,移动时始终与给定的直线 $M$ 平行,这样由动直线 $L$ 形成的曲面称为**柱面**,动直线称为柱面的**母线**,定曲线 $C$ 称为柱面的**准线**(图 5-13).

可以证明,母线平行于 $z$ 轴的柱面方程中不含有变量 $z$,所以方程 $F(x,y)=0$ 代表母线平行于 $z$ 轴的柱面,而在平面解析几何中方程 $F(x,y)=0$ 一般表示一条平面曲线.同

理,方程 $F(y,z)=0$ 代表母线平行于 $x$ 轴的柱面;方程 $F(x,z)=0$ 代表母线平行于 $y$ 轴的柱面.

（3）二次曲面

一般地,常见的二次曲面方程有

① 圆柱面方程: $x^2+y^2=R^2$（图 5-14）.

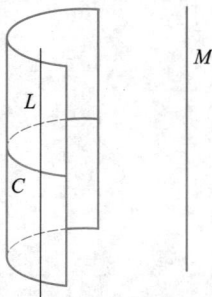

图 5-13

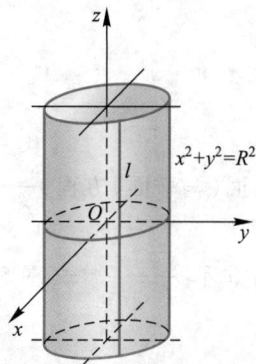

图 5-14

② 椭圆柱面方程: $\dfrac{x^2}{a^2}+\dfrac{y^2}{b^2}=1$（图 5-15）.

③ 抛物柱面方程: $x^2-2py=0(p>0)$（图 5-16）.

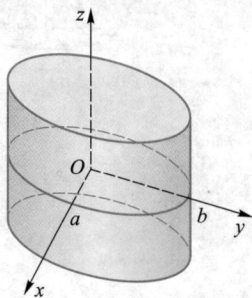

图 5-15

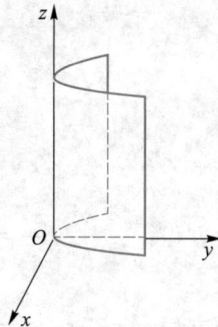

图 5-16

④ 球面方程:以点 $M(x_0,y_0,z_0)$ 为球心, $R$ 为半径的球面方程为（图 5-17）

$$(x-x_0)^2+(y-y_0)^2+(z-z_0)^2=R^2. \tag{5-4}$$

特别地,以坐标原点 $O$ 为球心, $R$ 为半径的球面方程为

$$x^2+y^2+z^2=R^2. \tag{5-5}$$

⑤ 椭球面方程: $\dfrac{x^2}{a^2}+\dfrac{y^2}{b^2}+\dfrac{z^2}{c^2}=1$（图 5-18）.

⑥ 椭圆抛物面方程: $\dfrac{x^2}{a^2}+\dfrac{y^2}{b^2}=z$（图 5-19）.

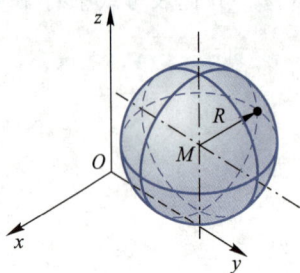

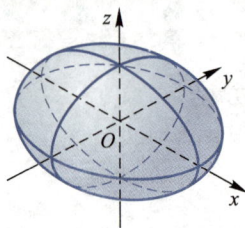

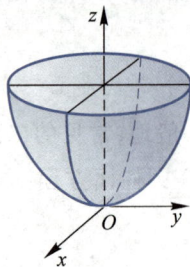

图 5-17            图 5-18            图 5-19

⑦ 双曲抛物面(马鞍面)方程:$\dfrac{x^2}{a^2}-\dfrac{y^2}{b^2}=z$(图 5-20).

⑧ 椭圆锥面方程:$\dfrac{x^2}{a^2}+\dfrac{y^2}{b^2}=z^2$(图 5-21).

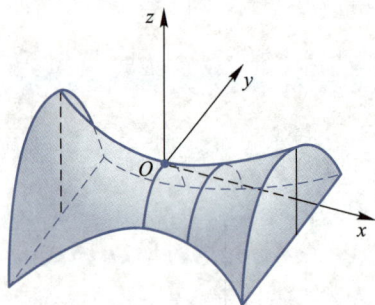

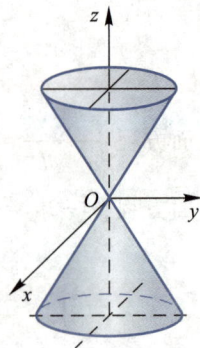

图 5-20            图 5-21

⑨ 单叶双曲面方程:$\dfrac{x^2}{a^2}+\dfrac{y^2}{b^2}-\dfrac{z^2}{c^2}=1$(图 5-22).

⑩ 双叶双曲面方程:$\dfrac{x^2}{a^2}-\dfrac{y^2}{b^2}-\dfrac{z^2}{c^2}=1$(图 5-23).

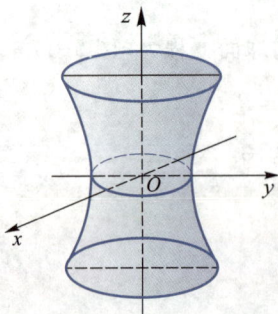

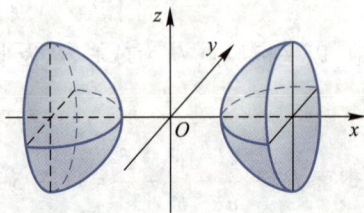

图 5-22            图 5-23

## 三、多元函数的极限与连续性

### 1. 多元函数的概念

前面几章研究的函数表示因变量与一个自变量之间的关系,因变量的值只依赖于一个自变量,称为一元函数.但在实际问题中,往往需要研究因变量与多个自变量之间的关系.例如,某商品的市场需求量不仅与价格有关,还与消费者的收入以及这种商品的其他替代品的价格等因素有关,即决定该商品需求量的因素有多个.要想全面研究这类问题,需要引入多元函数的概念.

**定义 5-2** 设有三个变量 $x, y, z$,如果当变量 $x, y$ 在其允许的范围 $D$ 内任意取定一有序数组 $(x, y)$ 时,变量 $z$ 按某一对应法则 $f$ 有唯一的值与之对应,那么变量 $z$ 称为 $x, y$ 的二元函数,记作 $z = f(x, y)$,其中 $x, y$ 称为自变量,$z$ 称为因变量,$D$ 称为函数 $z$ 的定义域,记为 $D(f)$.

类似地,可以定义三元函数 $u = f(x, y, z)$ 及三元以上的 $n$ 元函数 $y = f(x_1, x_2, \cdots, x_n)$.

二元以及二元以上的函数统称为多元函数.

二元函数 $z = f(x, y)$ 的定义域是平面点集,本书讨论的二元函数的定义域大多指平面区域.与一元函数类似,当函数未注明其定义域时,则定义域是指使函数有意义的一切点组成的平面区域.

**例 5-4** 函数 $z = \dfrac{1}{x^2 + y^2 - 4}$ 的定义域为

$$D(f) = \{(x, y) \mid x^2 + y^2 \neq 4\},$$

如图 5-24 所示.

**例 5-5** 函数 $z = \dfrac{1}{\sqrt{4 - x^2 - y^2}} + \ln(x^2 + y^2 - 1)$ 的定义域为两个不等式的交集:

$$\begin{cases} 4 - x^2 - y^2 > 0, \\ x^2 + y^2 - 1 > 0, \end{cases}$$

即

$$D(f) = \{(x, y) \mid 1 < x^2 + y^2 < 4\},$$

如图 5-25 所示.

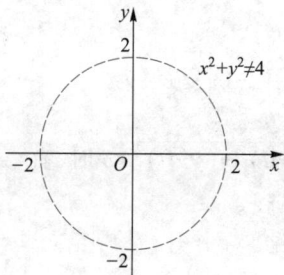

图 5-24

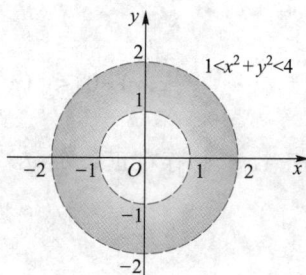

图 5-25

二元函数的几何意义:在空间直角坐标系中,已建立了三元方程与空间曲面的一一对应关系,对于二元函数 $z=f(x,y)$,定义域 $D$ 中任意一点 $P(x,y)$,必有唯一确定的数 $z$ 与之对应.因此,三元有序数组 $(x,y,z)$ 唯一确定了空间中一点 $M(x,y,z)$,当 $(x,y)$ 取遍 $D$ 中所有点时,得到一个空间点集

$$\{(x,y,z) \mid z=f(x,y),(x,y)\in D\},$$

这个点集就是函数 $z=f(x,y)$ 的图形(图 5-26).

一般地,二元函数 $z=f(x,y)$,$(x,y)\in D$,其几何图形是空间直角坐标系中的一个曲面,而定义域 $D$ 则是该曲面在 $xOy$ 平面上的投影.

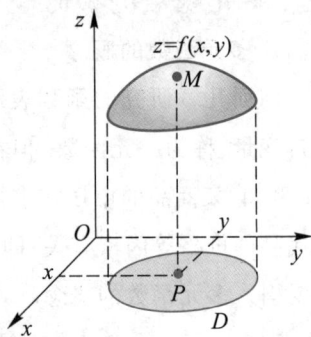

图 5-26

### 2. 二元函数的极限

**定义 5-3** 设函数 $z=f(x,y)$ 在点 $P_0(x_0,y_0)$ 的某一去心邻域内有定义,$P(x,y)$ 是该邻域内的任一点. 如果 $P$ 以任何方式趋近于 $P_0$ 时,函数值 $f(x,y)$ 都趋近于同一个确定的常数 $A$,那么称 $A$ 是函数 $z=f(x,y)$ 当 $(x,y)\to(x_0,y_0)$ 时的**极限**(又称二重极限),记作

$$\lim_{(x,y)\to(x_0,y_0)}f(x,y)=A, \quad \lim_{\substack{x\to x_0\\y\to y_0}}f(x,y)=A \quad \text{或} \quad f(x,y)\to A \quad ((x,y)\to(x_0,y_0)).$$

**注意** $P(x,y)$ 趋近于 $P_0(x_0,y_0)$ 是指 $P$ 与 $P_0$ 的距离趋近于零,即

$$\rho(P,P_0)=\sqrt{(x-x_0)^2+(y-y_0)^2}\to 0,$$

因而 $\rho(P,P_0)\to 0$ 等价于 $|x-x_0|\to 0$ 且 $|y-y_0|\to 0$.

下面用"$\varepsilon$-$\delta$"语言来描述这个极限的定义.

**定义 5-4** 设函数 $z=f(x,y)$ 在点 $P_0(x_0,y_0)$ 的某一去心邻域内有定义. 如果存在常数 $A$,对任意给定的正数 $\varepsilon$,总存在正数 $\delta$,使当 $0<\sqrt{(x-x_0)^2+(y-y_0)^2}<\delta$ 时,不等式

$$|f(x,y)-A|<\varepsilon$$

成立,那么称 $A$ 是函数 $z=f(x,y)$ 当 $(x,y)\to(x_0,y_0)$ 时的**极限**(又称二重极限),记作

$$\lim_{(x,y)\to(x_0,y_0)}f(x,y)=A, \quad \lim_{\substack{x\to x_0\\y\to y_0}}f(x,y)=A \quad \text{或} \quad f(x,y)\to A \quad ((x,y)\to(x_0,y_0)).$$

**例 5-6** 设函数 $f(x,y)=(x^2+y^2)\cos\dfrac{2}{x^2+y^2}$,证明:$\lim\limits_{(x,y)\to(0,0)}f(x,y)=0$.

**证明** 因为

$$|f(x,y)-0|=\left|(x^2+y^2)\cos\frac{2}{x^2+y^2}-0\right|\leqslant x^2+y^2,$$

对任意给定的正数 $\varepsilon$,总存在正数 $\delta=\sqrt{\varepsilon}$,当 $0<\sqrt{(x-0)^2+(y-0)^2}<\delta$ 时,有

$$|f(x,y)-0|\leqslant x^2+y^2<\varepsilon$$

成立,所以

$$\lim_{(x,y)\to(0,0)}f(x,y)=0.$$

注意 如果 $P$ 以某一特殊方式趋近于 $P_0$ 时,函数值 $f(x,y)$ 趋近于某一个确定的常数,不能由此断定函数的极限存在. 但是反过来,如果当 $P$ 以不同的方式趋近于 $P_0$ 时,函数值 $f(x,y)$ 趋近于不同的值,那么可以断定函数的极限不存在.

**例 5-7** 设函数

$$f(x,y)=\begin{cases} \dfrac{xy}{x^2+y^2}, & x^2+y^2\neq 0, \\ 0, & x=y=0, \end{cases}$$

讨论 $\lim\limits_{(x,y)\to(0,0)} f(x,y)$ 是否存在.

**解** 当 $P$ 沿 $x$ 轴($x\neq 0,y=0$)趋近于$(0,0)$时,$f(x,y)\equiv 0$,故

$$f(x,y)\to 0 \quad (x\to 0,y=0).$$

当 $P$ 沿 $y$ 轴($x=0,y\neq 0$)趋近于$(0,0)$时,$f(x,y)\equiv 0$,故

$$f(x,y)\to 0 \quad (x=0,y\to 0).$$

虽然点 $P$ 以这两种特殊方式趋近于$(0,0)$时,函数的极限都存在且相等,但并不能确定 $\lim\limits_{(x,y)\to(0,0)} f(x,y)$ 存在. 因为当 $P$ 沿直线 $y=kx$ 趋近于$(0,0)$时,有

$$f(x,y)=\frac{x\cdot kx}{x^2+k^2x^2}=\frac{k}{1+k^2}.$$

显然它的值随着 $k$ 的改变而不同,所以二重极限 $\lim\limits_{(x,y)\to(0,0)} f(x,y)$ 不存在.

关于二元函数极限的运算,有与一元函数类似的运算法则和性质.

**例 5-8** 设函数

$$f(x,y)=\begin{cases} \dfrac{x^2 y}{x^2+y^2}, & x^2+y^2\neq 0, \\ 0, & x=y=0, \end{cases}$$

证明: $\lim\limits_{(x,y)\to(0,0)} f(x,y)=0$.

**证明** 因为

$$0\leqslant |f(x,y)|=\left|\frac{x^2 y}{x^2+y^2}\right|=\frac{x^2}{x^2+y^2}|y|\leqslant |y|,$$

又因为 $\lim\limits_{(x,y)\to(0,0)}|y|=0$,所以由夹逼准则得

$$\lim\limits_{(x,y)\to(0,0)} f(x,y)=0.$$

**例 5-9** 求 $\lim\limits_{(x,y)\to(0,2)}\dfrac{\sin(xy)}{x}$.

**解** 由乘积的极限运算法则,得

$$\lim\limits_{(x,y)\to(0,2)}\frac{\sin(xy)}{x}=\lim\limits_{(x,y)\to(0,2)}\left[\frac{\sin(xy)}{xy}y\right]=\lim\limits_{xy\to 0}\frac{\sin(xy)}{xy}\cdot\lim\limits_{y\to 2}y=1\times 2=2.$$

### 3. 二元函数的连续性

**定义 5-5** 设二元函数 $f(x,y)$ 在点 $P_0(x_0,y_0)$ 的某邻域内有定义,如果

多元函数的极限与连续性

$$\lim_{(x,y)\to(x_0,y_0)} f(x,y) = f(x_0,y_0),$$

那么称函数 $f(x,y)$ 在点 $P_0(x_0,y_0)$ 处连续.

如果函数在点 $P_0(x_0,y_0)$ 处不连续,那么称 $P_0(x_0,y_0)$ 为函数的间断点.

**例 5-10**　讨论函数

$$f(x,y) = \begin{cases} \dfrac{x^2 y}{x^2+y^2}, & x^2+y^2 \neq 0, \\ 0, & x=y=0 \end{cases}$$

在点 $(0,0)$ 处的连续性.

**解**　由例 5-8 知 $\lim\limits_{(x,y)\to(0,0)} f(x,y) = 0$,又 $f(0,0)=0$,故 $\lim\limits_{(x,y)\to(0,0)} f(x,y) = f(0,0)$. 因此,函数 $f(x,y)$ 在点 $(0,0)$ 处连续.

**例 5-11**　讨论函数

$$f(x,y) = \begin{cases} \dfrac{x^2+y^2 \sin \dfrac{1}{x^2+y^2}}{x^2+y^2}, & (x,y) \neq (0,0), \\ 0, & (x,y) = (0,0) \end{cases}$$

在点 $(0,0)$ 处的连续性.

**解**　当 $x=0, y\to 0$ 时,即动点 $P(x,y)$ 沿 $y$ 轴趋近于点 $(0,0)$ 时,

$$\lim_{\substack{x=0 \\ y\to 0}} \frac{x^2+y^2 \sin \dfrac{1}{x^2+y^2}}{x^2+y^2} = \lim_{y\to 0} \sin \frac{1}{y^2}$$

不存在,故 $f(x,y)$ 在点 $(0,0)$ 处不连续.

对于一元函数,由基本初等函数经过有限次四则运算和有限次复合得到的,并且能用一个式子表示的函数统称为初等函数,初等函数在其定义域内连续. 这也适用于多元函数,多元初等函数在其定义区间内连续. 所谓定义区间,是指包含在定义域内的区间或闭区间.

**例 5-12**　求函数 $z = \dfrac{y^2+\sin x}{x^2-2xy+y^2}$ 的间断点.

**解**　函数 $z = \dfrac{y^2+\sin x}{x^2-2xy+y^2} = \dfrac{y^2+\sin x}{(x-y)^2}$,定义域为

$$D = \{(x,y) \mid y \neq x\}.$$

函数 $z = \dfrac{y^2+\sin x}{x^2-2xy+y^2}$ 是一个初等函数,而初等函数在其定义区间内连续. 因此,直线 $y=x$ 上的所有点都是函数的间断点.

**例 5-13**　讨论函数 $f(x,y) = \sin \dfrac{1}{x^2+y^2-1}$ 的连续性.

**解**　函数的定义域为

$$D = \{(x,y) \mid x^2 + y^2 \neq 1\}.$$

因此 $f(x,y)$ 在整个圆周 $x^2 + y^2 = 1$ 上间断,在 $D$ 内连续.

一元连续函数的运算法则可以推广到二元连续函数,简单地说,有限个二元连续函数的和、差、积、商(分母不为零)和复合仍是连续函数.

**例 5-14**　求 $\lim\limits_{(x,y)\to(1,2)} \dfrac{x+y}{xy}$.

**解**　函数 $f(x,y) = \dfrac{x+y}{xy}$ 是初等函数,它的定义域为

$$D = \{(x,y) \mid x \neq 0, y \neq 0\}.$$

$(1,2)$ 为 $D$ 内一点,而初等函数在其定义区域内都是连续的,所以函数 $f(x,y)$ 在 $(1,2)$ 处连续. 又由连续性定义知

$$\lim_{(x,y)\to(1,2)} f(x,y) = f(1,2) = \frac{3}{2}.$$

**例 5-15**　求 $\lim\limits_{(x,y)\to(0,0)} \dfrac{\sqrt{xy+1}-1}{xy}$.

**解**　$\lim\limits_{(x,y)\to(0,0)} \dfrac{\sqrt{xy+1}-1}{xy} = \lim\limits_{(x,y)\to(0,0)} \dfrac{xy+1-1}{xy(\sqrt{xy+1}+1)} = \lim\limits_{(x,y)\to(0,0)} \dfrac{1}{\sqrt{xy+1}+1} = \dfrac{1}{2}.$

本例也可以转化为一元函数进行处理,利用换元法:令 $t = xy$,相应地有 $(x,y)\to(0,0)$ 时 $t\to 0$,因此

$$\lim_{(x,y)\to(0,0)} \frac{\sqrt{xy+1}-1}{xy} = \lim_{t\to 0} \frac{\sqrt{t+1}-1}{t} = \lim_{t\to 0} \frac{t/2}{t} = \frac{1}{2}.$$

**注意**　当 $t\to 0$ 时,$\sqrt{t+1} - 1 \sim \dfrac{t}{2}$.

**例 5-16**　求 $\lim\limits_{(x,y)\to(0,0)} (x^2+y^2)\ln(x^2+y^2)$.

**解**　令 $x = r\cos\theta, y = r\sin\theta$,则当 $(x,y)\to(0,0)$ 时,有 $r = \sqrt{x^2+y^2}\to 0$,故

$$\lim_{(x,y)\to(0,0)} (x^2+y^2)\ln(x^2+y^2) = \lim_{r\to 0} r^2\ln r^2 = \lim_{r\to 0} \frac{\ln r^2}{r^{-2}} = \lim_{r\to 0} \frac{2/r}{-2r^{-3}} = \lim_{r\to 0}(-r^2) = 0.$$

与闭区间上一元连续函数的性质类似,在有界闭区域上连续的多元函数具有如下性质.

**性质 1**(有界性与最值性)　在有界闭区域 $D$ 上的多元连续函数,必定在 $D$ 上有界,且能取得它的最大值与最小值.

**性质 2**(介值性)　在有界闭区域 $D$ 上的多元连续函数,必取得介于最大值和最小值之间的任何值.

## 本节小结

多元函数是一元函数的推广,因此它保留了一元函数的许多特征,但也由于自变量由

一个增加到多个,产生了某些新的特征. 要求:

1. 对二元函数可以从其空间曲面上获得直观认识.

2. 会求二元函数定义域.

3. 会利用定义、连续性的性质、变量代换、不等式缩放与夹逼准则等方法求二元函数的极限.

## 练习 5.1

### 基础题

1. 在空间直角坐标系下,下列方程的图形是什么形状:

(1) $x^2+2y^2=4z$;

(2) $x^2+y^2=4z^2$;

(3) $\dfrac{x^2}{4}+\dfrac{y^2}{16}+\dfrac{z^2}{9}=1$;

(4) $x^2+z^2=1$.

2. 指出下列方程在平面解析几何中和在空间解析几何中分别表示什么图形:

(1) $x=2$;

(2) $y=x+1$;

(3) $x^2+y^2=4$;

(4) $x^2-y^2=1$.

3. 求下列函数的定义域:

(1) $z=\ln(y^2-2x+1)$;

(2) $z=\dfrac{1}{\sqrt{x+y}}+\dfrac{1}{\sqrt{x-y}}$;

(3) $z=\sqrt{x-\sqrt{y}}$;

(4) $z=\ln(y-x)+\dfrac{\sqrt{x}}{\sqrt{1-x^2-y^2}}$;

(5) $u=\sqrt{R^2-x^2-y^2-z^2}+\dfrac{1}{\sqrt{x^2+y^2+z^2-r^2}}$ $(R>r>0)$;

(6) $u=\arccos\dfrac{z}{\sqrt{x^2+y^2}}$.

4. 求下列各极限:

(1) $\lim\limits_{(x,y)\to(0,1)}\dfrac{1-xy}{x^2+y^2}$;

(2) $\lim\limits_{(x,y)\to(1,0)}\dfrac{\ln(x+\mathrm{e}^y)}{\sqrt{x^2+y^2}}$;

(3) $\lim\limits_{(x,y)\to(0,0)}\dfrac{2-\sqrt{xy+4}}{xy}$;

(4) $\lim\limits_{(x,y)\to(0,0)}\dfrac{1-\cos(x^2+y^2)}{(x^2+y^2)\,\mathrm{e}^{x^2y^2}}$;

(5) $\lim\limits_{(x,y)\to(0,0)}\dfrac{1+x^2+y^2}{x^2+y^2}$;

(6) $\lim\limits_{(x,y)\to(+\infty,+\infty)}(x^2+y^2)\,\mathrm{e}^{-(x+y)}$;

(7) $\lim\limits_{(x,y)\to(0,0)}\dfrac{\sin(x^3+y^3)}{x^2+y^2}$.

5. 对于函数 $z=\dfrac{x-y}{x+y}$，证明 $\lim\limits_{(x,y)\to(0,0)}\dfrac{x-y}{x+y}$ 不存在.

6. 函数 $z=\dfrac{y^2+2x}{y^2-2x}$ 在何处是间断的?

**提高题**

1. 问极限 $\lim\limits_{(x,y)\to(0,0)}\dfrac{x^2y^2}{x^2y^2+(x-y)^2}$ 是否存在? 并说明理由.

2. 设 $f(x,y)=\dfrac{y}{1+xy}-\dfrac{1-y\sin\dfrac{\pi x}{y}}{\arctan x}$，$x>0,y>0$，求:

(1) $g(x)=\lim\limits_{y\to+\infty}f(x,y)$;　　　　(2) $\lim\limits_{x\to0^+}g(x)$.

3. 设 $F(x,y)=f(x)$，而 $f(x)$ 在点 $x_0$ 处连续，证明:对任意 $y_0\in\mathbf{R}$，$F(x,y)$ 在点 $(x_0,y_0)$ 处连续.

## §5.2　多元函数的偏导数

### 一、偏导数的概念

在研究一元函数时,我们从研究函数的变化率引入导数的概念. 对于多元函数,同样需要讨论它的变化率. 但多元函数的自变量不止一个,因变量与自变量的关系要比一元函数复杂得多. 在这一节里,我们首先考虑多元函数关于其中一个自变量的变化率. 也就是在其中一个自变量发生变化而其余自变量都保持不变的情形下,考虑函数对于该自变量的变化率. 以二元函数 $z=f(x,y)$ 为例,如果只有自变量 $x$ 变化,而自变量 $y$ 固定(即看作常量),这时 $z$ 就是 $x$ 的一元函数,而函数 $z$ 对 $x$ 的导数就称为二元函数 $z=f(x,y)$ 对 $x$ 的偏导数.

**1. 偏导数的定义**

**定义 5-6**　设函数 $z=f(x,y)$ 在点 $(x_0,y_0)$ 的某一邻域内有定义,当 $y$ 固定在 $y_0$ 而 $x$ 在 $x_0$ 处有增量 $\Delta x$ 时,相应地,函数有增量 $f(x_0+\Delta x,y_0)-f(x_0,y_0)$,如果

$$\lim_{\Delta x\to0}\frac{f(x_0+\Delta x,y_0)-f(x_0,y_0)}{\Delta x} \tag{5-6}$$

存在,那么称此极限为函数 $z=f(x,y)$ 在点 $(x_0,y_0)$ 处对 $x$ 的偏导数,记作

$$\frac{\partial z}{\partial x}\Big|_{(x_0,y_0)}, \quad \frac{\partial f}{\partial x}\Big|_{(x_0,y_0)}, \quad z_x|_{(x_0,y_0)} \quad \text{或} \quad f_x(x_0,y_0).$$

类似地,函数 $z=f(x,y)$ 在点 $(x_0,y_0)$ 处对 $y$ 的偏导数定义为

$$\lim_{\Delta y\to 0}\frac{f(x_0,y_0+\Delta y)-f(x_0,y_0)}{\Delta y}, \tag{5-7}$$

记作

$$\frac{\partial z}{\partial y}\Big|_{(x_0,y_0)}, \quad \frac{\partial f}{\partial y}\Big|_{(x_0,y_0)}, \quad z_y|_{(x_0,y_0)} \quad \text{或} \quad f_y(x_0,y_0).$$

如果函数 $z=f(x,y)$ 在区域 $D$ 内每一点 $(x,y)$ 处对 $x$ 的偏导数都存在,那么这个偏导数就是 $x,y$ 的函数,称为函数 $z=f(x,y)$ 对自变量 $x$ 的偏导函数,记作

$$\frac{\partial z}{\partial x}, \quad \frac{\partial f}{\partial x}, \quad z_x \quad \text{或} \quad f_x(x,y).$$

类似地,可以定义函数 $z=f(x,y)$ 对自变量 $y$ 的偏导函数,记作

$$\frac{\partial z}{\partial y}, \quad \frac{\partial f}{\partial y}, \quad z_y \quad \text{或} \quad f_y(x,y).$$

由偏导函数的定义可知,$f(x,y)$ 在点 $(x_0,y_0)$ 处对 $x$ 的偏导数 $f_x(x_0,y_0)$ 显然就是偏导函数 $f_x(x,y)$ 在 $(x_0,y_0)$ 处的函数值;$f_y(x_0,y_0)$ 就是偏导函数 $f_y(x,y)$ 在 $(x_0,y_0)$ 处的函数值. 以后在不至于混淆的情况下把偏导函数简称为偏导数.

偏导数的概念还可以推广到二元以上的函数. 例如,三元函数 $u=f(x,y,z)$ 在点 $(x,y,z)$ 处对 $x,y,z$ 的偏导数定义为

多元函数
的偏导数

$$f_x(x,y,z)=\lim_{\Delta x\to 0}\frac{f(x+\Delta x,y,z)-f(x,y,z)}{\Delta x},$$

$$f_y(x,y,z)=\lim_{\Delta y\to 0}\frac{f(x,y+\Delta y,z)-f(x,y,z)}{\Delta y},$$

$$f_z(x,y,z)=\lim_{\Delta z\to 0}\frac{f(x,y,z+\Delta z)-f(x,y,z)}{\Delta z},$$

其中 $(x,y,z)$ 是函数 $u=f(x,y,z)$ 的定义域的内点.

**2. 偏导数的几何意义**

二元函数 $z=f(x,y)$ 在点 $(x_0,y_0)$ 处的偏导数有下述几何意义.

设 $M(x_0,y_0,f(x_0,y_0))$ 为曲面 $z=f(x,y)$ 上的一点,过 $M$ 作平面 $y=y_0$,截此曲面得一曲线 $L$,此曲线在平面 $y=y_0$ 上的方程为 $z=f(x,y_0)$,则导数 $\dfrac{\mathrm{d}}{\mathrm{d}x}f(x,y_0)\Big|_{x=x_0}=\tan\alpha$,即偏导数 $f_x(x_0,y_0)$ 就是该曲线在点 $M$ 处的切线 $MT_x$ 对 $x$ 轴的斜率(图 5-27). 同样,偏导数 $f_y(x_0,y_0)$ 的几何意义是曲面被平面 $x=x_0$ 所截得的曲线在点 $M$ 处的切线 $MT_y$ 对 $y$ 轴的斜率 $\tan\beta$.

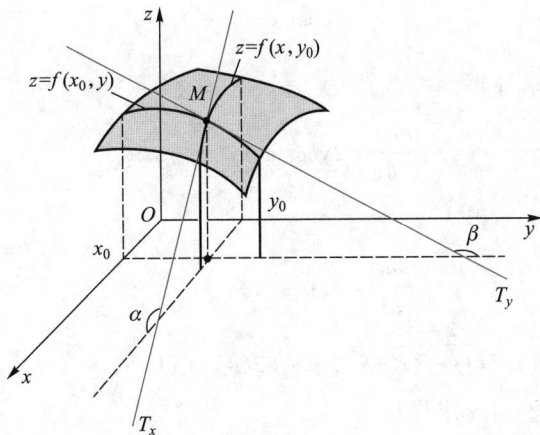

图 5-27

## 二、偏导数的计算

由偏导数的概念可知,求多元函数的偏导数时,只有一个自变量在变动,其他变量看作是固定的常量,所以仍然是用一元函数的求导方法进行求解.

**例 5-17** 求函数 $z = x^3 \cos 2y$ 的偏导数.

**解** 把 $y$ 看作常量,对 $x$ 求导得

$$\frac{\partial z}{\partial x} = 3x^2 \cos 2y.$$

把 $x$ 看作常量,对 $y$ 求导得

$$\frac{\partial z}{\partial y} = -2x^3 \sin 2y.$$

**例 5-18** 设函数 $z = x^y (x > 0, x \neq 1)$,证明:$\dfrac{x}{y} \dfrac{\partial z}{\partial x} + \dfrac{1}{\ln x} \dfrac{\partial z}{\partial y} = 2z$.

**证明** 把 $y$ 看作常量,对 $x$ 求导得

$$\frac{\partial z}{\partial x} = yx^{y-1}.$$

把 $x$ 看作常量,对 $y$ 求导得

$$\frac{\partial z}{\partial y} = x^y \ln x.$$

所以

$$\frac{x}{y} \frac{\partial z}{\partial x} + \frac{1}{\ln x} \frac{\partial z}{\partial y} = x^y + x^y = 2z.$$

**例 5-19** 求函数 $u = \sin(x + y^2 - e^z)$ 的偏导数.

**解** 把 $y, z$ 看作常量,对 $x$ 求导得

$$\frac{\partial u}{\partial x} = \cos(x+y^2-\mathrm{e}^z).$$

把 $x,z$ 看作常量,对 $y$ 求导得

$$\frac{\partial u}{\partial y} = 2y\cos(x+y^2-\mathrm{e}^z).$$

把 $x,y$ 看作常量,对 $z$ 求导得

$$\frac{\partial u}{\partial z} = -\mathrm{e}^z\cos(x+y^2-\mathrm{e}^z).$$

例 5-20  设 $f(x,y)=x+y-\sqrt{x^2+y^2}$,求 $f_x(3,4),f_y(0,5)$.

解  把 $y$ 看作常量,对 $x$ 求导得

$$f_x(x,y) = 1-\frac{2x}{2\sqrt{x^2+y^2}} = 1-\frac{x}{\sqrt{x^2+y^2}}.$$

由对称性得

$$f_y(x,y) = 1-\frac{y}{\sqrt{x^2+y^2}}.$$

于是

$$f_x(3,4)=1-\frac{3}{5}=\frac{2}{5}, \quad f_y(0,5)=1-1=0.$$

例 5-21  设函数 $f(x,y)=\mathrm{e}^{\arctan\frac{x}{y}}\ln(x^2+y^2+4)$,求 $f_y(0,a)$.

解  如果先求偏导数 $f_y(x,y)$,运算比较复杂. 但如果先将函数中的 $x$ 固定在 $x=0$,则有

$$f(0,y) = \ln(y^2+4),$$

从而

$$f_y(0,y) = \frac{2y}{y^2+4}.$$

将 $y=a$ 代入得

$$f_y(0,a) = \frac{2a}{a^2+4}.$$

例 5-22  求函数

$$z=f(x,y)=\begin{cases}\dfrac{xy}{x^2+y^2}, & x^2+y^2\neq 0,\\ 0, & x=y=0\end{cases}$$

在点 $(0,0)$ 处的偏导数.

解  由偏导数的定义可得

$$f_x(0,0) = \lim_{\Delta x\to 0}\frac{f(0+\Delta x,0)-f(0,0)}{\Delta x} = \lim_{\Delta x\to 0}\frac{0-0}{\Delta x}=0,$$

$$f_y(0,0) = \lim_{\Delta y \to 0} \frac{f(0,0+\Delta y) - f(0,0)}{\Delta y} = \lim_{\Delta y \to 0} \frac{0-0}{\Delta y} = 0.$$

对于一元函数,可导必定连续;但对于多元函数,偏导数存在未必连续. 本例表明函数在点 $(0,0)$ 处两个偏导数均存在,但由 §5.1 中的例 5-7 知二重极限 $\lim\limits_{(x,y)\to(0,0)} \dfrac{xy}{x^2+y^2}$ 不存在,故函数在点 $(0,0)$ 处不连续. 这说明对于二元函数,即使两个偏导数存在也保证不了函数连续. 这是因为各偏导数存在只能保证点 $(x,y)$ 沿着平行于坐标轴的方向趋近于点 $(0,0)$ 时,函数值 $f(x,y)$ 趋近于 $f(0,0)$,而不能保证点 $(x,y)$ 按任何方式趋近于点 $(0,0)$ 时,函数值 $f(x,y)$ 都趋近于 $f(0,0)$. 可见,多元函数的理论与一元函数的理论有类似之处,但更存在着某些本质的区别.

## 三、高阶偏导数

**定义 5-7** 设函数 $z=f(x,y)$ 在区域 $D$ 内具有偏导数 $\dfrac{\partial f}{\partial x}=f_x(x,y)$,$\dfrac{\partial f}{\partial y}=f_y(x,y)$,则在区域 $D$ 内 $f_x(x,y)$,$f_y(x,y)$ 都是 $x,y$ 的函数. 如果这两个函数的偏导数也存在,那么称它们是函数 $z=f(x,y)$ 的二阶偏导数.

按照对变量求导次序的不同,有下列四个二阶偏导数:

$$\frac{\partial}{\partial x}\left(\frac{\partial z}{\partial x}\right) = \frac{\partial^2 z}{\partial x^2} = f_{xx}(x,y), \quad \frac{\partial}{\partial y}\left(\frac{\partial z}{\partial x}\right) = \frac{\partial^2 z}{\partial x \partial y} = f_{xy}(x,y),$$

$$\frac{\partial}{\partial x}\left(\frac{\partial z}{\partial y}\right) = \frac{\partial^2 z}{\partial y \partial x} = f_{yx}(x,y), \quad \frac{\partial}{\partial y}\left(\frac{\partial z}{\partial y}\right) = \frac{\partial^2 z}{\partial y^2} = f_{yy}(x,y).$$

类似地,可以定义更高阶的偏导数. 如 $z=f(x,y)$ 的三阶偏导数

$$\frac{\partial}{\partial x}\left(\frac{\partial^2 z}{\partial x^2}\right) = \frac{\partial^3 z}{\partial x^3} = f_{xxx}(x,y),$$

$$\frac{\partial}{\partial y}\left(\frac{\partial^2 z}{\partial x^2}\right) = \frac{\partial^3 z}{\partial x^2 \partial y} = f_{xxy}(x,y),$$

等等.

二阶及二阶以上的偏导数统称为高阶偏导数. 其中 $\dfrac{\partial^2 z}{\partial x \partial y}$ 和 $\dfrac{\partial^2 z}{\partial y \partial x}$ 既有关于 $x$ 又有关于 $y$ 的偏导数,称为混合偏导数.

**例 5-23** 设 $z=e^{2x-3y}$,求 $z$ 的二阶偏导数及三阶偏导数 $\dfrac{\partial^3 z}{\partial x^2 \partial y}$.

**解** 先求 $z$ 的一阶偏导数:

$$\frac{\partial z}{\partial x} = 2e^{2x-3y}, \quad \frac{\partial z}{\partial y} = -3e^{2x-3y}.$$

再求这两个一阶偏导数的偏导数,即二阶偏导数:

$$\frac{\partial^2 z}{\partial x^2} = \frac{\partial}{\partial x}\left(\frac{\partial z}{\partial x}\right) = \frac{\partial}{\partial x}(2\mathrm{e}^{2x-3y}) = 4\mathrm{e}^{2x-3y},$$

$$\frac{\partial^2 z}{\partial x \partial y} = \frac{\partial}{\partial y}\left(\frac{\partial z}{\partial x}\right) = \frac{\partial}{\partial y}(2\mathrm{e}^{2x-3y}) = -6\mathrm{e}^{2x-3y},$$

$$\frac{\partial^2 z}{\partial y \partial x} = \frac{\partial}{\partial x}\left(\frac{\partial z}{\partial y}\right) = \frac{\partial}{\partial x}(-3\mathrm{e}^{2x-3y}) = -6\mathrm{e}^{2x-3y},$$

$$\frac{\partial^2 z}{\partial y^2} = \frac{\partial}{\partial y}\left(\frac{\partial z}{\partial y}\right) = \frac{\partial}{\partial y}(-3\mathrm{e}^{2x-3y}) = 9\mathrm{e}^{2x-3y}.$$

三阶偏导数

$$\frac{\partial^3 z}{\partial x^2 \partial y} = \frac{\partial}{\partial y}\left(\frac{\partial^2 z}{\partial x^2}\right) = \frac{\partial}{\partial y}(4\mathrm{e}^{2x-3y}) = -12\mathrm{e}^{2x-3y}.$$

由上例可以看出两个二阶混合偏导数相等,即 $\frac{\partial^2 z}{\partial x \partial y} = \frac{\partial^2 z}{\partial y \partial x}$. 这纯属巧合,还是有规律可循呢? 事实上,有如下定理.

**定理 5-1** 如果函数 $z = f(x,y)$ 的两个二阶混合偏导数 $\frac{\partial^2 z}{\partial x \partial y}$ 及 $\frac{\partial^2 z}{\partial y \partial x}$ 在区域 $D$ 内连续,那么在该区域内这两个二阶混合偏导数必相等.

换句话说,二阶混合偏导数在连续的条件下与求导的次序无关. 定理的证明从略. 同理,高阶混合偏导数在连续的条件下也与求导的次序无关,如

$$\frac{\partial^3 z}{\partial x^2 \partial y} = \frac{\partial^3 z}{\partial y \partial x^2} = \frac{\partial^3 z}{\partial x \partial y \partial x}.$$

**例 5-24** 验证函数 $z = \ln\sqrt{x^2+y^2}$ 满足方程 $\frac{\partial^2 z}{\partial x^2} + \frac{\partial^2 z}{\partial y^2} = 0$.

**证明** 因为 $z = \ln\sqrt{x^2+y^2} = \frac{1}{2}\ln(x^2+y^2)$,所以

$$\frac{\partial z}{\partial x} = \frac{x}{x^2+y^2}, \qquad \frac{\partial z}{\partial y} = \frac{y}{x^2+y^2},$$

$$\frac{\partial^2 z}{\partial x^2} = \frac{(x^2+y^2) - x \cdot 2x}{(x^2+y^2)^2} = \frac{y^2-x^2}{(x^2+y^2)^2},$$

$$\frac{\partial^2 z}{\partial y^2} = \frac{(x^2+y^2) - y \cdot 2y}{(x^2+y^2)^2} = \frac{x^2-y^2}{(x^2+y^2)^2}.$$

因此

$$\frac{\partial^2 z}{\partial x^2} + \frac{\partial^2 z}{\partial y^2} = \frac{y^2-x^2}{(x^2+y^2)^2} + \frac{x^2-y^2}{(x^2+y^2)^2} = 0.$$

**例 5-25** 证明函数 $u = \frac{1}{r}$ 满足方程 $\frac{\partial^2 u}{\partial x^2} + \frac{\partial^2 u}{\partial y^2} + \frac{\partial^2 u}{\partial z^2} = 0$,其中 $r = \sqrt{x^2+y^2+z^2}$.

证明　$\dfrac{\partial u}{\partial x} = -\dfrac{1}{r^2}\dfrac{\partial r}{\partial x} = -\dfrac{1}{r^2}\dfrac{x}{r} = -\dfrac{x}{r^3}$,

$$\dfrac{\partial^2 u}{\partial x^2} = -\dfrac{1}{r^3} + \dfrac{3x}{r^4}\cdot\dfrac{\partial r}{\partial x} = -\dfrac{1}{r^3} + \dfrac{3x^2}{r^5}.$$

由函数关于自变量的对称性得

$$\dfrac{\partial^2 u}{\partial y^2} = -\dfrac{1}{r^3} + \dfrac{3y^2}{r^5}, \quad \dfrac{\partial^2 u}{\partial z^2} = -\dfrac{1}{r^3} + \dfrac{3z^2}{r^5}.$$

因此

$$\dfrac{\partial^2 u}{\partial x^2} + \dfrac{\partial^2 u}{\partial y^2} + \dfrac{\partial^2 u}{\partial z^2} = -\dfrac{3}{r^3} + \dfrac{3(x^2+y^2+z^2)}{r^5} = 0.$$

例 5-24 和例 5-25 的两个方程都叫拉普拉斯(Laplace)方程,它是数学物理方程中一种很重要的方程,在有些经济学文献中也有应用.

## 本节小结

本节主要介绍偏导数的概念和几何意义以及偏导数的求解方法. 要求:

1. 掌握多元函数偏导数的求法:假定其他变量固定,对其中一个变量求导,若要求可导区域内的偏导数,则运用求导法则和公式;若要求分段函数在分段点处的偏导数,则运用偏导数的定义.

2. 掌握多元函数偏导数存在性与连续性的关系:偏导数存在不一定连续.

## 练习 5.2

基础题

1. 求下列函数的偏导数:

(1) $z = x^3\ln y - y^3\ln x$;

(2) $z = \dfrac{u^2+v^2}{uv}$;

(3) $z = \sqrt{\ln(xy)}$;

(4) $z = \sin(xy) + \cos^2(xy)$;

(5) $z = \ln\tan\dfrac{x}{y}$;

(6) $z = (1+xy)^y$;

(7) $u = e^{xyz}$;

(8) $u = \arctan(x-y)^z$.

2. 设 $f(x,y) = e^{xy^2}$,求 $\lim\limits_{\Delta y \to 0}\dfrac{f(2,1+\Delta y) - f(2,1)}{\Delta y}$.

3. 设 $f(x,y) = x + (y-1)\arcsin\sqrt{\dfrac{x}{y}}$,求 $f_x(2,1)$.

4. 求下列函数的二阶偏导数:

(1) $z = x^4 + y^4 - 4x^2 y^2$;　　　　　　(2) $z = \arctan\dfrac{y}{x}$;

(3) $z = y^x$;　　　　　　　　　　　　(4) $z = \ln(x + y^2)$.

5. 设 $u = \ln(1 + x + y^2 + z^3)$,在点 $(1,1,1)$ 处求 $u_x + u_y + u_z$.

6. 设 $f(x,y,z) = xy^2 + yz^2 + zx^2$,求 $f_{xx}(0,0,1)$,$f_{xz}(1,0,2)$,$f_{yz}(0,-1,0)$ 及 $f_{zzx}(2,0,1)$.

7. 设 $T = 2\pi\sqrt{\dfrac{l}{g}}$,证明:$l\dfrac{\partial T}{\partial l} + g\dfrac{\partial T}{\partial g} = 0$.

8. 设 $z = \mathrm{e}^{-\left(\frac{1}{x} + \frac{1}{y}\right)}$,证明:$x^2\dfrac{\partial z}{\partial x} + y^2\dfrac{\partial z}{\partial y} = 2z$.

**提高题**

1. 证明:

(1) 函数 $y = \mathrm{e}^{-kn^2 t}\sin nx$ 满足方程 $\dfrac{\partial y}{\partial t} = k\dfrac{\partial^2 y}{\partial x^2}$;

(2) 函数 $z = \mathrm{e}^{-x}\cos y - \mathrm{e}^{-y}\cos x$ 满足拉普拉斯方程 $\dfrac{\partial^2 z}{\partial x^2} + \dfrac{\partial^2 z}{\partial y^2} = 0$.

2. 设 $f(r,t) = t^a \mathrm{e}^{-\frac{r^2}{4t}}$,确定 $a$ 使得 $f$ 满足方程 $\dfrac{\partial f}{\partial t} = \dfrac{1}{r^2}\dfrac{\partial}{\partial r}\left(r^2\dfrac{\partial f}{\partial r}\right)$.

3. 已知 $u = xyz\mathrm{e}^{x+y+z}$,求 $\dfrac{\partial^{p+q+r} u}{\partial x^p \partial y^q \partial z^r}$,其中 $p,q,r$ 为常数.

4. 设 $z = \mathrm{e}^{ax+by}f(x,y)$,且 $f(x,y)$ 存在关于 $x,y$ 的二阶连续偏导数,求 $\dfrac{\partial^2 z}{\partial x^2}$,$\dfrac{\partial^2 z}{\partial x \partial y}$,$\dfrac{\partial^2 z}{\partial y \partial x}$,$\dfrac{\partial^2 z}{\partial y^2}$.

# §5.3　多元函数的全微分

## 一、全微分的定义

由偏导数的定义可知,二元函数关于某个自变量的偏导数表示当另一个自变量固定

时,因变量相对该自变量的变化率. 根据一元函数微分学中增量与微分的关系,可得

$$f(x+\Delta x,y)-f(x,y)\approx f_x(x,y)\Delta x,$$
$$f(x,y+\Delta y)-f(x,y)\approx f_y(x,y)\Delta y,$$

上面两式的左端分别叫做二元函数对 $x$ 和对 $y$ 的偏增量,而右端分别叫做二元函数对 $x$ 和对 $y$ 的偏微分.

在实际问题中,有时需要研究多元函数中各个自变量都取得增量时因变量所获得的增量,也就是全增量问题. 下面以二元函数为例进行讨论.

**定义 5-8** 设函数 $z=f(x,y)$ 在点 $(x,y)$ 的某邻域内有定义,如果函数在 $(x,y)$ 的全增量

$$\Delta z=f(x+\Delta x,y+\Delta y)-f(x,y) \tag{5-8}$$

可以表示为

$$\Delta z=A\Delta x+B\Delta y+o(\rho), \tag{5-9}$$

其中 $A,B$ 不依赖于 $\Delta x,\Delta y$ 而仅与 $x,y$ 有关, $\rho=\sqrt{(\Delta x)^2+(\Delta y)^2}$,那么称函数 $z=f(x,y)$ 在点 $(x,y)$ 处可微,而 $A\Delta x+B\Delta y$ 称为函数 $z=f(x,y)$ 在点 $(x,y)$ 处的全微分,记作 dz,即

$$dz=A\Delta x+B\Delta y.$$

上式中 $o(\rho)$ 表示比 $\rho$ 高阶的无穷小量,即

$$\lim_{\rho\to 0}\frac{o(\rho)}{\rho}=\lim_{\rho\to 0}\frac{\Delta z-dz}{\rho}=0.$$

如果函数在区域 $D$ 内任意一点处都可微,那么称该函数在区域 $D$ 内可微.

在 §5.2 中曾指出,多元函数在某点的偏导数存在,并不能保证函数在该点连续. 但由上述定义可知,如果函数 $z=f(x,y)$ 在点 $(x,y)$ 处可微,那么该函数在该点必连续. 原因在于,由(5-9)式可得

$$\lim_{\rho\to 0}\Delta z=0,$$

从而

$$\lim_{(\Delta x,\Delta y)\to(0,0)}f(x+\Delta x,y+\Delta y)=\lim_{\rho\to 0}[f(x,y)+\Delta z]=f(x,y).$$

因此函数 $z=f(x,y)$ 在点 $(x,y)$ 处连续.

下面讨论函数 $z=f(x,y)$ 在点 $(x,y)$ 处可微的条件.

**定理 5-2(必要条件)** 如果函数 $z=f(x,y)$ 在点 $(x,y)$ 处可微,那么该函数在点 $(x,y)$ 的偏导数 $\frac{\partial z}{\partial x},\frac{\partial z}{\partial y}$ 必定存在,且函数 $z=f(x,y)$ 在点 $(x,y)$ 处的全微分为

$$dz=\frac{\partial z}{\partial x}\Delta x+\frac{\partial z}{\partial y}\Delta y. \tag{5-10}$$

**证明**　设函数 $z = f(x, y)$ 在点 $(x, y)$ 处可微,所以点 $(x, y)$ 处的全增量可表示为

$$\Delta z = f(x + \Delta x, y + \Delta y) - f(x, y) = A\Delta x + B\Delta y + o(\rho).$$

取 $\Delta y = 0$,得

$$\Delta z = f(x + \Delta x, y) - f(x, y) = A\Delta x + o(|\Delta x|).$$

两边同时除以 $\Delta x$,得

$$\frac{f(x + \Delta x, y) - f(x, y)}{\Delta x} = A + \frac{o(|\Delta x|)}{\Delta x}.$$

所以

$$\frac{\partial z}{\partial x} = \lim_{\Delta x \to 0} \frac{f(x + \Delta x, y) - f(x, y)}{\Delta x} = \lim_{\Delta x \to 0}\left(A + \frac{o(|\Delta x|)}{\Delta x}\right) = A.$$

同理,取 $\Delta x = 0$,可得 $\dfrac{\partial z}{\partial y} = B$.

因此

$$\mathrm{d}z = \frac{\partial z}{\partial x}\Delta x + \frac{\partial z}{\partial y}\Delta y.$$

通常把二元函数的全微分等于它的两个偏微分之和称为二元函数的微分叠加原理.

我们知道,一元函数在某点的导数存在是可微的充要条件. 但对于二元函数,情况就不同了. 当函数的各偏导数都存在时,虽然可以从形式上写出 $\dfrac{\partial z}{\partial x}\Delta x + \dfrac{\partial z}{\partial y}\Delta y$,但它与 $\Delta z$ 之差未必是比 $\rho$ 高阶的无穷小量,因此它不一定是函数的全微分. 也就是说,各偏导数存在只是函数可微的必要非充分条件. 例如,函数

$$f(x, y) = \begin{cases} \dfrac{xy}{\sqrt{x^2 + y^2}}, & x^2 + y^2 \neq 0, \\ 0, & x^2 + y^2 = 0, \end{cases}$$

在点 $(0, 0)$ 处有

$$f_x(0, 0) = \lim_{\Delta x \to 0} \frac{f(0 + \Delta x, 0) - f(0, 0)}{\Delta x} = \lim_{\Delta x \to 0} \frac{0 - 0}{\Delta x} = 0,$$

$$f_y(0, 0) = \lim_{\Delta y \to 0} \frac{f(0, 0 + \Delta y) - f(0, 0)}{\Delta y} = \lim_{\Delta y \to 0} \frac{0 - 0}{\Delta y} = 0.$$

函数在点 $(0, 0)$ 处的两个偏导数都存在,但

$$\Delta z - [f_x(0, 0)\Delta x + f_y(0, 0)\Delta y] = \frac{\Delta x \Delta y}{\sqrt{(\Delta x)^2 + (\Delta y)^2}},$$

当点 $(\Delta x, \Delta y)$ 沿直线 $y = x$ 趋近于点 $(0, 0)$ 时,有

$$\frac{\dfrac{\Delta x \Delta y}{\sqrt{(\Delta x)^2 + (\Delta y)^2}}}{\rho} = \frac{\Delta x \Delta y}{(\Delta x)^2 + (\Delta y)^2} = \frac{\Delta x \Delta x}{(\Delta x)^2 + (\Delta x)^2} = \frac{1}{2}.$$

这表明当 $\rho \to 0$ 时，$\Delta z - [f_x(0,0)\Delta x + f_y(0,0)\Delta y]$ 并不是比 $\rho$ 高阶的无穷小量，因此函数在点 $(0,0)$ 处不可微.

**定理 5-3**（充分条件）　如果函数 $z=f(x,y)$ 的偏导数 $\dfrac{\partial z}{\partial x}$，$\dfrac{\partial z}{\partial y}$ 在点 $(x,y)$ 处连续，那么函数在该点可微.

**证明**　因为

$$\Delta z = f(x+\Delta x, y+\Delta y) - f(x,y)$$
$$= [f(x+\Delta x, y+\Delta y) - f(x, y+\Delta y)] + [f(x, y+\Delta y) - f(x,y)],$$

又由于在点 $(x,y)$ 的某邻域内 $f_x(x,y)$，$f_y(x,y)$ 存在，所以当 $\Delta x, \Delta y$ 充分小时，由一元函数的拉格朗日中值定理，有

$$\Delta z = f_x(x+\theta_1\Delta x, y+\Delta y)\Delta x + f_y(x, y+\theta_2\Delta y)\Delta y,$$

其中 $0<\theta_1<1, 0<\theta_2<1$. 由条件 $f_x(x,y)$，$f_y(x,y)$ 在点 $(x,y)$ 处连续，可得

$$f_x(x+\theta_1\Delta x, y+\Delta y) = f_x(x,y)+\alpha, \quad f_y(x, y+\theta_2\Delta y) = f_y(x,y)+\beta,$$

其中

$$\lim_{(\Delta x,\Delta y)\to(0,0)}\alpha = 0, \qquad \lim_{(\Delta x,\Delta y)\to(0,0)}\beta = 0.$$

这样就有

$$\Delta z = f_x(x,y)\Delta x + f_y(x,y)\Delta y + \alpha\Delta x + \beta\Delta y. \tag{5-11}$$

依全微分的定义，只要证明

$$\lim_{(\Delta x,\Delta y)\to(0,0)} \frac{\alpha\Delta x+\beta\Delta y}{\sqrt{(\Delta x)^2+(\Delta y)^2}} = 0,$$

就可以证明 $z$ 可微. 事实上，

$$0 \leqslant \frac{|\alpha\Delta x+\beta\Delta y|}{\sqrt{(\Delta x)^2+(\Delta y)^2}} \leqslant |\alpha|\frac{|\Delta x|}{\sqrt{(\Delta x)^2+(\Delta y)^2}} + |\beta|\frac{|\Delta y|}{\sqrt{(\Delta x)^2+(\Delta y)^2}} \leqslant |\alpha|+|\beta|.$$

由极限的夹逼准则，可得

$$\lim_{(\Delta x,\Delta y)\to(0,0)} \frac{|\alpha\Delta x+\beta\Delta y|}{\sqrt{(\Delta x)^2+(\Delta y)^2}} = 0.$$

所以

$$\lim_{(\Delta x,\Delta y)\to(0,0)} \frac{\alpha\Delta x+\beta\Delta y}{\sqrt{(\Delta x)^2+(\Delta y)^2}} = 0.$$

于是函数 $z=f(x,y)$ 在点 $(x,y)$ 处可微.

习惯上，我们将自变量的增量 $\Delta x$ 与 $\Delta y$ 分别记作 $dx$ 与 $dy$，分别称为自变量 $x$ 与 $y$ 的微分. 这样，函数 $z=f(x,y)$ 的全微分通常表示为

$$dz = \frac{\partial z}{\partial x}dx + \frac{\partial z}{\partial y}dy = f_x(x,y)dx + f_y(x,y)dy. \tag{5-12}$$

以上关于二元函数全微分的定义也可以推广到三元和三元以上的多元函数. 例如，若

三元函数 $u = f(x, y, z)$ 具有连续偏导数,则其全微分为

$$du = \frac{\partial u}{\partial x}dx + \frac{\partial u}{\partial y}dy + \frac{\partial u}{\partial z}dz.$$

**例 5-26**  计算函数 $z = x^3 y^2$ 在点 $(2,2)$ 处,当 $\Delta x = 0.01, \Delta y = -0.02$ 时的全增量与全微分.

**解**  全增量

$$\Delta z = f(2 + \Delta x, 2 + \Delta y) - f(2, 2)$$
$$= (2 + 0.01)^3 (2 - 0.02)^2 - 2^3 \cdot 2^2 \approx -0.164.$$

函数 $z = x^3 y^2$ 的两个偏导数

$$\frac{\partial z}{\partial x} = 3x^2 y^2, \quad \frac{\partial z}{\partial y} = 2x^3 y,$$

$$\left. \frac{\partial z}{\partial x} \right|_{(2,2)} = 48, \quad \left. \frac{\partial z}{\partial y} \right|_{(2,2)} = 32,$$

所以函数 $z = x^3 y^2$ 在点 $(2,2)$ 处的全微分

$$dz \big|_{(2,2)} = \left. \frac{\partial z}{\partial x} \right|_{(2,2)} \Delta x + \left. \frac{\partial z}{\partial y} \right|_{(2,2)} \Delta y = 48 \times 0.01 + 32 \times (-0.02) = -0.16.$$

**例 5-27**  计算函数 $z = e^{xy}$ 在点 $(2,3)$ 处的全微分.

**解**  因为

$$\frac{\partial z}{\partial x} = y e^{xy}, \quad \frac{\partial z}{\partial y} = x e^{xy},$$

$$\left. \frac{\partial z}{\partial x} \right|_{(2,3)} = 3e^6, \quad \left. \frac{\partial z}{\partial y} \right|_{(2,3)} = 2e^6,$$

所以

$$dz \big|_{(2,3)} = 3e^6 dx + 2e^6 dy.$$

**例 5-28**  计算函数 $u = x + \sin \dfrac{y}{2} + e^{yz}$ 的全微分.

**解**  因为

$$\frac{\partial u}{\partial x} = 1, \quad \frac{\partial u}{\partial y} = \frac{1}{2}\cos \frac{y}{2} + z e^{yz}, \quad \frac{\partial u}{\partial z} = y e^{yz},$$

所以

$$du = \frac{\partial u}{\partial x}dx + \frac{\partial u}{\partial y}dy + \frac{\partial u}{\partial z}dz = dx + \left( \frac{1}{2}\cos \frac{y}{2} + z e^{yz} \right) dy + y e^{yz} dz.$$

## 二、全微分在近似计算中的应用

由二元函数全微分的定义及全微分存在的充分条件可知,当二元函数 $z = f(x, y)$ 在点

$(x,y)$处的两个偏导数$f_x(x,y),f_y(x,y)$连续,并且$|\Delta x|,|\Delta y|$都较小时,就有近似等式

$$\Delta z \approx \mathrm{d}z = f_x(x,y)\Delta x + f_y(x,y)\Delta y. \tag{5-13}$$

上式也可以写成

$$f(x+\Delta x, y+\Delta y) \approx f(x,y) + f_x(x,y)\Delta x + f_y(x,y)\Delta y. \tag{5-14}$$

与一元函数情形类似,我们可以利用(5-13)式或(5-14)式对二元函数作近似计算和误差估计.

例 5-29　有一圆柱体,受压后发生变形,它的半径由 20 cm 增大到 20.05 cm,高度由 100 cm 减少到 99 cm,求此圆柱体体积变化的近似值.

解　设圆柱体的半径、高和体积依次为 $r,h$ 和 $V$,则

$$V = \pi r^2 h.$$

记 $r,h$ 和 $V$ 的增量依次为 $\Delta r, \Delta h$ 和 $\Delta V$. 应用公式(5-13),有

$$\Delta V \approx \mathrm{d}V = V_r \Delta r + V_h \Delta h = 2\pi rh \Delta r + \pi r^2 \Delta h.$$

把 $r=20, h=100$ 和 $\Delta r = 0.05, \Delta h = -1$ 代入得

$$\Delta V \approx 2\pi \times 20 \times 100 \times 0.05 + \pi \times 20^2 \times (-1) = -200\pi\,(\mathrm{cm}^3).$$

即此圆柱体在受压后体积约减少了 $200\pi$ cm$^3$.

例 5-30　计算$(0.99)^{2.02}$的近似值.

解　设函数 $f(x,y) = x^y$. 显然,要计算的就是函数在 $x=0.99, y=2.02$ 时的函数值 $f(0.99, 2.02)$. 取 $x=1, y=2, \Delta x = -0.01, \Delta y = 0.02$. 由于

$$f(1,2) = 1,$$
$$f_x(x,y) = yx^{y-1}, \quad f_y(x,y) = x^y \ln x,$$
$$f_x(1,2) = 2, \quad f_y(1,2) = 0,$$

根据式(5-14),得

$$(0.99)^{2.02} = f(0.99, 2.02) \approx f(1,2) + f_x(1,2) \times (-0.01) + f_y(1,2) \times 0.02 = 0.98.$$

## 本节小结

本节主要介绍多元函数全增量与全微分的概念、多元函数可微的条件、全微分在近似计算中的应用. 要求:

1. 掌握多元函数可微的判断方法:只需判断 $\lim\limits_{(\Delta x, \Delta y) \to (0,0)} \dfrac{\Delta z - \mathrm{d}z}{\sqrt{(\Delta x)^2 + (\Delta y)^2}} = 0$ 是否成立.

2. 掌握多元函数可微与偏导数存在的关系:若多元函数的偏导数连续,则可微;若多元函数可微,则偏导数一定存在.

## 练习 5.3

### 基础题

1. 考虑二元函数 $f(x,y)$ 的下面四条性质：

(1) $f(x,y)$ 在点 $(x_0,y_0)$ 处连续；

(2) $f_x(x,y)$，$f_y(x,y)$ 在点 $(x_0,y_0)$ 处连续；

(3) $f(x,y)$ 在点 $(x_0,y_0)$ 处可微；

(4) $f_x(x_0,y_0)$，$f_y(x_0,y_0)$ 存在.

若用 "$P \Rightarrow Q$" 表示可由性质 $P$ 推出性质 $Q$，则下列四个选项中正确的是(    　).

A. $(2) \Rightarrow (3) \Rightarrow (1)$　　　　　　　　B. $(3) \Rightarrow (2) \Rightarrow (1)$

C. $(3) \Rightarrow (4) \Rightarrow (1)$　　　　　　　　D. $(3) \Rightarrow (1) \Rightarrow (4)$

2. 求下列函数的全微分：

(1) $z = xy + \dfrac{x}{y}$；　　　　　　　　　(2) $z = \arctan \dfrac{x-y}{x+y}$；

(3) $z = \mathrm{e}^{xy} \sin(x-y)$；　　　　　　　(4) $u = x^{yz}$.

3. 求函数 $z = \ln(1 + x^2 + y^2)$ 当 $x = 1$，$y = 2$ 时的全微分.

4. 求函数 $z = \dfrac{y}{x}$ 当 $x = 2$，$y = 1$，$\Delta x = 0.1$，$\Delta y = -0.2$ 时的全增量与全微分.

5. 计算下列各式的近似值：

(1) $(1.04)^{2.02}$；　　　　　　　　　　(2) $\cos 59° \sin 31°$.

### 提高题

1. 证明：在点 $(0,0)$ 的充分小邻域内有 $\arctan \dfrac{x+y}{1+xy} \approx x+y$.

2. 证明：函数 $f(x,y) = \begin{cases} \dfrac{x^2 y^2}{(x^2+y^2)^{\frac{3}{2}}}, & x^2+y^2 \neq 0, \\ 0, & x^2+y^2 = 0 \end{cases}$ 在点 $(0,0)$ 处连续且偏导数存在，但不可微.

## §5.4  多元复合函数及隐函数求导法则

### 一、多元复合函数求导法则

在一元函数中,我们已经看到复合函数的求导公式在求导法则中所起的重要作用. 对于多元函数,情况也是如此,下面按照多元函数不同的复合情形,分三种情况讨论.

多元复合函数求导法则

**1. 复合函数的中间变量均为一元函数的情形**

**定理 5-4**    如果函数 $u=\varphi(t)$ 及 $v=\psi(t)$ 都在点 $t$ 处可导,函数 $z=f(u,v)$ 在对应点 $(u,v)$ 处具有连续偏导数,则复合函数 $z=f[\varphi(t),\psi(t)]$ 在点 $t$ 处可导,且有

$$\frac{\mathrm{d}z}{\mathrm{d}t}=\frac{\partial z}{\partial u}\cdot\frac{\mathrm{d}u}{\mathrm{d}t}+\frac{\partial z}{\partial v}\cdot\frac{\mathrm{d}v}{\mathrm{d}t}. \tag{5-15}$$

**证明**    设 $t$ 获得增量 $\Delta t$,这时 $u=\varphi(t)$,$v=\psi(t)$ 的对应增量为 $\Delta u$,$\Delta v$,由此,函数 $z=f(u,v)$ 相应地获得增量 $\Delta z$. 按假定条件,函数 $z=f(u,v)$ 在点 $(u,v)$ 处具有连续偏导数,于是由 §5.3 公式(5-11)有

$$\Delta z=\frac{\partial z}{\partial u}\Delta u+\frac{\partial z}{\partial v}\Delta v+\alpha\Delta u+\beta\Delta v.$$

当 $\Delta u\to 0$,$\Delta v\to 0$ 时,$\alpha\to 0$,$\beta\to 0$. 将上式两边同时除以 $\Delta t$ 得

$$\frac{\Delta z}{\Delta t}=\frac{\partial z}{\partial u}\cdot\frac{\Delta u}{\Delta t}+\frac{\partial z}{\partial v}\cdot\frac{\Delta v}{\Delta t}+\alpha\frac{\Delta u}{\Delta t}+\beta\frac{\Delta v}{\Delta t}.$$

因为当 $\Delta t\to 0$ 时,$\Delta u\to 0$,$\Delta v\to 0$,$\frac{\Delta u}{\Delta t}\to\frac{\mathrm{d}u}{\mathrm{d}t}$,$\frac{\Delta v}{\Delta t}\to\frac{\mathrm{d}v}{\mathrm{d}t}$,所以

$$\lim_{\Delta t\to 0}\frac{\Delta z}{\Delta t}=\frac{\mathrm{d}z}{\mathrm{d}t}=\frac{\partial z}{\partial u}\cdot\frac{\mathrm{d}u}{\mathrm{d}t}+\frac{\partial z}{\partial v}\cdot\frac{\mathrm{d}v}{\mathrm{d}t}.$$

这就证明了复合函数 $z=f(\varphi(t),\psi(t))$ 在点 $t$ 处可导,且其导数可用公式(5-15)计算. 证毕.

用同样的方法,可把定理 5-4 推广到复合函数的中间变量多于两个的情形. 例如,设 $z=f(u,v,w)$,$u=\varphi(t)$,$v=\psi(t)$,$w=w(t)$ 复合而得复合函数

$$z=f[\varphi(t),\psi(t),w(t)],$$

则在与定理 5-4 相类似的条件下,此复合函数在点 $t$ 处可导,且其导数为

$$\frac{\mathrm{d}z}{\mathrm{d}t}=\frac{\partial z}{\partial u}\cdot\frac{\mathrm{d}u}{\mathrm{d}t}+\frac{\partial z}{\partial v}\cdot\frac{\mathrm{d}v}{\mathrm{d}t}+\frac{\partial z}{\partial w}\cdot\frac{\mathrm{d}w}{\mathrm{d}t}. \tag{5-16}$$

公式(5-15)及(5-16)中的导数$\dfrac{dz}{dt}$称为全导数.

复合函数只有一个中间变量的情形. 例如,$y=\varphi(x)$在点 $x$ 处可导,$z=f(x,y)$在对应点$(x,y)$处具有连续偏导数,则复合函数 $z=f[x,\varphi(x)]$在点 $x$ 处可导,且有

$$\frac{dz}{dx}=\frac{\partial z}{\partial x}+\frac{\partial z}{\partial y}\cdot\frac{dy}{dx}.$$

**注意**    此处$\dfrac{dz}{dx}$与$\dfrac{\partial z}{\partial x}$是不同的,$\dfrac{dz}{dx}$是函数 $z=f[x,\varphi(x)]$的导数,$\dfrac{\partial z}{\partial x}$是函数 $z=f(x,y)$将 $y$ 看作不变而对 $x$ 的偏导数. 为了便于区分,此处采用另外一种表达形式:

$$\frac{dz}{dx}=\frac{\partial f}{\partial x}+\frac{\partial f}{\partial y}\cdot\frac{dy}{dx}.$$

**例 5-31**    设函数 $z=\mathrm{e}^{x-2y}$,$x=\sin t$,$y=t^3$,求全导数$\dfrac{dz}{dt}$.

**解**    $\dfrac{dz}{dt}=\dfrac{\partial z}{\partial x}\cdot\dfrac{dx}{dt}+\dfrac{\partial z}{\partial y}\cdot\dfrac{dy}{dt}=\mathrm{e}^{x-2y}\cdot\cos t+(-2)\mathrm{e}^{x-2y}\cdot 3t^2=\mathrm{e}^{\sin t-2t^3}(\cos t-6t^2).$

本例也可以将 $x=\sin t$,$y=t^3$ 代入 $z=\mathrm{e}^{x-2y}$中得 $z=\mathrm{e}^{\sin t-2t^3}$,再求出

$$\frac{dz}{dt}=\mathrm{e}^{\sin t-2t^3}(\cos t-6t^2).$$

**例 5-32**    设函数 $z=uv+\sin t$,而 $u=\mathrm{e}^t$,$v=\cos t$,求全导数$\dfrac{dz}{dt}$.

**解**    $\dfrac{dz}{dt}=\dfrac{\partial z}{\partial u}\cdot\dfrac{du}{dt}+\dfrac{\partial z}{\partial v}\cdot\dfrac{dv}{dt}+\dfrac{\partial z}{\partial t}=v\mathrm{e}^t-u\sin t+\cos t=\mathrm{e}^t\cos t-\mathrm{e}^t\sin t+\cos t.$

也可以将 $u=\mathrm{e}^t$,$v=\cos t$ 代入 $z=uv+\sin t$ 中得 $z=\mathrm{e}^t\cos t+\sin t$,再求出$\dfrac{dz}{dt}$.

**2. 复合函数的中间变量均为多元函数的情形**

**定理 5-5**    如果函数 $u=\varphi(x,y)$及 $v=\psi(x,y)$都在点$(x,y)$处具有对 $x$ 及对 $y$ 的偏导数,函数 $z=f(u,v)$在对应点$(u,v)$处具有连续偏导数,则复合函数 $z=f[\varphi(x,y),\psi(x,y)]$在点$(x,y)$处的两个偏导数存在,且

$$\frac{\partial z}{\partial x}=\frac{\partial z}{\partial u}\cdot\frac{\partial u}{\partial x}+\frac{\partial z}{\partial v}\cdot\frac{\partial v}{\partial x},\tag{5-17}$$

$$\frac{\partial z}{\partial y}=\frac{\partial z}{\partial u}\cdot\frac{\partial u}{\partial y}+\frac{\partial z}{\partial v}\cdot\frac{\partial v}{\partial y}.\tag{5-18}$$

事实上,这里求$\dfrac{\partial z}{\partial x}$时,将 $y$ 看作常量,因此中间变量 $u$ 及 $v$ 仍可看作一元函数而应用定理 5-4. 但由于复合函数 $z=f[\varphi(x,y),\psi(x,y)]$以及 $u=\varphi(x,y)$和 $v=\psi(x,y)$都是 $x,y$ 的二元函数,所以应把(5-15)式中的 d 改为∂,再把 $t$ 换成 $x$,这样便由(5-15)式得(5-17)式. 同理由(5-15)式可得(5-18)式.

类似地,设 $u=\varphi(x,y)$,$v=\psi(x,y)$ 及 $w=w(x,y)$ 都在点 $(x,y)$ 处具有对 $x$ 及对 $y$ 的偏导数,函数 $z=f(u,v,w)$ 在对应点 $(u,v,w)$ 处具有连续偏导数,则复合函数

$$z=f[\varphi(x,y),\psi(x,y),w(x,y)]$$

在点 $(x,y)$ 处的两个偏导数都存在,且

$$\frac{\partial z}{\partial x}=\frac{\partial z}{\partial u}\cdot\frac{\partial u}{\partial x}+\frac{\partial z}{\partial v}\cdot\frac{\partial v}{\partial x}+\frac{\partial z}{\partial w}\cdot\frac{\partial w}{\partial x}, \tag{5-19}$$

$$\frac{\partial z}{\partial y}=\frac{\partial z}{\partial u}\cdot\frac{\partial u}{\partial y}+\frac{\partial z}{\partial v}\cdot\frac{\partial v}{\partial y}+\frac{\partial z}{\partial w}\cdot\frac{\partial w}{\partial y}. \tag{5-20}$$

**3. 复合函数的中间变量既有一元函数,又有多元函数的情形**

**定理 5-6** 如果函数 $u=\varphi(x,y)$ 在点 $(x,y)$ 处具有对 $x$ 及对 $y$ 的偏导数,函数 $v=\psi(y)$ 在点 $y$ 处可导,函数 $z=f(u,v)$ 在对应点 $(u,v)$ 处具有连续偏导数,那么复合函数 $z=f[\varphi(x,y),\psi(y)]$ 在点 $(x,y)$ 处的两个偏导数都存在,且

$$\frac{\partial z}{\partial x}=\frac{\partial z}{\partial u}\cdot\frac{\partial u}{\partial x}, \tag{5-21}$$

$$\frac{\partial z}{\partial y}=\frac{\partial z}{\partial u}\cdot\frac{\partial u}{\partial y}+\frac{\partial z}{\partial v}\cdot\frac{\mathrm{d}v}{\mathrm{d}y}. \tag{5-22}$$

上述情形实际上是定理 5-5 的一种特例,即在定理 5-5 中,如变量 $v$ 与 $x$ 无关,从而 $\frac{\partial v}{\partial x}=0$;在 $v$ 对 $y$ 求导时,由于 $v$ 是 $y$ 的一元函数,故 $\frac{\partial v}{\partial y}$ 换成 $\frac{\mathrm{d}v}{\mathrm{d}y}$,从而得上述结果.

另外,我们还会遇到这样的情形:复合函数的某些中间变量本身又是复合函数的自变量. 例如,设函数 $z=f(u,x,y)$ 具有连续偏导数,而 $u=\varphi(x,y)$ 有偏导数,则复合函数 $z=f[\varphi(x,y),x,y]$ 可看作情形 2 中当 $v=x,w=y$ 的特殊情形. 因此

$$\frac{\partial v}{\partial x}=1, \qquad \frac{\partial w}{\partial x}=0,$$

$$\frac{\partial v}{\partial y}=0, \qquad \frac{\partial w}{\partial y}=1.$$

从而复合函数 $z=f[\varphi(x,y),x,y]$ 具有对自变量 $x$ 及 $y$ 的偏导数,且由公式 (5-19),(5-20) 得

$$\frac{\partial z}{\partial x}=\frac{\partial f}{\partial u}\cdot\frac{\partial u}{\partial x}+\frac{\partial f}{\partial x},$$

$$\frac{\partial z}{\partial y}=\frac{\partial f}{\partial u}\cdot\frac{\partial u}{\partial y}+\frac{\partial f}{\partial y}.$$

**注意** 此处 $\frac{\partial z}{\partial x}$ 与 $\frac{\partial f}{\partial x}$ 是不同的,$\frac{\partial z}{\partial x}$ 是复合函数 $z=f[\varphi(x,y),x,y]$ 将 $y$ 看作不变而对 $x$ 的偏导数,$\frac{\partial f}{\partial x}$ 是 $z=f(u,x,y)$ 将 $u$ 及 $y$ 看作不变而对 $x$ 的偏导数. $\frac{\partial z}{\partial y}$ 与 $\frac{\partial f}{\partial y}$ 也有类似的区别.

**例 5-33** 设函数 $z=e^{u}\sin v$,而 $u=\ln(2x+y^{2})$,$v=x^{2}y$,求 $\frac{\partial z}{\partial x}$ 和 $\frac{\partial z}{\partial y}$.

解　$\dfrac{\partial z}{\partial x} = \dfrac{\partial z}{\partial u} \cdot \dfrac{\partial u}{\partial x} + \dfrac{\partial z}{\partial v} \cdot \dfrac{\partial v}{\partial x} = \mathrm{e}^u \sin v \cdot \dfrac{2}{2x+y^2} + \mathrm{e}^u \cos v \cdot 2xy$

$$= 2\mathrm{e}^{\ln(2x+y^2)} \left[ \dfrac{\sin(x^2 y)}{2x+y^2} + xy\cos(x^2 y) \right]$$

$$= 2(2x+y^2) \left[ \dfrac{\sin(x^2 y)}{2x+y^2} + xy\cos(x^2 y) \right],$$

$\dfrac{\partial z}{\partial y} = \dfrac{\partial z}{\partial u} \cdot \dfrac{\partial u}{\partial y} + \dfrac{\partial z}{\partial v} \cdot \dfrac{\partial v}{\partial y} = \mathrm{e}^u \sin v \cdot \dfrac{2y}{2x+y^2} + \mathrm{e}^u \cos v \cdot x^2$

$$= \mathrm{e}^{\ln(2x+y^2)} \left[ \dfrac{2y\sin(x^2 y)}{2x+y^2} + x^2 \cos(x^2 y) \right]$$

$$= (2x+y^2) \left[ \dfrac{2y\sin(x^2 y)}{2x+y^2} + x^2 \cos(x^2 y) \right].$$

**例 5-34**　设 $z = f(x^2 - y^2, xy)$，$f$ 具有连续偏导数，求 $\dfrac{\partial z}{\partial x}$ 和 $\dfrac{\partial z}{\partial y}$.

解　设 $u = x^2 - y^2$，$v = xy$，则 $z = f(u,v)$，且 $f$ 具有连续偏导数. 于是

$$\dfrac{\partial z}{\partial x} = \dfrac{\partial f}{\partial u} \cdot \dfrac{\partial u}{\partial x} + \dfrac{\partial f}{\partial v} \cdot \dfrac{\partial v}{\partial x} = 2xf_u(u,v) + yf_v(u,v),$$

$$\dfrac{\partial z}{\partial y} = \dfrac{\partial f}{\partial u} \cdot \dfrac{\partial u}{\partial y} + \dfrac{\partial f}{\partial v} \cdot \dfrac{\partial v}{\partial y} = -2yf_u(u,v) + xf_v(u,v).$$

为简便起见，将 $u$ 看成中间变量 1，$v$ 看成中间变量 2，引入记号

$$f_1' = f_u(u,v), \quad f_2' = f_v(u,v),$$

则有

$$\dfrac{\partial z}{\partial x} = 2xf_1' + yf_2',$$

$$\dfrac{\partial z}{\partial y} = -2yf_1' + xf_2'.$$

**例 5-35**　设 $z = x^3 f\left(xy, \dfrac{y}{x}\right)$，$f$ 具有二阶连续偏导数，求 $\dfrac{\partial z}{\partial y}$ 和 $\dfrac{\partial^2 z}{\partial y^2}$.

解　设 $u = xy$，$v = \dfrac{y}{x}$，则 $z = x^3 f(u,v)$. 于是

$$\dfrac{\partial z}{\partial y} = x^3 \cdot \dfrac{\partial}{\partial y} [f(u,v)] = x^3 (f_u \cdot u_y + f_v \cdot v_y)$$

$$= x^3 \left( f_u \cdot x + f_v \cdot \dfrac{1}{x} \right) = x^4 f_1' + x^2 f_2'.$$

类似地，引入记号

$$f_{11}'' = f_{uu}(u,v), \quad f_{12}'' = f_{uv}(u,v), \quad f_{21}'' = f_{vu}(u,v), \quad f_{22}'' = f_{vv}(u,v).$$

由于 $f$ 的二阶偏导数连续，故 $f_{12}'' = f_{21}''$. 从而

$$\frac{\partial^2 z}{\partial y^2} = \frac{\partial}{\partial y}\left( x^4 f_1' + x^2 f_2' \right)$$

$$= x^4 \left( f_{11}'' \cdot x + f_{12}'' \cdot \frac{1}{x} \right) + x^2 \left( f_{21}'' \cdot x + f_{22}'' \cdot \frac{1}{x} \right)$$

$$= x^5 f_{11}'' + 2x^3 f_{12}'' + x f_{22}''.$$

## 二、一阶全微分形式不变性

设函数 $z = f(u,v)$ 具有连续偏导数,则有全微分

$$dz = \frac{\partial z}{\partial u} du + \frac{\partial z}{\partial v} dv.$$

如果 $u, v$ 又是 $x, y$ 的函数: $u = \varphi(x,y)$, $v = \psi(x,y)$,且这两个函数也具有连续偏导数,那么复合函数

$$z = f\left[ \varphi(x,y), \psi(x,y) \right]$$

的全微分为

$$dz = \frac{\partial z}{\partial x} dx + \frac{\partial z}{\partial y} dy,$$

其中 $\dfrac{\partial z}{\partial x}$ 和 $\dfrac{\partial z}{\partial y}$ 分别由公式(5-17)及(5-18)给出. 将其代入上式得

$$dz = \left( \frac{\partial z}{\partial u} \cdot \frac{\partial u}{\partial x} + \frac{\partial z}{\partial v} \cdot \frac{\partial v}{\partial x} \right) dx + \left( \frac{\partial z}{\partial u} \cdot \frac{\partial u}{\partial y} + \frac{\partial z}{\partial v} \cdot \frac{\partial v}{\partial y} \right) dy$$

$$= \frac{\partial z}{\partial u} \left( \frac{\partial u}{\partial x} dx + \frac{\partial u}{\partial y} dy \right) + \frac{\partial z}{\partial v} \left( \frac{\partial v}{\partial x} dx + \frac{\partial v}{\partial y} dy \right)$$

$$= \frac{\partial z}{\partial u} du + \frac{\partial z}{\partial v} dv.$$

由此可见,无论 $z$ 是自变量 $x, y$ 的函数,还是中间变量 $u, v$ 的函数,它的全微分形式都是一样的,这个性质叫做一阶全微分形式不变性.

**例 5-36**  设函数 $z = e^u \sin v$,而 $u = \ln(2x + y^2)$, $v = x^2 y$,求全微分 $dz$,并由此计算 $\dfrac{\partial z}{\partial x}$ 和 $\dfrac{\partial z}{\partial y}$.

**解**  由一阶全微分形式不变性,有

$$dz = \frac{\partial z}{\partial u} du + \frac{\partial z}{\partial v} dv = e^u \sin v \, du + e^u \cos v \, dv.$$

而

$$du = \frac{2}{2x + y^2} dx + \frac{2y}{2x + y^2} dy, \qquad dv = 2xy \, dx + x^2 \, dy,$$

所以

$$dz = e^{\ln(2x+y^2)}\sin(x^2y)\left(\frac{2}{2x+y^2}dx+\frac{2y}{2x+y^2}dy\right)+e^{\ln(2x+y^2)}\cos(x^2y)(2xydx+x^2dy)$$

$$= 2(2x+y^2)\left[\frac{\sin(x^2y)}{2x+y^2}+xy\cos(x^2y)\right]dx+(2x+y^2)\left[\frac{2y\sin(x^2y)}{2x+y^2}+x^2\cos(x^2y)\right]dy.$$

又因为

$$dz = \frac{\partial z}{\partial x}dx+\frac{\partial z}{\partial y}dy,$$

比较上面两式得

$$\frac{\partial z}{\partial x} = 2(2x+y^2)\left[\frac{\sin(x^2y)}{2x+y^2}+xy\cos(x^2y)\right],$$

$$\frac{\partial z}{\partial y} = (2x+y^2)\left[\frac{2y\sin(x^2y)}{2x+y^2}+x^2\cos(x^2y)\right].$$

可见,这两个偏导数与例 5-33 结果一致.

## 三、隐函数求导法则

在第 3 章 §3.3 中我们介绍了隐函数的概念以及隐函数求导方法. 现在介绍隐函数存在定理,并根据多元复合函数求导法来推导出隐函数的导数公式.

定理 5-7(一元隐函数存在定理)　设函数 $F(x,y)$ 在点 $P(x_0,y_0)$ 的某个邻域内具有连续偏导数,且 $F(x_0,y_0)=0$,$F_y(x_0,y_0)\neq0$,则方程 $F(x,y)=0$ 在点 $(x_0,y_0)$ 的某个邻域内总能唯一确定一个连续且具有连续导数的函数 $y=f(x)$,它满足条件 $y_0=f(x_0)$,并且

$$\frac{dy}{dx} = -\frac{F_x}{F_y}. \tag{5-23}$$

这个定理我们不证明,仅就公式作如下推导.

由于

$$F(x,f(x))\equiv0,$$

将上式两端对 $x$ 求导,应用复合函数求导法则得

$$F_x+F_y\frac{dy}{dx}=0.$$

因为 $F_y$ 连续,且 $F_y(x_0,y_0)\neq0$,所以存在点 $(x_0,y_0)$ 的一个邻域,在这个邻域内 $F_y\neq0$,于是

$$\frac{dy}{dx} = -\frac{F_x}{F_y}.$$

例 5-37　设方程 $x^2+y^2+xy=1$ 确定 $y$ 是 $x$ 的函数,求 $\dfrac{dy}{dx}\Big|_{\substack{x=0\\y=1}}$ 及 $\dfrac{d^2y}{dx^2}\Big|_{\substack{x=0\\y=1}}$.

解　设 $F(x,y)=x^2+y^2+xy-1$,显然 $F(x,y)$ 是连续的,且具有连续偏导数:

$$F_x = 2x+y, \quad F_y = 2y+x.$$

所以当 $F_y = 2y+x \neq 0$ 时,便有

$$\frac{\mathrm{d}y}{\mathrm{d}x} = -\frac{F_x}{F_y} = -\frac{2x+y}{2y+x}.$$

将 $x=0, y=1$ 代入上式得

$$\frac{\mathrm{d}y}{\mathrm{d}x}\bigg|_{\substack{x=0\\y=1}} = -\frac{1}{2}.$$

又

$$\frac{\mathrm{d}^2 y}{\mathrm{d}x^2} = \frac{\mathrm{d}}{\mathrm{d}x}\left(\frac{\mathrm{d}y}{\mathrm{d}x}\right) = \frac{\mathrm{d}}{\mathrm{d}x}\left(-\frac{2x+y}{2y+x}\right) = -\frac{(2+y')(2y+x)-(2x+y)(2y'+1)}{(2y+x)^2}.$$

将 $x=0, y=1, y'=-\dfrac{1}{2}$ 代入上式得

$$\frac{\mathrm{d}^2 y}{\mathrm{d}x^2}\bigg|_{\substack{x=0\\y=1}} = -\frac{3}{4}.$$

与一元隐函数类似,一个三元方程 $F(x,y,z)=0$ 也可能确定一个二元隐函数 $z=f(x,y)$.

**定理 5-8**(多元隐函数存在定理) 设函数 $F(x,y,z)$ 在点 $P(x_0,y_0,z_0)$ 的某个邻域内具有连续偏导数,且 $F(x_0,y_0,z_0)=0, F_z(x_0,y_0,z_0) \neq 0$,则方程 $F(x,y,z)=0$ 在点 $(x_0,y_0,z_0)$ 的某个邻域内总能唯一确定一个连续且具有连续偏导数的函数 $z=f(x,y)$,它满足条件 $z_0=f(x_0,y_0)$,并且

$$\frac{\partial z}{\partial x} = -\frac{F_x}{F_z}, \quad \frac{\partial z}{\partial y} = -\frac{F_y}{F_z}. \tag{5-24}$$

与定理 5-7 类似,仅就公式作如下推导.

由于

$$F(x,y,f(x,y)) \equiv 0,$$

将上式两端分别对 $x$ 和对 $y$ 求导,应用复合函数求导法则得

$$F_x + F_z \frac{\partial z}{\partial x} = 0, \quad F_y + F_z \frac{\partial z}{\partial y} = 0.$$

因为 $F_z$ 连续,且 $F_z(x_0,y_0,z_0) \neq 0$,所以存在点 $(x_0,y_0,z_0)$ 的一个邻域,在这个邻域内 $F_z \neq 0$. 于是

$$\frac{\partial z}{\partial x} = -\frac{F_x}{F_z}, \quad \frac{\partial z}{\partial y} = -\frac{F_y}{F_z}.$$

**例 5-38** 设函数 $z=z(x,y)$ 由方程 $e^{xyz} = x^2+y^2+z^2+xyz$ 确定,求 $\dfrac{\partial z}{\partial x}, \dfrac{\partial z}{\partial y}$.

**解 方法一** 令 $F(x,y,z)=x^2+y^2+z^2+xyz-e^{xyz}$,则

$$F_x = 2x+yz-yze^{xyz}, \quad F_y = 2y+xz-xze^{xyz}, \quad F_z = 2z+xy-xye^{xyz}.$$

所以

$$\frac{\partial z}{\partial x} = -\frac{F_x}{F_z} = \frac{2x+yz-yze^{xyz}}{xye^{xyz}-2z-xy},$$

$$\frac{\partial z}{\partial y} = -\frac{F_y}{F_z} = \frac{2y+xz-xze^{xyz}}{xye^{xyz}-2z-xy}.$$

方法二　方程两边对 $x$ 求导,注意到以 $z$ 为变量的函数是二元复合函数,$z$ 起到中间变量的作用,故对 $z$ 求导之后应乘 $\frac{\partial z}{\partial x}$,而 $y$ 看作不变.

方程两边对 $x$ 求导得

$$2x+2z\frac{\partial z}{\partial x}+yz+xy\frac{\partial z}{\partial x}-e^{xyz}\left(yz+xy\frac{\partial z}{\partial x}\right)=0,$$

解得

$$\frac{\partial z}{\partial x} = \frac{2x+yz-yze^{xyz}}{xye^{xyz}-2z-xy}.$$

同理,方程两边对 $y$ 求导得

$$2y+2z\frac{\partial z}{\partial y}+xz+xy\frac{\partial z}{\partial y}-e^{xyz}\left(xz+xy\frac{\partial z}{\partial y}\right)=0,$$

解得

$$\frac{\partial z}{\partial y} = \frac{2y+xz-xze^{xyz}}{xye^{xyz}-2z-xy}.$$

例 5-39　设方程 $x^3+xy^2-\sin z=0$ 确定函数 $z=f(x,y)$,求 $\frac{\partial^2 z}{\partial x \partial y}$.

解　令 $F(x,y,z)=x^3+xy^2-\sin z$,则

$$F_x = 3x^2+y^2, \quad F_y = 2xy, \quad F_z = -\cos z.$$

于是

$$\frac{\partial z}{\partial x} = -\frac{F_x}{F_z} = \frac{3x^2+y^2}{\cos z}, \quad \frac{\partial z}{\partial y} = -\frac{F_y}{F_z} = \frac{2xy}{\cos z},$$

$$\frac{\partial^2 z}{\partial x \partial y} = \frac{\partial}{\partial y}\left(\frac{\partial z}{\partial x}\right) = \frac{\partial}{\partial y}\left(\frac{3x^2+y^2}{\cos z}\right)$$

$$= \frac{2y\cos z-(3x^2+y^2)\left(-\sin z \cdot \frac{\partial z}{\partial y}\right)}{\cos^2 z}.$$

将 $\frac{\partial z}{\partial y} = \frac{2xy}{\cos z}$ 代入上式得

$$\frac{\partial^2 z}{\partial x \partial y} = \frac{2y\cos^2 z+2xy(3x^2+y^2)\sin z}{\cos^3 z}.$$

例 5-40 设函数 $z = f(x,y)$ 由方程 $F\left(x + \dfrac{y}{z}, y + \dfrac{x}{z}\right) = 0$ 确定, 其中 $F$ 具有一阶连续偏导数, 求 $\mathrm{d}z$.

解 方法一 将 $x + \dfrac{y}{z}$ 看成中间变量 1, $y + \dfrac{x}{z}$ 看成中间变量 2, 于是

$$F_x = F_1' + \frac{1}{z}F_2', \quad F_y = \frac{1}{z}F_1' + F_2', \quad F_z = -\frac{y}{z^2}F_1' - \frac{x}{z^2}F_2'.$$

$$\frac{\partial z}{\partial x} = -\frac{F_x}{F_z} = -\frac{F_1' + \dfrac{1}{z}F_2'}{-\dfrac{y}{z^2}F_1' - \dfrac{x}{z^2}F_2'} = \frac{z^2 F_1' + z F_2'}{y F_1' + x F_2'},$$

$$\frac{\partial z}{\partial y} = -\frac{F_y}{F_z} = -\frac{\dfrac{1}{z}F_1' + F_2'}{-\dfrac{y}{z^2}F_1' - \dfrac{x}{z^2}F_2'} = \frac{z F_1' + z^2 F_2'}{y F_1' + x F_2'},$$

因此

$$\mathrm{d}z = \frac{\partial z}{\partial x}\mathrm{d}x + \frac{\partial z}{\partial y}\mathrm{d}y = \frac{z^2 F_1' + z F_2'}{y F_1' + x F_2'}\mathrm{d}x + \frac{z F_1' + z^2 F_2'}{y F_1' + x F_2'}\mathrm{d}y.$$

方法二 方程两边微分得

$$\mathrm{d}F\left(x + \frac{y}{z}, y + \frac{x}{z}\right) = 0.$$

由一阶全微分形式不变性得

$$F_1'\mathrm{d}\left(x + \frac{y}{z}\right) + F_2'\mathrm{d}\left(y + \frac{x}{z}\right) = 0,$$

$$F_1'\left(\mathrm{d}x + \frac{z\mathrm{d}y - y\mathrm{d}z}{z^2}\right) + F_2'\left(\mathrm{d}y + \frac{z\mathrm{d}x - x\mathrm{d}z}{z^2}\right) = 0,$$

解得

$$\mathrm{d}z = \frac{z^2 F_1' + z F_2'}{y F_1' + x F_2'}\mathrm{d}x + \frac{z F_1' + z^2 F_2'}{y F_1' + x F_2'}\mathrm{d}y.$$

## 本节小结

本节主要介绍多元复合函数的求导法则、一阶全微分形式不变性、隐函数求导法则. 注意:

1. 多元复合函数的求导一般比较复杂, 必须注意复合函数中哪些是自变量, 哪些是中间变量, 正确使用链式法则才能求出结果. 利用一阶全微分形式不变性, 能更有条理地计算复合函数的全微分.

2. 隐函数通常有三种求导方法: 一是把方程看成恒等式, 两边对自变量求导, 然后解

出所求偏导数;二是直接套用公式;三是利用一阶全微分形式不变性,对方程两边求全微分,然后得到所求偏导数.

## 练习 5.4

**基础题**

1. 求下列函数的导数或偏导数:

(1) $z = \dfrac{y}{x}$,其中 $x = e^t$, $y = 1 - e^{2t}$,求 $\dfrac{dz}{dt}$;

(2) $z = \dfrac{x^2 - y}{x + y}$,其中 $y = 2x - 3$,求 $\dfrac{dz}{dx}$;

(3) $u = \dfrac{e^{ax}(y - z)}{a^2 + 1}$,其中 $y = a\sin x$, $z = \cos x$,求 $\dfrac{du}{dx}$;

(4) $z = u^2\ln v$,其中 $u = \dfrac{x}{y}$, $v = 3x - 2y$,求 $\dfrac{\partial z}{\partial x}$, $\dfrac{\partial z}{\partial y}$;

(5) $z = x^2 y - xy^2$,其中 $x = u\cos v$, $y = u\sin v$,求 $\dfrac{\partial z}{\partial u}$, $\dfrac{\partial z}{\partial v}$.

2. 求下列隐函数的导数或偏导数:

(1) 设函数 $y = y(x)$ 由方程 $xy + \ln y - \ln x = 0$ 确定,求 $\dfrac{dy}{dx}$;

(2) 设函数 $y = y(x)$ 由方程 $\sin y + e^x - xy^2 = 0$ 确定,求 $\dfrac{dy}{dx}$;

(3) 设函数 $y = y(x)$ 由方程 $\ln\sqrt{x^2 + y^2} = \arctan\dfrac{y}{x}$ 确定,求 $\dfrac{dy}{dx}$;

(4) 设函数 $z = z(x, y)$ 由方程 $x + 2y + z - 2\sqrt{xyz} = 0$ 确定,求 $\dfrac{\partial z}{\partial x}$, $\dfrac{\partial z}{\partial y}$;

(5) 设函数 $z = z(x, y)$ 由方程 $x\cos y + y\cos z + z\cos x = 1$ 确定,求 $\dfrac{\partial z}{\partial x}$, $\dfrac{\partial z}{\partial y}$;

(6) 设函数 $z = z(x, y)$ 由方程 $z^3 - 3xyz = 8$ 确定,求 $\dfrac{\partial^2 z}{\partial x \partial y}$;

(7) 设函数 $z = z(x, y)$ 由方程 $\dfrac{y}{z} = \ln\dfrac{z}{x}$ 确定,求 $\dfrac{\partial^2 z}{\partial y \partial x}$, $\dfrac{\partial^2 z}{\partial y^2}$.

3. 已知方程 $F(x + y + z, x^2 + y^2 + z^2) = 0$ 确定的函数 $z = f(x, y)$,且 $F$ 的两个一阶偏导数连续,求 $dz$.

4. 设 $z = \arctan \dfrac{x}{y}$, 其中 $x = u+v$, $y = u-v$, 证明: $\dfrac{\partial z}{\partial u} + \dfrac{\partial z}{\partial v} = \dfrac{u-v}{u^2+v^2}$.

5. 设 $z = xy + xF(u)$, 其中 $u = \dfrac{y}{x}$, $F(u)$ 具有连续导数, 证明: $x\dfrac{\partial z}{\partial x} + y\dfrac{\partial z}{\partial y} = z + xy$.

**提高题**

1. 设函数 $f(u,v)$ 具有二阶连续偏导数, 求下列函数的二阶偏导数 $\dfrac{\partial^2 z}{\partial x^2}$, $\dfrac{\partial^2 z}{\partial x \partial y}$, $\dfrac{\partial^2 z}{\partial y \partial x}$, $\dfrac{\partial^2 z}{\partial y^2}$:

(1) $z = f(x, xy)$;                    (2) $z = f\left(\dfrac{y}{x}, y\right)$.

2. 设 $u = xy^2z^3$.

(1) 若 $z = z(x,y)$ 是由方程 $xy - 2xyz + z^3 = 0$ 确定的函数, 求 $\dfrac{\partial u}{\partial x}\bigg|_{(1,1,1)}$;

(2) 若 $y = y(x,z)$ 是由方程 $xy - 2xyz + z^3 = 0$ 确定的函数, 求 $\dfrac{\partial u}{\partial x}\bigg|_{(1,1,1)}$.

3. 设函数 $f(u,v)$ 具有二阶连续偏导数, $g(x,y) = xy - f(x+y, x-y)$, 求 $\dfrac{\partial^2 g}{\partial x^2} + \dfrac{\partial^2 g}{\partial x \partial y} + \dfrac{\partial^2 g}{\partial y^2}$.

4. 设函数 $z = z(x,y)$ 由方程 $x^2 + y^2 - z = \varphi(x+y+z)$ 确定, 其中 $\varphi$ 具有二阶导数, 且 $\varphi' \neq -1$.

(1) 求 $\mathrm{d}z$;

(2) 记 $u(x,y) = \dfrac{1}{x-y}\left(\dfrac{\partial z}{\partial x} - \dfrac{\partial z}{\partial y}\right)$, 求 $\dfrac{\partial u}{\partial x}$.

# §5.5  多元函数的极值

在实际问题中, 往往需要求解多元函数的最大值、最小值. 与一元函数相类似, 多元函数的最大值、最小值与极大值、极小值有密切联系, 我们以二元函数为例来讨论多元函数的极值问题.

## 一、极大值与极小值

### 1. 极值的概念

定义 5-9   设函数 $z = f(x,y)$ 的定义域为 $D$, $P_0(x_0, y_0)$ 为 $D$ 的内点. 若存在 $P_0$ 的某个

邻域 $U(P_0) \subset D$,使得对于该邻域内异于 $P_0$ 的任何点 $(x,y)$,都有

$$f(x,y) < f(x_0,y_0),$$

则称函数 $f(x,y)$ 在点 $(x_0,y_0)$ 处有**极大值** $f(x_0,y_0)$,点 $(x_0,y_0)$ 称为函数 $f(x,y)$ 的**极大值点**;

极大值与
极小值

若对于该邻域内异于 $P_0$ 的任何点 $(x,y)$,都有

$$f(x,y) > f(x_0,y_0),$$

则称函数 $f(x,y)$ 在点 $(x_0,y_0)$ 处有**极小值** $f(x_0,y_0)$,点 $(x_0,y_0)$ 称为函数 $f(x,y)$ 的**极小值点**.

极大值、极小值统称为**极值**,使得函数取得极值的点称为**极值点**.

**例 5-41** 函数 $z=3x^2+4y^2$ 在点 $(0,0)$ 处有极小值. 因为对于点 $(0,0)$ 的任一邻域内异于 $(0,0)$ 的点,函数值为正,而在点 $(0,0)$ 处的函数值为零. 从几何上看这是显然的,因为点 $(0,0)$ 是开口朝上的椭圆抛物面 $z=3x^2+4y^2$ 的顶点(图 5-28).

**例 5-42** 设函数

$$f(x,y) = \begin{cases} \sqrt{1-x^2-y^2}, & x^2+y^2 \leq 1, \\ x^2+y^2, & x^2+y^2 > 1, \end{cases}$$

其图形如图 5-29,由图可知点 $(0,0)$ 是极大值点,但非最大值点.

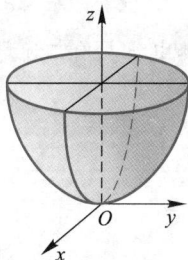

图 5-28

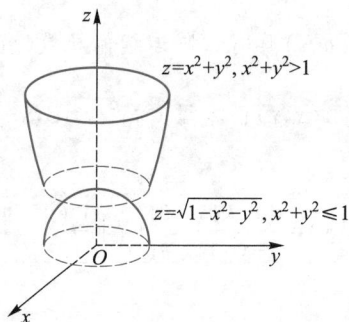

图 5-29

**2. 极值存在的必要条件**

**定理 5-9** 设函数 $z=f(x,y)$ 在点 $(x_0,y_0)$ 处具有偏导数,且在点 $(x_0,y_0)$ 处有极值,则

$$f_x(x_0,y_0) = 0, \quad f_y(x_0,y_0) = 0.$$

事实上,如果 $z=f(x,y)$ 在点 $(x_0,y_0)$ 处取得极值,那么将 $y$ 固定在 $y_0$,对一元函数 $z=f(x,y_0)$ 来说,在点 $(x_0,y_0)$ 处也取得极值. 根据一元函数取得极值的必要条件,$f_x(x_0,y_0)=0$. 同理可知 $f_y(x_0,y_0)=0$.

同时满足 $f_x(x_0,y_0)=0$ 和 $f_y(x_0,y_0)=0$ 的点 $(x_0,y_0)$ 称为函数 $z=f(x,y)$ 的**驻点**.

**例 5-43** 证明函数 $z=xy$ 没有极值.

**证明** 由 $z_x=y, z_y=x$ 可知 $z=xy$ 在其定义域中每一点的偏导数都存在,令

$$z_x=y=0, \quad z_y=x=0,$$

得到驻点 $(0,0)$，且 $f(0,0)=0$.

但在点 $(0,0)$ 的邻域内，当 $x,y$ 同号时，有 $f(x,y)>0$；而当 $x,y$ 异号时，有 $f(x,y)<0$. 由极值定义可知，点 $(0,0)$ 不是函数 $z=xy$ 的极值点，所以函数 $z=xy$ 没有极值.

与一元函数一样，驻点不一定是极值点，但却为寻求可导函数的极值点划定了范围，求出驻点后再判断它是否是函数的极值点. 下面给出极值存在的充分条件.

**3. 极值存在的充分条件**

**定理 5-10**　设函数 $z=f(x,y)$ 在点 $(x_0,y_0)$ 的某邻域内连续且存在一阶及二阶连续偏导数，$f_x(x_0,y_0)=0$，$f_y(x_0,y_0)=0$. 令

$$f_{xx}(x_0,y_0)=A,\quad f_{xy}(x_0,y_0)=B,\quad f_{yy}(x_0,y_0)=C,$$

则 $z=f(x,y)$ 在点 $(x_0,y_0)$ 处是否取得极值的条件如下：

(1) 当 $AC-B^2>0$ 时具有极值，且当 $A<0$ 时有极大值，当 $A>0$ 时有极小值；

(2) 当 $AC-B^2<0$ 时没有极值；

(3) 当 $AC-B^2=0$ 时可能有极值，也可能没有极值.

根据极值存在的必要条件和充分条件，将函数 $z=f(x,y)$ 的极值的求法归纳如下：

(1) 解方程组 $\begin{cases} f_x(x,y)=0, \\ f_y(x,y)=0, \end{cases}$ 求出所有的驻点；

(2) 对每一个驻点 $(x_0,y_0)$，求出 $f_{xx}(x_0,y_0)=A$，$f_{xy}(x_0,y_0)=B$，$f_{yy}(x_0,y_0)=C$；

(3) 确定 $AC-B^2$ 的符号，根据极值存在的充分条件判断 $(x_0,y_0)$ 是否为极值点，是极大值点还是极小值点，最后求出极大值与极小值.

**例 5-44**　求 $z=x^3+y^3-3xy$ 的极值.

**解**　设 $f(x,y)=x^3+y^3-3xy$，则

$$f_x(x,y)=3x^2-3y,\quad f_y(x,y)=3y^2-3x,$$
$$f_{xx}(x,y)=6x,\quad f_{xy}(x,y)=-3,\quad f_{yy}(x,y)=6y.$$

解方程组 $\begin{cases} 3x^2-3y=0, \\ 3y^2-3x=0, \end{cases}$ 得驻点 $(1,1)$，$(0,0)$.

对于驻点 $(0,0)$，有 $f_{xx}(0,0)=0$，$f_{xy}(0,0)=-3$，$f_{yy}(0,0)=0$，所以 $AC-B^2=-9<0$，因此 $f(x,y)$ 在点 $(0,0)$ 处没有极值.

对于驻点 $(1,1)$，有 $f_{xx}(1,1)=6$，$f_{xy}(1,1)=-3$，$f_{yy}(1,1)=6$，所以 $AC-B^2=27>0$，$A=6>0$，因此 $f(x,y)$ 在点 $(1,1)$ 处取得极小值 $f(1,1)=-1$.

**例 5-45**　求函数 $f(x,y)=xy(a-x-y)$ $(a\neq0)$ 的极值.

**解**　解方程组

$$\begin{cases} f_x(x,y)=y(a-x-y)-xy=0, \\ f_y(x,y)=x(a-x-y)-xy=0, \end{cases}$$

得驻点 $(0,0)$，$(0,a)$，$(a,0)$，$\left(\dfrac{a}{3},\dfrac{a}{3}\right)$. 再求出二阶偏导数：

$$f_{xx}(x,y) = -2y, \quad f_{xy}(x,y) = a-2x-2y, \quad f_{yy}(x,y) = -2x.$$

对于点 $(0,0)$：$AC-B^2 = -a^2 < 0$，所以函数在点 $(0,0)$ 处没有极值.

对于点 $(0,a)$：$AC-B^2 = -a^2 < 0$，所以函数在点 $(0,a)$ 处没有极值.

对于点 $(a,0)$：$AC-B^2 = -a^2 < 0$，所以函数在点 $(a,0)$ 处没有极值.

对于点 $\left(\dfrac{a}{3}, \dfrac{a}{3}\right)$：$AC-B^2 = \dfrac{1}{3}a^2 > 0$，$A = -\dfrac{2}{3}a$，所以函数在点 $\left(\dfrac{a}{3}, \dfrac{a}{3}\right)$ 处取得极值，且当 $a>0$ 时取得极大值，相应的极大值 $f\left(\dfrac{a}{3}, \dfrac{a}{3}\right) = \dfrac{1}{27}a^3$；当 $a<0$ 时取得极小值，相应的极小值 $f\left(\dfrac{a}{3}, \dfrac{a}{3}\right) = \dfrac{1}{27}a^3$.

## 二、最大值与最小值

在实际问题中，常常需要求出一个多元函数在某一区域上的最大值或最小值. 和一元函数一样，若点 $(x_0, y_0)$ 是函数 $z=f(x,y)$ 在区域 $D$ 上的最大值点（或最小值点），则对于区域 $D$ 上的一切点 $(x,y)$，都满足不等式

$$f(x,y) \leq f(x_0,y_0) \quad (\text{或 } f(x,y) \geq f(x_0,y_0)).$$

多元函数的最大（小）值是整体概念，而极值是局部概念，两者是有所区别的.

与一元函数类似，我们可以利用二元函数的极值来求最大值和最小值. 如果函数 $z=f(x,y)$ 在有界闭区域 $D$ 上连续，那么 $z=f(x,y)$ 在 $D$ 上一定能取得最大值和最小值. 这种使函数取得最大值或最小值的点既可能在 $D$ 的内部，也可能在 $D$ 的边界上. 假定函数 $z=f(x,y)$ 在区域 $D$ 内存在偏导数且只有有限个驻点，则在区域 $D$ 的内部达到最大值（或最小值）的点必是极值点，当然也是驻点，因此求函数 $z=f(x,y)$ 在闭区域 $D$ 上的最大值（或最小值）可按照如下步骤进行：

（1）解方程组 $\begin{cases} f_x(x,y) = 0, \\ f_y(x,y) = 0, \end{cases}$ 求出所有的驻点，并计算函数在这些点的值；

（2）求出函数 $z=f(x,y)$ 在区域 $D$ 的边界上的最大值点（或最小值点）；

（3）将步骤（1）和（2）中得到的各点的函数值进行比较，最大者即为最大值，最小者即为最小值.

要求出函数在区域 $D$ 的边界上的最大值（或最小值），往往是比较复杂的. 在通常遇到的实际问题中，如果根据问题的性质，知道函数 $z=f(x,y)$ 的最大值（或最小值）一定在 $D$ 的内部取得，而函数在 $D$ 内只有一个驻点，那么可以确定该驻点处的函数值就是函数 $z=f(x,y)$ 在 $D$ 上的最大值（或最小值）.

例 5-46  要用铁皮做一个体积为 27 m$^3$ 有盖的长方体水箱，问长、宽、高各为多少才能使用料最省？

**解** 设水箱长为 $x$ m,宽为 $y$ m,高为 $z$ m,所用铁皮的面积为

$$S = 2(xy + xz + yz).$$

由题设,体积 $V = xyz = 27$,则高 $z = \dfrac{27}{xy}$. 于是

$$S = 2\left(xy + \frac{27}{x} + \frac{27}{y}\right), \quad x > 0, y > 0.$$

令

$$\begin{cases} S_x = 2\left(y - \dfrac{27}{x^2}\right) = 0, \\[2mm] S_y = 2\left(x - \dfrac{27}{y^2}\right) = 0, \end{cases}$$

得

$$x = 3, \quad y = 3.$$

此时高为

$$\frac{27}{3 \times 3} = 3.$$

根据题意,水箱所用铁皮面积一定存在最小值,并且在区域 $D = \{(x,y) \mid x > 0, y > 0\}$ 内函数有定义. 又因为函数在区域 $D$ 内有唯一驻点 $(3,3)$,由此可断定,当水箱的长、宽、高都取 3 m,即水箱为正方体时用料最省.

## 三、条件极值与拉格朗日乘数法

在上例中,求铁皮面积 $S = 2(xy + yz + xz)$ 的最值时,自变量 $x, y, z$ 必须满足附加条件 $xyz = 27$. 像这种对自变量有附加条件的极值称为条件极值. 如果在讨论极值问题时,除对自变量给出定义域外,并无其他附加条件,我们将这一类极值问题称为无条件极值问题. 对于某些实际问题,可以把条件极值转化为无条件极值. 如上例,可由条件 $xyz = 27$,将 $z$ 表示成 $x, y$ 的函数: $z = \dfrac{27}{xy}$,再把它代入 $S = 2(xy + yz + xz)$ 中,于是问题就转化为求

$$S = 2\left(xy + \frac{27}{x} + \frac{27}{y}\right)$$

的无条件极值.

但在很多情形下,将条件极值转化为无条件极值并不简单. 我们另有一种直接寻求条件极值的方法,可以不必先把问题转化为无条件极值问题,这就是下面要介绍的拉格朗日乘数法.

现在我们来寻求函数

$$z = f(x, y) \tag{5-25}$$

在条件

$$\varphi(x,y)=0 \tag{5-26}$$

下取得极值的必要条件.

如果函数(5-25)在 $(x_0,y_0)$ 处取得所求的极值,那么首先有

$$\varphi(x_0,y_0)=0. \tag{5-27}$$

假定在 $(x_0,y_0)$ 的某个邻域内 $f(x,y)$ 与 $\varphi(x,y)$ 均有连续的一阶偏导数,且 $\varphi_y(x_0,y_0)\neq 0$. 由隐函数存在定理可知,方程(5-26)确定一个连续且具有连续导数的函数 $y=\psi(x)$,将其代入(5-25)式,得到关于变量 $x$ 的函数

$$z=f[x,\psi(x)]. \tag{5-28}$$

于是函数(5-25)在 $(x_0,y_0)$ 处取得所求的极值,也就相当于函数(5-28)在 $x=x_0$ 处取得极值. 由一元可导函数取得极值的必要条件可知

$$\frac{\mathrm{d}z}{\mathrm{d}x}\bigg|_{x=x_0}=f_x(x_0,y_0)+f_y(x_0,y_0)\frac{\mathrm{d}y}{\mathrm{d}x}\bigg|_{x=x_0}=0. \tag{5-29}$$

而对(5-26)用隐函数求导公式,有

$$\frac{\mathrm{d}y}{\mathrm{d}x}\bigg|_{x=x_0}=-\frac{\varphi_x(x_0,y_0)}{\varphi_y(x_0,y_0)}.$$

把上式代入(5-29)得

$$f_x(x_0,y_0)-f_y(x_0,y_0)\frac{\varphi_x(x_0,y_0)}{\varphi_y(x_0,y_0)}=0,$$

即

$$\frac{f_x(x_0,y_0)}{\varphi_x(x_0,y_0)}=\frac{f_y(x_0,y_0)}{\varphi_y(x_0,y_0)}. \tag{5-30}$$

(5-27)和(5-30)两式就是函数(5-25)在条件(5-26)下在 $(x_0,y_0)$ 处取得极值的必要条件.

设 $\dfrac{f_x(x_0,y_0)}{\varphi_x(x_0,y_0)}=-\lambda$,上述必要条件就变为

$$\begin{cases} f_x(x_0,y_0)+\lambda\varphi_x(x_0,y_0)=0, \\ f_y(x_0,y_0)+\lambda\varphi_y(x_0,y_0)=0, \\ \varphi(x_0,y_0)=0. \end{cases} \tag{5-31}$$

若引进辅助函数

$$L(x,y)=f(x,y)+\lambda\varphi(x,y),$$

则不难看出,(5-31)中前两式就是

$$L_x(x_0,y_0)=0,$$
$$L_y(x_0,y_0)=0.$$

函数 $L(x,y)$ 称为拉格朗日函数,参数 $\lambda$ 称为拉格朗日乘子.

由以上讨论,我们得出以下结论.

**拉格朗日乘数法** 要找函数 $z=f(x,y)$ 在附加条件 $\varphi(x,y)=0$ 下的可能极值点,可以先作拉格朗日函数

$$L(x,y)=f(x,y)+\lambda\varphi(x,y).$$

求其对 $x,y$ 与 $\lambda$ 的一阶偏导数,并使之为零,从而得联立方程组

$$\begin{cases} f_x(x,y)+\lambda\varphi_x(x,y)=0, \\ f_y(x,y)+\lambda\varphi_y(x,y)=0, \\ \varphi(x,y)=0. \end{cases}$$

求解方程组可以解出 $x,y$ 及 $\lambda$,这样得到的 $(x,y)$ 就是函数 $z=f(x,y)$ 在附加条件 $\varphi(x,y)=0$ 下可能的极值点.

至于如何确定所求得的点是否为极值点,在实际问题中往往可根据问题本身的性质来判定.

这种方法可以推广到自变量多于两个、条件多于一个的情形,如求函数 $u=f(x,y,z)$ 在附加条件 $\varphi(x,y,z)=0,\psi(x,y,z)=0$ 下的极值,可作拉格朗日函数

$$L(x,y,z,\lambda_1,\lambda_2)=f(x,y,z)+\lambda_1\varphi(x,y,z)+\lambda_2\psi(x,y,z),$$

求其一阶偏导数,并使之为零,求出的 $(x,y,z)$ 就是可能的极值点.

**例 5-47** 求函数 $f(x,y)=4(x-y)-x^2-y^2$ 在区域 $D=\{(x,y)\mid x^2+y^2\leqslant 32\}$ 内的最大值和最小值.

**解** 显然这个函数在 $D$ 内是可微的,其最大值和最小值只可能在 $D$ 内的驻点或边界点取得.

(1) 求区域 $D$ 内可能的极值点.

求函数 $f(x,y)$ 的一阶偏导数,并令其等于零:

$$\begin{cases} f_x(x,y)=4-2x=0, \\ f_y(x,y)=-4-2y=0, \end{cases}$$

解得 $x=2,y=-2$. 因为 $2^2+(-2)^2=8<32$,说明点 $(2,-2)$ 是区域 $D$ 内的唯一驻点.

(2) 求区域 $D$ 的边界上可能的极值点.

由于边界上的点满足条件 $x^2+y^2=32$,故作拉格朗日函数

$$L(x,y,\lambda)=4(x-y)-x^2-y^2+\lambda(x^2+y^2-32).$$

求 $L(x,y,\lambda)$ 的一阶偏导数,并令其为零:

$$\begin{cases} L_x=4-2x+2\lambda x=0, \\ L_y=-4-2y+2\lambda y=0, \\ L_\lambda=x^2+y^2-32=0, \end{cases}$$

解方程组得边界上驻点 $(4,-4)$ 和 $(-4,4)$.

（3）求出所有可能极值点的函数值：

$$z(2,-2)=8,\quad z(4,-4)=0,\quad z(-4,4)=-64.$$

经比较,所求函数的最大值为 $z(2,-2)=8$,最小值为 $z(-4,4)=-64$.

例 5-48　海报版面的设计问题.

现在要求设计一张单栏竖向张贴的海报,它的印刷面积为 128 dm$^2$,上下空白各 2 dm,两边空白各 1 dm,如何设计此海报才能使四周空白面积最小? 最小面积是多少?

解　设海报印刷部分由上到下为 $x$ dm,从左到右为 $y$ dm,又已知印刷面积为 128 dm$^2$,即 $xy=128$,于是海报四周空白面积为

$$S(x,y)=(x+4)(y+2)-xy=2x+4y+8.$$

构造拉格朗日函数

$$F(x,y,\lambda)=2x+4y+8+\lambda(xy-128).$$

分别求出 $F$ 关于 $x,y,\lambda$ 的一阶偏导数,并令其等于零:

$$\begin{cases} F_x=2+\lambda y=0,\\ F_y=4+\lambda x=0,\\ F_\lambda=xy-128=0, \end{cases}$$

解之得

$$x=16,\quad y=8,\quad \lambda=-\frac{1}{4}.$$

因为只有唯一的驻点,且实际问题的最小值是存在的,故驻点 $(16,8)$ 也是函数的最小值点,最小值为

$$S(16,8)=2\times16+4\times8+8=72.$$

当海报印刷部分由上到下为 16 dm,从左到右为 8 dm 时,四周空白面积最小,最小面积为 72 dm$^2$.

## 本节小结

本节主要介绍多元函数极值的概念、极值存在的必要条件、极值存在的充分条件、条件极值和拉格朗日乘数法、最大值与最小值. 要求:

1. 掌握极值的求法:(1)求出所有的驻点;(2)根据极值存在的充分条件判断是否为极值点,是极大值点还是极小值点,最后求出极大值与极小值.

2. 掌握最值的求法:(1)求出所有的驻点,并计算函数在这些点的值;(2)求出函数在区域边界上的最大值点(或最小值点);(3)将步骤(1)和(2)中得到的各点的函数值进行比较,最大者即为最大值,最小者即为最小值.

# 练习 5.5

## 基础题

1. 已知函数 $f(x,y)$ 在点 $(0,0)$ 的某个邻域内连续，且 $\lim\limits_{(x,y)\to(0,0)}\dfrac{f(x,y)-xy}{(x^2+y^2)^2}=1$，则下述四个选项中正确的是（　　）.

A. 点 $(0,0)$ 不是 $f(x,y)$ 的极值点

B. 点 $(0,0)$ 是 $f(x,y)$ 的极大值点

C. 点 $(0,0)$ 是 $f(x,y)$ 的极小值点

D. 无法判断 $f(x,y)$ 的极值点

2. 求下列二元函数的极值：

(1) $f(x,y)=x^2-xy+y^2+9x-6y+20$；　　　　(2) $f(x,y)=xy+\dfrac{1}{x}-\dfrac{8}{y}$；

(3) $f(x,y)=x^3+8y^3-xy$；　　　　(4) $f(x,y)=x^2(2+y^2)+y\ln y$.

3. 求二元函数 $z=60x+120y-2x^2-2xy-5y^2$ 在条件 $x+y=15$ 下的极大值.

4. 求 $z=2x^2-8x-2y+9$ 在 $D=\{(x,y)\mid 2x^2+y^2\leqslant 1\}$ 上的最大值和最小值.

5. 设一圆板占有平面区域 $D=\{(x,y)\mid x^2+y^2\leqslant 1\}$，该圆板被加热，在点 $(x,y)$ 处的温度是 $T=x^2+2y^2-x$，求该圆板的最热点和最冷点.

## 提高题

1. 求函数 $u=xy+2yz$ 在条件 $x^2+y^2+z^2=10$ 下的最大值和最小值.

2. 求椭圆 $\dfrac{x^2}{12}+\dfrac{y^2}{4}=1$ 的内接等腰三角形（三角形底边平行于椭圆长轴）的最大面积.

3. 证明：函数 $f(x,y)=(1+e^y)\cos x-ye^y$ 有无穷多个极大值点，但无极小值点.

4. 已知 $x,y,z$ 为任意非负实数，证明不等式 $xy^2z^3\leqslant 108\left(\dfrac{x+y+z}{6}\right)^6$ 成立.

# §5.6    多元函数微分法在经济管理问题中的应用

多元函数微分法在经济活动分析及经济决策等方面有着广泛的应用. 下面以需求函数为例, 介绍偏边际、偏弹性, 并介绍几个求解经济函数最值问题的例子.

## 一、需求函数的偏边际

设两个相关商品 $A$ 和 $B$ 的需求函数为

$$Q_A = f(P_A, P_B, Y), \quad Q_B = g(P_A, P_B, Y),$$

式中 $Q_A, Q_B$ 分别表示商品 $A$ 和商品 $B$ 的需求量, $P_A, P_B$ 分别表示它们的价格, $Y$ 为消费者收入, 可见 $A, B$ 两种商品的需求函数均为多元函数, 并可以求出以下六个偏导数:

$$\frac{\partial Q_A}{\partial P_A}, \quad \frac{\partial Q_A}{\partial P_B}, \quad \frac{\partial Q_A}{\partial Y}, \quad \frac{\partial Q_B}{\partial P_A}, \quad \frac{\partial Q_B}{\partial P_B}, \quad \frac{\partial Q_B}{\partial Y}.$$

$\frac{\partial Q_A}{\partial P_A}\left(或 \frac{\partial Q_B}{\partial P_B}\right)$ 称为商品 $A$(或商品 $B$)的需求函数关于自身价格 $P_A$(或自身价格 $P_B$)的边际需求. 它表示当商品 $B$(或商品 $A$)的价格以及消费者收入固定时, 商品 $A$(或商品 $B$)的价格变动一个单位时, 商品 $A$(或商品 $B$)的需求量的变动的近似值.

$\frac{\partial Q_A}{\partial P_B}\left(或 \frac{\partial Q_B}{\partial P_A}\right)$ 称为商品 $A$(或商品 $B$)的需求函数关于商品 $B$ 的价格 $P_B$(或商品 $A$ 的价格 $P_A$)的边际需求, 它表示当商品 $A$(或商品 $B$)的价格及消费者收入固定时, 商品 $B$(或商品 $A$)的价格变动一个单位时, 商品 $A$(或商品 $B$)的需求量的变动的近似值.

$\frac{\partial Q_A}{\partial Y}\left(或 \frac{\partial Q_B}{\partial Y}\right)$ 为商品 $A$(或商品 $B$)的需求函数关于消费者收入的边际需求, 它表示当商品 $A$ 和商品 $B$ 的价格固定时, 消费者收入变动一个单位时, 商品 $A$(或商品 $B$)的需求量的变动的近似值.

在一般情况下, 当商品 $B$ 的价格固定, 而商品 $A$ 的价格上升时, 商品 $A$ 的需求量 $Q_A$ 将减少, 于是 $\frac{\partial Q_A}{\partial P_A} < 0$. 类似地, 有 $\frac{\partial Q_B}{\partial P_B} < 0$. 但是 $\frac{\partial Q_A}{\partial P_B}$ 和 $\frac{\partial Q_B}{\partial P_A}$ 可以是正的, 也可以是负的.

如果

$$\frac{\partial Q_A}{\partial P_B} > 0, \quad \frac{\partial Q_B}{\partial P_A} > 0,$$

就说明商品 $A$ 和商品 $B$ 可以相互替代, 商品 $B$ 的价格提高, 消费者就会将一部分本来准备购买商品 B 的支出转向商品 A,减少商品 B 的需求量,以商品 A 代替商品 B,我们称商品 A 与商品 B 为相互替代品. 例如,橘子(商品 B)的价格提高,需求量必然减少,而可以替代橘子的苹果(商品 A)价格不变,需求量势必增加,所以 $\dfrac{\partial Q_A}{\partial P_B}>0$;同理,苹果价格提高了,橘子的价格不变,则苹果的需求量减少,橘子的需求量增加,所以 $\dfrac{\partial Q_B}{\partial P_A}>0$.

如果

$$\frac{\partial Q_A}{\partial P_B}<0, \qquad \frac{\partial Q_B}{\partial P_A}<0,$$

就说明商品 A 和商品 B 必须同时按一定比例使用. 商品 B 的价格提高,消费者减少商品 B 的需求量,同时减少对商品 A 的需求量,称商品 A 和商品 B 为互补商品. 例如,汽车(商品 B)的价格提高,消费者必然减少汽车的需求量,即使汽车必用的汽油(商品 A)价格不变,汽油的需求量也势必会减少,所以 $\dfrac{\partial Q_A}{\partial P_B}<0$;同理,汽油价格提高,汽车的价格不变,汽油与汽车的需求量都会减少,所以 $\dfrac{\partial Q_B}{\partial P_A}<0$.

## 二、需求函数的偏弹性

设某商品的需求量 Q 是其价格 P 及消费者收入 Y 的函数,

$$Q=Q(P,Y).$$

当消费者收入 Y 保持不变,价格 P 改变 $\Delta P$ 时,需求量 Q 对价格 P 的偏增量为

$$\Delta_P Q=Q(P+\Delta P,Y)-Q(P,Y),$$

$$E_P Q=\lim_{\Delta P\to 0}\frac{\Delta_P Q/Q}{\Delta P/P}=\frac{P}{Q}\cdot\frac{\partial Q}{\partial P}$$

称为需求量对价格的偏弹性.

类似地,当价格 P 保持不变,消费者收入 Y 改变 $\Delta Y$ 时,需求量 Q 对收入 Y 的偏增量为

$$\Delta_Y Q=Q(P,Y+\Delta Y)-Q(P,Y),$$

$$E_Y Q=\lim_{\Delta P\to 0}\frac{\Delta_Y Q/Q}{\Delta Y/Y}=\frac{Y}{Q}\cdot\frac{\partial Q}{\partial Y}$$

称为需求量对收入的偏弹性.

**例 5-49** 已知某商品的需求量 Q 是该商品的价格 $P_1$、另一相关商品的价格 $P_2$ 及消费者收入 Y 的函数,且 $Q=\dfrac{1}{200}P_1^{-\frac{3}{8}}P_2^{-\frac{2}{5}}Y^{\frac{5}{2}}$,分别求需求量对自身价格 $P_1$、对相关价格 $P_2$ 及对消费者收入 Y 的偏弹性;判断该商品与其相关商品的关系,是相互替代品还是互补商

品？并阐明其经济含义.

$$解\quad E_{P_1}Q = \frac{P_1}{Q} \cdot \frac{\partial Q}{\partial P_1} = \frac{P_1}{Q} \cdot \frac{1}{200} \cdot \left(-\frac{3}{8}\right) P_1^{-\frac{11}{8}} P_2^{-\frac{2}{5}} Y^{\frac{5}{2}}$$

$$= \left(-\frac{3}{8}\right) \frac{1}{200Q} P_1^{-\frac{3}{8}} P_2^{-\frac{2}{5}} Y^{\frac{5}{2}} = -\frac{3}{8} = -0.375,$$

$$E_{P_2}Q = \frac{P_2}{Q} \cdot \frac{\partial Q}{\partial P_2} = \frac{P_2}{Q} \cdot \frac{1}{200} \cdot \left(-\frac{2}{5}\right) P_1^{-\frac{3}{8}} P_2^{-\frac{7}{5}} Y^{\frac{5}{2}}$$

$$= \left(-\frac{2}{5}\right) \frac{1}{200Q} P_1^{-\frac{3}{8}} P_2^{-\frac{2}{5}} Y^{\frac{5}{2}} = -\frac{2}{5} = -0.4,$$

$$E_Y Q = \frac{Y}{Q} \cdot \frac{\partial Q}{\partial Y} = \frac{Y}{Q} \cdot \frac{1}{200} \cdot \frac{5}{2} P_1^{-\frac{3}{8}} P_2^{-\frac{2}{5}} Y^{\frac{3}{2}}$$

$$= \frac{5}{2} \frac{1}{200Q} P_1^{-\frac{3}{8}} P_2^{-\frac{2}{5}} Y^{\frac{5}{2}} = \frac{5}{2} = 2.5.$$

由于 $E_{P_2}Q<0$，当相关商品的价格 $P_2$ 上升时，对相关商品的需求量将下降，从而对该商品的需求量也随之下降，可见两种商品为互补商品.

其经济含义分别为：在相关商品的价格 $P_2$ 及消费者收入 $Y$ 不变时，该商品的价格 $P_1$ 上涨（或下降）1%，需求量下降（或上升）0.375%；在商品的价格 $P_1$ 及消费者收入 $Y$ 不变时，相关商品的价格 $P_2$ 上涨（或下降）1%，需求量下降（或上升）0.4%；在商品的价格 $P_1$ 及相关商品的价格 $P_2$ 不变时，消费者收入 $Y$ 上涨（或下降）1%，需求量上升（或下降）2.5%.

## 三、隐函数求导的经济应用举例

例 5-50（生产函数）　假设决定企业内部生产能力的主要因素是劳动力 $L$ 和资金 $K$，因而可记生产函数为 $Q=f(K,L)$. 在经济学分析中，企业生产存在边际收益递减规律，即假定资金保持不变，最初随着劳动力的增加，产量也将增加，但当劳动力增加到一定值 $L^*$ 时，劳动力的边际产量将会下降，如图 5-30 所示.

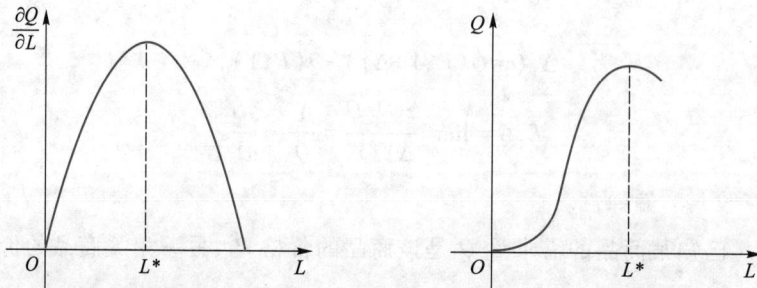

图 5-30

如果资金和劳动力是可以相互替代的,那么同一个产量水平下可以有各种不同的劳动力和资金投入组合,这样就可得到一簇等产量线 $K = K(L)$,且等产量线为单调下降的上凹曲线(二阶导数大于零),如图 5-31 所示.在等产量线上,$Q$ 为常数,所以

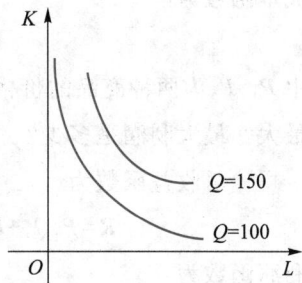

图 5-31

$$0 = \frac{dQ}{dL} = \frac{\partial Q}{\partial K}\frac{dK}{dL} + \frac{\partial Q}{\partial L} = Q_K\frac{dK}{dL} + Q_L.$$

故得

$$-\frac{dK}{dL} = \frac{Q_L}{Q_K}.$$

$-\dfrac{dK}{dL} = \dfrac{Q_L}{Q_K}$ 定义为技术替代率,或要素的边际替代率.

因此,在等产量线上,企业可以根据自身资金与劳动力的存量情况,决定两种资源的投入比例关系.资金充足时用资金替代劳动力,劳动力充足时用劳动力替代资金.

## 四、经济决策的最值问题举例

**例 5-51** 某工厂生产商品 I 与商品 II,出售单价分别为 10 元与 9 元,生产 $x$ 个单位的商品 I 与生产 $y$ 个单位的商品 II 的总费用是

$$400 + 2x + 3y + 0.01(3x^2 + xy + 3y^2),$$

问取得最大利润时,两种商品的产量各为多少?

**解** 设 $L(x,y)$ 表示生产 $x$ 个单位的商品 I 与 $y$ 个单位的商品 II 时所得的总利润.因为总利润等于总收益减去总费用,所以

$$L(x,y) = (10x + 9y) - [400 + 2x + 3y + 0.01(3x^2 + xy + 3y^2)]$$
$$= 8x + 6y - 0.01(3x^2 + xy + 3y^2) - 400.$$

由

$$\begin{cases} L_x(x,y) = 8 - 0.01(6x + y) = 0, \\ L_y(x,y) = 6 - 0.01(6y + x) = 0 \end{cases}$$

得驻点 $(120, 80)$.再由于

$$A = L_{xx} = -0.06, \quad B = L_{xy} = -0.01, \quad C = L_{yy} = -0.06,$$

而 $AC - B^2 = 0.003\ 5 > 0$,且 $A < 0$,所以当 $x = 120, y = 80$ 时,$L(120,80) = 320$ 是极大值.由题意知生产 120 个单位商品 I,80 个单位商品 II 时所得利润最大.

**例 5-52** 假设市场对两种商品的需求量(单位:kg)分别为 $Q_1, Q_2$,且需求函数分别为

$$Q_1 = 8 - P_1 + 2P_2, \quad Q_2 = 10 + 2P_1 - 5P_2,$$

总成本函数为

$$C = 3Q_1 + 2Q_2,$$

其中 $P_1, P_2$ 为两种商品的价格 (单位: 元/kg), 问价格 $P_1, P_2$ 如何设定, 才能使获得的总利润最大? 最大利润是多少?

**解**　总收益函数为

$$R = P_1 Q_1 + P_2 Q_2 = P_1(8 - P_1 + 2P_2) + P_2(10 + 2P_1 - 5P_2),$$

总利润函数为

$$L = R - C = (P_1 - 3)(8 - P_1 + 2P_2) + (P_2 - 2)(10 + 2P_1 - 5P_2).$$

利用极值存在的必要条件, 得方程组

$$\begin{cases} \dfrac{\partial L}{\partial P_1} = 7 - 2P_1 + 4P_2 = 0, \\ \dfrac{\partial L}{\partial P_2} = 14 + 4P_1 - 10P_2 = 0, \end{cases}$$

解得驻点

$$P_1 = \frac{63}{2}, \quad P_2 = 14.$$

由于

$$A = \frac{\partial^2 L}{\partial P_1^2} = -2, \quad B = \frac{\partial^2 L}{\partial P_1 \partial P_2} = 4, \quad C = \frac{\partial^2 L}{\partial P_2^2} = -10,$$

而 $AC - B^2 = 4 > 0, A < 0$, 所以 $P_1 = \dfrac{63}{2}, P_2 = 14$ 时函数取得极大值, 极大值为 $L\left(\dfrac{63}{2}, 14\right) = 164.25$.

由问题的实际意义知, 当 $P_1 = \dfrac{63}{2}$ (元/kg), $P_2 = 14$ (元/kg) 时, 获得的总利润最大, 最大利润为 164.25 元.

**例 5-53**　某工厂预期生产其主打商品 $Q$ t, 且产量与主要原材料甲、乙投入量 (单位: t) 的关系如下:

$$Q(x, y) = 0.005 x^2 y,$$

其中 $x, y$ 分别为原材料甲、乙的投入量, 且原材料甲、乙的单价分别为 1 万元和 2 万元, 问在采购成本为 150 万元约束下, 如何安排原材料采购才能使产量最大?

**解**　这是一个条件最值问题, 因为实际问题有最大值, 所以也就是求条件极值问题, 即求 $Q(x, y)$ 在条件 $x + 2y = 150$ 下的极大值. 构造拉格朗日函数

$$F(x, y, \lambda) = 0.005 x^2 y + \lambda(x + 2y - 150).$$

求 $F$ 的各个一阶偏导数, 并令其等于零, 得方程组

$$\begin{cases} F_x = 0.01 xy + \lambda = 0, \\ F_y = 0.005 x^2 + 2\lambda = 0, \\ F_\lambda = x + 2y - 150 = 0, \end{cases}$$

解得 $$x = 100, \quad y = 25, \quad \lambda = -25.$$

因为只有唯一的驻点,且实际问题的最大值是存在的,所以驻点 $(100, 25)$ 是函数的最大值点,且 $Q(100, 25) = 1\,250$. 所以采购原材料甲 100 t、乙 25 t 时产量最大,最大产量为 1 250 t.

**例 5-54** 设生产某商品必须投入两种要素,$x_1$ 和 $x_2$ 分别为两要素的投入量,$Q$ 为产量,生产函数为 $Q = 2x_1^{\alpha} x_2^{\beta}$,其中 $\alpha, \beta$ 为正常数,且 $\alpha + \beta = 1$. 假设两种要素的价格分别为 $P_1$ 和 $P_2$,试问当产量为 12 时,两要素各投入多少才可能使得投入总费用最小?

经济决策的最值问题举例

**解** 此问题为在产量 $2x_1^{\alpha} x_2^{\beta} = 12$ 的条件下,求总费用 $P_1 x_1 + P_2 x_2$ 的最小值. 作拉格朗日函数

$$F(x_1, x_2, \lambda) = P_1 x_1 + P_2 x_2 + \lambda (12 - 2x_1^{\alpha} x_2^{\beta}).$$

令

$$\begin{cases} \dfrac{\partial F}{\partial x_1} = P_1 - 2\lambda \alpha x_1^{\alpha-1} x_2^{\beta} = 0, & (1) \\[3mm] \dfrac{\partial F}{\partial x_2} = P_2 - 2\lambda \beta x_1^{\alpha} x_2^{\beta-1} = 0, & (2) \\[3mm] \dfrac{\partial F}{\partial \lambda} = 12 - 2x_1^{\alpha} x_2^{\beta} = 0. & (3) \end{cases}$$

由 $(1)$ 和 $(2)$,得

$$\frac{P_1}{P_2} = \frac{\alpha x_2}{\beta x_1},$$

即

$$x_1 = \frac{P_2 \alpha}{P_1 \beta} x_2.$$

将 $x_1$ 代入 $(3)$,得

$$x_2 = 6 \left( \frac{P_1 \beta}{P_2 \alpha} \right)^{\alpha}.$$

从而

$$x_1 = 6 \left( \frac{P_2 \alpha}{P_1 \beta} \right)^{\beta}.$$

因驻点唯一,且实际问题存在最小值,故当 $x_1 = 6 \left( \dfrac{P_2 \alpha}{P_1 \beta} \right)^{\beta}$,$x_2 = 6 \left( \dfrac{P_1 \beta}{P_2 \alpha} \right)^{\alpha}$ 时,投入总费用最小.

## 本节小结

本节主要介绍需求函数的偏边际、需求函数的偏弹性、隐函数求导及最值在经济中的应用. 要求:

1. 会应用多元函数的偏边际、需求函数的偏弹性对实际问题进行分析与解释.

2. 掌握实际经济问题最值的求法:当只有唯一的驻点,且实际问题的最值存在时,驻点即为最值点.

## 练习 5.6

### 基础题

1. 已知某商品的需求量 $Q$ 是该商品的价格 $P_1$、另一相关商品的价格 $P_2$ 及消费者收入 $Y$ 的函数,且 $Q = \dfrac{1}{e} P_1^{-0.3} P_2^{-0.4} Y^{1.5}$,试分别求需求量对自身价格 $P_1$、对相关价格 $P_2$ 及对消费者收入 $Y$ 的偏弹性,并阐明其经济含义.

2. 某公司生产两种商品 $x$ 和 $y$,利润函数为

$$L(x,y) = 64x - 2x^2 + 4xy - 4y^2 + 32y - 14$$

式中 $x,y$ 表示商品 $x,y$ 的产量,问 $x,y$ 各为多少时,公司获得的利润最大? 最大利润是多少?

3. 某公司同时销售煤气和电力,煤气的销量为 $x$(单位:$10^4\ \mathrm{m}^3$),电力的销量为 $y$(单位:$\mathrm{kW}$),总成本(单位:万元)函数为

$$C(x,y) = \frac{1}{2}x^2 + \frac{3}{4}y^2 - 7xy + 134x + 12y + 250,$$

式中 $x,y$ 满足 $4x + y - 36 = 0$,问应如何安排销售,才能使总成本最低?

4. 某企业的生产函数为

$$f(L,K) = 6L + 20K - L^2 - 2K^2,$$

式中 $L$ 表示劳动力投入,$K$ 表示资金投入,如果这两种生产要素的单价分别为 4 和 8,且希望投入的总成本为 88,求满足该条件的最大产量.

5. 假设某企业在两个互相分割的市场上出售同一种商品,两个市场的需求函数分别为

$$P_1 = 18 - Q_1, \quad P_2 = 12 - Q_2,$$

其中 $P_1$ 和 $P_2$ 分别表示该商品在两个市场的价格(单位:万元/t),$Q_1$ 和 $Q_2$ 分别表示该商品在两个市场的销量(单位:t),并且该企业生产这种商品的总成本(单位:万元)函数是 $C = 2Q + 5$,其中 $Q$ 表示该商品在两个市场的总销量.

（1）如果该企业实行价格差别策略,确定两个市场上该商品的销售价格和销量,使该企业获得最大利润;

（2）如果该企业实行价格无差别策略,确定两个市场上该商品的销量及其同样的价格,使该企业的总利润最大化.

提高题

1. 某公司可通过电台和报纸两种方式为销售商品做广告. 根据统计资料,销售收益 $R$（单位:万元）与电台广告费 $x$（单位:万元）和报纸广告费 $y$（单位:万元）有如下关系:

$$R(x,y) = 15 + 14x + 32y - 8xy - 2x^2 - 10y^2.$$

（1）确定广告费不限的情况下的最优广告策略;

（2）确定总广告费为 15 000 元时的最优广告策略.

2. 某工厂要建造一座长方体形状的厂房,其体积为 $150 \times 10^4 \ \mathrm{m}^3$. 已知前墙和屋顶每单位面积的造价分别是其他墙身造价的 3 倍和 1.5 倍,问厂房前墙的长度和高度为多少时,造价最小?

# §5.7 多元函数微分在 MATLAB 中的实现

## 一、MATLAB 绘制三维曲面

在 MATLAB 中可利用 surf 函数绘制三维曲面. 首先通过 meshgrid 函数生成矩阵 X,Y,再通过函数关系式 Z = f(X,Y) 求出矩阵 Z,最后用 surf(X,Y,Z) 绘制三维曲面,可使用 shading interp 语句消除 surf 函数绘制的曲面上的网格线.

代码如下:

```
x=-10:0.1:10;
y=-10:0.1:10;
[X,Y]=meshgrid(x,y);
Z=X+Y+X.^2+Y.^2+2*X.*Y;
surf(X,Y,Z)
shading interp
```

运行结果如图 5-32 所示.

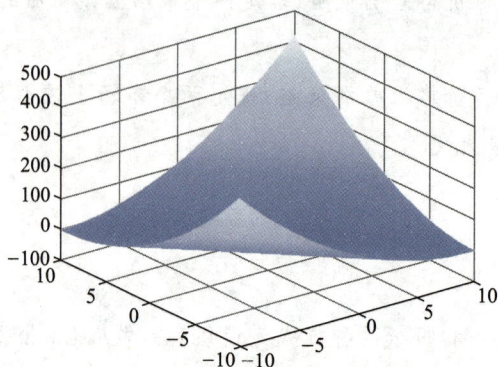

图 5-32

## 二、MATLAB 求解多元函数偏导数

在 MATLAB 中,可以利用 diff 函数求解多元函数偏导数,具体用法为 diff(函数关系式,变量名,阶数).

例如,已知 $u = x^5 + e^y + \sqrt{z}$,求 $\dfrac{\partial u}{\partial x}, \dfrac{\partial u}{\partial z}, \dfrac{\partial^2 u}{\partial x^2}, \dfrac{\partial^2 u}{\partial z^2}$.

代码如下:

```
syms x
syms y
syms z
u=x^5+exp(y)+sqrt(z)
du_dx=diff(u,x,1)
du_dx2=diff(u,x,2)
du_dz=diff(u,z,1)
du_dz2=diff(u,z,2)
```

运行结果:

```
du_dx =5 * x^4
du_dx2=20 * x^3
du_dz=1/(2 * z^(1/2))
du_dz2=-1/(4 * z^(3/2))
```

## 三、MATLAB 求解多元函数极值问题

例如,求 $z = x^4 + y^4 - 4xy + 1$ 的极值,并对图形进行观测.

首先求各偏导数,代码如下:

```
clear;
syms x y;
z = x^4+y^4-4 * x * y+1;
dz_dx = diff(z,x)
dz_dy = diff(z,y)
```

运行结果：

```
dz_dx = 4 * x^3-4 * y
dz_dy = 4 * y^3-4 * x
```

即 $\dfrac{\partial z}{\partial x}=4x^3-4y,\dfrac{\partial z}{\partial y}=4y^3-4x.$

接下来求解驻点，代码如下：

```
clear;
[x,y] = solve('4 * x^3-4 * y=0','4 * y^3-4 * x=0','x','y')
```

运行结果显示：不考虑复数，共有三个驻点：$P(0,0),Q(1,1),R(-1,-1)$，接着求判别式，代码如下：

```
clear;
syms x y;
z = x^4+y^4-4 * x * y+1;
A = diff(z,x,2)
B = diff(diff(z,x),y)
C = diff(z,y,2)
```

运行结果：

```
A = 12 * x^2
B = -4
C = 12 * y^2
```

根据判别式可知 $Q,R$ 两点为极小值点，通过函数图像来观测极值点，代码如下：

```
clear;
x = -2:0.1:2;
y = -2:0.1:2;
[X,Y] = meshgrid(x,y);
z = X.^4+Y.^4-4 * X. * Y+1;
surf(X,Y,z)
shading interp
```

运行结果如图 5-33 所示.

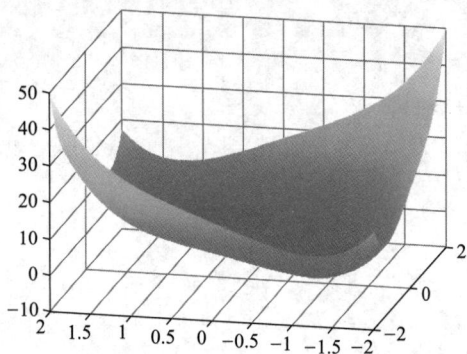

图 5-33

**思维导图**

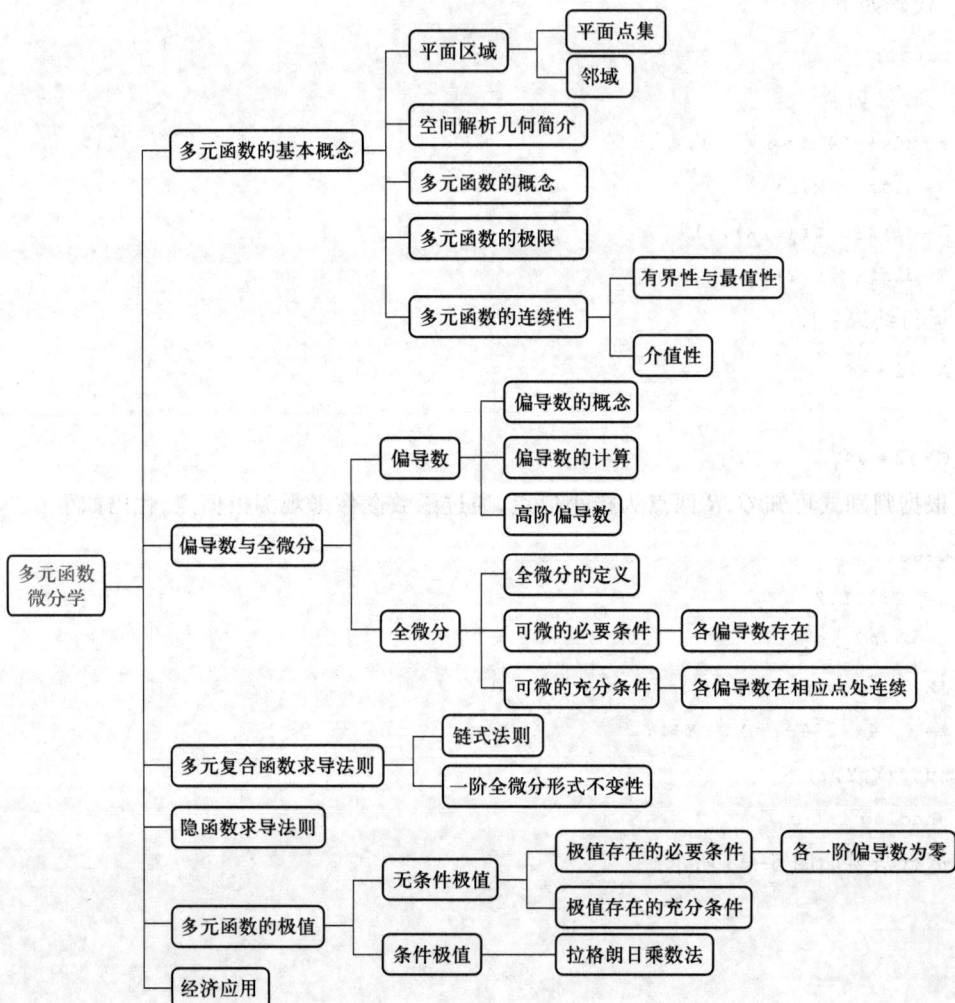

## 习题五

1. 选择题:

(1) 平面 $x+\dfrac{y}{2}-2z=1$ 在 $x$ 轴、$y$ 轴、$z$ 轴上的截距 $a,b,c$ 分别是(　　);

A. $a=1,b=2,c=2$　　　　　　B. $a=1,b=\dfrac{1}{2},c=\dfrac{1}{2}$

C. $a=2,b=1,c=-1$　　　　　　D. $a=1,b=2,c=-\dfrac{1}{2}$

(2) 点 $(4,0,3)$ 在空间直角坐标系中的位置是(　　);

A. 在 $y$ 轴上　　　　　　　　B. 在 $xOy$ 平面上

C. 在 $zOx$ 平面上　　　　　　D. 在第一卦限内

(3) 点 $(-3,2,1)$ 关于原点对称的点是(　　);

A. $(-3,2,1)$　　　　　　　　B. $(3,-2,-1)$

C. $(3,2,1)$　　　　　　　　　D. $(-3,2,-1)$

(4) 若 $f(x,y)=\ln(x+y)+\sin x$,则 $f(0,\mathrm{e})=$ (　　);

A. $\mathrm{e}$　　　　B. 0　　　　C. 1　　　　D. $1+\sin \mathrm{e}$

(5) 若 $f(x,y)$ 在点 $(x_0,y_0)$ 的某邻域内有定义,且 $\lim\limits_{(x,y)\to(x_0,y_0)} f(x,y)$ 存在,则 $f(x,y)$ 在点 $(x_0,y_0)$ 处(　　);

A. 连续　　　　B. 可微　　　　C. 间断　　　　D. 不一定连续

(6) $f(x,y)=\sqrt{|xy|}$ 在点 $(0,0)$ 处(　　);

A. 连续但偏导数不存在　　　　B. 不连续但偏导数存在

C. 不连续且偏导数也不存在　　D. 连续且偏导数存在

(7) 已知函数 $f(x,y)=\mathrm{e}^{\sqrt{x^2+x^4}}$,则下列描述正确的是(　　);

A. $f_x(0,0)$ 存在,$f_y(0,0)$ 不存在　　B. $f_x(0,0)$ 不存在,$f_y(0,0)$ 存在

C. $f_x(0,0)$ 与 $f_y(0,0)$ 都存在　　　　D. $f_x(0,0)$ 与 $f_y(0,0)$ 都不存在

(8) 二元函数 $f(x,y)$ 在点 $(0,0)$ 处可微的一个充分条件是(　　);

A. $\lim\limits_{(x,y)\to(0,0)}[f(x,y)-f(0,0)]=0$

B. $\lim\limits_{x\to0}\dfrac{f(x,0)-f(0,0)}{x}=0$ 且 $\lim\limits_{y\to0}\dfrac{f(0,y)-f(0,0)}{y}=0$

C. $\lim\limits_{x\to0}[f_x(x,0)-f_x(0,0)]=0$ 且 $\lim\limits_{y\to0}[f_y(0,y)-f_y(0,0)]=0$

D. $\lim\limits_{(x,y)\to(0,0)}\dfrac{f(x,y)-f(0,0)}{\sqrt{x^2+y^2}}=0$

(9) 设 $z=x\mathrm{e}^{xy}$,则 $\dfrac{\partial z}{\partial x}=$ (　　);

A. $xye^{xy}$      B. $(1+xy)e^{xy}$      C. $e^{xy}$      D. $x^2e^{xy}$

（10）设 $f(xy,x+y)=x^2+y^2+xy$，则 $f_x(x,y)$ 与 $f_y(x,y)$ 分别为（　　）；

A. $-1,2y$      B. $2y,-1$      C. $2x+y,2y+x$      D. $2y,2x$

（11）设函数 $z=u\ln v$，而 $u=\cos x,v=e^x$，则 $\dfrac{dz}{dx}=$（　　）；

A. $\cos x-x\sin x$      B. $x\sin x-\cos x$

C. $x+e^{-x}\cos x$      D. $x\cos x$

（12）设函数 $z=z(x,y)$ 由方程 $(z+y)^x=xy$ 确定，则 $\left.\dfrac{\partial z}{\partial x}\right|_{(1,2)}=$（　　）；

A. $2+2\ln 2$      B. $2-2\ln 2$      C. $1-2\ln 2$      D. $2-\ln 2$

（13）设 $z=\ln\left(1+\dfrac{x}{y}\right)$，则在点 $(1,1)$ 处 $dz=$（　　）；

A. $\dfrac{dx}{x+y}-\dfrac{dy}{y}$      B. $\dfrac{dx}{x+y}-\dfrac{dy}{y}$      C. $0$      D. $\dfrac{1}{2}(dx-dy)$

（14）已知 $(axy^3-y^2\cos x)dx+(by\sin x+3x^2y^2)dy$ 是某个函数的全微分，则常数 $a,b$ 的取值分别为（　　）；

A. $2,-2$      B. $-2,2$      C. $-3,3$      D. $3,-3$

（15）二元函数 $f(x,y)=2x^2-2xy+y^2-2x+2$ 的极小值点是（　　）；

A. $(-1,-1)$      B. $(0,0)$      C. $(1,1)$      D. $(2,2)$

（16）若 $(5,2)$ 是 $z=xy+\dfrac{a}{x}+\dfrac{b}{y}$ 的极值点，则（　　）；

A. $a=-50,b=-20$      B. $a=-20,b=-50$

C. $a=50,b=20$      D. $a=20,b=50$

（17）已知函数 $z=f(x,y)$ 的全微分为 $dz=2xdx+2ydy$，则点 $(0,0)$（　　）；

A. 不是 $f(x,y)$ 的连续点      B. 不是 $f(x,y)$ 的极值点

C. 是 $f(x,y)$ 的极小值点      D. 是 $f(x,y)$ 的极大值点

（18）设函数 $f(x,y)$ 具有一阶偏导数，且对任意的 $(x,y)$ 都有 $f_x(x,y)>0,f_y(x,y)<0$，则（　　）；

A. $f(0,1)<f(1,0)$      B. $f(0,0)<f(1,1)$

C. $f(0,1)>f(1,0)$      D. $f(0,0)>f(1,1)$

（19）设 $z=f(x,y)$ 在点 $(0,0)$ 处连续，且 $\lim\limits_{(x,y)\to(0,0)}\dfrac{f(x,y)}{\sin(x^2+y^2)}=-1$，则（　　）；

A. $f_x(0,0)$ 不存在

B. $f_x(0,0)$ 存在但不为 0

C. $f(x,y)$ 在点 $(0,0)$ 处取得极大值

D. $f(x,y)$ 在点 $(0,0)$ 处取得极小值

（20）设函数 $z=f(x,y)$ 在点 $(0,0)$ 的某邻域内连续，且 $\lim\limits_{(x,y)\to(0,0)}\dfrac{f(x,y)-(x^2+y^2)}{\sqrt{x^2+y^2}}=1$，则点 $(0,0)$（　　）．

A. 是 $f(x,y)$ 的极大值点但不是驻点

B. 是 $f(x,y)$ 的极小值点但不是驻点

C. 是 $f(x,y)$ 的驻点但不是极值点

D. 不一定是 $f(x,y)$ 的极值点

2. 在充分、必要、充要三者中选择一个正确的填入下列空格内：

（1）$f(x,y)$ 在点 $(x,y)$ 处可微是 $f(x,y)$ 在该点连续的_____条件，$f(x,y)$ 在点 $(x,y)$ 处连续是 $f(x,y)$ 在该点可微的_____条件；

（2）$z=f(x,y)$ 在点 $(x,y)$ 的偏导数 $\dfrac{\partial z}{\partial x}$ 及 $\dfrac{\partial z}{\partial y}$ 存在是 $f(x,y)$ 在该点可微的_____条件，$f(x,y)$ 在点 $(x,y)$ 处可微是 $z=f(x,y)$ 在点 $(x,y)$ 处的偏导数 $\dfrac{\partial z}{\partial x}$ 及 $\dfrac{\partial z}{\partial y}$ 存在的_____条件；

（3）$z=f(x,y)$ 的偏导数 $\dfrac{\partial z}{\partial x}$ 及 $\dfrac{\partial z}{\partial y}$ 在点 $(x,y)$ 处存在且连续是 $f(x,y)$ 在该点可微的_____条件；

（4）$z=f(x,y)$ 的二阶混合偏导数 $\dfrac{\partial^2 z}{\partial x\partial y}$ 及 $\dfrac{\partial^2 z}{\partial y\partial x}$ 在区域 $D$ 内连续是这两个二阶偏导数在 $D$ 内相等的_____条件．

3. 求下列极限：

（1）$\lim\limits_{(x,y)\to(0,0)}\dfrac{\sin[e^y(x+1)(x^2+y^2)]}{e^{(x^2+y^2)}-1}$；　　（2）$\lim\limits_{(x,y)\to(0,0)}\dfrac{x(y-x)}{\sqrt{x^2+y^2}}$．

4. 设 $f(x,y)=\begin{cases}\dfrac{x^2y}{x^2+y^2}, & x^2+y^2\neq 0,\\ 0, & x^2+y^2=0,\end{cases}$ 求 $f_x(x,y)$ 及 $f_y(x,y)$．

5. 讨论函数 $f(x,y)=\begin{cases}(x^2+y^2)\sin\dfrac{1}{\sqrt{x^2+y^2}}, & x^2+y^2\neq 0,\\ 0, & x^2+y^2=0\end{cases}$ 在点 $(0,0)$ 处

（1）是否连续；　　　　　　　　（2）偏导数是否存在；

（3）是否可微；　　　　　　　　（4）偏导数是否连续．

6. 求下列函数的二阶偏导数：

（1）$z=\arctan\dfrac{x+y}{1-xy}$；　　　　　　（2）$z=\ln(e^x+e^y)$；

（3）$z=e^{-x}\cos 2y$；　　　　　　　　（4）$z=\arcsin(xy)$．

7. 求下列函数的全微分：

（1）$z=\ln\sqrt{x^2+y^2}$，求 $\mathrm{d}z$；　　　　　　（2）$z=\sin(xy)$，求 $\mathrm{d}z$；

（3）$f(x,y)=\left(\dfrac{x}{y}\right)^{\frac{1}{x}}$，求 $\mathrm{d}f(1,1)$；　　　（4）$z=(1+xy)^x$，求 $\mathrm{d}z\big|_{(1,1)}$.

8. 设函数 $u=f(x,y,z)$ 有连续偏导数，且 $z=z(x,y)$ 由方程 $xe^x-ye^y=ze^z$ 确定，求 $\mathrm{d}u$.

9. 已知边长 $x=6$ m 和 $y=8$ m 的矩形，求当 $x$ 增加 $5$ cm，$y$ 减少 $10$ cm 时，矩形对角线变化的近似值.

10. 设 $e^z=xyz$，求 $\dfrac{\partial^2 z}{\partial x\partial y}$.

11. 设函数 $f(u,v)$ 具有二阶连续偏导数，且满足 $\dfrac{\partial^2 f}{\partial u^2}+\dfrac{\partial^2 f}{\partial v^2}=1$. 又 $g(x,y)=f\left[xy,\dfrac{1}{2}(x^2-y^2)\right]$，求 $\dfrac{\partial^2 g}{\partial x^2}+\dfrac{\partial^2 g}{\partial y^2}$.

12. 设函数 $f(u)$ 具有二阶连续导数，$g(x,y)=f\left(\dfrac{y}{x}\right)+yf\left(\dfrac{x}{y}\right)$，求 $x^2\dfrac{\partial^2 g}{\partial x^2}-y^2\dfrac{\partial^2 g}{\partial y^2}$.

13. 已知函数 $f(u,v)$ 具有二阶连续偏导数，$f(1,1)=2$ 是 $f(u,v)$ 的极值，$z=f(x+y,f(x,y))$，求 $\dfrac{\partial^2 z}{\partial x\partial y}\bigg|_{(1,1)}$.

14. 求二元函数 $f(x,y)=2\ln|x|+\dfrac{(x-1)^2+y^2}{2x^2}$ 的极值.

15. 将长为 $2$ m 的铁丝分成三段，依次围成圆、正方形与等边三角形，三个图形的面积之和是否存在最小值？若存在，求出最小值.

16. 某厂生产的一种商品同时在两个市场销售，售价分别为 $P_1$，$P_2$，销量分别为 $Q_1$，$Q_2$，需求函数分别为

$$Q_1=24-0.2P_1,\quad Q_2=10-0.05P_2,$$

总成本函数为 $C=35+40(Q_1+Q_2)$.问厂家如何确定该商品在两个市场的售价，才能使获得的总利润最大？最大总利润是多少？

17. 已知某工厂生产某种商品的生产函数为 $Q=0.01xy^2$，式中 $x,y$ 分别为甲、乙两种原料的投放数量（单位:kg）. 若甲、乙两种原料的价格分别为 $1$ 元/kg，$0.5$ 元/kg. 现用 $90$ 元采购原料，问两种原料各采购多少才能使产量最大？最大产量为多少？

第 5 章部分习题

参考答案与提示

# 参考文献

[1] 上海财经大学数学学院. 微积分. 2 版. 上海:上海财经大学出版社,2015.

[2] 上海财经大学应用数学系. 微积分习题集. 上海:上海财经大学出版社,2008.

[3] 同济大学数学系. 高等数学. 7 版. 北京:高等教育出版社,2014.

[4] 同济大学数学系. 高等数学习题全解指南:同济·第七版. 北京:高等教育出版社,2014.

[5] 万建香,邹玉仁,严淑梅. 微积分:一. 北京:科学出版社,2018.

[6] STEWART J. 微积分(第 7 版):影印版. 北京:高等教育出版社,2014.

[7] GIORDANO W H. 托马斯微积分(第 11 版):影印版. 北京:高等教育出版社,2016.

[8] 华东师范大学数学科学学院. 数学分析. 5 版. 北京:高等教育出版社,2019.

[9] 李文林. 数学史概论. 4 版. 北京:高等教育出版社,2021.

[10] 蔡旭晖,刘卫国,蔡立燕. MATLAB 基础与应用教程. 2 版. 北京:人民邮电出版社,2019.

## 郑重声明

高等教育出版社依法对本书享有专有出版权。任何未经许可的复制、销售行为均违反《中华人民共和国著作权法》，其行为人将承担相应的民事责任和行政责任；构成犯罪的，将被依法追究刑事责任。为了维护市场秩序，保护读者的合法权益，避免读者误用盗版书造成不良后果，我社将配合行政执法部门和司法机关对违法犯罪的单位和个人进行严厉打击。社会各界人士如发现上述侵权行为，希望及时举报，我社将奖励举报有功人员。

反盗版举报电话 　(010)58581999　58582371

反盗版举报邮箱　dd@ hep.com.cn

通信地址　北京市西城区德外大街 4 号　高等教育出版社法律事务部

邮政编码　100120

## 读者意见反馈

为收集对教材的意见建议，进一步完善教材编写并做好服务工作，读者可将对本教材的意见建议通过如下渠道反馈至我社。

咨询电话　400-810-0598

反馈邮箱　hepsci@ pub.hep.cn

通信地址　北京市朝阳区惠新东街 4 号富盛大厦 1 座
　　　　　高等教育出版社理科事业部

邮政编码　100029

## 防伪查询说明

用户购书后刮开封底防伪涂层，使用手机微信等软件扫描二维码，会跳转至防伪查询网页，获得所购图书详细信息。

### 防伪客服电话

(010)58582300